21世纪
经济管理新形态教材
工商管理系列

U0368120

商业伦理
与企业社会责任

徐细雄◎编著

清华大学出版社
北京

内 容 简 介

本书是契合中国独特制度与文化情境，且能够反映中国企业伦理价值取向与社会责任实践的本土化教材，分为伦理基础篇、伦理决策篇、社会责任篇和伦理战略篇，具有系统性、扎根性、思政性。

本书的内容体系适合高校经济与管理类本科生、硕士研究生等学生以及从事相关领域学术研究的学者使用。此外，本书也可作为企业伦理机构主管或专员学习商业伦理与企业社会责任知识的参考用书。

图书在版编目（CIP）数据

商业伦理与企业社会责任/徐细雄编著. —北京：清华大学出版社，2024.9
21世纪经济管理新形态教材. 工商管理系列
ISBN 978-7-302-64655-6

Ⅰ.①商… Ⅱ.①徐… Ⅲ.①商业道德－高等学校－教材　②企业责任－社会责任－高等学校－教材　Ⅳ.①F718　②F270

中国国家版本馆 CIP 数据核字(2023)第 182372 号

责任编辑：朱晓瑞
封面设计：李召霞
责任校对：王荣静
责任印制：刘　菲
出版发行：清华大学出版社
  网 址：https://www.tup.com.cn，https://www.wqxuetang.com
  地 址：北京清华大学学研大厦 A 座   邮 编：100084
  社 总 机：010-83470000   邮 购：010-62786544
  投稿与读者服务：010-62776969，c-service@tup.tsinghua.edu.cn
  质 量 反 馈：010-62772015，zhiliang@tup.tsinghua.edu.cn
  课 件 下 载：https://www.tup.com.cn，010-83470332
印 装 者：三河市少明印务有限公司
经 销：全国新华书店
开 本：185mm×260mm   印 张：24   字 数：552 千字
版 次：2024 年 9 月第 1 版   印 次：2024 年 9 月第 1 次印刷
定 价：69.00 元

产品编号：091548-01

前　言

随着社会的发展与人类文明的进步，人们越来越关注组织运行的道德法则与伦理责任。然而，长期以来在现实商业世界中伦理规则被践踏的情况却屡屡发生，比如商业贿赂、恶性竞争、顾客欺诈、违规操作、财务舞弊等。因此，商业伦理与企业社会责任已成为全球企业共同面临的现实问题，社会期待重塑商业伦理的呼声也越来越高。

企业盈利与否本不关乎道德，但企业以何种方式盈利则不得不考虑是否有违道德。管理大师彼得·德鲁克（Peter Drucker）强调"管理的核心是责任。责任有三重内涵：一是创造绩效，二是做好事，三是不作恶"。作为经济组织的企业，固然有逐利的本性，但是必须固守最基本的"道德底线"。董仲舒在《春秋繁露》中说道："天之生人也，使人生义与利。利以养其体，义以养其心。心不得义不能乐，体不得利不能安。"正所谓"君子爱财，取之有道"，道德和利益从来都是相辅相成的。巴菲特的黄金搭档查理·芒格在其著作《穷查理宝典》中说："究竟如何判断一家企业是不是好企业？如何判断该不该在这家企业下注自己的人生和钱财？有两个古老的法则能引导我们——一个是道德的法则，一个是谨慎的法则。"亚当·斯密早就在《道德情操论》中为人类逐利行为奠定了道德基调："当一个人，这里并不特指企业家，而是泛指我们每个人，无法确定一件事情是否应该去做时，不妨先问一问自己的良心。"

事实上，伦理积厚流光，俨然是社会保障的支撑体。从个人伦理、家庭伦理到社会伦理，伦理深入生活角落，于细微处见精神。伦理一直贯穿于企业中，只是有的企业浑然不觉。这种漠视也造成这些企业伦理失衡并最终影响企业发展。《世界经理人》杂志针对1500余名企业经理人所做的一项调查表明，近八成受访者认为，企业的失败应该归咎于商业伦理与道德丧失。正如1998年诺贝尔经济学奖获得者阿玛蒂亚·森在其著作《正义的理念》中所说的："任何人的行为都是在一定的伦理背景下进行的。"无论是个体日常行为选择还是企业管理者商业决策，都存在一定的伦理背景，其决策动机和行为选择也都会出于决策者主观上的伦理考量。

市场经济是法治经济，也是道德经济。失去法治与道德的双重约束，市场就会陷入混乱状态。"企业家身上应该流淌着道德的血液"日益成为大众共识。2020年7月21日，习近平总书记在主持召开企业家座谈会时明确指出："企业既有经济责任、法律责任，也有社会责任、道德责任。"理论和实践都证明，对商业伦理与道德责任的漠视与践踏，最终将对企业可持续经营造成巨大伤害。美国安然、世通等超级巨无霸企业因道德缺失轰然倒下的前车之鉴足以证明这一点。

企业是实现可持续商业的市场主体和微观基础。企业要打造"百年老店"，实现可持续商业目标，通过伦理战略加强自身伦理规范与制度体系建设，引导企业积极履行社会责任是不二选择。因此，伦理战略已经成为决定企业成败的道德基础。构建企业发展的伦理战略，必须在竞争战略中植入伦理基因，把伦理价值当作重要的战略要素，开展企业伦理战略设计，推进企业伦理战略实践，使企业朝着伦理意识更强、伦理水准更高、伦理战略更领先和伦理品质更卓越的目标迈进。具体来讲，企业在构建伦理战略过程中应该从以下几方面入手：①建立合乎社会价值期许和规范要求的企业伦理价值体系；②回归注重相关利益者的企业市场理性；③构建完善的伦理管理机构与伦理约束机制；④在运营层面持续推动公司践行有良知的商业逻辑。

推动公司践行有良知的商业逻辑决定企业的持续发展。有良知的商业逻辑并非完全颠覆传统商业逻辑，而是一种迭代与进化，它也遵循"逐利"和"效率"两个核心商业目标。但这里的"逐利"除追求股东利益之外，还要在商业实践中充分考虑员工、顾客、社区、社会和自然生态等其他利益相关者的利益。有良知的商业逻辑依然关注运营过程的效率导向，但在定义和评价效率时不再局限于狭隘的投资者成本收益函数，而是将员工、顾客、社区、社会和自然生态等更大范围主体的成本分担及外部性效应（尤其是负外部性）纳入决策函数。同时，在时间维度兼顾短期利益和长期受损等因素。沿袭有良知的商业逻辑，企业目标函数中的要素维度变得更加丰富和多元。顾客价值、员工价值、合作伙伴价值、股东价值和社会价值等多维综合价值成为现代企业价值目标实现的重要衡量标准。

要想守住商业文明的基石，除对商业违规行为的监管制度和惩戒措施到位，企业领导人和经营者信守价值观，组织内部重视使命感和社会责任，对有良知的商业逻辑心生敬畏以外，商业伦理与企业社会责任教育也有义不容辞的责任。1987 年，约翰·雪德（John Shad）捐款 2000 万美元给哈佛商学院，倡议开设"决策与伦理价值"课程，随后商业伦理与企业社会责任主题的相关课程便开始在其他欧美高校得到推广。2006 年年底我国 96 所 MBA 院校院长发表《西湖宣言》，其核心内容正是强调商学院要注重企业社会责任，提倡商学院把企业社会责任和商业伦理纳入 MBA 教育中来。经过近 20 年的推广与发展，目前以商业伦理与企业社会责任为主题的课程几乎已经在全国所有高校商学院的各层次学生培养方案中得到普及。但遗憾的是，契合中国独特制度与文化情境，且能够全面反映我国商业伦理价值取向与社会责任实践的本土化教材仍凤毛麟角。这是促使编著者下定决心将自己在商业伦理领域近 15 年学术研究与教学沉淀进行深度梳理，并编写这本《商业伦理与企业社会责任》教材的主要原因。

与其他同类教材相比较，本书呈现以下几个特点：

（1）系统性。本书共分为 4 篇 14 章。第一篇为伦理基础篇，重点介绍商业伦理的基础理论与分析框架，主要包括第 1 章绪论、第 2 章伦理价值与伦理决策、第 3 章中华传统文化蕴含的伦理思想和第 4 章商业伦理与制度约束。第二篇为伦理决策篇，重点讲述企业人力资源管理中的伦理决策、市场营销中的伦理决策和资本市场中的企业伦理决策（分别对应第 5～7 章）。第三篇为社会责任篇，主要包括第 8 章企业社会责任基础理论、第 9 章中国企业社会责任实践、第 10 章社会创业与社会企业。第四篇为伦理战略篇，重点阐释数字化时代的伦理挑战（第 11 章）、伦理战略与企业合法性（第 12 章）、企业伦理管理系统塑造（第 13 章）和构筑新时代的商业文明（第 14 章）。全书系统梳理了商业伦理与企业社会责任领域的基础理论和知识体系，试图建立一个严谨统一的整合性商业伦理与社会责任分析框架。

（2）扎根性。本书在撰写过程中尽量避免描述式（简单呈现企业非伦理实践）、说教式（反复强调道德伦理的重要性）和移植式（将西方商业伦理教材内容直接导入）等以往部分教材编写的通病，既关注对企业伦理决策要点、动机和经济后果的提炼总结，又试图将商业伦理与企业社会责任领域学术研究成果融入。这有利于构建统一的商业伦理决策范式与分析框架，增强全书内容一体性、逻辑严谨性和理论前沿性，以更好地践行教研融合原则，提升教学内容挑战度。特别是全书各章节内容都嵌入中国独特的制度与文化情境，所有案例也都是根据中国本土企业实践素材整理形成，真正体现了"本土化"教材特征。

（3）思政性。商业伦理与企业社会责任课程蕴含的课程思政育人资源丰富，开展课程思政内容设计得天独厚。本书在编写过程中充分利用课程思政元素丰富的独特优势，全方位深入挖掘各教学单元蕴含的各类形式的思政要素，在知识点与思政点之间按照"单对单，多对多，形成线，构成面"逻辑，构建了内容多元、形式多样的立体化思政育人素材，注重培养学生诚信经营、先义后利的商道伦理与职业道德，引导学生树立绿色经营、创新驱动的可持续商业实践观，激发学生的社会责任意识和时代担当精神。

本书是国家自然科学基金"宗教传统、隐性规则与企业非伦理行为：基于非正式制度视角的研究"（编号：71572019）、"儒家文化、隐性规范与企业创新：基于认知烙印与伦理约束双重视角的研究"（编号：71972017）的研究成果，也是重庆市高校一流本科课程"商业伦理与企业社会责任"和重庆市课程思政示范课程"商业伦理"的建设成果。本书在编写过程中，严由亮、占恒、段玲玲、林翠粱、龙志能、唐超玥、蒋欣兰、蒋菁菁、向思妮、耿萌、徐振远等同学付出了诸多努力，特别予以感谢。

本书适合高校经济与管理类本科生、硕士研究生等学生及从事该领域学术研究的学者使用。本书也可作为企业伦理机构主管或专员学习商业伦理与企业社会责任知识的参考用书。

由于编著者水平有限，如本书存在缺点和不足之处，恳请批评指正。

徐细雄

2023 年 2 月 21 日于重庆

目 录

第一篇　伦理基础篇

第二篇　伦理决策篇

第一篇

伦理基础篇

第 1 章

绪　论

本章学习目标

通过本章的学习，学生应该能够：

1. 反思和理解现代企业的使命与意义；
2. 理解有良知的商业逻辑的基本内涵；
3. 掌握可持续商业的内涵、特征及实践路径；
4. 理解商业伦理教育的主要内容及必要性。

引导案例

在金钱和意义的十字路口

无论是传统的西方经济理论，还是长期以来的企业运营准则，似乎从来没有像现在这样需要一场革命。到底什么是企业？企业存在的意义和目的是什么？企业是谁的企业？企业应该为谁服务？企业和社会的关系如何界定？……这些在主流企业理论看来早已有定论的问题，如今随着美国近 200 家顶尖企业的 CEO 联合发表的一纸声明，开始有了新的答案。

2019 年 8 月 19 日，美国商业组织"商业圆桌会议"（Business Roundtable）在华盛顿发布了一份由 181 位美国顶级企业 CEO 共同签署的声明文件——《公司宗旨宣言书》（*Statement on the Purpose of a Corporation*）。这份联合声明重新定义了一个公司的运营方式。他们宣称：股东利益不再是一个公司最重要的目标，公司的首要目标是创造一个更美好的社会。

"商业圆桌会议"成立于 1972 年，聚集了一大批美国最具影响力的企业领袖。其中包括亚马逊 CEO 杰夫·贝索斯、苹果公司 CEO 蒂姆·库克、波音公司原 CEO 丹尼斯·米伦伯格及通用汽车公司董事长兼 CEO 玛丽·博拉等。

自 1978 年以来，"商业圆桌会议"会定期发布一些公司治理原则声明。自 1997 年起，该组织发布的每份声明都赞同"股东至上"原则——公司的首要目标就是让股东受益，并实现利润最大化。但是，在这份最新发布的《公司宗旨宣言书》中，企业领袖们转而强调，作为一个具有社会责任意识的企业，公司领导团队应该致力于达成以下几个目标：一是向客户传递企业价值，进一步推动企业满足客户对产品的期望；二是在企业员工方面，包容并尊重员工多样性，通过雇用不同群体并提供公平的待遇来投资员工；三是维持与供应商的良好关系，公平、合理地进行交易；四是积极参与并开展社区活动，尊重社区个体并切实采取保护环境等可持续发展措施；五是为股东创造长期价值，积累资本用于公司的投资、发展和创新，保障股东参与度与信息透明度。

摩根大通CEO、"商业圆桌会议"主席杰米·戴蒙在声明中表示："美国梦依然存在，但也正在破灭。"现在，越来越多的大公司正转向投资他们的员工和社区，因为从长远来看，这是企业获得成功的唯一途径。强生集团原CEO、"商业圆桌会议"治理委员会主席亚历克斯·戈尔斯基在新闻发布会上表示，这份声明更好地体现了现代企业应该采用的运营方式。"除了满足所有利益相关者的需求，公司在改善社会方面也将发挥重要的作用。"戈尔斯基补充道。

《公司宗旨宣言书》对现代企业的经营模式与发展战略极具启示性，同时引发了有关何为企业生产经营核心目标的理论研究。毫无疑问，这份声明不仅将改变企业的思维模式、行为模式和决策机制，而且将引领一场源于供给侧的新革命，从而深刻地影响整个社会的治理模式和消费方式，服务整个社会的可持续未来。

思考题：

1. 我们该如何理解声明中"公司的首要目标是创造一个更美好的社会"的真实内涵？

2. 一个具有社会责任意识的企业，应该致力于达成哪些重要的经营目标？

21世纪，经济全球化与逆全球化并存，金融经济与企业创新高度融合，新一轮技术革命与产业变革方兴未艾，人类正为构筑新商业文明而不懈努力。追本溯源，商业行为需要因循人性而治理，商业伦理与企业社会责任构筑于对人性的认知与假设基础之上。

1.1 新时代商业世界的伦理呼唤

管理大师彼得·德鲁克强调"管理的核心是责任。责任有三重内涵：一是创造绩效，二是做好事，三是不作恶"。作为企业，固然有逐利的本性，但是在利润驱使下必须固守最基本的"道德底线"，即"不作恶"。没有了底线思维，意味着商业竞争中的坑蒙拐骗、造假欺诈、恶性竞争、违规操作等现象会层出不穷，这将严重冲击和破坏正常的商业规则与市场秩序，最终也必然被整个社会所唾弃。乔布斯在《史蒂夫·乔布斯传》中介绍苹果营销哲学时，强调的一个前提是："你永远不要怀着赚钱的目的去创办一家公司，你的目标应该是做出让自己深信不疑的产品，并创办一家生命力很强的公司。"

在当今商业世界中，伦理规则被践踏的情况屡屡发生，企业伦理已成为全球企业共同面临的现实问题。《世界经理人》杂志针对1500余名企业经理人所做的一项调查表明，近八成受访者认为，企业失败应该归咎于商业伦理与道德丧失。除此之外，认为"急功近利，没有长远发展目标"和"价值观缺失"造成企业失败的受访者也高达74.1%和62%。近年来，在资本逐利动机和压力下，部分企业越来越浮躁，越来越重视规模和利润，却忽略了道德底线和法律约束，导致与之相关的各种社会问题层出不穷。因此，社会各界期待重塑商业伦理的呼声也日益高涨。

1.1.1 商业丑闻频发亟须伦理道德的回归

过去的几十年里，伴随着全球经济一体化的推进，企业间的竞争变得越来越激烈。过度的市场竞争以及对利润目标的追逐导致大量违背商业伦理道德，甚至是践踏法律法规的商业丑闻频频发生。比如，麦道夫曾任纳斯达克证交所主席，是现代华尔街的一个先锋，但他却用简单的庞氏骗局手段诈骗500亿美元，制造了美国历史上最大的诈骗案。又如，安然公司曾一度笼罩着层层金色光环，作为世界最大能源交易商，安然公司2000年总营收高达1010亿美元，列《财富》(Fortune)500强第七位，2001年却陷入财务造假丑闻而破产倒闭。近年来，国内频发的"毒奶粉""瘦肉精""地沟油""假疫苗"等骇人听闻的恶劣事件与商业丑闻，更是反映出部分企业家和经营管理者诚信的缺失、道德的滑坡，甚至是人性的泯灭。企业经营必须坚守基本的伦理规范，常怀敬畏之心、感恩之心和进取之心，正确处理经济理性与道义伦理、公平与效率、竞争与合作等的关系。

巴菲特的黄金搭档查理·芒格在其著作《穷查理宝典》中说："究竟如何判断一家企业是不是好企业？如何判断该不该在这家企业下注自己的人生和钱财？有两个古老的法则能引导我们：一个是道德的法则，一个是谨慎的法则。"但现实中我们对经济生活中的美德效应和恶行效应总是不够重视。虽然追求利润无可厚非，但资本的贪婪性必然存在。因此，企业行为背后还有一个关键要素，那就是企业家作为个体所具有的道德品格。亚当·斯密在《国富论》之前写就的《道德情操论》为人类逐利行为的讨论奠定了道德基调。他曾讲道："当一个人，这里并不特指企业家，而是泛指每个人，无法确定一件事情是否应该去做时，不妨先问一问自己的良心。"从这个角度讲，查理·芒格所说的两个法则对所有企业经营者、投资者，甚至消费者都适用。

作为企业，一方面必须遵纪守法，坚守商业伦理规范，重视社会责任履行；另一方面应该秉承谨慎态度，审慎、负责地开展经营活动，通过踏实诚信、勤勉敬业的经营，赢得市场和消费者的信任。否则，不仅自己作了恶，还会给同行业带来负面影响，对整个商业生态、商业文明起到恶而非善的破坏作用。

商业伦理欠缺主要表现在以下三个方面。

第一，缺乏诚信意识。比如有些企业在产品质量上弄虚作假或以次充好、欠债不还、到期不交货等。企业信用缺失，在很大程度上会增加企业与社会的交易成本，给社会发展带来不利影响。

第二，缺少契约精神。"店大欺客""客大欺店"事件时有发生。这其实也是缺乏诚信的表现。有些企业还会出现所谓的"新官不理旧账"，随意改变游戏规则，没有顾及合作伙伴的利益等事件。

第三，不尊重商场规则。虽然有人把商场比作战场，但是商场与战场大相径庭的是，战场要置对方于死地或者自己举手投降，但商业竞争的双方完全可以协同发展、互惠共赢。

理论和实践表明，对商业伦理的漠视与践踏是企业持续经营中的重大风险，美国安然、世通等超级巨无霸企业因道德缺失而轰然倒下的前车之鉴也足以证明这一点。在我国经济高速发展及社会转型过程中尤其要倡导文明竞争、互惠共赢的理念。伦理是商业的核心，是企业治理的灵魂，是企业价值观的支柱。尊重伦理规则，以德取胜是现代企业家的素质和本色。

我们必须深刻认识到，商业活动对伦理构建有着深层的依赖关系。

第一，伦理规范是社会经济正常有序发展的客观需求。牟利的冲动常常会驱使利益主体发生突破伦理约束的非规范行为，造成严重的社会后果。为保证社会、经济正常运行，数千年来，政府和社会都在谋求伦理构建，以约束、协调经济行为，抑制不当牟利。

第二，伦理规范通过其特殊机理对经济秩序产生深刻影响。伦理通过对人的理念、行为的指导作用，影响人的经济思维方式；通过价值体系、风俗习惯等影响人的经济理念与目标追求；通过伦理习惯影响企业及个体的经济行为；通过社会道德评价修正企业及个体的经济行为。

第三，必须构建与经济社会发展水平相适应的商业伦理规范。现代社会，某些人的经济目标更高，胃口更大，其经济行为表现得更疯狂、贪婪。值得强调的是，在当前高度发展的经济和技术水平之下，缺乏伦理约束的经济行为具有更大的危险性、破坏性。因此，企业伦理构建必须适应经济社会发展水平，使伦理约束发挥真正的作用。

1.1.2　新兴科技与商业模式创新引发新的伦理挑战

大数据、人工智能、云计算、移动互联网、基因技术、纳米技术等新兴科技在为人类社会带来巨大便利的同时，也可能引发巨大的风险和挑战。例如，人工智能技术可以让人类从一般智能活动中解脱出来，集中精力从事各种创新性发现、发明活动。然而，人工智能技术一旦失去控制或被不正当利用，就有可能对人类构成重大威胁。当前，以移动互联网、大数据、人工智能为代表的新一代信息技术日新月异，给各国经济社会发展、国家管理、社会治理、人民生活带来重大而深远的影响。现代信息技术的深入发展和广泛应用，深刻改变着人类的社会交往方式和生存方式，深刻影响着人们的思维方式、价值观念和道德行为。

新兴科技应用催生了一系列商业模式创新。技术与商业模式双重变革大大提升了传统商业活动的效率，拓展了传统商业活动的市场边界，极大释放了商业活动的张力。比如，运用大数据与人工智能技术，企业可以实现用户精准行为画像和产品精准定制，从而提升用户满意度、降低生产库存成本等。但也要看到，大数据与人工智能技术也可能引发数据盗取、数据滥用、数据隐私等一系列伦理问题。

归纳起来，科技飞速发展及其与商业行为的紧密结合在改善商业体验与商业效率的同时，也可能引发一系列的社会隐忧，包括威胁人类生存、公平法则受到挑战、劳动者（尤其是低端市场就业者）变得无足轻重、固有偏见被放大、平台垄断导致自由选择被限制、引发大规模失业、个人隐私泄露、算法和数据滥用等。

新兴科技引发的伦理影响纷繁复杂，且彼此之间相互作用，加之相关经验和知识积累不够，导致目前人们对新兴科技可能引发的伦理挑战还难以精准预测和把握，这加剧了新兴科技使用的不确定性。而且，现实中有些企业在应用新技术时受到利益驱动做出有悖伦理规范的行为，对他人利益造成损害。因此，相关企业在制订新兴科技的创新、研发、应用政策和战略时，不能简单采取"技术先行"或"干了再说"的办法，而是要充分考虑新兴科技及商业应用可能引发的潜在伦理风险和挑战；对新技术管理也不能仅仅着眼于效益和产出，还应着眼于能否实现基本的伦理价值，如科技成果能否改善用户体验和价值传递、增进人民健康，能否保护环境以及维护社会安全等。这就要求企业对新兴科技研发与使用保持审慎态度，并在企业内部建立严格的伦理规范和伦理标准，强化对科技伦理风险的监督和防范。

1.1.3 积极履行社会责任是对新时代企业的必然要求

习近平总书记在中国共产党第十九次全国代表大会上所作的《决胜全面建成小康社会 夺取新时代中国特色社会主义伟大胜利》报告中指出，中国特色社会主义进入了新时代，我国经济发展也由高速增长阶段转向高质量发展阶段。新时代、新使命、新责任，这也对企业家履行社会责任提出了新要求。

扩展阅读 1.1 习近平总书记 2020 年 7 月 21 日在企业家座谈会上的讲话

所谓企业社会责任（corporate social responsibility，CSR），是指企业在创造利润、对股东和员工承担法律责任的同时，还要承担对消费者、社区和环境的责任。这要求企业必须超越把利润作为唯一追求目标的传统理念，强调在生产过程中对人的价值的关注，强调对环境、对消费者和对社会的贡献等。

2020 年 7 月 21 日，习近平总书记在企业家座谈会上指出："企业既有经济责任、法律责任，也有社会责任、道德责任……社会是企业家施展才华的舞台。只有真诚回报社会、切实履行社会责任的企业家，才能真正得到社会认可，才是符合时代要求的企业家。"因此，企业家要增强爱国情怀，勇于创新、诚信守法、积极承担社会责任并拓展国际视野，努力成为新时代构建新发展格局、建设现代化经济体系、推动高质量发展的生力军。新时代的企业家不应仅仅在追求商业价值、创造社会财富中体现自身价值，还应在承担社会责任中更好地体现自身价值。这是由新时代的发展形势和任务决定的。

首先，进入新时代，人民不仅对物质文化生活提出了更高的要求，而且在民主、法治、公平、正义、安全、环境等方面的要求日益增长。满足人民日益增长的美好生活需要，促进人的全面发展、社会全面进步，需要企业家在推动解决发展不平衡不充分问题、大力提升发展质量和效益中大显身手。

其次，当今世界，各国面临很多共同问题，如贫富差距扩大、环境恶化、资源枯竭、气候变化等。这些问题单凭一国之力难以解决，需要各国在加强合作中共同解决。企业是实现国际合作的重要主体，而且企业自身发展也需要合作共赢的良好环境。因此，企业家应带领企业主动履行社会责任，积极推动解决各国面临的共同问题。

最后，移动互联网、大数据、人工智能、区块链等新技术和共享经济等新业态方兴未艾。这些新技术、新业态可以为企业履行社会责任提供更多的手段和便利。对于主动履行社会责任的企业家来说，这是把推动企业成长与履行社会责任有机结合起来的新机遇。倡导企业家主动承担社会责任、解决社会问题、推动社会进步，这不仅是企业家精神的丰富和升华，还是新时代企业家适应科技进步和生产力发展要求的必然选择。

一个热心慈善公益的企业，更有可能树立良好的公众形象；一个对消费者负责的企业，更有可能赢得顾客与市场；一个诚实守信、保护环境的企业，更有可能得到政府、投资方及消费者的支持。对企业家而言，企业承担社会责任意味着收获更好的经营环境和更多的资源支持，这是长远"投资"。因此，企业承担社会责任，是企业家精神的应有之义。与此同时，承担社会责任，也是企业孕育机会、推动创新和创造竞争优势的重要来源。一系列研究表明，企业承担社会责任能够显著增加企业社会资本，有助于推动企业可持续发展。

只有切实履行社会责任的企业和企业家才符合新时代的要求，并真正得到社会认可。中国企业家调查系统对全国 4000 多位企业家的调查显示，我国企业家对履行社会责任有着很高的认可度。95.8% 的调查对象认为"优秀企业家一定具有强烈的社会责任感"。80% 左右的调查对象认为企业在创造利润的同时，也在为社会创造财富，促进国家发展。83% 的调查对象认为企业履行社会责任对企业持续发展非常重要。新时代企业家要进一步适应时代要求，努力增强社会责任感，主动引领企业承担社会责任，为实现中华民族伟大复兴的中国梦作出应有贡献。

1.1.4　伦理战略成为决定企业成败的道德基础

伦理积厚流光，俨然是社会保障的支撑体。从个人伦理、家庭伦理到社会伦理，伦理深入生活角落，于细微处见精神。实际上，企业中也不乏伦理，只是习以为常以致人们浑然不觉。这种无知无觉的漠视也造成很多企业伦理失衡，影响了企业发展，甚至遭遇滑铁卢。即便如此，多数人还是没有意识到伦理战略对于企业成败的决定性影响。

在现实中，企业大多数寿命较短，看似是因为管理不当、经营不善，其实底层逻辑往往在于伦理目标失衡甚至是伦理沦丧。逐利本性使很多企业忽略了伦理规范，更谈不上伦理战略。因此，把伦理管理上升到战略认知层面，迫在眉睫。在木桶效应中，一只水桶能盛多少水并不取决于最长的那块木板，而是取决于最短的那块。很多职业经理人喜欢引用这个理论告诫员工，在销售、市场开发、服务顾客、生产管理等任何一个环节的短板都可能让公司落于人后。哈佛商学院的商业伦理研究发现，与构成企业发展的任何一块木板相比，商业伦理既不是最长的那块木板，也不是最短的那块，而是木桶的"底边"。这说明在商业活动中，商业伦理战略是不可或缺的，失去伦理便一无所有。

那么，企业应该如何构建有效的伦理战略呢？可以从以下几方面入手。

首先，建立合乎社会伦理要求的企业伦理价值体系。对极端利己主义价值观进行修正、纠偏，构建一种以社会伦理规范为基准的互利、和谐的企业伦理价值体系，全面刷新企业的使命观、经营管理理念，使企业行为真正符合社会发展要求。

其次，构建注重利益相关者利益的企业市场理性。市场需要理性，需要理性的企业行为，需要对利益相关者的高度责任感，只有理性地面对市场、面对社会，而非盲目地一意孤行，企业才能均衡稳定发展，才能行稳致远。

再次，培养完善的伦理约束机制。市场经济是法治经济，也是道德经济，没有法律和道德的双重约束，市场就会处于混乱状态。为此，必须加强市场管理，建立有效的监管体系，敦促企业推进自律建设，共同创造公平、开放的市场环境，维护正常的市场秩序。

最后，构建企业发展的伦理战略，必须在企业战略中引入伦理战略内容，把伦理当作企业的重要战略要素，进行企业伦理战略设计，推进企业伦理管理，使企业朝着伦理水准更高、伦理意识更强、伦理战略设计更领先、伦理品质更优异的目标迈进，为社会和自身生产创造更大的价值。

企业伦理战略构建对化解商业乱象具有现实意义。企业伦理战略作为一种经营理念，对内将为企业带来健全的伦理约束机制；对外将向市场发出有力的正面信号，是化解声誉危机的良方。通过实施伦理战略，企业将积累厚实的伦理资本，这些伦理资本会不断辐射到市场和社会，逐步转化为社会资本，使企业、市场、社会实现和谐、持续、良性发展。

1.2 践行有良知的商业逻辑

1.2.1 商业逻辑的基本要义

商业伦理是商业活动中企业遵循的基本伦理规范。要理解现实中为何有企业敢于逾越和践踏伦理规则，频频实施非伦理行为，首先必须深刻理解商业行为的底层逻辑。

"股东利益至上"理论认为，公司须将股东利益置于首位目标。该理论强调股东是公司的所有者，公司财产由他们投入的资本形成，他们承担了公司剩余风险，理所当然应当享有公司的剩余控制权和剩余收益权。因此，公司经营目标在于实现股东利益最大化，帮助股东实现财富增长。这一理论代表性人物有利兰（H. E. Leland）、派尔（D. H. Pyle）、格罗斯曼（S. J. Grossman）与哈特（O. S. Hart）等经济学家。

在"股东利益至上"理论主导下，现实中的商业逻辑呈现出两个基本要义：逐利和效率。所谓逐利，即企业经营的根本目的是实现利润目标，进而帮助股东实现财富增长。因此，追求收入或者利润成为企业存在的意义。所谓效率，是指企业财富创造过程应该遵循投入—产出原则，尽可能以最小的资本投入实现最大的利润目标和财富增长。

当企业经营活动以逐利和效率为底层逻辑时，就可能导致经营者逾越法律制度与伦理约束的边界，进而使企业非伦理行为频频出现。一方面，由于市场存在竞争，并非所有企业都有能力借由产品质量、品牌形象、价格吸引和成本控制等商业手段赢得客户青睐和经营利润。当正常的商业通路被阻隔时，逐利动机就会驱动这些企业铤而走险，采取非伦理行为手段以牺牲他人利益为代价谋取商业利润。正如《资本论》中马克思所说，资本只要有10%的利润，它就会到处被人使用；只要有20%的利润，它就会活跃起来；只要有 50%的利润，它就会铤而走险，突破伦理道德的底线；如果有了100%的利润，就会使人甘冒法律风险；如果有了300%的利润，就会使人甘愿犯罪，甚至去冒绞首的风险。另一方面，现实中的信息不对称与契约不完全特性，则在客观上为企业实施非伦理行为提供了一定的空间。

可见，要缓解商业世界伦理乱象，核心在于改变对企业底层商业逻辑的理解。具体来讲，应该突破"股东利益至上"理论的狭隘观点——一个企业不能以追求收入或者利润作为存在的意义，否则必然导致企业短视或非伦理行为频发。企业存在的意义应该是为客户创造价值，为实现一个美好社会而贡献商业的力量。企业经营收入和利润只是衡量和回馈企业价值创造效率高低的一种手段与结果。

1.2.2　有良知商业逻辑的内涵

推动公司践行有良知的商业逻辑，对于企业持续发展和人类终极福祉具有深远影响。美国的全食超市（WholeFoods）是践行有良知商业逻辑的典范。自 1987 年起，它卖的都是有机食品。有机食品刚开始时市场非常小，但是美国看到的是其本身的意义——对地球可持续发展有好处，对人类健康有好处。在这一价值理念引导下美国才开起了全食超市。经过二四十年的努力，欧美国家都有了这个超市。亚马逊前年收购了它，进一步推动了电子商务的发展。

有良知的商业逻辑，其良知体现在哪里？与传统商业逻辑有何不同？事实上，有良知的商业逻辑并非颠覆传统商业逻辑，它也追寻逐利和效率两个核心的商业目标。它与传统商业逻辑的本质差异体现在以下两个方面：

（1）这里提到的"逐利"，除追求股东利益之外，还要在商业实践中考虑员工、顾客、社区、社会和自然生态等其他利益相关者的利益。这并非意味着股东利益不再重要，股东利益依然重要。但是，对于什么是正在变化中的股东利益应当具有更为系统、长远和动态的认知。股东利益不再是以往所认知的企业"最重要"或片面理解的"唯一重要"目标。企业运营的宗旨和逐利目标是为包括员工、顾客、投资者和整个社会在内的所有成员服务。

（2）从效率角度来讲，有良知的商业逻辑则是在不损害上述系列长远利益的基础上，用最少的资源获得最大的产出。它依然关注企业运营过程的效率导向，但在定义和评价效率时不再局限于狭隘的投资者成本收益函数，而是将员工、顾客、环境和社会等更大范围主体的成本分担及外部性效应（尤其是负外部性）纳入决策函数。同时，在时间维度上也将兼顾短期利益和长期利益等因素。

从 20 世纪 90 年代初开始，"股东利益至上"理论受到了"利益相关者"理论（stakeholder theory）的强烈挑战。"利益相关者"一词最早可以追溯到 1984 年。R. 爱德华·弗里曼（R. Edward Freeman）的《战略管理：利益相关者方法》（*Strategic Management: A Stakeholder Approach*）一书明确提出了"利益相关者"理论。与传统的股东至上主义相比较，这一理论认为任何一个公司的发展都离不开各利益相关者的投入或参与，企业追求的是利益相关者的整体利益，而不仅仅是某些主体的利益。企业利益相关者既包括股东、债权人、雇员、消费者、供应商等交易伙伴，也包括政府部门、本地居民、本地社区、媒体、环保主义等压力集团，甚至包括自然环境、人类后代等受到企业经营活动直接或间接影响的客体。这些利益相关者与企业的生存和发展密切相关，他们有的分担了企业经营风险，有的为企业经营活动付出了代价，有的对企业进行监督和制约。因此，企业经营决策必须考虑他们的利益或接受他们的约束。

有良知的商业逻辑并不是对传统商业逻辑的颠覆和否定，而是传统商业逻辑的升级与进化。沿袭有良知的商业逻辑分析框架，企业目标函数中的要素维度变得更加丰富和多元。顾客价值、员工价值、伙伴价值、股东价值和社会价值等多维综合价值成为现代企业价值目标和价值实现的重要衡量标准。这就要求企业在价值使命和经营过程中摒弃只崇尚股东权益最大化的固有思维，融合"利益相关者"理论，协同多方资源以实现企业价值最大化和可持续商业发展。

1.2.3 如何实现有良知的商业逻辑

有良知的商业逻辑，听起来非常完美、非常高大上。可是，这样的商业逻辑在现实中能够实现吗？这个问题的答案是非常肯定的。关键是怎样才能实现有良知的商业逻辑呢？根据 2019年美国"商业圆桌会议"的《公司宗旨宣言书》，公司的首要目标是创造一个更美好的社会。这意味着公司这个载体在实现有良知的商业逻辑中将发挥核心主体的角色。如果引用"牵一发而动全身"这一比喻，公司就是"一发"，当这个"一发"被牵起来，运用不同理念和模式进行思考和经营的过程，就是践行有良知商业逻辑的过程，整个经济和社会形态都将会被彻底改变和重塑。

扩展阅读 1.2 美国 2019年《公司宗旨宣言书》

下面我们来看一看具体的商业实践案例。

公司通过利用自然资源、人文资源创造产品和服务，获得经营利润并实现人类长期目标，两者兼顾是可行的。对于联合利华、星巴克等这些大公司来说，可持续性发展的宗旨绝对不是欺骗消费者的游戏，而是内心坚定不移的信念。同时，这类大公司还可以通过自身的领先地位和行业影响力，引领并带动供应链中的上下游伙伴共同践行有良知的商业逻辑，从而更进一步地影响越来越多的公司。

扩展阅读 1.3 联合利华的茶生态

可喜的是，随着社会对企业社会责任担当与可持续发展诉求的不断增强并逐渐形成广泛共识，商界领袖对企业的初心，企业对于社会、利益相关方的存在意义和相关度，以及企业在推动社会进步和环境和谐进程中的角色与作用，给出了新的明确性指引，历史性地终结了以股东利益最大化为信条的狭隘经营理念时代，为力图在创造经济价值的同时，实现社会和环境多重共享价值打开了通途。

扩展阅读 1.4 星巴克的经营之道

今天，越来越多的中国公司在起步阶段就考虑到商业利益和社会价值两个层面的协调发展，既关心员工、社区、社会和地球环境的长远发展，又同时兼顾商业价值。越来越多的 CEO 开始谈论企业初心和企业社会责任，越来越多的企业在重写、修订它们的使命；越来越多的以解决现实社会问题为目标的创业行为和新创企业涌现出来。我们相信，未来有良知的商业逻辑必将得到更大范围和更深程度的践行与推广。通过共同践行有良知的商业逻辑，公司才能真正实现"创造一个美好社会"的终极使命与目标。

1.3 可持续商业时代的来临

1.3.1 可持续发展目标

联合国可持续发展目标（sustainable development goals，SDGs）是指 2015 年联合国可持续发展峰会上正式制订通过的 17 个可持续发展目标，旨在 2015—2030 年以综合方式彻底解决社会、经济和环境三个维度的发展问题，转向可持续发展道路。各国政府承诺为在 2030 年全球范围内实现消灭贫穷、保护地球、保障共同富裕、人类、地球、繁荣、和平、伙伴关系等 17 项共同目标而携手努力。这 17 个目标的具体内容包括：

（1）在世界各地消除一切形式的贫困。（no-poverty）

（2）消除饥饿，实现粮食安全，改善营养和促进可持续农业。（zero hunger）

（3）确保健康的生活方式，促进各年龄段人群的福祉。（good health and wellbeing）

（4）确保包容、公平的优质教育，促进全民享有终身学习机会。（quality education）

（5）实现性别平等，为所有妇女、女童赋权。（gender equality）

（6）人人享有清洁饮水及用水是我们所希望生活的世界的一个重要组成部分。（clean waterand sanitation）

（7）确保人人获得可负担、可靠和可持续的现代能源。（affordable and clean energy）

（8）促进持久、包容、可持续的经济增长，实现充分和生产性就业，确保人人有体面工作。（decent work and economic growth）

（9）建设有风险抵御能力的基础设施、促进包容的可持续工业，并推动创新。（industry，innovation and infrastructure）

（10）减少国家内部和国家之间的不平等。（reduced inequalities）

（11）建设包容、安全、有风险抵御能力和可持续的城市及人类住区。（sustainable cities and communities）

（12）确保可持续消费和生产。（sustainable consumption and production）

（13）采取紧急行动应对气候变化及其影响。（climate action）

（14）保护和可持续利用海洋及海洋资源以促进可持续发展。（life under water）

（15）保护、恢复和促进可持续利用陆地生态系统、可持续森林管理、防治荒漠化、制止和扭转土地退化现象、遏制生物多样性的丧失。（life on land）

（16）促进有利于可持续发展的和平和包容社会，为所有人提供诉诸司法的机会，在各层级建立有效、负责和包容的机构。（institutions，good governance）

（17）加强执行手段、重振可持续发展全球伙伴关系。（partnerships for the goals）

自 2015 年联合国提出全人类的社会、经济、环境可持续发展目标（SDG2030）以来，深入践行可持续发展的步伐已跨过了三分之一的征程。可持续发展目标的实现既需要各国政府的顶层设计，又需要微观基础。企业是最基本也是最重要的市场供给主体，是推动经济与社会可持续发展的主力军。伴随着人类文明历史阶段的跨越和深刻的技术与社会变革，可持续商业的发展也将呈现出新的趋势。对可持续发展现状和未来趋势，学术界和实务界逐步形成了清晰的判断，并指出它们的主要特征有：

（1）我们正步入从工业商业文明到共生型生态文明（symbiosis ecosystem civilization，SEC）的十字路口；

（2）经济、社会、环境三个维度交互形成的空间，已经成为企业战略和经营活动的大背景；

（3）可持续发展在企业中和企业间、行业中和行业间、企业和社会之间，将以"可持续商业"形态成为企业生存与发展过程中、战略决策和经营活动中的核心内容；

（4）颠覆式技术创新、商业模式创新，将以空前的速度推动可持续商业的发展与演变。

1.3.2　可持续商业的特征

1. 可持续商业——社会的共生新生态由初露端倪到基础确立

商业与社会的紧密度将由于数字化、智能化、网络化的作用日益加强。社会对可持续发展的认知提升将催生打破企业边界的商业模式，产生社会化的合作模式，出现新的产业融合、跨企业协同，企业间围绕着责任、利益、生存、发展将形成你中有我、我中有你的商业生态。未来不再是简单的产品与产品的竞争、市场与市场的竞争、企业与企业的竞争，而是业态与业态的竞争。

在那些企业先行者中，已经看到这一业态演进的雏形。比如，德国化工企业巴斯夫在可持续供应链上的"1＋3"模式创新和复制，带动了周围供应商、客户、中间商的效仿、跟进及良性共荣发展，形成了稳定、优质、负责任、可持续的供应链。围绕着气候变化、低碳和能源效率等重大环境议题，德国工业巨头蒂森克虏伯提出了将钢厂炉顶气引入化工厂生产甲醇，再将甲醇引入电厂产生电能的生态式解决方案。海尔利用 COSMOPlat（卡奥斯工业互联网平台）将大规模定制化生产与数字化销售相结合，将生产—供应—消费—消费者生活环境的生态提升到整合的智能化水平，在为终端用户提供最佳服务的同时，也为员工（终端"服务兵"）提供了最佳发展空间，真正做到了员工、消费者这些可持续商业基础要素的可持续发展。

扩展阅读 1.5　巴斯夫"1＋3"模式

2. 可持续商业——社会生态的核心驱动因素

随着可持续发展、绿色创新、绿色消费等社会认知的提升和法规的完善，可持续消费逐渐兴起，这将进一步孕育出新的重大商机。同时，由于大数据、人工智能和工业互联网等新兴技术的赋能作用，产业协同与跨界合作将催生大量的共生共荣商业生态，进而为实现可持续商业目标奠定坚实的产业基础。生态型融合空间将为多重利益相关方的合作与共享价值提供巨大的增长机遇。

概括起来，未来可持续商业–社会生态将在以下四个因素的驱动下形成新的发展空间

（图 1-1）。具体包括：

（1）科技向善：坚守"人是技术的尺度"原则，倡导科技创新应该更系统地聚焦社会发展与环境问题，将技术规则体系纳入由法律、伦理所构建的行业标准和社会规则体系中，以伦理和责任引领科技应用和商业化进程。

（2）美好商业：强调商业的本质是为了美好生活，公司的首要任务是创造一个更美好的社会。公司运营应该摒弃企业先为股东服务，实现利润最大化的传统观念；相反，公司应向员工投资，为客户传递价值，与供应商公平合理地交易，支持社区建设，为国家的未来成功创造价值，这才是美好商业应该追求的目标。

（3）消费行为改变：随着人类文明、社会规范和个体认知的进化，绿色消费理念及行为逐渐兴起。政府法规和绿色生产标准的确立将进一步推动绿色消费行为的普及。绿色消费又称"可持续消费"，是从满足生态需要出发，以有益健康和保护生态环境为基本内涵，符合人的健康和环境保护标准的各种消费行为和消费方式的统称。绿色消费注重生态平衡、环境保护、资源有序开发，以期实现可持续消费，达到可持续发展。

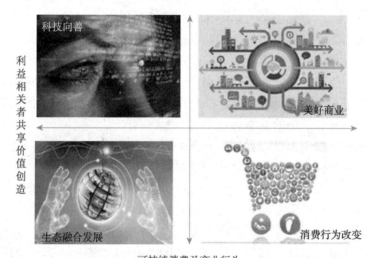

图 1-1　未来可持续商业–社会生态的核心驱动因素

（4）生态融合发展：大数据、人工智能、云计算以及移动互联网等新技术发展推动着商业模式创新，产业环境不断变化，产业边界日趋模糊。在新的商业生态圈中，价值共创共享取代了利益竞争攫取，持续发展取代了成长衰落。现代企业竞争也由传统的价值链竞争（注重上下垂直发展）转变为商业生态圈竞争（倡导横向协同发展）。如何有效整合内外部资源、构建（嵌入）价值平台成为企业实现生态融合发展的关键。

1.3.3　可持续商业实践能力构建

企业要成功地推进可持续商业实践，并在此过程中形成新的核心竞争力，必须在以下六大方面建立起适应可持续商业实践的领导能力（图 1-2），包括：

（1）可持续商业战略思维决策力；

（2）引领企业向可持续商业变革的能力；

（3）系统整合协作的网络化执行力；

（4）可持续商业话语体系建设及沟通力；

（5）全面风险管控和危机管理能力；

（6）跨界融合的社会合作与创新能力。

图 1-2　可持续商业实践的六大核心领导力

上述六大领导能力将构成对企业可持续商业管理体系的支撑。其中，战略思维决策力将从线性思维主导的安索夫矩阵"产品—市场"战略向融合了"产品—市场"战略和三重底线（经济底线、社会底线、环境底线）理念（John Elkington，1997）、非市场化战略（David Baron，1991）及利益相关方分析（Edward Freeman，1995）的非线性思维转变；从企业流程化主导的价值链管理执行力向数字化业态主导的边缘性、连接性、扩展性价值网络化、协同化执行力转变；从企业封闭型创新向打破企业边界的开放式、融合式、跨界式创新转变。

在此过程中，企业必须培养内生的、系统的、前瞻的组织变革能力。同时，在引入变革和健全企业话语体系方面，企业把同SDG2030、GRI、ESG 通用语言体系的对标作为常态化管理内容。ESG 是一种在投资决策中考虑环境（environmental）、社会（social）和治理（governance）因素的投资理念，是衡量公司是否具备足够社会责任感和可持续发展能力的重要标准。不论是经常提起全球变暖、空气污染现象，还是突如其来的新冠疫情，抑或是当今复杂多变的国际形势，都让人们重新思考人与人、人与社会、人与自然、人与这个世界的关系。无疑，ESG 理念帮人

扩展阅读 1.6　SDG2030、GRI、ESG 是什么？

们找到了答案，通过行动让所在的世界变得更美好。因其顺应人类社会发展的必然趋势，这一理念一经提出便很快风靡全球。近年来，由于证交所对上市公司 ESG 披露提出要求、将 MCSI 纳入 ESG 评估、ESG 报告补充了财务报告前瞻性不足、资本市场国际化拉动等原因的交互作用，ESG 受到了大多数上市公司的重视。而"双碳"背景使得我国社会各界对 ESG 理念的追捧愈加火热。

1.3.4　可持续商业发展面临的挑战

前面提及的未来可持续商业–社会生态四个核心驱动因素里，科技向善、美好商业、

消费行为改变、生态融合发展既是机遇，也是挑战。从企业、政府、社会三个部门来看，以下因素面临的现实挑战依然严峻：

（1）系统化的经济、社会、环境政策和综合决策机制亟待建立，促进运用经济和科技手段保护环境和创造社会福祉。

（2）可持续商业组织建设和人才发展亟待加强，以让可持续商业领导力在现代企业生存与发展中起到主导作用。

（3）对可持续发展的必要性及与每个公民的相关性认知亟待提升，促进公众参与绿色消费文化与行为，加快形成绿色消费习惯与消费文化。

（4）可持续商业及企业社会责任价值和影响力的量化、可视化衡量，让企业、政府、社会都能更直观地看到可持续商业行为的价值所在，检验价值大小。

（5）从国际格局走向来看，区域冲突及逆全球化的影响不可小觑，这些负面能量会给可持续发展带来停滞、徘徊的干扰。

1.3.5　实施伦理战略，助推可持续商业发展

诚然，企业作为经济组织，需要遵循市场经济的利益导向，但与此同时也必须积极履行社会责任。企业社会责任包括经济责任、法律责任、伦理责任和慈善责任。其中，伦理责任是比法律责任更高层次的要求，它涵盖了那些为社会所期望的、尚未形成法律条文的活动和做法，包括公平、公正、道德、规范等。在现实中，一些企业罔顾社会责任或伦理规范，破坏生态环境、危害公众健康，游走于法律边缘。企业单纯以经济利润或股东利益最大化为目标，虽然可能在短期内交上一份漂亮的业绩报表，但这些短视行为也必然有损企业形象，引发政府管制，甚至因触犯法律而承担相关后果，最终失去可持续发展基础。

企业是实现可持续商业发展的载体和微观基础。企业要打造"百年老店"，实现可持续商业目标，通过公司伦理战略加强自身伦理规范与制度体系建设，引导企业遵循伦理规范、积极履行社会责任是不二选择。伦理规范有着广泛的激励约束功能。一方面，伦理规范有助于对企业非伦理行为进行有效约束，减少企业因逾越伦理边界而引发的道德危机与伦理困境。另一方面，伦理规范引导企业以更高标准要求自己，以严格的伦理标准对经营决策进行衡量和取舍，这既可以实现企业活动的经济效益、生态效益、社会效益的有机统一，也有助于提升企业凝聚力，壮大增强企业品牌形象、声誉资本等无形资产。

企业家要有自觉的伦理道德感和社会责任意识，这是从生而为人的角度出发的理想要求。伦理道德与社会责任是对原有商业思维范式的一个转变，是对原有决策依据、行动指南的一个重大调整。因此，需要一大批理性的、勇敢的、坚定的道德型实践者不忘初心、矢志不渝地践行伦理准则，用生动的实践和宝贵的经验去推进企业伦理战略与可持续商业实践。事实将会证明，不是一遵循伦理道德就灵，但是，逾越伦理道德一定不灵。商业伦理是一种信念，是企业价值观的体现，是企业自发自愿的行为，社会各界应该积极倡导，采取适当措施鼓励和支持企业践行伦理责任。

1.4 商业伦理与社会责任教育

要守住商业文明的基石，除了商业违规行为监管制度和惩戒措施到位，企业领导人和经营者信守价值观，组织内部重视使命感和社会责任担当，大家对有良知的商业逻辑心生敬畏，商业伦理与社会责任教育也有义不容辞的责任。

古今中外的管理案例证明，一个优秀的职业经理人不仅应该具备优秀的专业能力，还应该具备优秀的职业道德。经营人才最终在事业上做到什么程度，不仅要受到智商、情商的限制，还要受到德商的限制。商学院学生是未来社会的商业中坚和精英人才，其如何看待和经营公司将影响人类的终极福祉。因此，致力于培养未来商界精英的商学院，不仅要注重商业管理知识和经营策略的传授，还应该秉承德树立人原则，增强价值引导，注重对学生的商业伦理和职业道德的塑造，这样才能培养引领未来的卓越企业家。

1.4.1 西方商业伦理教育的发展

20 世纪 60 年代初至 70 年代末美国出现了一系列企业经营丑闻，包括损害劳工权益、商业贿赂、垄断价格、环境污染、安全事故、商业欺诈、虚假广告等问题，公众反应强烈，要求政府进行调查。1962 年，美国政府发布了一个《关于企业伦理及相应行动的声明》的报告，表达了政府对企业伦理的高度关注。1974 年，一些伦理学家在美国堪萨斯大学召开了第一届全美企业伦理学研讨会，这基本就是商业伦理学（Business Ethics）这一概念最早被提出的时间。

随着社会公众对伦理问题关注的日益增强，很多企业也在不断有意识地强化企业伦理的 DNA。数据表明，《财富》（Fortune）500 强企业中超过 90% 的企业都有明确成文的伦理守则，用以规范企业和员工行为；60% 以上的美国大企业和 50% 的欧洲大企业设有正式的伦理管理机构；在美国制造业和服务业前 1000 家企业中，20% 的企业聘有伦理主管。20 世纪 90 年代中期，40% 左右的美国企业对员工进行了伦理方面的培训。

高等院校课程教育是伦理教育的前沿阵地。美国各州大学于 20 世纪 80 年代在本科和管理学硕士阶段开设商业与社会相关课程。"商业伦理和商业文明教育"概念由哈佛商学院首创。哈佛商学院认为，自己的使命是培养商界精英，但如果在教学过程中不倡导商业伦理，教给学生的本领越大，给社会造成的危害就越大。若真的导致这样的结果，就是商学院巨大的失败。1987 年约翰·沙德（John Shad）捐款 2000 万美元给哈佛商学院，倡议开设"决策与伦理价值"课程，并从 1988 年起正式开设。自 20 世纪 80 年代以来，企业伦理学方面的研究机构、出版物在美国、加拿大、欧洲、南美、中东、日本、韩国纷纷问世。同时，伦理学研究也不断深化，学者们对企业的道德地位、社会责任、道德伦理与企业活动能否相容等话题展开激烈讨论，公司道德问题成为企业伦理学的核心问题。

2008 年全球金融危机爆发后，面对前所未有的道德拷问，全球各地的商学院都对商业伦理道德培养缺位的状况进行深刻反思，并且在教学过程中积极改变，纷纷加强了对商科学生的商业伦理道德、社会责任感的教育。哈佛商学院甚至开始在毕业生中推行宣誓制度，旨在昭示世人对于学生职业伦理的重视。麻省理工学院斯隆管理学院也强调，商学院未来的发展不仅仅是要教授专业知识，还应加强学生领导力特别是责任感的培养，对学生的短期行为和长期效应进行指导。

目前，全球两大权威商学院认证机构——国际商学院协会（The Association to Advance Collegiate Schools of Business，AACSB）和欧洲质量发展认证体系（European Quality Improvement System，EQUIS）都将"伦理道德的考虑因素"以及"社会和政治影响"作为商科学生应该掌握的基本知识。因此这些知识也成为优秀商学院通过认证的重要标准之一，这极大推进了商业伦理教育在各个学校的普及。国际商学院协会总裁兼首席执行官约翰·菲尔南德斯表示，对于商学院来说，"现在更加认识到需要培养的这些企业领导者，他们必须关注企业可持续发展并且要强调企业对于社会所创造的价值"。国际商学院协会和联合国全球契约组织合作，提出了负责任的管理教育原则（Principles for Responsible Management Education，PRME），旨在激发和支持全球的责任管理教育、研究和思维领导。截至 2020 年 6 月，全球已经有 80 多个国家和地区超过 650 家商学院加入这一合作，"决心要为未来培养具有可持续企业发展思维的企业领导"。2017 年，美国高校陆续将人工智能伦理课程纳入教学体系中，自 2019 年起，结合伦理学的人工智能伦理课程进入美国基础教育阶段。

概括起来，美国商业伦理教育的主要发展历程如下：
- 20 世纪五六十年代，美国出现一系列企业经营丑闻。
- 1962 年，美国政府发布报告《关于企业伦理及相应行动的声明》。
- 1963 年，T. M. 加瑞特等人编写了《企业伦理案例》。
- 1968 年，美国天主教大学原校长 C. 沃尔顿在其《公司的社会责任》一书中，倡导公司之间的竞争要以道德目的为本。
- 1974 年 11 月，在美国堪萨斯大学召开了第一届企业伦理学研讨会，这次会议不仅深化了对企业伦理问题的认识，而且标志着企业伦理学的正式确立。
- 1987 年，约翰·沙德（John Shad）捐款 2000 万美元给哈佛商学院，倡议开设"决策与伦理价值"课程，哈佛商学院从 1988 年开始正式开设此课程。
- 美国 90%以上的商学院或管理学院以及欧洲的绝大多数大学都开设了企业伦理学、管理及商业伦理道德、企业伦理与职业道德等方面的课程。
- 2018 年，哈佛、康奈尔、斯坦福等美国高校均开设了人工智能伦理课程，旨在培养负责任的技术人才，同时也是对近期硅谷遇到的算法歧视、假新闻等负面消息，以及公众对人工智能等新技术的担忧和焦虑的回应。

1.4.2 国内商业伦理教育的发展

与西方发达国家相比，我国对商业伦理的关注及伦理教育起步较晚。20 世纪末，面对商业实践中的伦理乱象，我国企业界也有所行动。1997 年 5 月，合肥荣事达集团在北京发布《荣事达企业竞争自律宣言》，在国内引起很大反响，被评为当年全国十大经济新闻。1999 年 7 月 15 日，我国 33 位非公有制经济代表在人民大会堂发布《信誉宣言》："在社会主义市场经济活动的各个环节中，从自己做起，带头做到守信用、讲信誉、重信义；做到爱国敬业、照章纳税、关心职工、生活简朴；做到重质量、树品牌、守合同、重服务。"

在学校教育方面，自20世纪末开始，国内商学院陆续开设管理伦理学与社会责任等相关课程。1999年，全国MBA教育指导委员会提出应强化MBA学生在环保意识、社会责任与人文素养等方面的教育。2006年年底，全国96所MBA院校的院长在杭州参与会议并发表《西湖宣言》，其核心内容正是提倡商学院要注重企业社会责任的培养，倡议商学院把企业社会责任和商业伦理课程纳入MBA教育中。2009年，MBA教育指导委员会要求各MBA培养单位统一开设"商业伦理与企业社会责任"课程；并将MBA培养过程中是否包含企业伦理、社会责任等课程纳入MBA教学合格评估体系中。2020年5月，教育部发布《高等学校课程思政建设指导纲要》，明确指出理工类院校也要注重科学伦理和工程伦理教育。

当前，全球商学院都高度重视商业文明与商业伦理教育。在这一类课程所牵涉的现实问题中，有的有比较确定的答案，有的还在进一步发展中，无法给出清晰的解答。但无论如何，大家都开始高度重视这一问题。尤其是MBA、EMBA教育，不仅要教给商界精英管理本领，也要引导他们树立良好的伦理价值观和道德准则，帮助他们成为有社会责任感的企业家。除了严厉的惩罚，教育真的很重要。正如原全国MBA教育指导委员会副主任赵纯钧教授强调的，商学院在培养学生时"应着重商业伦理道德教育、企业社会责任教育"，同时也应该承担自己的社会责任，"将社会责任、商业伦理作为一种真正的价值观灌输给学生"。"商业价值观，不应该仅仅是一两门课程，它应该是融合在商学院的每一个教学过程中，成为学生真正接受的价值观，将社会责任、环保意识、商业伦理融入到他的商业信仰里。"

1.4.3 企业社会责任的兴起

1924年，英国学者谢尔顿最早提出了企业社会责任的概念。企业社会责任是指企业在生产经营过程中对经济、社会和环境目标进行综合考虑，在对股东负责、获取经济利益的同时，主动承担对企业利益相关者的责任，主要涉及员工权益保护、环境保护、商业道德、社区关系、社会公益等。目前对企业社会责任的定义存在以下共性：一是认为企业社会责任属于公司自愿行为；二是认为企业承诺的责任大多高于国家法律要求；三是认为企业社会责任应包含环境、劳工权益和人权方面的保护措施及参与社区和社会公益活动等要素。

1776年，亚当·斯密在《国富论》中用"看不见的手"一词来形容资本主义完全竞争的模式。他认为，在市场经济体制中，消费者依据效用最大化原则来做购买决策，生产者依据利润最大化原则做销售决策，企业只要通过市场机制为社会提供产品和服务，就承担了相应的社会责任。然而，伴随着资本主义国家经济高速发展，企业利益与社会利益的冲突日益明显，尤其受到19世纪"社会达尔文主义"思潮的影响，企业通过剥削供应商与员工来增加自身利益，严重影响了社会秩序的良性发展。学者们开始指责"社会达尔文主义"的冷漠，并强调企业有义务承担一定的社会责任。

从 19 世纪中叶开始，一些小型分散的企业通过合伙经营和控股等组织方式，逐步发展成支配国民经济命脉的大型垄断企业。比如洛克菲勒的美孚石油公司合并了 20 家分散的石油公司，到 1904 年控制了美国国内石油贸易的 80%，石油出口的 90%。JP 摩根在 1901 年合并了 10 家钢铁公司，以巨大的卡内基钢铁公司为中心组成美国钢铁公司，拥有的现金可以支付美国政府 1880 年的全部开支。垄断组织使大批中小企业被吞并或破产，广大消费者也难逃被奴役的厄运。经济运行机制遭到破坏，经济活动陷入无序状态。垄断组织对森林和矿产资源的掠夺性开发，使美国森林面积由内战前的 8 亿英亩锐减到 1901 年的不足 2 亿英亩，生态环境遭到严重破坏。此外，资本主义不断扩张也引起一些社会矛盾，如产品安全、"血汗工厂"、贫富差距、环境污染等问题，特别是劳工问题，使得企业社会责任运动逐渐得到关注。

20 世纪 90 年代以后，随着人们消费观念的改变及对可持续发展观的认同，社会掀起了广泛的社会责任运动，包括消费者运动、劳工运动、环保运动、女权运动、社会责任投资运动和可持续发展运动等。锐步、迪士尼等知名品牌都相继制定了社会责任守则。截至 2000 年，全球共有 246 个社会责任守则，其中 118 个是由跨国公司制定的，主要分布在美国、英国、澳大利亚、德国等国家。为了消除名目繁多的社会责任守则，国际社会责任组织（Social Accountability International，SAI）制定并发布了适用于全球的 SA8000 标准。

1.4.4　商业伦理与企业社会责任的融合

商业伦理与企业社会责任这两个概念既有联系也有区别。商业伦理主要由企业经营中的价值观和道德标准组成，是企业社会责任行为实施的基础和原则，它为企业社会责任履行提供了道德判断依据。企业社会责任则更多体现在企业外在可见的行为表现中，有明确的对象、具体的内容范畴和目的。

对于企业而言，商业伦理与社会责任两者缺一不可。两者都关注企业如何开展经营活动及其对社会的影响，两者也都为企业行为边界及合理性进行认知评价，有效帮助和指导企业正确践行伦理规范和责任担当。从国际标准化组织的定义看，强调企业社会责任应"以道德行为为基础"，即所谓组织（企业）的社会责任是组织为其活动给社会和环境造成的影响承担责任的行为，这些行为要符合社会利益和可持续发展；要以道德行为为基础，符合适用法律和政府间的契约；要融入组织正在进行的各项活动之中。世界可持续发展企业委员会将企业社会责任定义为：企业社会责任是企业针对社会（既包括股东也包括其他利益相关者）的合乎道德的行为。它强调企业社会责任必须是合乎道德的。

1.5　商业伦理课程的教学内容

1.5.1　学习商业伦理的目的和意义

20 世纪 60 年代，面对频发的劳工权益保护、公司治理、商业贿赂、环境污染、安全事故、商业欺诈、虚假广告等问题，欧美发达国家关于企业经营活动中伦理问题的公开讨论以及用户利益至上的消费者运动不断高涨，商业伦理得到快速发展。

中国商学教育也需站在更高层面思考与重构商业伦理与社会责任教育的新思维与新框架。特别是当前新兴科技与商业模式创新层出不穷，新兴科技与商业模式演进步伐超越人们伦理认知的进化，进而使人产生一定的伦理认知盲区。因此，深入学习商业伦理与企业社会责任课程不仅有必要，而且相当迫切。

扩展阅读 1.7 吴敬琏：商业伦理是企业家的必修课

第一，学习商业伦理有助于强化市场运行的道德自律机制，改善营商环境，降低交易成本。法国哲学家卢梭曾说"一切法律之中最重要的法律，既不是铭刻在大理石上，也不是铭刻在铜表上，而是铭刻在公民的内心中"。从制度经济学角度讲，约束人类经济行为的有两个基本因素，即法律规则和伦理规范，两者之间存在一定的替代性治理功能。与法律规则的他律机制不同，利用伦理道德和自律机制规范人类经济行为，既可以降低交易成本，也有利于倡导"真善美"的积极伦理行为，进而实现净化营商环境、维护市场稳定的治理目标。

第二，学习商业伦理有助于为商业主体树立道德价值目标。当今商业活动迅猛发展，行为边界不断扩张，这也导致商业实践中企业非伦理行为与"合法性"问题凸显。"合法性"涉及领域广泛，但归根结底，它反映了商业主体在追求经济利益时还应有更高层次的价值追求，企业行为应该吻合社会大众对实现美好生活目标与社会可持续发展的期许，彰显社会良性发展和文明进步。若要达到此目标，则必须倡导学习和强化商业伦理精神。商业伦理是企业价值观的体现，是企业行为的道德基础。只有不断强化企业伦理精神，倡导和践行有良知的商业逻辑，才能帮助企业更好、更长久地生存下去，才不会产生"扇贝跑了""猪饿死了""钱不见了"等诸多恶性欺诈事件，从而更好地保障投资者利益。

第三，学习商业伦理有助于拓展伦理认知视域，以更好地应对和处理技术与商业变革带来的新兴伦理挑战。一般而言，商业伦理学主要探讨商业伦理规范、商业道德行为的选择、商业道德评价和商业道德修养、商业伦理与责任体系建设等内容。商业伦理精神则是这些内容的底层根基。随着时代变迁和商业行为演化，商业伦理精神的内涵也发生了巨大变化。尤其是新兴科技与商业模式变革导致现代商业呈现出与传统商业截然不同的新特征，如互联网购物、无现金支付、商业 AI 及物联网技术等。因此，研究学习这些由技术进步带来的商业伦理新内容，既可以完善商业伦理学的理论体系和内容边界，也有利于拓展人们对商业伦理价值规范的认知视域。

学生通过本课程的学习，应达到以下知识、能力和素养水平：

（1）系统掌握商业伦理领域的基础知识和理论，熟悉商业伦理决策范式和伦理管理系统的构建方法；

（2）具备识别、判断和分析关键伦理决策要素，有效应对和处理复杂伦理问题，并推进可持续商业实践的能力；

（3）树立宏大的家国情怀与责任担当，具有良好的伦理素养、社会责任感和道德领导力。

1.5.2　商业伦理的主要内容

商业伦理与企业社会责任日益受到企业界、学术界和社会大众的关注。MIT 斯隆管理学院利·哈弗雷（Leigh Hafrey）教授认为，商业伦理、企业社会责任与可持续发展是三个相互关联的思维层面。三者之间既相互区分又紧密联系。其中，商业伦理主要探讨企业内的个体价值观与伦理行为选择；企业社会责任则关注整体层面的组织行为与实践模式；可持续发展则聚焦应对系统层面的挑战。具体来讲，微观层面主要指企业组织中雇主与雇员、企业与投资者、客户与供应商之间关系处理和行为遵循的伦理准则。中观层面主要指企业与企业之间、企业与社会其他组织之间关系处理和行为遵循的伦理准则，如竞合关系处理、垄断与公平竞争等。宏观层面则是指企业社会责任，即企业对社会、人类文明所应该承担的责任，如环境保护、共同富裕、技术进步、社会可持续发展等。在这三个层面上，企业同个人一样被认为是道德行为者，企业行为不可避免地会产生伦理指向和伦理影响。

沿袭这一逻辑体系，本教材将围绕"商业伦理与企业社会责任"话题展开讨论。在内容设计上包括四篇共计 14 章。归纳起来，主要包括四个方面的核心内容：

第一篇：伦理基础篇。本篇旨在通过新时代商业世界的伦理呼唤、践行有良知的商业逻辑、可持续商业时代来临等内容导入，激发学生对商业伦理精神和伦理教育的关注。同时，通过阐述商业伦理的核心内涵、伦理价值与伦理行为、中华传统文化蕴含的伦理思想、伦理规范与制度约束的治理关系等内容，帮助学生理解商业活动应该遵循的基本伦理规范。本篇内容包括第 1—4 章。

第二篇：伦理决策篇。本篇分别从劳动力市场、产品市场和资本市场三大场域阐述企业人力资源管理、产品与营销管理以及资本市场与投资者管理中的企业非伦理行为典型表现、关键诱因，明确企业伦理决策的基本过程和非伦理行为的治理对策。本篇内容包括第 5—7 章。

第三篇：社会责任篇。本篇重点阐述企业社会责任的内涵、企业履行社会责任的动因、企业社会责任信息披露、中国企业社会责任实践、社会创业与社会企业等内容。本篇内容包括第 8—10 章。

第四篇：伦理战略篇。本篇重点从数字时代的伦理挑战、伦理战略与企业合法性、企业伦理管理系统塑造和构筑新时代的商业文明等方面展开。本篇内容包括第 11~14 章。

1.5.3　课程教学方法

商业伦理课程教学难度大，内容建设与教学过程面临三大挑战：

（1）从经典理论向伦理实践问题的延展不足。科技与产业变革导致新伦理现象不断涌现，由此产生了理论知识与伦理实践脱节、教学和科研脱节和教学知识陈旧等问题。如何从经典伦理决策模型和理论延伸至分析实际伦理现象，是培养学生解决复杂伦理问题能力的重要环节，也是课程面临的重大挑战。

（2）传统的以教师讲解为中心的课堂教学很容易陷入说教式陷阱。怎样使学生从带有排斥心理的被动受教者转变为主观能动的探索思考者，通过构建师生学习共同体激发学生内驱力，引导学生建立可持续商业思维的高阶认知模式，是教学过程中面临的另一个挑战。

（3）立体化课程思政育人体系建设不足。本课程思政资源丰富，开展"课程思政"得天独厚。面对"新文科建设"与"三全育人"的新时代背景和新要求，教师需要多维度深入挖掘课程思政育人元素，将立德树人融入每一个教学环节里，使专业知识和思政育人同向同行，真正实现"价值塑造、能力培养、知识传授"三位一体的教学目标。

为了应对上述挑战，教师在课程教学过程中应该秉承以下原则：

第一，严格按照伦理基础篇、伦理决策篇、社会责任篇和伦理战略篇组织教学内容。以知识点为核心纽带，将引发社会关注的伦理事件及典型案例引入课堂，通过案例教学激发学生学习兴趣；追根溯源，了解伦理决策理论的核心内涵；剥丝抽茧、探幽索胜，掌握伦理决策基本范式；知行合一，树立伦理规范和可持续商业思维；落实立德树人和价值引领，树立良好的伦理素养和社会责任感。

第二，坚持科教融合、学研融合，将优质科研资源转化为优质教育资源，打造师生学习共同体。主讲教师应该注重将最新研究成果和学术观点（如大数据时代的企业竞争与伦理挑战、平台企业社会责任及治理、数据垄断与创新、社会创业与社会企业等）引入课堂，培养学生深度分析、大胆质疑、勇于创新的精神和能力，提升课程前瞻性、创新性和挑战度。

第三，以立德树人和价值引领为导向推进课程思政建设。在教学内容设计过程中，要以知识点为核心纽带，从"诚信经营、科技向善"等商道价值，"创新驱动、绿色发展"等可持续商业思维，"企业家社会责任与家国情怀"等使命担当，"儒家伦理与传统经营哲学"等文化自信，"新时代企业参与精准脱贫和乡村振兴伟大实践"等道路自信方面，全方位挖掘课程思政元素和鲜活案例，构建内容多元、形式多样、时效性强的立体化课程思政育人体系，真正解决"思政教育只靠讲、思政实践只靠说"的问题。

本章关键知识点

有良知的商业逻辑、可持续商业、伦理战略、商业伦理教育

思考题

1. 有良知的商业逻辑是否颠覆了传统商业逻辑？为什么？
2. 企业如何培养可持续商业实践能力？

即测即练

自学自测　　扫描此码

第 2 章

伦理价值与伦理决策

本章学习目标

通过本章的学习，学生应该能够：

1. 理解中西方哲学对人性特征的认识；
2. 了解伦理价值的内涵及特性；
3. 掌握道德与伦理的概念、特征与功能；
4. 知悉伦理决策的基本过程。

引导案例

道 德 起 源

把五只猴子关在一个笼子里，上头有一串香蕉。实验人员装了一个自动装置，一旦侦测到有猴子要去拿香蕉，马上就会有水喷向笼子，而这五只猴子都会被喷得一身湿。

起初，有一只猴子去拿香蕉，结果当然就是每只猴子都被淋湿了。大家在尝试几次后，发现只要去拿香蕉就会被淋湿。于是，猴子们达成一个共识：大家都不要去拿香蕉，从而避免被水喷到。

后来，实验人员把其中一只猴子放出来，换进去一只新猴子 A。猴子 A 看到香蕉后马上要去拿，结果，它被其他四只猴子打了一顿。因为其他四只猴子认为猴子 A 会害它们被水喷到，所以制止它去拿香蕉。猴子 A 尝试了几次，每次都被打得满头包，最后也没有拿到香蕉。

随后，实验人员再把其中一只猴子放出来换上了另一只新猴子 B。猴子 B 看到香蕉后也是本能地迫不及待地要去拿。当然，一如刚才的情形，其他四只猴子打了猴子 B 一顿。特别是猴子 A，打得最用力。猴子 B 尝试了几次，每次都被打得很惨，只好作罢。

慢慢地，一只又一只，所有猴子都换成了新猴子。大家都不敢去动那串香蕉，它们也不知道为什么，只知道去动香蕉就会被打。这就是道德的起源。

2.1 管理的人性基础

现代商业活动本质上表现为两类交换行为：①企业与外部市场的顾客之间的交换；②企业与内部员工之间的交换。在第一类交换行为中，企业拿自己的产品或服务与外部市场的顾客进行交换，这是一个实现企业价值的过程。而企业产品或服务的形成则涉及第二类交换行为，即企业为员工提供工作平台、机会和薪酬福利等一系列报酬，作为交换，员工贡献自己的时间、劳动和知识来为企业生产产品或服务，这是一个创造企业价值的过程。沿袭这一逻辑，要理解现代商业活动就必须理解上述两类交换行为。企业经营效果的改善须以这两类交换行为的效率改进为前提。由此，企业需要提升自身感知顾客和感知员工的能力，需要深刻理解人性的基本特征。

2.1.1 中国古代哲学的人性认知

人性，即人之本性。它包括社会属性、精神属性和自然属性。它是人的一般特性，即人类共性。马克思主义原理告诉我们，人性不是人固有的抽象物，不是静态的"类"共同性，而是动态的、历时的"类"共同性。

在中国哲学史上，最早明确提出人性问题的是孔子。关于人性问题，孔子最著名的一句话就是"性相近也，习相远也"。在这里，他提出了"性"与"习"的关系问题。"性"指每一个人各自的自然本性，包括性格、禀赋、智力等；"习"指后天的努力和行为，包括学习、受各自所处环境和外在条件制约的习惯性行为方式等。

儒家最早比较系统地阐述人性问题的首推孟子。他认为，人之所以为人的本质在于人性，人性既是人伦理道德生活的根据，又是人施行政治主张的基础。他第一次明确提出了"人性本善"的理论，认为礼义仁智是人的四大善端，只要努力扩充就能达到至善的境界。

孟子站在人性的开始、原初和本色角度认为每个人都存在着为善的可能，这意味着人性可求。孟子曰："人性之善也，犹水之就下也。人无有不善，水无有不下。"（《孟子·告子上》）"尽其心者，知其性也。知其性，则知天矣。存其心，养其性，所以事天也。"（《孟子·尽心上》）孟子的性善论明显指向仁政之说，要求统治者要能律己，要相信百姓、善待百姓。这对理顺社会关系、稳定社会秩序、创造社会诚信气氛是有积极意义的。

但先秦另一位儒家大师荀子则批评孟子的性善论，并提出性恶论。荀子认为"人之性恶；其善者伪也"，意思是所谓善，只不过是人性的后天伪饰，并非出于人之本性。"今人之性恶，必将待师法然后正，得礼义然后治。今人无师法，则偏险而不正；无礼义，则悖乱而不治……是以为之起礼仪，制法度，以矫饰人之情性而正之，以扰化人之情性而导之也，始皆出于治，合于道者也。"（《荀子·性恶》）统治的办法就是起礼仪、制法度以正之化之，使之出于治而合于道，这主要是靠外在强制，而不是内

扩展阅读 2.1　中华优秀传统文化的哲学性格

心和谐。荀子也并非把性恶论推向极端，也认为应由懂礼仪法度的、有道德的人来治理天下，而引导个体转恶为善的人性基础依旧是仁、礼之说。荀子的性恶论只是在表面上反对了性善论，但在深层价值追求上却与性善论一脉相通。从孔子、孟子到荀子都是一脉相承，殊途同归的，构成了系统、充实、完备的人性理论。

法家人性观承袭了荀子的性恶论，主张人性普遍好利恶害、贪婪自私，本性都是追求利益的。法家代表人物韩非认为，好利是人的本性，由人的本能需要决定。韩非说："好利恶害，夫人之所有也。"（《韩非子·难二》）"以肠胃为根本，不食则不能活，是以不免于欲利之心。"（《韩非子·解老》）"夫安利者就之，危害者去之，此人之情也。"（《韩非子·奸劫弑臣》）。好利恶害是人的本性，人们受利己心的驱使，在行为上总是表现出趋利避害的特点，个人利害是人们思考问题和行事之出发点和最终归宿。

2.1.2　西方管理学的人性认知

在西方管理学中 X 理论和 Y 理论是一对基于两种不同人性假设的管理理论。面对纷繁复杂的管理实践，道格拉斯·麦格雷戈（Douglas McGregor）一针见血地指出，每个管理决策和管理措施的背后，都有一种人性假设，这些假设影响乃至决定着管理决策的制定及实施效果。其中，X 理论认为，人们有消极的工作动力，而 Y 理论则认为人们有积极的工作动力。具体来讲，X 理论假设：

（1）人生来就是懒惰的，只要有可能就会逃避工作；

（2）人生来就缺乏进取心，不愿承担责任；

（3）人天生以自我为中心，漠视组织需要，对集体目标不关心；

（4）人习惯守旧，本性就反对变革。

扩展阅读 2.2　亚当·斯密的社会观：源于人性的自然秩序

沿袭这一人性认知基础，管理者需要以强迫、威胁处罚、指导、金钱利益等诱因激发人们积极的工作动力。同时，由于人们普遍缺少进取心，只有在指导下才愿意接受工作。因此，管理者需要对他们施加压力。

与 X 理论不同，Y 理论则假设：

（1）要求工作是人的本性；

（2）在适当条件下，人们不但愿意承担责任而且能够主动承担责任；

（3）个人追求欲望满足的需要与组织需要没有矛盾；

（4）人们对自己参与的工作目标，能实行自我指挥与自我控制。

遵循上述人性认知基础，管理者应该注重为员工提供关怀、信任和支持。管理过程主要是一个创造机会、挖掘潜力、排除障碍、鼓励发展和帮助引导的过程。

由此可见，X 理论和 Y 理论对人性假设存在明显不同，前者偏向性恶论，后者偏向性善论。人性认知的差异最终导致管理政策的底层逻辑不同。持 X 理论认知的管理者趋向于设定严格的规章制度，以抑制员工对工作的消极性；持 Y 理论认知的管理者主张用人性激发管理，使个人目标和组织目标一致，趋向于向员工授权，让员工有更多发挥机会和更大发挥空间以激发员工工作积极性。

2.1.3　现实社会的道德评判基础

 贴片案例

有 6 个孩子在铁轨上玩耍，其中有 5 个孩子在一条崭新的铁轨上玩，有 1 个孩子觉得这样可能不安全，所以他选择了一条废弃的铁轨，并因此遭到另外 5 个孩子的嘲笑。正当孩子们玩得专心致志的时候，一列火车从崭新的铁轨上飞速驶来，让孩子们马上撤离已经来不及了。这时，如果你在现场，看到新旧铁轨之间有个连接卡。你若把连接卡扳到旧铁轨上，就会有 1 个孩子失去生命；你若不扳，就只能眼睁睁地看着 5 个孩子丧生。火车马上就要驶过来了，你会怎么办？

事实上，现实生活中的道德评判基础也不尽一致。穆勒的功利主义伦理原则认为，人们应该选择可为最大多数人带来最大幸福的行为；康德的道义主义伦理原则却强调，人们应该遵循基本的道德律令，按照自己的义务行事。

扩展阅读 2.3　电车难题的解读

1. 功利主义伦理原则

功利主义伦理原则是从群体或者社会角度表达道德的原则。该原则侧重于价值的产生，其创始人和代表人物是 18 世纪末 19 世纪初英国哲学家边沁和穆勒。所谓功利主义伦理原则，就是赞成或不赞成某种行为，其根据都在于这一行为是增加还是减少利益当事人的幸福。穆勒将功利主义伦理原则界定为：承认功用为道德基础的信条，最大幸福主义主张行为的"是"与其增进幸福的倾向成正比，最大幸福主义主张行为的"非"与其产生不幸福的倾向成正比。因此，现实中人们应该选择可为最大多数人带来最大幸福的行为。

功利主义虽然本质上是以经济效率作为道德标准的伦理学说，但也要处理公平正义问题。这是因为，公平正义历来都是传统伦理道德关注的核心问题；同时，经济效率的实现也在很大程度上依赖公平正义。功利主义伦理原则表示一种社会总体利益，即社会总福利的增长。由于社会总体利益是作为社会组成部分的个体利益的加总，并不涉及它们相互之间的比例。这意味着，功利主义伦理原则强调了社会总福利增长是比公平正义更为基本的社会利益和道德原则。这不仅令人惊讶，也引起了对功利主义的最重要批评，即功利主义伦理原则只关注社会总福利量的大小，而不关注作为其组成部分的各个体福利所占比重是否合理，无法体现公平正义这一最重要的传统道德原则。

2. 道义主义伦理原则

康德强调道德法则地位的至高无上性。"有两件事我越思考越觉神奇，心中也越充满敬畏，那就是我头顶上的星空和我内心的道德法则。"这是康德的墓志铭，也是被人们广为流传和引用的名言。由于道德法则在于每个人的经验之先，因此道德法则是形式的。它不限于任何特定情况，因为它适用于古往今来、每个社会、每个人，所以它不是告诉你在什么情况下应该做什么事，而是告诉你在所有的情况下，应该有的行为。康德指出，这套道德法则乃是无上的命令。即这套道德法则是无条件的，适用于所有情况；同时，也是一项命令，是强迫性的，是绝对权威的。

康德所描述的道德法则说的正是人类的良心。我们无法证明我们的良心告诉我们的事情，但我们仍然知道它。正如有时候我们对别人很好或帮助别人，可能只是因为这样做会有好处，也可能是因为我们想成为一个受欢迎的人。但如果你只是为了想受到别人的欢迎，而与别人分享东西，那么你就不算真正依据道德法则行事。当然，你的行为并没有违反道德法则，但是真正的道德行为是在克服自己的情况下所做的行为。只有那些纯粹基于责任所做的行为才算道德行为，所以康德的道义主义伦理观有时又被称为义务伦理观。概括起来，根据康德的道义主义伦理原则，人们应该遵循基本的道德律令，按照自己的义务行事。

2.2　伦 理 价 值

无论是中国古代哲学思想，还是西方管理学理论，抑或是现实中的道德评判基础似乎都未对人性认知达成一致。那么，人性到底呈现何种特征？又如何理解真实世界中的个体伦理价值？

2.2.1　伦理价值的内涵

价值（value）源自拉丁语"valere"一词，泛指客体对于主体表现出来的正面意义和有用性。"价值"一词是由乌尔班在其《评价：其性质与规则》中引入伦理学的，经过洛采、尼采、迈农、布伦塔诺与舍勒等学者的努力，逐步演变成一种新伦理学学派。最终，由尼古拉·哈曼特以"伦理价值学"为核心，视亚里士多德为"质料的价值伦理学"之源头，实现了亚里士多德德性论和康德道义论的结合，成为一种新伦理学类型的典范，即价值论伦理学。

《伦理学大辞典》中将"伦理价值"一词解释为：伦理价值是一套指导个人在不同情况下如何评价对错的原则，并激励与制约着个人行动。不同的人可能有不同的伦理价值，这取决于个人的信仰体系、生活经验、社会教育与所处环境等。马克思主义道德观认为，伦理价值是指个人和集体的行为、品质对于他人和社会所具有的道德上的意义。人们的品行必然会对社会生活产生一定影响，因此社会才要借助评定伦理价值来调整人们的道德关系，向人们提出一定的道德要求和应当履行的道德义务。陆晓禾（1998）指出，伦理价值指的是主体在伦理方面所肯定的东西。伦理价值主要包括三个基本要素：①能满足主体伦理需要；②是主体所意愿或相信的；③能给主体带来道德满足感和崇高感。例如诚实、忠诚、守信、正义、善良及仁慈等。

尼古拉·哈曼特在其《伦理学》中阐述：伦理价值是指导和激励态度与行动的核心信念，它与道德主体自主感知到的善与恶、对与错有关，是伦理实践的根基。人们依靠伦理价值理解伦理冲突的本质，并在职业活动中发展出与业务有关联的伦理价值体系，用以指导他们的伦理决策。伦理价值通常具有以下三个特点：①它是一种持久的偏好信念；②它指出了个人或者社会的理想的行为模式或者终极状态；③它可以指导人们的决策，解释和预测人们的行为。伦理价值可以根据其应用范围分为道德价值与幸福价值，还可以根据其来源分为内在价值、外在价值与工具价值。

2.2.2 伦理价值的二元特性

迄今为止，对人性解读最到位，也最接近真实人性特征的可能就是亚当·斯密。亚当·斯密大家很熟悉，他写过一本《国富论》，这本书被誉为西方经济学的"圣经"。实际上，他的另一本著作《道德情操论》同样精彩。

在《道德情操论》中，亚当·斯密指出："人无论多么自私，他的天性中显然会有一些本性使他关心他人的命运，这些本性就是怜悯或同情心，就是当我们看到或想到他人的不幸遭遇时所产生的情感。"亚当·斯密还强调："现实中人的真实行为是贪欲和公正的旁观者之间斗争的结果。"人们每做一件事情时，心中总是有两个小矮人在决斗，一个小矮人代表狭隘、贪婪、自私与自我，也就是人性恶的一面；另一个小矮人代表怜悯、同情、公正与利他，也就是人性善的一面。最终人们呈现出来的真实行为是恶的还是善的，取决于在这一瞬间心中那两个小矮人谁占据上风，谁赢得了这场决斗。

通过亚当·斯密的人性论述可以发现，真实的人性其实是善恶二元复杂体。即人性其实是复杂的，每个人心中既有善良的基因，也有邪恶的种子。我们很难说一个人本性都是坏的，也无法说一个人本性都是好的。正因如此，真实世界中常常可以看到，"坏人"实际上也有悲天悯怀的时刻，也可能会做一些好事情；"好人"也可能会因一时的利令智昏而做出坏事情。

 贴片案例

下面是真实发生在骗子与被骗对象之间的一段聊天记录：

骗子：我可以还你 3000 元，你太单纯了，我都不好意思要那么多。

被骗女孩：你竟然有愧疚感？！

骗子：别说这个有的没的了。我还给你 3000 元，只要你 2000 元，总可以了吧！

骗子，根据社会共识应该可以归为"坏人"。在该案例中，骗子显然已经行骗成功了。可是，骗子明明已经骗到手 5000 元了，但面对被骗女孩的质疑也会顿时心生愧疚。此时，骗子心中那个善良的小矮人开始活跃起来，并不时发出声音："你这个家伙怎么这么坏，逮着一个小女孩使劲骗那么多！你能不能还给她一些，让她少受些损失……"在良心和良知的呼唤下，最终善良的小矮人战胜了邪恶的小矮人。因此，骗子在那一刻良心发现并自愿决定退回给女孩 3000 元，以寻求自己心理上的平衡和良知上的安稳。

这个案例很好地印证了亚当·斯密的人性观点——真实的人性其实是善恶二元复杂体。我们不能简单地将人性理解为"性善"或"性恶"，也不能粗暴地将人划分为"好人"或"坏人"，而是需要尽可能营造好的社会环境和组织氛围，以最大限度地激活每个人心中善良的小矮人，同时让邪恶的小矮人尽可能地长期处于休眠状态，就如同死火山一样永远不会活跃。这样，每个人呈现出来的真实行为才可能是善的行为。

正因为人性的善恶二元复杂特征，伦理管理与制度约束才变得有意义。试想，若人的本性都是善的，则无须伦理管理与制度约束，大家都会自觉呈现好的伦理行为；反之，若人的本性都是恶的，伦理管理与制度约束也就在客观上失去了发挥作用的空间，难以真正发挥作用。正因为人性呈现善恶二元复杂和摇摆特性，伦理价值引导和制度规范约束才具有必要性。这一人性认知的管理启示是，社会或组织管理目标应该是激发人性中善良的基因，并抑制邪恶的种子。管理的基本手段是营造一种合适的环境和氛围来引导和改变人们心中两个小矮人的力量对比，以确保善良的小矮人在价值竞争中处于强势地位。正如管理大师彼得·德鲁克指出的"管理不是控制，管理的本质是激发人的善意和潜能"。

2.2.3　避免伦理价值选择性漂移

2015 年 8 月 12 日，位于天津滨海新区天津港的瑞海公司的危险品仓库发生爆炸事故，造成 165 人遇难，798 人受伤。在这起被国务院调查组界定为特别重大生产安全责任事故的大爆炸发生后，许多网友纷纷在网上留言谴责一些富豪迟迟不捐款。"国家发生这么大的社会灾害，你们这么有钱，居然还不解囊相救？""这些企业家太为富不仁了！""一方有难，八方支援，要是我有那么多钱，我马上捐出一个亿。"诸如此类的网络留言和谩骂比比皆是。

这些谴责、谩骂富豪或企业家没有捐款的网友们自己捐款了吗？显然，这些人中的绝大多数都没有。有些人可能理直气壮地回复说，那是因为他们没有钱。然而，怜悯、同情、帮扶弱者等善良伦理价值的践行真的取决于个人财富或能力大小吗？在回答这些问题之前，先来看一段记者的采访记录。

📚 **贴片案例**

记者：大爷，如果你有一百亩地，你愿意把收成的一半捐给国家吗？

农民：愿意！

记者：那如果是两栋别墅呢，你愿意捐出一栋吗？

农民：愿意！

记者：那如果是两辆车呢？

农民：愿意！

记者：那如果你买彩票中了 100 万元奖金呢？

农民：愿意！

记者：那两头牛呢？你愿意捐出来吗？

农民：不愿意！

记者：为啥别墅、车、奖金都愿意，牛倒不愿意了呢？

农民：因为我家真的有两头牛！

案例中，这位农民面对钱、地、车、别墅的捐献倡议都毫不犹豫地同意了，但当让他捐出两头牛的时候为什么反而拒绝了呢？因为钱、地、车、别墅他都没有，这种捐献倡议和积极回应不过是虚无的高尚；但当面对自己具有实施能力的捐牛倡议时却本能地退缩了。

这就是有些人经常呈现出的伦理价值选择性漂移。所谓伦理价值选择性漂移是指，人们对待与要求别人跟对待和要求自己的伦理价值与道德标准不一致。具体来讲，对待和要求别人的伦理价值与道德标准往往比较高，总是要求别人更加无私、利他和慷慨，但当同样的事情转向自己时伦理价值与道德标准就会降低。也就是说，在伦理价值取向和道德标准上对别人严苛，对自己宽松。正如托尔斯泰所讲的："人人都想改变世界，却无人想要改变自己！"

人们不仅对自己或他人呈现出伦理价值的选择性漂移，即使面对自我也会在不同情境下出现伦理价值与道德标准不一致的情形。大家试想一下：如果一个穷小子假扮富翁来追求你，你答应与其交往后才知道真相，你会怎么办？反过来，如果一个富翁假扮穷小子来追求你，你答应与其交往后才知道真相，你又会怎么办？两种情形下，大家的行动反应完全一致吗？图 2-1 是网络调查统计结果。

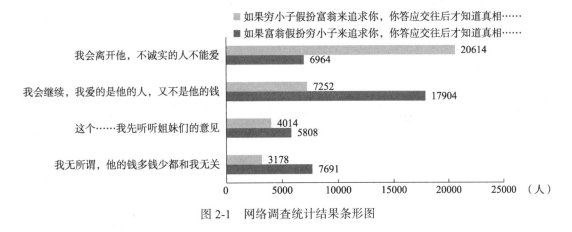

图 2-1　网络调查统计结果条形图

事实上，两种情形都是恋爱对象隐匿真实信息的不诚实行为，但不同情形下人们的伦理判断却迥然不同。当穷小子假扮富翁时，大多数人会因为他"穷"而倾向于在伦理价值上将其定性为"欺骗和不诚实"；但当富翁假扮穷小子时，又会因为财富诱惑而淡化人性的不诚实，甚至还要给自己强加一个具备道德正当性的理由"我爱的是他的人，又不是他的钱"。事实上，导致上述现象的主要原因是有些人的价值判断主要基于"是否对自己有利"这一主观原则，而非一以贯之的恒定伦理价值与道德标准，即出现了伦理价值的选择性漂移。

虽然随着历史文明的演进、社会经济的发展以及人们道德认知的进化，伦理价值与道德标准的内涵会不断充实、完善与提升，但在人类历史长河中的某个阶段，伦理价值与道德标准是人类文明演化过程中达成的共识性法则，具有较强的普适性和稳定性。正因如此，每个人都应该站在社会群体的视角，而非基于自我个体利益来解读和践行伦理价值。诚信、正直、公平、共享、同情、关爱等普世性伦理价值不会因时而异，更不会因人而异。现实中，之所以会出现伦理价值的选择性漂移，即道德标准因人而异、因时而异、因地而异，其核心逻辑和驱动力量是人们的自利动机，即有些人总是按照对自己有利的狭隘原则来解读现象、理解事实并采取行动，而不是按照一以贯之的普适性伦理价值和共识性道德标准。伦理价值的选择性漂移也是导致现实世界伦理困境的重要原因，大家都需要尽量避免。

2.3 道德与伦理约束

2.3.1 道德的内涵、性质和功能

"伦理"经常与"道德"联系在一起。关于"道德"，老子说："道可道，非常道。""道德"，就是指走路的德行，类似于约定俗成的交通秩序，引申为人在社会上为人处世的规则。由此可见，伦理与道德在内涵上是有一些共通之处的。伦，次序之谓也。"伦理"便是指处理长幼尊卑之间关系的道理。伦理与道德都在一定程度上起到了调节社会成员之间相互关系的规则的作用。虽然对伦理问题的讨论离不开道德，但是伦理和道德又并不完全一致。

扩展阅读 2.4　论道德的经济价值

1. 道德的内涵

对道德概念的分析与界定经历了长期的讨论与发展。在西方文化中，道德（morality）源于拉丁文"mores"一词，指风俗、习惯以及品性、品德。马克思主义认为，道德是一种社会意识形态，它是人们共同生活的行为准则和规范。在汉文化中，"道德"一词最早可追溯到先秦思想家老子所著的《道德经》。老子说："道生之，德畜之，物形之，势成之。是以万物莫不尊道而贵德。道之尊，德之贵，夫莫之命而常自然。"其中"道"指自然运行与人世共通的真理；而"德"是指人世的德性、品行、王道。但德的本意实为遵循道的规律来实现自身发展变化。在当时道与德是两个概念，并无"道德"一词。"道德"二字连用始于《荀子·劝学》篇："故学至乎礼而止矣，夫是之谓道德之极。"《论语·学而》中写道："其为人也孝弟，而好犯上者，鲜矣；不好犯上，而好作乱者，未之有也。君子务本，本立而道生。"钱穆先生的注解为："本者，仁也。道者，即人道，其本在心。"因此，"道"也被认为是人对世界的看法，属于世界观的范畴。

《辞海》中对"道德"一词解释为：道德以善恶评价为标准，依靠社会舆论、传统习俗和人内心信念的力量来调节人们之间相互关系的行为规范的总和。道德贯穿社会生活的各个方面，有社会公德、家庭道德、职业道德等。它通过确立一定的善恶标准和行为准则来约束人们之间的相互关系和个人行为，调节社会关系，并与法一起对社会生活正常秩序起保障作用。有时专指道德品质或道德行为。

魏英敏、金可溪将"道德"定义为：道德是人们在社会生活中形成的关于善与恶、公正与偏私、诚实与虚伪等观念情感和行为习惯以及与此相关的依靠社会舆论、传统习俗与人内心信念的力量来调节人们之间相互关系的行为规范的总和。倪愫襄在对魏英敏

的道德的定义进行分析的基础上提出了自己的见解，他认为道德即非强制性地调节社会性关系的行为规范的总和。王正平和周中之认为，道德是主体的人在调节与自我、与人（包括个人集体与社会）、与自然之间相互关系中形成的人格修养和行为规范的总和。

2. 道德的性质

道德作为一种普遍存在的行为规范，呈现如下性质和特征。

1）相对性

道德不是天生的，人类的道德观念是受到后天的宣传教育及社会舆论的长期影响而逐渐形成的。这是一种道德相对主义，与之相反的主张称为道德绝对主义。道德在很多时候跟良心一起谈及，良心是指自觉遵从主流道德规范的心理意识。

2）非强制性

从道德与法律的关系来看，道德是一种非强制性的规范。许多道德规范特别是禁止性的道德规范大多数已经成为法律条文。从作用方式上来看，法律是由国家强力机关支撑的，作用方式是有组织性的、强制性的，而道德的作用方式则是非组织性和非强制性，主要依靠社会舆论、风俗习惯和内在良心等自律机制实现。因此，与法律不同，道德属于一种非强制性的社会规范。

3）广泛性

道德作为调节人与人、个人与社会之间的各种利益关系的行为规范，其作用贯穿于人类的各个社会形态，广泛地存在于社会关系的各个领域。道德作为独立的意识形态，所涉及的范围比政治、法律、宗教等更为广泛。道德作用的广泛性，要求人人都要讲道德，自觉遵守道德规范。

4）继承性

马克思主义认为，不同的时代、不同的阶级有不同的道德观念，没有任何一种道德是永恒不变的。道德作为一种相对独立的意识形态，有着自身的发展过程。人类对于道德准则的认识，经历了曲折的过程。阶级社会中各阶级的道德除具有鲜明的阶级性内容之外，还有某些一致及相似之处，即人们必须普遍遵循的共同行为准则。

3. 道德的功能

道德作为处理个人与他人、个人与社会之间关系的行为规范及实现自律完善的一种重要精神力量，对人们生活与社会发展都有着重要作用。主要体现在如下几个方面。

1）认知功能

道德能帮助人们知善辨恶。它能在正确善恶观的指引下，帮助社会成员认识和分辨美与丑、善与恶、是与非、正义与邪恶，培养人们良好的道德意识、道德品质和道德行为，树立正确的义务、荣誉、正义和幸福等观念，使受教育者成为道德纯洁、理想高尚的人，帮助人们认识对自己、对他人、对社会、对国家应负的责任和应尽的义务。

2）规范功能

道德能规范人们的行为。有学者认为，道德能通过激发人们的心理利他倾向来规范其在家庭领域、职业领域和社会公共领域的行为，并促进个人美好品德的养成，进一步增强社会凝聚力。从道德特征来说，道德和法律一样，都是人类把握世界的特殊的实践精神，也就是对规范人的行为发挥作用。

3）调节功能

道德能通过道德评价等方式，指导和纠正人们的行为和实际活动，协调社会关系和人际关系。人生活在社会中总要和同类发生这样那样的关系，且不可避免地要发生各种矛盾，这就需要通过社会舆论、传统习俗、人们的内心信念等特有形式，以自己的善恶标准去调节社会上人们的行为，指导和纠正人们的行为，使人与人之间、个人与社会之间的关系臻于完善与和谐。道德评价是道德调节的主要形式，社会舆论、传统习俗、人们的内心信念是道德调节赖以发挥作用的力量。

4）平衡功能

道德不仅调节人与人之间的关系，而且平衡人与自然之间的关系。它要求人们端正对自然的态度，调节自身的行为。环境道德是当代社会公德之一，它能教育人们应当以造福于而不是贻祸于子孙后代的高度责任感，从社会的全局利益和长远利益出发，开发自然资源，发展社会生产，维持生态平衡，积极治理和防止对自然环境人为性的破坏，平衡人与自然之间的关系。

5）社会功能

道德的社会作用主要体现在：道德为经济基础的形成、巩固和发展服务，是一种重要的精神力量；道德对其他社会意识形态的存在有着重大影响；道德通过调整人们之间的关系维护和稳定社会秩序；道德是提高人的精神境界、促进人的自我完善、推动人的全面发展的内在动力。

2.3.2　伦理的起源与内涵

1. 伦理的起源

伦理（ethics）源于希腊文"ethos"一词，最初的意义是灵长类生物借以获得长期生存的可靠居留地，意为品性与气禀以及风俗与习惯。在《尼各马科伦理学》中，亚里士多德认为，伦理主要表现为风俗习惯。从伦理财富观（柏拉图、亚里士多德）与形而上的正义伦理自然法（斯多葛派）到中世纪宗教神权的节欲，再到文艺复兴运动由反神性而重启的"人本"与"求利"的人性论，自由意志冲破了宗教禁锢，却又陷入个人利益至上（利己主义）的思想旋涡。

在中国，"伦理"一词最早出现在《礼记·乐记》中："凡音者，生于人心者也，乐者，通于伦理者也。"这里的"伦理"是指事物的条理。《说文解字》中对"伦理"的解释是："伦，从人，辈也，明道也；理，从玉，治玉也。"这里的"伦"主要体现长幼尊卑的辈分或秩序、排序等，"理"是指治理或规则。"伦理"则代表人与人之间的相互关系，可引申为秩序、规律等。《孟子》中也包含着"五伦"观点，即父子有亲、君臣有义、夫妇有别、长幼有序、朋友有信。

2. 伦理的内涵

归纳起来，伦理是指在处理人与人、人与社会的相互关系时应遵循的道理和准则，是一系列指导个体行为的观念及从概念角度上对道德现象的哲学思考。伦理不仅包含着对人与人、人与社会以及人与自然之间关系处理的行为规范，也深刻蕴含着依照一定原则来规范行为的深刻道理。从哲学角度来讲，伦理道德是对"特性""人格""习惯"等问题的研究。从社会、人类学角度来讲，伦理道德是对特定人群、文化、人种中"好"与"坏"的判定，以及对社会规范和行为标准问题的研究。从经济活动角度来讲，伦理道德是指在经营过程中，参与人群利益及关系处理的标准与规范。综合起来，在任何领域中，人们产生的普遍共识构成所在社会的伦理道德标准。因此，伦理是指人与人之间符合道德标准的行为准则，包括人的情感、意志、人生观和价值观等方面。

伦理概念的内涵在于反映什么是正确且公平的行为。伦理学是一门研究有关人际关系构建的哲学学科。一般而言，伦理被视为具体道德行为表现的理论化抽象，其价值主要表现为引导人们正确判断行为的对错，并决定接受与否（Belak，2005）。肖恩·加拉格尔（Shaun Gallagher，1999）从另一个角度指出，伦理是一种与经济价值体系相区别的道德判别体系，其核心思想在于对道德困境的充分感知与有效应对。

曼纽尔·G. 贝拉斯克斯（Manuel G. Velasquez）认为，伦理包含了两个层面的内容。首先，伦理是指基于对与错的有据可依的判断标准，它规定了人类应该做的事情，通常是在权利、义务、社会利益、公平或具体美德方面。伦理还包括那些要求诚实、同情和忠诚的标准。此外，道德标准包括与权利有关的标准，如生命权、免受伤害的权利和隐私权。其次，伦理学是指对伦理标准的研究和发展。如上所述，感情、法律和社会规范可能偏离道德规范。因此，有必要不断审查自己的标准，以确保这些标准是合理和有充分根据的。伦理学还意味着不断努力研究人类自己的道德信仰和道德行为，努力确保我们和我们帮助塑造的机构达到合理的标准。

3. 个体伦理境界差异

诺贝尔经济学奖获得者、著名福利经济学家阿玛蒂亚·森（Amartya Sen）在其著作《正义的理念》中说："任何人的行为都是在一定的伦理背景下进行的。"这意味着，人的行为受到伦理情境的影响和伦理规范的约束。中国当代哲学家冯友兰根据伦理标准的差异将人生境界由低到高划分成四个境界，即自然境界、功利境界、道德境界和天地境界。

1）自然境界

自然境界的特征是，处在此种境界中的人的行为是顺才顺习的。所谓顺才，即率性；所谓顺习，即顺应个人习惯或社会习俗。在此种境界中的人，顺才而行，"行乎其所不得不行，止乎其所不得不止"；顺习而行，则"照例行事"，人云亦云。无论是顺才而行还是顺习而行，这些人对于所行之事的性质并没有清楚的了解。

扩展阅读 2.5 冯友兰《人生的境界》

2）功利境界

功利境界的特征是，处在此种境界中的人的行为是为利的。所谓"为利"，是为他自己的私利。凡动物行为都是为利的。不过，大多数动物行为虽是为自我私利，但都是出于本能的冲动，不是出于心灵的计划。在功利境界中的人，对于"自己"及"私利"都有清楚的觉解，他了解这种行为是怎么一回事以及这种行为可能导致的后果。

3）道德境界

道德境界的特征是，处在此种境界中的人的行为是"行义"的。义、利是相反相成的。求自己私利的行为，是为利的行为；求社会公利的行为，是行义的行为。在道德境界中的人，对于人性已有觉解。他了解人之性被蕴含于社会之性中。

4）天地境界

天地境界的特征是，处在此种境界中的人的行为是"事天"的。这是做人做事的最高境界。在天地境界中的人，除了解社会的全之外，还有宇宙的全，人必于知有宇宙的全时，始能使其所得于人之所以为人者，尽量发展，始能尽性。

从自然境界到天地境界，表现了因"觉解"程度不同而逐渐递进的关系。"觉"是自觉，"解"是了解。觉解程度不同则意义不同。我们对某类事物有了解，某类事物对于我们即有意义，了解越深刻，意义就越丰富。

冯友兰的哲学观念对于我们思考现实人生具有很强的现实意义。人在自己的生活中，确立一个远大的生活目标，构建一个理想的生活蓝图，这会增添生活的动力。一个人在有限的人生中，不断地求取高远的人生境界，实际上是通过有限的人生去求取无限的人生价值。这样的人生境界与伦理价值取向，既整合了中国人生哲学中优秀的传统，又在当今社会系统具备现实的伦理价值和积极意义。

2.3.3　道德与伦理约束对商业活动的影响

"道德与伦理约束"是规范伦理学中的一个基础性哲学概念。透过这个概念，哲学家们试图表达这样一个主张：我们每个行动者在道德上都占据着平等的地位，具有某种道德的平等关系，而某些行为若破坏了这种平等关系，应当受到严格约束，甚至应该被禁止和惩罚。与契约、律法所形成的"硬约束"相比，道德与伦理约束代表的是"软约束"，这种约束机制就是非正式制度安排，它与法律法规等正式制度安排相互补充，共同规范着人的行为。

在商业活动中，秉持这样一种观点："商业行为与道德无关。对企业来讲，追求利润最大化才具有实质意义，谈论道德问题就是不务正业。"这种说法尽管有违人们在直觉上的道德感，但西方经济学正是这一观点在理论上的辩护者。为了破除这一成见，商业伦理学一直苦口婆心地争辩着"企业为什么要讲道德"和"企业如何讲道德"。但客观来讲，商业伦理学在今天之所以受到人们的重视，在很大程度上并不取决于伦理学家们提供的各种理由和方法，而是因为屡屡发生的企业失德行为一次比一次危害大，一次又一次突破社会道德伦理的底线，使人们不得不重视商业伦理。

 贴片案例

2019 年 5 月 17 日，瑞幸咖啡公司（以下简称瑞幸）在美国纳斯达克上市，仅创立 18 个月就实现了 IPO（Initial Public Offering，首次公开募股）上市，开创了中国创业公司最快上市纪录。特别是 2019 年 11 月之后，瑞幸的股价从最低 13.71 美元上涨到最高 45.73 美元，上涨幅度高达 233.55%。在产品市场上，2 年内它在全国开设 4507 家门店，超越咖啡巨头星巴克在华门店总数量，成为我国门店数量最多的咖啡连锁品牌。瑞幸凭借资本市场与产品市场的亮丽表现，在 2019 年第四季度，吸引了 64 家机构新进入场，股价摸高 51.38 美元，市值达 123 亿美元；2020 年 1 月瑞幸又进行增发融资，规模超过 11 亿美元。这一系列的数字和速度让人叹为观止。然而在 2020 年 4 月 2 日，瑞幸公开宣布，公司伪造了 22 亿元人民币的交易额。公开"自爆"财务造假，让所有关注瑞幸的人惊耳骇目，当天瑞幸股价暴跌，市值缩水至 16 亿美元。

由此可见，违背商业道德与伦理，即便一家欣欣向荣的公司，也会一夜之间"跌落神坛"，而重视商业道德与伦理，完全有可能实现商业价值和社会价值的双赢。明清之际，处于"四民"之末的商人阶层却缔造了中国社会一段时期的商业繁荣。商业繁荣背后起重要推动作用的，正是被称为"贾道"的伦理观念。那时的商人大多原是儒生，"弃儒就贾"后便不自觉地把儒家的义利观念带入商业活动，渐渐有意识地生发出作为"道统"之一的"贾道"。王阳明所说的"四民异业而同道"时代，就是商业活动被纳入"正统"、经商也被视为"正道"的年代。正是带着经商也是"弘道"的信念，明清之际的儒商不仅有着高度的敬业精神和事业心，还乐于承担一切重要的社会公益事业，如编族谱、建宗祠、设义庄、疏通河道、开路修桥、建书院等。大致在相同的时间段里，西方社会经历了宗教改革。马克斯·韦伯在《新教伦理与资本主义精神》一书中认为，正是在加尔文宗诸派宗教伦理孕育的资本主义商业精神的感召下，大量的清教徒投身商业活动，为资本主义原始积累赚取了"第一桶金"。这种资本主义精神可称为禁欲主义天职观，即从事商业活动不再是低贱的行为。

不难看出，无论是明清商人的"贾道"伦理观念，还是欧洲清教徒的"天职观"，它们之所以能成就一种商业文明，关键就在于它们能把个体的经济行为和道德伦理的崇高价值结合起来，形成了一种在个体和社会之间的良性互动。当今，越来越多的投资人愿意把资本投向那些富有社会责任感并重视组织文化经营的企业，如正在兴起的 ESG 投资浪潮。这些投资不但给投资人带来了可观的经济效益，而且在客观上产生了巨大的社会效益。

2.4　伦理决策

伦理决策（ethical decision making）对于个人而言，是指决策者在做出可能对他人产生影响的决策过程中，对涉及正义、权利等伦理道德因素的考量；对于企业而言，则是指企业在面对由复杂环境所产生的伦理困境时进行伦理价值判断和伦理行为选择的过程。伦理决策理论指根据伦理风险发端的模糊性、内容的复杂性、后果的不确定性等特点，依据人们对道德合法性认可程度的不同所做出的一系列道德判断与选择，它可以为伦理风险治理提供战略上的价值指导。

2.4.1　雷斯特四要素伦理决策模型

詹姆斯·雷斯特（James Rest）于 1986 年总结了伦理决策的四个步骤（见图 2-2）：

- 识别伦理状况，即意识到伦理问题的存在；
- 判断行为的伦理内涵，即对可选择的行动方案做道义评价；
- 决定做正确的事情，即个体主观上选择什么样的行为；
- 执行，即实施意图，表现出外在的道德或者不道德行为。

图 2-2　雷斯特的伦理决策模型

各步骤具体操作如下：

第一步：识别伦理状况。将面临的问题纳入道德考量标准中，纳入标准可归纳为后果的大小、社会共识、影响的概率、时间的即时性、邻近性和影响的集中度六个方面：

（1）后果的大小：该行为对受害者（受益者）造成的伤害（利益）的大小。

（2）社会共识：对该行为道德判断的社会一致程度，即这一行为是否违背大多数人的道德认知。

（3）影响的概率：行为实际发生伤害的概率和行为实际造成的损害。

（4）时间的即时性：从发生行为到产生后果的时间长度（越短的时间意味着越大的即时性）。

（5）邻近性：该行为人对不道德（道德）行为受害者（受益者）的社会、文化、心理或身体距离。

（6）影响的集中度：受该行为影响的人数。人数越多，该行为的影响集中度越小。

第二步：判断行为的伦理内涵。这一阶段回答的是如何做出道德判断（moral judgment）的问题。道德心理学家科尔伯格（Kohlberg）认为不同的人在相同的情境下可能会做出不同的道德判断，这与不同的人所处的道德阶段不同有关，他将道德分为六个阶段：

（1）依靠服从与惩罚，即个体服从规则仅仅是为了逃避惩罚。

（2）依靠工具性的目的和互换，即个人遵守规则只是为了获取自己的利益。

（3）依靠人际和谐、从众和他人的期望，在这种情况下个体会根据大多数同伴的道德标准做出道德判断。

（4）依靠社会和谐与制度维护，即个人接受社会道德标准，特别是法律。

（5）依靠社会契约与个人权利，即个人意识到价值的相对性，因而会维护规则。

（6）依靠普遍伦理原则，即个人根据他们的伦理原则做出判断，即便这些伦理原则可能和法律相悖。

其中，阶段（1）和阶段（2）被称为"前习俗水平"。其核心特征为这两个阶段的人以自我为中心，并不考虑决策可能会对他人和社会产生的影响，仅仅是为了逃避惩罚或获得更多个人利益。阶段（3）和阶段（4）被称为"习俗水平"。其核心特征为：这两个阶段的人具备更高的社会化水平，关注同伴和其他群体的期望，更加遵守规则、尊重权威和规则。阶段（5）和阶段（6）被称为"后习俗水平"。其核心特征为：个人有能力基于普遍的正义原则、人类权利的平等、效用、社会契约进行独立的道德判断，而不是简单根据权威人士的意见或现存社会准则进行道德判断。

第三步：决定做正确的事情。这一步骤也被称为伦理意图。如果说第二步描述的是个体"如何想"，那么第三步描述的就是个体"打算如何做"。因为在对情境做出了正确的道德判断之后，个体也不一定会选择做正确的事情。在这一步，个体将道德因素和其他因素进行权衡，尤其是自身利益因素。例如，一位会计师可能认为做假账是"不正确的"做法（道德判断），但出于业务压力或者不道德主管的原因还是决定披露虚假的财务状况（道德意图未能建立）。

第四步：执行。即使个体已经决定做正确的事情，也并不意味着伦理行为的实际发生。因为在伦理行为过程中存在着三大阻碍因素，分别为意志薄弱、掌控力不足、容易服从权威人物。

我国明朝思想家王守仁也曾提出过"知"与"行"理论，即"知行合一"。"知"是指人的良知，"行"是指人的实践，知与行的合一，既不是以知来吞并行，认为知便是行，也不是以行来吞并知，认为行便是知；只有把"知"和"行"统一起来，才能称得上"善"。

雷斯特的四要素伦理决策模型虽然简洁，但它基本包含了所有的关键道德决策和行为要素，也为后来的伦理决策研究奠定了基础。

2.4.2 费雷尔和格雷沙姆伦理决策模型

费雷尔（Ferrell）和格雷沙姆（Gresham）认为，决策情景因素也是伦理决策过程中不容忽视的要素，并且强调伦理决策过程始于产生伦理问题的社会环境及文化环境。决策者面对伦理问题时受个体、重要关系人和机会三因素的影响。伦理决策将直接影响行为，而行为实施后，决策者会对该行为做出评价，评价结果又将对未来的伦理决策产生影响，且该影响也会受到上述三因素的影响。基于这一理念，他们构建了包含情景要素的伦理决策模型（见图2-3）。

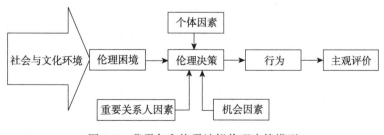

图 2-3 费雷尔和格雷沙姆伦理决策模型

2.4.3 琼斯伦理决策权变模型

以雷斯特四要素模型为基础，并结合费雷尔和格雷沙姆包含情景要素的伦理决策模型，琼斯于1991年提出了伦理决策权变模型（issue-contingent model，图2-4）。该模型认为，个人伦理决策可能因伦理事件特征的不同而不同，伦理事件特征因素——道德强度（moral intensity）可能影响伦理决策过程。在该模型中，道德强度包括六个方面：结果的量级、社会舆论、影响发生的概率、影响直接性、影响接近性和结果集中程度。琼斯模型被认为是伦理决策理论的一个重要发展。

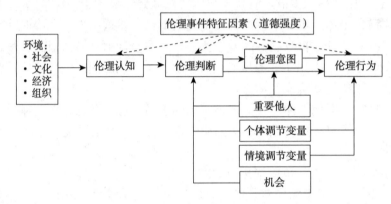

图 2-4　琼斯伦理决策权变模型

该模型具有三大贡献：第一，将不同伦理决策模型的因素和发现综合到一个相对全面的模型中，为商业伦理研究提供了一个主要框架。第二，道德强度概念的提出。高道德强度的事件会在伦理决策制定过程中给决策者留下深刻印象，并影响伦理决策的各个环节，从而增加伦理行为的可能性。第三，该模型对后续商业伦理研究产生了很大影响，在该模型基础上衍生了很多理论和实证研究。

2.4.4 其他伦理决策模型

1990年，卡罗尔（Carroll）提出了伦理决策模型要求：首先，确定计划要采取的行为、决策或行动；其次，明确说明计划要执行的行为过程的各个方面；最后，要求决策者将需要决策的问题经过道德过滤器的考量，根据这些标准去对比计划的行为过程。卡罗尔的这一伦理决策模型强调过程控制，强调伦理道德因素的关键作用。

1991年，弗里切（Fritzsche）也尝试建立伦理决策模型，指出伦理决策包括四个步骤：①确定管理问题；②制定备选决策方案；③根据经济标准、技术标准、社会标准与伦理标准评估每一个备选决策方案；④进行两阶段决策过程。

首先，确定管理问题。弗里切认为在决策制定过程中会存在各种问题。问题可以分为战略性问题和战术性问题，且这两类问题都可能与伦理相关。战略性决策主要是由高级管理层制定，并为将来战术性决策创造环境，因此是至关重要的。应当给予战略性决策更多伦理关注。

其次，制定备选决策方案。公司需要将可能的决策方案呈现在决策层面前。各种备选决策方案是否符合伦理，受公司战略、企业文化以及管理者价值观等多重因素影响。

再次，对所有备选决策方案进行评估。评估标准包括经济标准、技术标准、社会标准与伦理标准。企业是以营利为目的的组织，所以实现短期和长期收益是经济标准的主要内涵。技术标准是指需要综合考虑现有技术与未来技术革新情况，判断决策方案是否能够落地执行，确定技术上是否可行。社会标准主要指评估备选决策方案时要将对本地社区以及全社会带来的潜在影响考虑在内。伦理标准要判断备选决策方案是否符合道德准则。

最后，进行决策选出最后决策方案。将每个评估标准的重要性乘以该方案在每个标准上的得分，然后求和得到最终方案价值。备选决策方案中方案价值最高的，应该是当下情境中最合适的方案。

本章关键知识点

道德、伦理、伦理价值、伦理决策

思考题

1. 伦理和道德的本质是什么？伦理价值在商业活动中有何作用和功能？

2. 在商业实践中通常面临的伦理困境有哪些？我们如何运用伦理决策模型来处理和应对现实伦理困境？

即测即练

自学自测  扫描此码

第 3 章

中华传统文化蕴含的伦理思想

深入挖掘中华优秀传统文化蕴含的思想观念、人文精神、道德规范，结合时代要求继承创新，让中华文化展现出永久魅力和时代风采。

——党的十九大报告

◇ 本章学习目标

通过本章的学习，学生应该能够：

1. 了解中华传统文化的核心伦理思想；
2. 把握中华传统文化蕴含的商业伦理观；
3. 理解中华传统文化在构建现代商业文明中的时代价值。

◇ 引导案例

东西方商业文明的差异

1904 年，德国宗教社会学教授马克斯·韦伯将人类文明的新革命——资本主义运动进行了一次非经济层面的文化诠释，从宗教伦理、民族传统的角度重新诠释乃至定义了资本主义精神。东方文明从此陷入一种极其被动的境地中——它必须解释为什么早慧的东方文明无法诞生资本主义。韦伯在《儒教与道教》中分析了中国本土宗教这种基本形式对经济生活的理性化能力问题。他断言，无论是哪种宗教都不具备新教那样的责任伦理观，因为儒教作为支配性的终极价值体系，始终是传统主义取向的，对世界所采取的是适应而不是改造的态度。

20 世纪 80 年代之后，随着新儒家研究的兴起，一些华裔学者，如余英时和杜维明等人，决定在韦伯流连过的"战场"上寻找新的出路。他们试图证明儒家千年伦理传统，从先秦孔孟到明代王阳明、清代乾嘉汉学，都有着强烈的济世情结，儒家的众多伦理概念，如"均贫富""先天下之忧而忧，后天下之乐而乐"等都与现代工商精神有着天然的契合点。杜维明甚至认为，只有儒家伦理才能解决当前正面临的资本主义危机。儒家主张天人合一，它的人文精神是全面的，不是单一的。它突出人和自然的协调，以"和而不同"的原则处理人与群的关系，对过分强调科学主义、效率、自由的西方价值观是一种反驳。

时至今日，尽管余英时和杜维明的观点在西方知识界还没有得到广泛认同，但在华人学界却逐渐成为一股主流意见。在实践中，我国改革开放后逐渐壮大的企业家阶层也开始具备了较强的身份认同意识。新时代企业家作为建设社会主义现代化强国、积极参与构建人类命运共同体的重要力量，应该将企业命运融入国家民族命运中，在爱国、创新、诚信、社会责任和国际视野等方面不断提升自己，努力成为新时代构建新发展格局、推动高质量发展、促进共同富裕的生力军。

思考题：

1. 你同意马克斯·韦伯的"中国没有独立的商业伦理"这一说法吗？为什么？
2. 中国传统文化对现代商业伦理产生了何种影响？
3. 如何理解儒家伦理在应对和解决资本主义危机中的优越性？

文化是一个国家和民族的灵魂，对社会经济发展有着重大且深远的影响。亨廷顿和哈里森（2013）强调，文化是影响社会、政治和经济行为的一个重要因素。党的十八大以来，以习近平同志为核心的党中央高度重视传统文化的传承发展，明确提出要将中华优秀传统文化提升为"中华民族的基因"，并转化为实现中华民族伟大复兴的强大精神力量。

对于中国社会而言，儒家思想是影响最为广泛和深远的传统文化符号，是中华文化的"根"和"源"。儒家学说最早由春秋末期著名思想家孔子创立，后经孟子和荀子等人继承与发展，逐渐形成了以"仁、义、礼、智、信"为核心价值理念的完整思想体系。儒学经过先秦时期的"百家争鸣"，在焚书坑儒后一度遭受重创。两汉时期，汉武帝采纳了董仲舒提出的"春秋大一统""罢黜百家，独尊儒术"的建议。由此儒家思想开始处于"独尊"地位，主导中国封建社会两千多年。宋代儒学融合了佛教和道教思想形成了新儒学——程朱理学。到了明清时期，则更是儒门盛世。长久以来，儒家思想在中国社会都有深厚的土壤，是百姓"日用而不知"的纲常伦理。

3.1　儒家文化的伦理思想

概言之，"仁、义、礼、智、信"既是儒家伦理思想体系中的"五常"，也是德性伦理中最为核心的美德。由此衍生出"廉、耻、孝、悌、忠"等其他美德，使得中华德性伦理更加丰富，体系更加完美。

3.1.1　"仁爱"伦理观

五常是儒家倡导的基本社会伦理准则，其中"仁"位于五常之首。"仁"是一种普世道德观，意思是善待他人，从客观视角看待人和事物的发展。在《论语》近 16000 字中，"仁"字出现了高达 100 多次。由此可见，孔子对"仁"极其重视。毫不夸张地说，"仁"是整个儒家学说的核心，是儒家道德规范体系的根

扩展阅读 3.1　儒家文化与企业慈善捐赠

本原则，其他道德规范都贯穿和体现着"仁"的要求。宋代大儒朱熹将其归纳为："百行万善总于五常，五常又总于仁""仁义礼智四者，仁足以包之"。程颢在《识仁篇》中说："仁者浑然与物同体，义礼智信皆仁也。"因此，仁是一种至诚无妄、与物无对的修养境界，是最高的道德范畴，统摄着义、礼、智、信等诸多思想要素。

孔子和孟子对于"仁"的理解高度一致。所谓"仁"，就是"爱人"。"仁者爱人"的典故出自《孟子·离娄》，其具体语境为孟子谈论君子与普通人的区别。"君子所以异于人者，以其存心也。君子以仁存心，以礼存心。仁者爱人，有礼者敬人。爱人者，人恒爱之；敬人者，人恒敬之。"这段话的意思是，君子和普通人的区别就在于君子能够保存心中的善端。而保持善端的关键，就是将"仁"和"礼"永存心中。其中，"仁"是对他人的爱，"礼"是对他人的尊重。一般来说，你爱他人，也就能得到他人的爱；你尊重他人，也就能获得他人的尊重。虽然"仁者爱人"出自《孟子》，但这一观念却是直接继承孔子的。根据《论语·颜渊》篇载，樊迟问仁，子曰："爱人"。韩愈《原道》言："博爱之谓仁。"

儒家所说的"爱"，与其他学说所倡导的爱，既有相通的一面，也有其特定内涵。如果给这个"爱"加上一个修饰语，就是"仁爱"。相通的一面表现在人与人之间的友好与善意。儒家认为，人应该友爱大众。如《论语·学而》："弟子入则孝，出则弟（悌），谨而信，泛爱众，而亲仁。"世界上的其他宗教学说一般也都强调爱。比如基督教也是讲爱的宗教，但它把爱上帝放在第一位。这种对于爱的普遍强调，是和人的社会属性紧密相关的。人和动物的最大差别，就是社会属性——人是存在着严密的社会分工的，任何一个社会成员都离不开与他人协作。正如荀子曾说，"力不若牛，走不若马，而牛马为用，何也？曰：人能群，彼不能群也"。

既然"能群"是人与动物的根本区别，"合群"就必然成为人类社会对成员的根本要求，"合群"品质也就成为人类社会所褒奖的品质。爱的本质其实就是合群的愿望和能力。人们所称赞的一切美德其实都是肯定为群体付出的利他精神。爱家庭而肯付出叫"家庭主义"精神；爱集体而肯付出叫"集体主义"精神；爱国家而肯付出叫"爱国主义"精神；爱人类而肯付出叫"人道主义"精神。

当然，儒家所倡导的仁爱与其他学说所倡导的仁爱也有一些区别之处。首先，儒家之爱有其明确的核心与出发点，这就是"孝"，即对父母的爱。对于这一点，儒家有很多论述。比如《中庸》就讲："仁者，人也，亲亲为大。"孟子也说："仁之实，事亲是也。"这些表述都说明仁爱的根本是植根于对父母长辈的美好情感。《孝经》则将"孝"的含义从对父母的感恩及义务拓展至个体应该承担的社会责任与义务。

其次，爱人之"道"，即君子为仁之方法，就是尽忠恕之道。最早将这一点归纳出来的，是孔子的得意弟子曾子。有一次，孔子意味深长地对曾子说："我的学说有一个一以贯之的东西，你知道吗？"曾子说："我知道。"孔子出去后，有人就问曾子："老师的话是什么意思呢？"曾子说："老师的学说，无非忠恕二字罢了。"（原文是：子曰："参乎！吾道一以贯之。"曾子曰："唯。"子出，门人问曰："何谓也？"曾子曰："夫子之道，忠恕而已矣。"）

所谓"忠"就是"己欲立而立人，己欲达而达人"，这是从积极方面来说的；所谓"恕"，就是"己所不欲，勿施于人"，这是从消极方面来说的。在"忠"与"恕"中，孔子更强调的是"恕"。子贡曾经问孔子，有没有一个字可以终身奉行呢？孔子的回答就是"其'恕'乎！己所不欲，勿施于人"。孔子对忠恕特别是对"恕"的强调，直到今天仍然闪烁着耀眼的光芒。1993 年联合国召开国际伦理大会，全世界著名的宗教家、伦理学家聚集一堂，讨论在全球化格局中是否能够找到一些放之四海而皆准的伦理准则。最后提出的只有两句话，其一是康德的"人是目的，不是手段"，其二就是孔子的"己所不欲，勿施于人"。这两句话也被镌刻在联合国总部大楼的走廊，被视为指导不同国家与民族间交往的"黄金伦理准则"。

3.1.2　"道义"伦理观

"义"是儒家思想的重要内涵之一。"义"的概念最早出现于《管子》。《管子·牧民》提出"四维不张，国乃灭亡""何谓四维？一曰礼，二曰义，三曰廉，四曰耻"。繁体的"义"字由"我"和"羊"构成，是一个会意字。其中，"我"的本意是兵器，表示仪仗；"羊"在此表示祭品。综合起来，"义"就是代表正义、威仪，引申为合乎道德的行为或道理，指的是那些应该做的事情。

在儒家伦理范畴中，义的概念有些特殊。如果从主体性与实践性区分，仁、礼、智、信等概念都有鲜明的主体性品格，规定了明确而具体的内容。其中，仁是爱人，礼是礼仪、规矩，智是知识、智慧，信是言而有信、信守承诺。唯独义的概念，语义模糊，没有具体的主体性品格。在《论语》中，"义"的本质含义是指做事应该符合和遵循的道理和原则。"义者宜也"，是一个事物应有的样子，是一种绝对的道德律。这不仅是对主体性品格的规定，更是对主体行为品格的规定，呈现明显的实践性特征。如子路曰："君子尚勇乎？"子曰："君子义以为上。君子有勇而无义为乱，小人有勇而无义为盗。"(《论语·阳货》)

因此，"义"是处理人际关系的重要依据，也是个人道德修身的价值取向，更是具有实践性的伦理规范。朱熹指出："义者，心之制，事之宜也。"儒家之"义"强调主体性和实践性，使"义"既内敛为行为主体的品格，在人们的心灵深处播种下道德文明的种子，又外化为主体行为的品格，把"义"抽象的价值准则贯穿于日常生活和个体行为之中，拓展了伦理道德的实践空间。

义是对君子的根本要求。《论语·卫灵公》记载："君子义以为质，礼以行之，孙以出之，信以成之。君子哉！"这说明，君子是优秀道德品质的集合体，其中义是根本；表现在外面的行为是礼，有高度的文化修养；态度谦逊，不自满，不骄傲；具有诚信，对人对事，处之有信，言而有信，自信而信他人。

义也是区分君子与小人的标准。《论语》经常比较君子与小人的差别，指出最大的差别与义有关，就是"君子喻于义，小人喻于利"。在古代社会，入仕是君子实现理想抱负和人生价值的主要途径。"学而优则仕"，孔子鼓励君子为官从政，积极承担社会责任，努力为大众服务；但入仕为官必须遵循义的原则，"君子之仕也，行其义也"。

综合起来，儒家之"义"既是主体品格又是行为品格，能够在任何情况下把道德的价值原则与行为实践统一起来，从而使儒家伦理道德思想历久弥新，成为影响中国人道德修养和性格品质的主导力量。在现实中人们的社会伦理道德实践虽然丰富多彩，但万变不离其宗，即要做一位有情有义的君子！

3.1.3 "尊礼"伦理观

"礼"是儒家文化的核心价值观之一。儒家所称颂的"礼"是指以宗法制度为核心的政治制度、等级观念、道德行为规范及各种礼节仪式，几乎涵盖社会政治、经济、法律、文化生活等各个方面。

西周末年社会动荡，"礼崩乐坏"。颜渊向孔子请教儒家最核心的理论"仁"，孔子则回答："非礼勿视，非礼勿听，非礼勿言，非礼勿动。"（《论语·颜渊》）不合乎礼教的东西不能看，不合乎礼教的东西不能听，不合乎礼教的东西不能说，不合乎礼教的事不能做。孔子提出新的"礼"，实现了德治与礼治由外在向内在的价值转换。

德治与礼治由外在向内在价值转换思想的依据不在于天命，而在于人自身，在于人的生命内部，在于人的道德情感，即"仁"。孔子认为，礼以仁为价值依据和内在本质，仁以礼为外在表现形式。"克己复礼为仁"，就是要求人们自觉地约束自己，在既定位置上以礼的标准正确处理上下左右的关系，如为父要慈、为子要孝、为友要信、为臣要忠、为君要爱民等。这样，社会个体成员道德境界的提高与社会整体文明政治秩序的稳定推进便是一个和谐统一的相辅相成的过程。

孔子曾说"人而不仁，如礼何？人而不仁，如乐何？"就是说，一个人不仅需要自觉自愿的道德情操，还需要被社会舆论等外在力量约束。因此，"礼"在儒家伦理思想中具有"规范"的意义，儒家道德规范体系是以"礼"为核心和逻辑起点构建起来的。作为儒家道德规范体系的逻辑起点，"礼"是从"自我"为人处世准则入手，并由内向外扩充的。"礼"是人立足于社会的根本，一个人要立足于社会，首先要学礼、知礼，其次要在行动中贯彻礼，最后，立人立己的诸要素也需要由礼来补充和完善。因此，"礼"是伦理思想中的准则，是儒家道德规范体系的重要组成部分。

就道德主体而言，"礼"是一套为人处世的道德准则；就整个社会而言，"礼"是通过不断损益而积淀形成的道德习俗。夏礼、殷礼、周礼都是当时约束人们行为的道德习俗。"礼"在时代长河中经过不断损益，各阶段之"礼"虽有不同，但基本精神却是永恒不变的，作为道德习俗对人的约束作用也是一致的。

"礼"在流变演化过程中经历了由外而内、由器而道的"形上化"的过程。从制度角度看，"礼"有"经国家，定社稷，序民人，利后嗣"的治理作用，这是从"器"和"外"的层面看待问题的结论。此外，还有"礼也者，理也"的说法。这表明，"礼"是伦理纲常本然之外化。由此可见，"礼"不仅是君子修身养性、为人处世的准则，还是社会长治久安、导向大同的门径。"礼"由此具有了道德规范之依据的地位。因此，修身之礼、习俗之礼、治国之礼是三位一体的，这也正是儒家"修齐治平"救世方略的道德根据。

3.1.4 "明智"伦理观

"智"作为五常之一，在儒家伦理体系中占有非常重要的地位。孔子首先将"智"视为君子必备的品德之一。"君子道者三，我无能焉：仁者不忧，知（智）者不惑，勇者不惧。"（《论语·宪问》）《中庸》继承和发展了孔子的思想，将"仁、智、勇"三者并称为"三达德"。此后，孟子又提出"仁、义、礼、智"四德，后世学者把"仁、义、礼、智"称为"四基德"。至汉代董仲舒提出"夫仁、谊（义）、礼、知（智）、信五常之道"（《汉书·董仲舒传》）。无论是"三达德""四基德"的说法，还是"五常"的说法，"智"都位列其中。这表明"智"在中华传统道德谱系中居于不可或缺的地位。

《论语》中并未出现"智慧"一词，但据学者统计，"知"字在《论语》中共出现了100多次，其中作"智慧"义有20多次。智慧不是对事物的客观知识，而是一种澄澈无蔽的精神状态。在中华传统道德文化中，"智"蕴含着三种含义，即"智为是非之本""智者见于未萌"和"智者知人"。

首先，"智"表现为一种"明辨是非"之意，亦即"智为是非之本"。孔子说："仁者不忧，知者不惑，勇者不惧。"朱熹解释说："明足以烛理，故不惑；理足以胜私，故不忧；气足以配道义，故不惧。此学之序也。"朱熹强调"烛理"乃辨别"是非"之标准。只有建立一套道德标准，然后才能"烛理"而"不惑"。《礼记·曲礼上》云："夫礼者，所以定亲疏，决嫌疑，别同异，明是非也。"此"礼"就是道德标准。孟子进一步阐发说："无是非之心，非人也……是非之心，智之端也。"在这里，"智"显然是明辨是非之意。

那么，该如何"明辨是非"？有一定的道德标准。换言之，只有明白道德准则，才能实施明辨之行为。如东汉王符云所说："天地之所贵者，人也；圣人之所尚者，义也；德义之所成者，智也；明智之所求者，学问也。"（《赞学》）王阳明亦解释曰："礼乐刑政，教化之所自出也。非至公，无以绝天下之私；非至正，无以息天下之邪；非至善，无以化天下之恶；而非其心之智焉，则又无以察其公私之异，识其邪正之归，辨其善恶之分。而君心之智否，则固系乎其所以养之者也，而可以不慎乎哉。"（《王阳明全集》）因此，"德义"乃"心之智"，在行动前，必然有一衡量是非之标准，这就是所谓的"心之智"。

其次，何谓"智者见于未萌"？即智者能够根据内外形势变通，预测未来发展之势。一是在行动之前，以其智慧谋划细密。如此，则处理事务恰当、合宜。二是由于其是"智者"，故能预测祸福，知晓未来。三是以其智慧为根据，一旦确立了自己的信仰，就会毫不迟疑地坚守，"终始有类，思之而有复"。四是"智者"言行符合道义，"其动中伦，其言当务"。

最后，作为智慧的"知"不是"知物"，而是"知人"（《论语·颜渊》）。何谓"智者知人（或知己）"？先秦儒家子贡曰："知（智）者知人，仁者爱人。"子曰："可谓士君子矣。"同时，孔子又考问了其最得意的弟子颜渊，子曰："回！知者若何？仁者若何？"颜渊对曰："知（智）者自知，仁者自爱。"子曰："可谓明君子矣。"可见，在孔子看来，"智者"既须"知人"，亦须"知己"。

要达到"智者知人（或知己）"，必须先做到"明"，即善于明辨事理或人。朱熹曰："仁则为慈爱之类；义则为刚断之类；礼则为谦逊；智则为明辨；信便是真个有仁义礼智，不是假，谓之信。"（《朱子语类》）《孟子字义疏证·权》云："智也者，言乎其不蔽也。"清代曾国藩直接就说："智即明也。"由此可见，"智"是明辨是非的能力，是对人、对事的整体把握与判断，是"知人"，具有明显的伦理特征。智慧总是与伦理道德相关，与仁义相关。智慧不是理论推理，而是超理性，它不离仁义并能根据情势做出符合伦理规范的适当决断及行动。

3.1.5 "诚信"伦理观

所谓"信"，意为诚实，讲信用，不虚伪。子曰："人而无信，不知其可也。大车无輗，小车无軏，其何以行之哉？"（《论语·为政》）也就是说，人要是不讲信用，不知道他还能做什么。就像大车没有了輗，小车没有了軏，它靠什么行走呢？孔子用"大车无輗，小车无軏"形容一个没有信用的人，并指出这样的人在社会上是无法立足，也无法成事的。

扩展阅读 3.2　儒家文化与股价崩盘风险

在《论语》中"信"字共出现了 30 多次，用在"诚实不欺"这个意义上的有 20 多次。通观《论语》，在孔子的观念中，诚信的要义有三：第一，它是做人的基本道德修养。所谓"人而无信，不知其可也"，没有诚信的人，不知他如何做人。第二，它是与他人交往的基本准则。只有诚信，才能得到别人的信任，也才能成事，所谓"信则人任焉"。第三，它也是治国理政的根本原则。《论语·颜渊》记载，子贡向孔子请教如何治国，孔子说要做到三点："足食，足兵，民信之矣。"就是足够的粮食、足够的军队，以及百姓的信任。子贡问，如果不得不去掉一项，先去掉哪一项呢？孔子回答："去兵。"子贡又问，如果再去掉一项呢？孔子说去掉粮食。所谓："自古皆有死，民无信不立。"在孔子看来，得到民众的信任比什么都重要。

在儒家看来，诚信是一个人的根本。事实上，先秦诸子中并非只有儒家对诚信如此看重。对"信"的强调乃是先秦诸子的共识。比如管子说："诚信者，天下之结也。"（《管子·枢言》）墨子说："志不强者智不达，言不信者行不果。"《墨子·修身》韩非子说："巧诈不如拙诚。"（《韩非子·说林》）《吕氏春秋》甚至将诚信上升到了"天道"的高度："天行不信，不能成岁。地行不信，草木不大。……天地之大，四时之化，而犹不能以不信成物，又况乎人事。"（《吕氏春秋·贵信》）简单来说，就是诚信乃是天地运行的根本法则，日月东升西落，季节寒来暑往，都很守信用；大地随四时变化生养万物，也很有信用。

这些思想家们反复强调了诚信的重要性。历史也已证明，这些思想观点乃是真知灼见。习近平总书记非常关注诚信问题，他曾在中央党校县委书记研修班学员座谈会上的讲话中引用"人而无信，不知其可也"这句名言，并指出"小到个人，大到政府，如果能做到诚实不欺，就会得到他人的信任与支持；如果言而无信，背信弃义，最终则会落得一个悲惨下场"。

3.2　儒家文化蕴含的商业伦理规范

中华优秀传统文化蕴含的思想观念、人文精神、道德规范等文化精髓至今依然历久弥新，闪耀着恒久的思想光芒。作为中华优秀传统文化的主体和精髓，儒家文化也蕴含丰富的经济管理伦理思想。它是中国哲学思想和价值观中最持久、最重要的力量，也是长期以来个体和组织普遍尊崇的道德规范与行动指南（Ip，2009）。杜维明（2003）认为，儒家传统不但塑造着中国企业精神，而且是中国现代化进程中的重要精神支柱，对社会经济发展的各个方面都具有重要影响。

在商业实践中，到底如何约束企业非伦理行为呢？对企业家精神的泛道德化解读，必然也会更多地从企业内在的道德约束上去寻求解决方法。这和中国儒家传统主张有些类似，儒家很早就发现了人群中普遍存在的机会主义倾向，但将希望寄托在"慎独"的道德修养上，即在没有其他人监督的情况下，一个人的行为也应该合乎道德。

事实上，中国古代的商业伦理深受儒家思想影响。仁、义、礼、智、信是中华民族伦理道德的基础，也是对商人品德的基本要求。吴中孚的《商贾便览·工商切要》开篇强调："习商贾者，其仁、义、礼、智、信，皆当教之焉，则及成自然，生财有道矣。苟不教焉，而又纵之其性，必改其心，则不可问矣。虽能生财，断无从道而来，君子不足尚也。"王秉元的《贸易须知》指出："商亦有道，敦信义，重然诺，习勤劳，尚节俭。此四者，士农工皆然，而商则尤贵，守则勿失。"

儒家商业伦理思想直到今天仍有可资利用的价值。这些伦理思想对于在中国特色社会主义市场经济条件下，如何搞活商品经营、增强企业竞争力、实现可持续商业等都具有十分重要的现实意义。概括起来，儒家商业伦理观主要包含以下四个部分："以义制利"的商业伦理观、"诚信为本"的商业伦理观、"以人为本"的商业伦理观、"以和为贵"的商业伦理观。

扩展阅读 3.3 儒家传统
与企业创新：文化的力量

3.2.1 以义制利

经商的目的是取利，中国古人对此并不讳言。孔子说："富与贵，是人之所欲也"，《史记·货殖列传》说："天下熙熙，皆为利来；天下攘攘，皆为利往"，如果否定对财富的追求，那么也就没有商业活动了。尽管如此，古人对"利"也有着丰富的认识，认为并不是任何"利"都可以追求，更不能为了逐利而不惜一切手段。因此，在儒家商业伦理观中，首要的一条就是以义制利。

"义"与"利"看似矛盾，但两者又密不可分。古人常说，不能"见利忘义""唯利是图"，而应该"仗义疏财"，这些经营规范为商业活动赋予了深刻的道德含义。中国古代商业伦理对"义"的追求与重视，在商贾们普遍崇拜关羽的现象中得到反映。关羽是三国名将，他"千里走单骑"被认为是忠义的极好表现。"义"也成为人们尊崇关羽的原因，商贾们把关羽奉为"武财神"，看中的也正是其身上"义"的品质。明清时期一些关帝庙里还设有戏台。那些在经商活动中违背义理的商人会被商会、行会等处罚，其中一项处罚就是要出钱请大家在关帝庙戏台上看关公戏，给自己补上"义"这一课，也借此教育其他商人。

"利者，义之和也。"在长期经商活动中，商人们总结归纳并流传许多商业谚语来阐释利与义两者间的关系，如"仁中取利真君子，义内求财大丈夫""利从诚中出，誉从信中来""君子爱财，取之有道""买卖不成仁义在"等。清代一位著名徽商舒遵刚经商之余喜读儒家典籍，并善于把义理运用于经商活动中，他曾说："生财有大道，以义为利，不以利为利，国且如此，况身家乎？"另一位徽商李大皓则告诫继承者"财自道生，利缘义取"。古代商帮在商业上的巨大成功，与其坚守"义"、崇尚"道"的商业伦理观有着很大关系。

归结起来，儒家义利观包含以下四方面的基本要义。

第一，明确反对见利忘义。在《论语·里仁篇》中，孔子强调"君子喻于义，小人喻于利"。这一观点为后世儒家"义利"思想确立了基本的价值准则。《孟子》开篇就详细记载了梁惠王与孟子见面时对"义"与"利"的探讨。梁惠王问孟子："叟不远千里而来，亦将有以利吾国乎？"孟子回答道："王何必曰利？亦有仁义而已矣。"孟子的回答并不是说"利"不重要，而是强调"仁义"更加重要，仁义是利益的根本。可以说，重义轻利、先义后利，是中华民族数千年来一以贯之的价值准则和行为规范。"轻利"并不是说不能追求自己的利益。儒家重义轻利的核心要义在于反对"见利忘义"，而应该"见利思义"。

第二，肯定合理之利的正当性。《论语·里仁篇》记载："富与贵，是人之所欲也；不以其道得之，不处也。贫与贱，是人之所恶也；不以其道得之，不去也。君子去仁，恶乎成名？君子无终食之间违仁，造次必于是，颠沛必于是。"意思是说：金钱和地位是每个人都向往的，但是以不正当手段得到它们，君子不享受；贫困和卑贱，是人们所厌恶的，但是不通过正当途径摆脱它们，君子是不会摆脱的。君子如果离开了仁德，又怎么能叫君子呢？君子不会有吃一顿饭的时间背离仁德，就是在最紧迫的时刻也必须按照仁德办事，就是在颠沛流离的时候，也一定会按仁德办事。这些思想论述表明，孔子并不反对人们求富逐利。或者说，民众通过努力获得利益（包括富与贵）是人性所在，也是人们的基本权利。但对于君子而言，富与贵应当取之有道。这就是仁义之道，它是君子安身立命的基础。

第三，在动机上反对"以义求利"，但结果上可接受"因义得利"。儒家反对在主观动机方面假仁义之名而行谋利之实，但并不反对在客观效果上因为行义而得到正当利益回报，特别是公共大利。体现这一点的最典型例子就是孟子面对梁惠王时"叟不远千里而来，亦将有以利吾国乎"的提问，孟子说："王何必曰利，亦有仁义而已矣。"表面看来，孟子似乎是将道德与利益对立了起来，只讲义不讲利。实际上孟子认为，行仁义的结果是"王天下"，即结束战乱、走向统一。这不仅是黎民百姓最大的利益，而且是在行义过程中实现的。这在客观效果上可以说是"义利双成"。

第四，在特殊情况下牺牲利益而成就道义。孔子说："志士仁人，无求生以害仁，有杀身以成仁。"（《论语·卫灵公》）孟子说："生亦我所欲也，义亦我所欲也；二者不可得兼，舍生而取义者也。"（孟子·告子上）也就是说，当遇到义与利发生尖锐冲突且不可调和时，志士仁人绝不会为了苟活而做出损害仁义的事情，宁可牺牲自己也要成仁践义。

在儒学伦理中，做一个孜孜以求利、放于利而行，因而无德性、无操守、肆无忌惮的小人，还是做一个义以为上、行仁践义，因而重德操、求上达，行己有耻的君子，是一次重大的生命抉择。面对市场经济的冲击，经营者体现"义以为上"的精神追求，通过提升境界而筑起非伦理行为的堤防，具有重要的意义。而如何既坚持"义以为上"的价值土导，义达成客观效果上的义利双成，是儒家义利观的现代转化在市场经济条件下应当认真面对的时代挑战。

3.2.2 诚信为本

诚信作为商业伦理的核心价值，是社会经济有序发展的基石。近年来，诚信缺失问题频频发生。企业有约不遵、拖欠货款、逃废债务、弄虚作假、恶意欺诈等行为不仅违背了市场经济规则，也摒弃了最起码的诚实守信道德。习近平总书记曾对诚信的重要性做过多次重要阐述，强调各类企业都要把诚实守信作为安身立命之本，依法经营、依法治企、依法维权。法律底线不能破，偷税漏税、走私贩私、制假贩假等违法的事情坚决不做，偷工减料、缺斤短两、质次价高等亏心事坚决不做。

儒家文化倡导"言必信，行必果""人而无信，不知其可也"。"诚信"作为儒家伦理思想的核心内涵之一，泛指诚实不欺、讲求信用。孟子说："诚者，天之道也；思诚者，人之道也。"（《孟子·离娄》）《中庸》指出："唯天下至诚，为能经纶天下之大经，立天下之大本，知天地之化育。"孔子说："子以四教：文、行、忠、信"（《论语·述面》）"人而无信，不知其可也"（《论语·为政》）"言必信，行必果"（《论语·子路》）。"信"是"仁义礼智"的必然结果。

早在春秋时期《左传》就有对诚信的记载。"诚者，信也。"即守信，不欺骗的意思。在儒家看来，信用是最基本的人格基础。孔子不仅指出"人而无信，不知其可也"（《论语·为政》），还把诚信提高到了"民无信不立"，以致去兵、去食，宁死必信的高度。孟子提出"五伦"概念，"朋友有信"就是其中之一。到了荀子，则直接把是否有"信"作为区别君子与小人的标志。由此可见，儒家把诚实守信视为安身立世的根本，强调人必须讲诚信，这是一个人安守的基本道德标准。孟子所谓的"诚者，天之道也；思诚者，人之道也。至诚而不动者，未之有也；不诚，未有能动者也"，以及古语所说的"精诚所至，金石为开"都是这个道理。

现代商业活动离不开契约精神。市场经济的基础就是契约精神、诚信精神。契约精神孕育了人的"诚信观念"。儒家伦理以重礼仪、讲道德闻名于世，自古就有契约精神的基因。2600多年前，春秋时期的晋文公重耳在城濮之战中，退避三舍，信守承诺，成为契约精神的典范。我国古代商人也深知通过诚信赢得客户的道理，《孟子·滕文公上》指出："从许子之道，则市价不贰，国中无伪；虽使五尺之童适市，莫之或欺。"秦末汉初名士季布以守诺著称，《史记·季布列传》说："得黄金百斤，不如得季布一诺。"李白为之赞歌："一诺许他人，千金双错刀。"（《叙旧赠江阳宰陆调·其二》）古代成功的商人几乎都把诚信作为经商之本，秉持"诚招天下客，信纳万家财"的经营理念。晚清时期，江南经营茶叶的商人所售卖的新茶一旦过期，一定会专门写上"陈茶"二字提醒顾客。这是因为在这些商人的眼中，诚信比赚钱更重要。

晋商乔致庸总结从商经验，认为"一是守信，二是讲义，三

扩展阅读 3.4 儒家传统与员工雇用保障：文化的力量

才是取利"。他提出"人弃我取，薄利广销，维护信誉，不弄虚伪"的经商原则。八国联军攻入北京时许多山西票号损失惨重，有的连账簿也付之一炬。票号和账簿是客户存款情况的原始档案，失去后便难以正常兑付。如果他们向外界说明遇到的难处而暂停兑付，于情于理也说得过去。但以"日升昌"为代表的一批山西票号毅然决定，只要客户能拿出存款凭证，在无法核实的情况下也给予兑付。此举无疑存在巨大风险，但山西票号认为守信才是商家存续的根本，唯有绝对诚信才能赢得客户。山西票号的这一做法也得到了回报，战乱过后他们的分号就在全国各地陆续开张营业，储户们更放心把钱存进去，朝廷也把越来越多的金融业务交给他们，他们的生意更加兴旺了。

3.2.3 以人为本

儒家文化饱含的以人为中心的人本主义思想为现代管理提供了源头活水。搞好企业经营需要有一个和谐的人际环境。"仁"强调对他人情感上的青睐和实际利益上的惠顾，是利他思想。只有这样，人与人的关系才能达到和谐；而人际关系和谐正是管理实践的基础。"不以仁政，不能平治天下。"（《孟子·离娄上》）"行仁政而王，莫之能御也。"（《孟子·公孙丑上》）现代企业管理需要践行"人本"管理思想，以人为中心是现代商业伦理建设的精髓。这种"人本"管理思想与儒家"仁者爱人"的伦理思想不谋而合。

通过"德、诚、信、俭"等观念的确立，在企业内部可以坚持"以人为本"和"德治"原则。《论语·雍也》对"仁"的描述是"夫仁者，己欲立而立人，己欲达而达人""己所不欲，勿施于人"。儒家"仁政"思想与社会交换契约理论中的互惠观点是一致的。孔子说："能行五者于天下，为仁矣"，强调"为政以德"，其中的五者即为恭、宽、信、敏、惠。这些思想引导现代企业要秉承"人本"管理思想，在人力资源管理实践中给予员工更多的人文关爱和权益保障支持，激励他们全身心投入工作。反之，若企业缺乏"仁"，肆意侵害员工基本权益，那么和谐雇佣关系和员工忠诚度必将受到破坏。

以人为本的人本主义思想向来被认为是儒家文化的一大特色。儒家文化主张"尊贤使能，俊杰在位"，倡导"修身、齐家、治国，平天下"的人本思想。构建优秀企业文化，吸纳创新型人才，推动企业发展，必然要求企业家树立一种以人为本、唯人兴业的经营管理理念。

3.2.4 以和为贵

我国"和"文化博大精深。儒家主张"礼之用，和为贵"，孟子认为，"天时不如地利，地利不如人和"（《孟子·公孙丑下》），"得其民，斯得天下矣"（《孟子·离娄上》）。"和"的核心内涵可以归纳为以下几点：一是主张"和为贵，泛爱众"，重视建立和谐融通的社会秩序和人际关系；二是主张"天人合一"，提倡与自然和谐相处，主张适应客观规律的演变与发展；三是主张"和而不同"，提倡求同存异，相辅相成，共谋发展。儒家文化中"和"的思想也深刻影响着商业伦理观的塑造，古代商人们喜欢说"和厚生财"。和气不是对顾客一味圆滑和讨好，而是对顾客的尊重，这也与"一切以客户为中心"的经营理念高度吻合。

在儒家文化影响下，中国社会自古以来就充满深厚的人情味。理与法之外还有情，合理、合法的事情如果不合情，依然难以行得通。所以，善于经商的人都重视商业活动中的情感因素，把"和"作为经济活动的润滑剂，提倡尊重顾客，注重恭敬辞让，绝不能店大欺客。除了和气待客，他们还主张与店员和衷共济，建立心理认同，齐心协力，共同把生意做大。

明清时期出现了许多经商指南，如《治铺格言》《治家格言》《士商类要》《为商十要》《贸学须知》《生意论》《劝号读本》《劝号谱》等，都是商人们的实践经验总结，内容上除强调重义轻利、诚实守信外，也大量讲到要坚持"和"的经商原则。如明代程春宇所著《士商类要》重点讲到的就是如何立身持己、和睦宗族、孝顺父母、敬兄爱弟等。他强调"和气待人"是商人的行为准则，提出："凡人存心处世，务在中和，不可因势凌人，因财压人，因能侮人，因仇害人。"有"江南药王"之称的著名老字号"胡庆余堂"，店里专门挂有两块匾，一块向外面朝顾客，写的是"真不二价"；另一块向内面朝店员，写的是"戒欺"。

"和厚生财"的商业伦理观强调要和气、厚道，并以此为原则对待顾客、店员与生意伙伴。此外它还有另一层含义，就是要买卖公平。春秋时期，子产提出"市不豫贾"的观点。"贾"即价格，即商品价格由市场决定，不要事先就确定，这是针对垄断市场和哄抬物价等不良现象说的。在《史记》《汉书》等史籍里，"市不豫贾""市不豫价""市不豫贸"等文字经常出现，其意大致相同，都强调要坚持公平买卖，这也被视为经商时应当遵守的准则之一。随着商业的繁荣，欺行霸市、强买强卖等现象不可避免地出现，但正统的商业伦理观对这些现象均持排斥和批评态度。除官方通过律法手段加以打击外，人们也从伦理道德角度对其进行鞭挞和谴责。

"和"文化中"和为贵、泛爱众"的价值观是构建和谐融通的企业内部制度秩序与人际关系的基础。企业并不是没有精神和灵魂的虚幻实体，企业行为影响和支配着社会的进步与发展。"和"文化价值观将个人置于企业管理的首位，强调"泛爱众""和而不同"等观点，有利于增强员工对企业认同感、强化员工归属感。企业尊重每一位员工的个性和人格，有利于激发员工个体活力，释放主观能动性和创造力。同时，由于"和"的价值观扩大了"个人"的概念内涵，将消费者及其他利益相关者也纳入这一范畴，这使得企业利益相关者的利益得到新的诠释和整合。在"和为贵、泛爱众"价值观引导下，企业行为顺应社会进步要求，与社会发展目标同步，有利于建立合作、互惠、共赢的商业生态关系。

同时，虽然现代企业大多实施科层管理模式，但每个人在人格上是平等的。按照"和而不同"的价值观，在企业人际关系处理上要做到"仁者爱人"。企业作为有机整体，管理者和普通员工之间只有分工不同，没有人格差异。"和而不同"强调包容和求同存异，是促进企业科学管理、推进和谐雇佣关系建立的基础，是符合东方道德价值取向的基本准则。从社会发展和企业成长角度看，"和而不同"减少了社会与企业发展中的现实冲突与矛盾，注重社会结构、企业制度的改革和创新，有助于在真正意义上实现社会可持续发展。

3.3　道家文化的伦理思想

道家起源于先秦时期，是由中国历史上著名的哲学家老子创立的。老子和庄子是先秦时期道家重要的代表人物，其代表作分别是《道德经》和《庄子》，是后世道家思想演化和发展的基石。先秦道家是道家思想发展的第一个阶段。老子和庄子非常注重人与自然的关系，提出"道法自然""无为而治""天人合一"等道家核心思想。

在老子的哲学思想中，作为最高范畴的"道"，其具体含义却难以明确说明，即所谓"道可道，非常道"。但随着对道家思想的深入解读，我们仍然可以揭示出"道"最基本的内涵。老子认为"故道大，天大，地大，人亦大。域中有四大，而人居其一焉。人法地，地法天，天法道，道法自然"（《道德经》第二十五章）。《道德经》第五十一章中也说道，"是以万物莫不尊道而贵德。道之尊，德之贵，夫莫之命而常自然"。从中可以发现能够揭示"道"之内涵的两个词语："道法自然"和"常自然"。"道法自然"说明"道"以"自然"为法，以"自然"为原则和根本。

"道性伦理"是以老庄哲学为代表的道家伦理思想，它以"道性"作为伦理思想的核心诉求，具体表现为以"自然"为根本原则，以"无为"为根本方法，进而体现为主"虚静"、尚"谦下"、贵"不争"等伦理主张。

3.3.1　尊道重德

道家以"道"作为天地万物的本原和人类观念形成的总法。道家之"道"有一本性和统贯性，又包含着多样性和丰富性。在天地万物之中，"道"涵盖着天道、地道和人道之论。道家伦理思想以尊"道"重"德"为要义，将其作为其伦理学说的最高范畴，成为人类道德的根本要求和内在价值目标。道家所建立的人类道德是效法"道"的道德，从这个意义上讲，道家的伦理学是一种大伦理学或宇宙伦理学，它立意非常深远，蕴含十分丰富。庄子所说的"道"，既是日月星辰、山川大地、花草树木、人类与社会的本源，又是关照万事万物的一种超越和无限的视觉或智慧。道在时空上是无限的，是没有边际的。

道教以"道"和"德"为他们信仰、行动的总准则。道家尊道贵德的价值含义，从伦理思想史上说，实际上涉及净化道德动机、摆正道德意向和只问耕耘、不问收获等问题，以自己独创的方式提出了追求不是占有、贡献也不是索取这些提高人类道德境界的命题和思想，对于清除被功利主义所污染的氛围，构建一种新的伦理思想体系，具有重要的现实意义。在西方伦理思想史上，人们都把道德视为一种自然合乎人的本性的东西，主张依循道德而行。老子指出，尊道贵德的人应以无为的态度来处理世事，实施不言的教导，不偏私，不占有，不爱慕虚荣，不崇尚奢华，一切以自然的法则行事。

3.3.2　身重于物

道家的另一主要伦理思想是对身物关系进行科学的探究，提出了"身重于物"的价值学说。老子认为："名与身孰亲？身与货孰多？得与亡孰病？甚爱必大费，多藏必厚亡。"（《道德经》第四十四章）老子认为人生在世应爱惜身体，重视生命，不要过分地追求名利，人生的目的是效法天地自然之道，依循本性而生存。在庄子看来，知悉"道"的人一定通晓事理，通晓事理的人必定能随机应变，能随机应变的人就不会让外物来伤害自己。此即"无以人灭天，无以故灭命，无以得殉名"（《庄子·秋水》），也就是不要用人事毁灭天然，不要用偶然变故损害生灵，不要用有限的得葬送无穷的名。

从道家身重于物的伦理观中，人们能够悟出许多人生的真谛。通晓道家伦理思想的汉代思想家扬雄在《解嘲文》中指出："当涂者入青云，失路者委沟壑。旦握权则为卿相，夕失势则为匹夫。""且吾闻之，炎炎者灭，隆隆者绝。观雷观火，为盈为实，天收其声，地藏其热，高明之家，鬼瞰其室……位极者宗危，自守者身全。"扬雄本人还以道家伦理思想自省，史载他"不戚戚于贫贱，不汲汲于富贵。不修廉隅以徼名当世，家产不过十金，乏无儋石之储，晏如也"（《汉书·扬雄传·上》）。道家"身重于物"的伦理思想警示着我们每一个人，要将每个人的生命原有的自然禀赋善加利用，不要过度追逐个人所得，个人自会充实谐和。

在身重于物的伦理思想中，道家文化还强调少私寡欲。老子反对纵欲，也反对禁欲，主张"圣人欲不欲，不贵难得之货"（《道德经》第六十四章）。"不欲"即是"无欲"，所谓"无欲"，就是"少私寡欲"（《道德经》第十九章）。在老子看来，人的欲海难以填平，总是无止境地追逐名利财货是毫无好处的。他认为"朝甚除，田甚芜，仓甚虚"（《道德经》第五十章）是统治者"服文采，带利剑，厌饮食，财货有余"的结果。"民之饥，以其上食税之多，是以饥……民之轻死，以其上求生之厚"（《道德经》第七十五章）。

根据"少私寡欲"的原则，老子提出了四条重要的处世之道：一是"治人事天莫若啬"；二是"知足不辱，知止不殆"；三是"功遂自退"；四是"君子之交淡如水"。

3.3.3　无为而治

"无为而治"是老子处事伦理的核心诉求，它主要围绕统治者与百姓的关系展开。"无为而治"的伦理思想，是老子对儒家"有为而治"政治伦理的反驳，也是"道法自然""道常无为"这一道性内涵在政治伦理上的体现。老子提出："爱民治国，能无为乎"（《道德经》第十章），即表明统治者要以"无为"为根本准则。另外，老子借圣人之言，从内外两个方面论述如何做到"无为"。就外部的政治方略而言，老子主张统治者对待百姓要"虚其心，实其腹，弱其志，强其骨""悠兮其贵言"，即采取"无为"的政治方略，其结果是"使民无知无欲""功成事遂"；就内部的伦理关怀而言，老子要求统治者"以百姓心为心"，其结果是"百姓皆注其耳目"。在此基础上，老子描述了在"无为而治"的治理下君民和谐的美好社会生活画卷："我无为，而民自化；我好静，而民自正；我无事，而民自富；我无欲，而民自朴"（《道德经》第五十七章）。君王做到"好静""无事""无欲"，百姓就会"自化""自正""自富"和"自朴"。这样的美好生活属于"功成事遂"，因而，"百姓皆谓：我自然"。这里的"自然"，既是百姓发自内心的心声，也是君民关系的最高境界，更是实行"无为而治"的根本追求之所在。"无为"主张，产生了放任的思想，即充分自由的思想。这种思想是从不干涉主义而来的，老子认为统治阶层的自我膨胀，足以威胁百姓的自由与安宁，因而提出"无为"的观念，以消解统治阶层的强制性与干预性。

3.4　道家文化蕴含的商业伦理规范

道家文化是中国传统文化的重要组成部分，是中华民族在漫长的历史发展过程中创造的宝贵精神财富。道家文化中蕴含着丰富的生态思想，对现代生态伦理思想产生了深远的影响。道家文化中蕴含着"道法自然""天人合一""无为而治"及"齐物论"等生态伦理思想，为现代生态伦理学提供了基础。

3.4.1　"天人合一"

道家文化倡导"天人合一"，万物平等，人类要尊重自然，与自然和谐相处，而不是"以人类为中心"的生态伦理思想。如"故道大，天大，地大，人亦大。域中有四大，而人居其一焉"（《道德经》第二十五章）、"故为是举莛与楹，厉与西施，恢诡谲怪，道通为一"（《庄子·齐物论》）、"以道观之，物无贵贱"（《庄子·秋水》）、"譬吾处于天下也，亦为一物矣"（《淮南子·精神训》）、"物无贵贱"（《淮南子·齐俗训》）等道家经典均传达了一种人与自然平等的生态伦理思想。

"天人合一"的生态思想虽说是朴素的，但在两千多年前道家能够提出人与自然相协调的伟大思想，不得不令人叹服。历史学家汤因比曾高度称赞道家的这一生态思想，认为道家的"人如果要征服宇宙就遭到失败"的认识，是一种"宝贵的直觉"（《展望二十一世纪》）。美国著名物理学家卡普拉认为，在东方传统文化中道家提供了最深刻且最完善的生态智慧。日本著名学者汤川秀树指出，在两千多年前老子"就已经预见到了今天人类文明的状态，使人感到惊讶的是，生活在科学文明发展以前某一时代，老子怎么会向从近代开始的科学文明提出那么严厉的指控"（《创造力和直觉》）。

道家"天人合一"的思想能够为现代人正确处理人与自然的关系提供新的哲学根据，用以补充和修正西方长期以来流行的"天人对立"的思维模式，引导人类把尊重、爱护自然转化为内心的道德律令，真正达到人与自然的和谐统一。这就是"天人合一"生态思想的现代社会价值所在。总体来讲，道家思想蕴含的生态观强调人要与自然生态万物同生共运，强调天、地、人之间的自然生态平衡关系，即"人法地，地法天，天法道，道法自然"（《道德经》第二十五章）。其观点主要有两个层面的含义：第一个层面是顺应自然，即人只能辅助、成全天地万物的自然本性，人类改造自然要遵循因性而为、顺性而动，切不可为了达到某种人类的功利目的而强为。第二个层面是不妄加作为，即不能按照人的私欲和主观愿望去随意地改变自然。人类只有尊重自然、遵循宇宙发展规律，使万物各得其所、各尽其性，以平等的身份对待自然万物，倾听自然的声音，才能从根本上实现人与自然的和谐共生。

道家生态伦理观要求企业发展不是竭泽而渔，而是既实现自身发展，又保持环境良好发展，既保证当代人发展，又不破坏后代的可持续发展。企业作为环境保护的市场主体，在生产经营过程中，应当树立环保理念、践行绿色创新、绿色生产和绿色办公。这样既节约成本，又实现了自然资源节约和环境保护，无形中提升了企业声誉和社会影响力。在现代商业世界，立足于企业、社会和自然关系协调，促进三者协调发展，是加强商业伦理建设的关键。发扬"天人合一"的传统伦理文化精华，把企业经济效益和社会生态效益结合起来，保持人与自然的和谐相处，实现科学发展、可持续发展是企业伦理建设的重要环节。

3.4.2　"慎终如始"

"慎终如始，则无败事"出自《道德经》，字面意思是做事要谨慎收尾，如同开始时一样，即始终要谨慎从事。这不仅是老子智慧的结晶，还常作为企业家的座右铭。"慎终如始"是一种责任和态度，是"不忘初心"的另一种解释。每一位企业家，初心通常都是积极而美好的，并不希望通过"违反规则"获得利润。然而，当企业发展过程中遇到阻力、困境时，有的企业家放弃了正直，有的企业家则恪守如初。

"慎终如始"是一种态度，要求企业始终坚持伦理道德要求，并恪守如初。市场的运动规律是复杂的，令人难以捉摸。在无形的市场面前，任何企业家都不能随意而行，必须顺其民心而为之，广泛进行市场调查，真正了解顾客喜欢什么、讨厌什么、关心什么、认可什么。只有真正秉承为顾客创造价值的商业原则，为顾客利益考虑，才能赢得顾客青睐和市场认可。

3.4.3　"无为而治"

在全球化竞争时代下，西方管理哲学面临诸多困境，许多管理学家都把注意力由西方管理模式转向东方管理模式，特别是《道德经》中"无为而治"的思想，引起了他们的极大兴趣。所谓无为，并不是指无所事事，无所作为，而是指不乱为，不妄为，遵照自然规律的要求去作为。在道家看来，商业伦理发展必须遵循"以人为本"和"无为而治"的管理理念。

《道德经》说："天大，地大，人亦大。"三才之中人居其一，强调的就是人的作用，天地之间顶天立地的也是人。商业伦理发展需要顺应"道"，以无为的方式管理人、使用人。过度的干预往往会遏制生机，加速衰亡。无为管理能够尊重员工的自身价值和自主性，具有民主色彩，体现了平等和公平精神。《道德经》富于辩证思想，能够使人看到转化的力量，在无为中赢得主动。《道德经》认为"治大国，若烹小鲜"。企业管理实践需要遵循客观规律，以顺应的态度、适当的方式变化和发展。管理是对人的管控活动，管理者应该抓住管理的关键，化繁为简，让员工各司其职，从而在"无为"中创造效率。

"无为而治"思想有助于调动员工的自主性，充分授权，主动信任，促进发展。

3.5　古代伦理思想对现代企业伦理建设的启示

在经济全球化大背景下，中国企业要在国际竞争中取得优势，就必须重视现代商业伦理的重构。由于中国古代长期奉行"重农抑商"政策，导致在许多时候，社会商业活动并不活跃，商人甚至受到一定歧视。提到商人，人们经常想到的是"无商不奸""无商不恶"等负面词语。这其实是一种认知偏见，中国古代并不缺乏优秀的商业文化和商业伦理观。这不仅是中华传统文化的重要组成部分，也对当代企业具有很强的现实借鉴意义。挖掘这些优秀商业文化及其背后的商业伦理观，对于发展经济、实现商业繁荣有着重要的积极作用。

中国传统文化对商业伦理的启迪价值与现实意义，尤其在 21 世纪可能产生的积极作用，已被世界范围内的有识之士所重视。德国学者玻尔曾说过，中国传统文化可以弥补西方思想的局限，对于人类应对现代社会的挑战具有超越民族界限的价值和意义。因此，现代企业的商业伦理构建有必要吸收与借鉴中华传统文化中蕴含的伦理思想精华。具体来讲，可从以下五个方面展开。

3.5.1 树立"义利合一"的经营哲学

经商的目的是取利，古人对此并不讳言。《史记·货殖列传》说"天下熙熙，皆为利来；天下攘攘，皆为利往"，如果否定对财富的追求，也就没有商业活动了。但是，古人对"利"有着丰富的认识，认为并不是任何"利"都可以追求，更不能为了逐利而不惜一切手段。"君子爱财，取之有道。"在古人的商业伦理观中，首要的一条就是重义轻利。

企业是从事商品和服务的生产经营，以营利为目的的经济组织。"利"是企业生存发展的必备要素，没有"利"，企业无法吸引高素质人才，无法进行技术研发投资，无法培育企业品牌，甚至连基本生存都面临困难。因此，企业需要依靠持续盈利夯实自身的生存与发展基础。然而，企业要实现顾客价值创造，为推进实现美好社会而努力，并成为受人尊重的伟大企业，就必须正确处理"义"与"利"的关系，树立"义利合一"的经营哲学。

儒家义利观强调，求利必须合义。获取何种"利"、如何获取"利"、如何分配"利"是儒家义利观下企业伦理建设需要回答的三个基本问题。首先，在回答获取何种"利"方面，现代企业必须坚守生财致富要有道，要秉承"以义统利""见利思义""先义后利""以义为重"的伦理价值取向。获取合义之利，不取不义之财，企业获利要经得起道义检验，企业经营活动要注重经济效益和社会效益的有机统一。

其次，在如何获取"利"方面，现代企业要以合理、合法、合规手段追求利润，时刻牢记"不义而富且贵，于我如浮云"（《论语·述而》）。儒家伦理观倡导和坚持企业局部利益服从全局利益，个别利益服从公共利益。根据儒家"据义求利""义利合一""义然后取"等伦理主张，现代企业在追求经济利益的同时也要积极承担与履行社会责任。商业活动不应局限于聚财致富，还应表现出对德性的追求，聚财致富要合乎道义原则。这里的道义原则主要指企业必须承担对社会的责任。企业作为经济组织和市场经济主体，不仅要创造物质财富，而且要自觉履行相应的社会责任。履行社会责任对于企业发展存续有着无形的、潜在的、持久的作用，有利于企业树立良好形象，增加无形资产，提高经济效益，最终实现义利合一。现代企业要发扬儒家"先义后利"的经营理念，正确处理企业利益（"利"）与社会道德及责任担当（"义"）的关系，真正做到"先义后利""义利合一"。

最后，在如何分配"利"方面，现代企业要遵循儒家"不患寡而患不均"的思想，在兼顾效率的前提下，既要考虑企业内部分配的公平性，也要考虑企业与社会利益分配的公平性，主动承担经济、法律、伦理、慈善等相关社会责任。总而言之，企业要时刻牢记"不发不义之财、追求阳光之利"，树立对国家负责、对社会负责、对人民负责的良好形象。

3.5.2 倡导"忠实诚信"的经营法则

诚信是儒家文化蕴含的重要伦理规范。个人当以诚信立足社会，企业当以诚信立足市场。市场经济是建立在"诚信"基础上的契约经济，其本质就是信用经济。市场契约的核心要素与执行基础就是诚信。一个融"诚信"于商业伦理中、将"诚信为本"一以贯之的企业，在复杂激烈的市场角逐中往往能立于不败之地。因此，现代企业伦理构建必须注重诚信。这种诚信就是要在儒家诚信文化基础上，建立起重契约、讲法制的诚信体系，使企业真正为用户和社会着想，维护公众利益，着眼于企业与社会的长远发展。

企业必须把自身利益与行为建立在"诚信"基础上。商业领域中的"诚信四原则"主要包括诚实、考虑对方利益、承担责任和透明性。其一，诚实不只是一个道德问题，也是一个经济问题。如果企业想和员工、合作伙伴、客户、股东以及公众建立信任关系，就必须诚实、准确、完整地与各方交流信息。企业不能通过忽略某种事实的方式撒谎，或通过增加事情的复杂程度达到掩盖真实状况或混淆细节的目的。其二，考虑对方利益通常是指交易双方诚心诚意地进行价值交换或让渡，而信任关系的建立，需要建立在对各方利益、需求及感受的考虑上，需要彼此心存善意。其三，承担责任意味着企业要对利益相关方做出明确承诺，并恪守承诺。其四，透明性意味着企业要以公开透明的方式运作。若市场上充满"企业在隐藏什么事情"的信号时，就说明企业运作透明性不高，最终可能导致其失去外界信任。

儒家忠信观指导下的企业伦理建设必须倡导忠实诚信的经营理念，对国家忠诚，对顾客、员工负责，对投资者与合作伙伴守信。企业忠实诚信的伦理规范应包含以下几个基本要素。一是对国家诚信。在国家法律许可范围内开展生产经营活动，不生产假冒伪劣商品，不进行虚假广告宣传，不做假账与财务舞弊，诚实经营，照章纳税，积极履行企业社会责任。二是对顾客诚信。视顾客为上帝，建立基于契约精神的售后责任机制，才能真正实现"诚则招天下客，信以揽四方财"。比如，胡庆余堂于清同治十三年筹建，一直恪守"是乃仁术""真不二价""戒欺"等诚信经营理念，铸就了历时近150年的蜚声中外的国药老店。三是对员工诚信。员工是企业价值创造的主体，尊重和信任员工应成为企业诚信文化的重要组成部分。对员工诚信要求企业建立促进合作互信的工作机制，尊重员工首创精神，主动采纳员工合理化建议，及时兑现对员工的各项承诺。四是对投资者诚信。企业经营者要强化信托责任，忠于职守、诚信经营，积极为投资者创造价值。企业要秉承"让投资者看得见、看得清"的诚信经营理念，给投资者一个真实、透明、治理规范、内控有效的投资主体。企业要积极开展投资者交流，牢树合规意识，坚守合规底线，提高信息披露质量，积极为投资者创造价值。五是对合作伙伴诚信。企业要遵守供应商社会责任行为准则，强化合规管理体系建设，牵引合作伙伴构建合规管理能力。

3.5.3 坚持"以人为本"的价值导向

中华传统文化倡导的人本主义对现代企业伦理构建的影响是深刻的。儒家认为"人为万物之灵"。孔子认为人能弘道，非道弘人。就是说，管理的核心是人，即管理的主体是人，其主要客体也是人。"夫霸王之所始也，以人为本。本治则国固，本乱则国危"，这就是以人为本的思想。人本管理思想对现代企业伦理构建的借鉴体现在以下几个方面。

第一，"仁者爱人"，企业要树立以人为本的价值观。儒家"仁爱"学说以及主张"天生万物，唯人为贵"等思想集中体现了人本管理价值导向。企业要吸引、留住、激活与释放优秀的人力资本，就应该把儒家"爱民、养民、富民"等"仁爱"思想运用到人力资源管理实践中，形成"以人为本"的价值导向和管理系统，一切以员工为出发点，关心人、理解人、重视人、依靠人、尊重人、凝聚人、培育人，从而最大限度地开发和形成企业人力资本。

第二，"正人先正己"，企业要打造德才兼备的优秀管理团队。孔子说："政者，正也。子帅以正，孰敢不正？"（《论语·颜渊》）只有正己，才能正人。"其身正，不令而行；其身不正，虽令不从。"（《论语·子路》）孔子还提倡"己欲立而立人，己欲达而达人""己所不欲，勿施于人"的忠恕之道，这是为仁之方。在管理实践中，要引导和要求管理者"躬自厚而薄责于人"，即严于律己，宽以待人。古代先哲"正己正人，成己成物"思想中所提倡的以身作则、率先垂范、身先士卒、推己及人的思维方式和方法，对于打造现代企业优秀管理团队具有非常重要的启迪意义。

第三，"取之于人"，企业要以服务顾客和社会为己任。在企业外部经营活动中，"以人为本"价值观的基本要求就是"取之于人"与"服务于人"。"取之于人"是指企业作为一个营利性经济组织，其利益来源是市场上的广大消费者。因此，企业必须"服务于人"，站在消费者立场为顾客着想，以满足顾客需求和为顾客创造价值为根本来决定企业经营策略。

3.5.4 践行"合作共赢"的发展路径

儒家主张和合共赢，体现在现代企业伦理建设上就是要践行"合作共赢"的发展路径。互助合作是经济技术发展与社会分工细化的必然趋势。在经济全球化大背景下，企业要在全球产业链和价值链分工中谋求有利地位和价值节点就必须树立良好的合作意识。

第一，"和为贵"是打造高能效团队的精神基础。发扬儒家"和为贵"的观念对于企业内部团队精神的培育、团队合作行为的激发具有重要作用。以儒家"和为贵"价值观为主导，在企业内部，一要培养员工团队协作精神，集中广大员工智慧，塑造企业内部集和谐、融洽及共识于一体的群体关系；二要鼓励员工全身心投入工作，为实现企业目标同心同德，开拓进取，为企业发展形成强大合力；三要确立员工的主人翁地位，真正将企业与员工融为一体，使企业上下和睦、精诚合作。

第二，"和而不同"是企业构建和谐竞争环境与商业生态的关键。追求和谐、注重合作、提倡谦和是儒家的基本精神之一。儒家提倡的"和而不同"思想对于现代企业活动具有重要启示。现代市场经济已经超越了传统狭隘的零和竞争模式，企业应注重互惠合作，既竞争又合作，在合作中竞争，在竞争中合作。"和而不同"思想有助于引导企业获得共赢，实现"和则众"的目标。

3.5.5　遵循"天人合一"的生态理念

生态兴则文明兴，生态衰则文明衰。绵延5000多年的中华文明孕育了丰富的生态文明。党的十八大以来，习近平总书记无论是外出调研，还是主持中央政治局集体学习，都反复强调生态文明建设的重要性。习近平总书记说，我们应该遵循天人合一、道法自然的理念，寻求永续发展之路。在他看来，绿水青山就是金山银山，保护环境就是保护生产力。"不能吃祖宗饭、断子孙路，用破坏性方式搞发展""要像保护眼睛一样保护生态环境，像对待生命一样对待生态环境"。生态文明建设要求人类在改造客观世界的同时改善和优化人与自然的关系，建设科学有序的生态运行机制，体现了人类尊重自然、利用自然、保护自然、与自然和谐相处的文明理念。建设生态文明，树立生态文明观念，是推动科学发展、促进社会和谐的必然要求。

"天人合一"的思想对生态文明的诠释就是可持续的和谐发展观，正确处理人与人、人与自然、人与社会、人与自身、现代和后代之间的关系，要求人们生活方式生态化，在日常生活和物质消费领域中确立全新的道德标准。在传统"天人合一"的思想中，包含处理这些关系的追求和思考。首先，"天人合一"是系统整体的和谐观。其次，"天人合一"认为人与自然是一体的。人类命运始终与大自然的存在和发展密切相关。人类在认识与改造自然的过程中，虽然创造了灿烂的文明，但也造成了对自然的破坏，给人类可持续发展造成了威胁。因此，人与自然和谐相处以及人与自然关系的准确定位，既是建设生态文明的必然要求，也是"天人合一"的意蕴。最后，"天人合一"建立了人与自身、人与人、人与社会的秩序。

"天人合一"是激发企业环保意识、实现绿色可持续发展的价值源泉。作为中国传统文化的象征，儒家文化和道家文化都提倡尊重一切生命的价值，把尊重自然规律、维护人与自然的和谐、友善、协调发展作为最高的道德旨向。生态环境直接影响企业经营活动，进而促使企业将环境问题融入整个经营活动中。当前，我国政府正在积极规划和推进"碳达峰碳中和"的宏伟战略目标，这要求企业在追逐盈利目标时必须担负起相应的社会责任和生态责任，立足于企业、社会和自然的关系协调，促进三者协调发展，把企业经济效益和社会生态效益有机融合起来，实现人与自然的和谐相处以及企业可持续发展。

本章关键知识点

儒家伦理思想、道家伦理思想、现代企业伦理规范

思考题

1. 与西方文化相比，中华传统文化蕴含的伦理思想有何优越性？
2. 如何理解中华传统文化在构建现代商业文明中的时代功能和价值？

即测即练

自学自测　　扫描此码

第 4 章

商业伦理与制度约束

◇ 本章学习目标

通过本章的学习，学生应该能够：

1. 理解正式制度与非正式制度二维分析框架；
2. 知悉企业非伦理行为的内涵、危害及诱发因素；
3. 掌握基本的商业伦理取向。

◇ 引导案例

商业伦理是中国企业的短板

2013 年 6 月，中国企业家俱乐部访法代表团来到了巴黎 HEC 商学院。企业家们就与领导力有关的核心问题与商学院教授们展开了生动的讨论。其间，在一场学习研讨会上，中国企业家俱乐部顾问、中欧国际工商学院经济学与金融学教授许小年提出：中国企业家最明显的短板，是商业伦理才能（ethical talent）。如果企业家不具备商业伦理能力，那么他领导的企业将无法成为伟大的企业。

在与巴黎 HEC 商学院院长韩玛南楚探讨企业家能力时，许小年表示认同后者的观点，即企业家应具备认知才能（cognitive talent）、社会和政策才能（social and political talent）、心理才能（psychological talent）以及商业伦理才能（ethical talent）。

"我们中国的企业家，前三种才能都很出色。"许小年说。的确，中国企业家的社会和政策才能非常出色，因为他们是在最复杂的环境中生存和发展起来的，所以心理才能和认知才能都没有问题。

许小年认为，中国企业家最明显的短板就是商业伦理才能欠缺。西方语境中的"商业伦理"意味着道德、梦想、责任和精神。如果一个企业没有核心价值，它的制度是建立不起来的。企业制度包含了规章制度，但不限于规章制度，这些规章制度由于有了核心价值，可以变成公司的自觉行动。

"这方面中国企业家是最缺乏的。"许小年强调，如果这方面不加强，就不能成为伟大的公司，只能是优秀的公司。"优秀公司和伟大公司的区别就在于有没有道德和制度！"

资料来源：许小年. 商业伦理是中国企业的短板[EB/OL]. 新华网，2017-07-03.

思考题：

1. 你认同"商业伦理才能是中国企业家的短板"这一观点吗？
2. 如何理解商业伦理在成就伟大公司中的价值和作用？

4.1 伦理和制度：二维约束力量

4.1.1 制度系统的构成

一般来说，约束人类行为的制度系统包括正式制度（formal institutions）和非正式制度（informal institutions）两方面。在制度经济学中，制度往往被理解为正式的规则约束，它通过规范行为主体的活动边界、减少外部性和机会主义行为、强化主体行为预期、降低交易成本等促进社会财富增加。历史经验证明，长期经济增长的关键因素是有效的制度安排。美国现代社会学奠基人塔尔科特·帕森斯（Talcott Parsons）认为，制度最基本的功能是调节社会关系（社会控制）。诺斯（North）认为，制度系统由"正式制度""非正式制度"及其实施机制组成。他首次提出了"非正式制度"的概念并表明人们的行为选择大部分取决于非正式制度约束，正式制度只占约束总体的一小部分。亨廷顿、哈里森等学者也强调，文化、习俗、道德规范等非正式制度是影响社会、政治和经济行为的一个重要因素。

关于正式制度与非正式制度二者间关系论述的另一个代表性理论是新制度学派领军人物威廉姆森（Williamson）划分的社会科学研究四层次理论，因其层次划分的逻辑鲜明性以及能够与不同理论相结合的兼容性，被广泛运用于解释企业边界、纵向一体化、公司金融与治理行为中。长期以来，威廉姆森始终致力于构建统一的制度研究范式。他将制度要素划分为四个层级：第一层级，即内嵌于各种习俗、传统和社会文化（如宗教）的非正式制度；第二层级，即各种诸如宪法、法律和产权等正式制度安排与宏观制度环境设置；第三层级，指针对各种具体交易活动形成的公司层面治理制度和契约条款；第四层级，指在上述三个层级制度安排下的企业内部资源配置机制。威廉姆森强调，应从跨学科的视角来研究制度的功能、产生与变迁，并主张从动态视角考察制度力量的演变（见图 4-1）。

4.1.2 正式制度的内涵

正式制度作为社会经济制度体系的重要组成部分，是指人们有意识、自发设计形成的一系列政策、规则、条例、法规，其有明确的条文表达，如国家法律、政府法令、公司章程、商业合同等。正式制度需要依靠国家机关、权力机构的强制力量来实施，以奖赏和惩罚的形式规定其行动。正式制度具有强制性，对企业及个人有着更强的约束力。商业情境中的正式制度主要由法律规范、商业契约、企业制度组成。

1. 法律规范

法制是科学管理的基础。法律是由国家制定或认可并依靠国家强制力保证实施的，

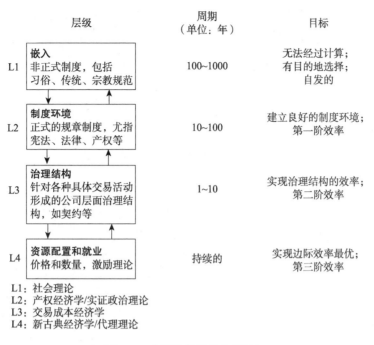

层级	周期 （单位：年）	目标
L1　**嵌入** 非正式制度，包括 习俗、传统、宗教规范	100~1000	无法经过计算； 有目的地选择； 自发的
L2　**制度环境** 正式的规章制度，尤指 宪法、法律、产权等	10~100	建立良好的制度环境； 第一阶效率
L3　**治理结构** 针对各种具体交易活动 形成的公司层面治理结 构，如契约等	1~10	实现治理结构的效率； 第二阶效率
L4　**资源配置和就业** 价格和数量，激励理论	持续的	实现边际效率最优； 第三阶效率

L1：社会理论
L2：产权经济学/实证政治理论
L3：交易成本经济学
L4：新古典经济学/代理理论

图 4-1　威廉姆森制度分析框架

反映由特定社会物质生活条件所决定的治理意志，以权利和义务确定人们的行为规则，以确立、保护和发展有利于统治阶级的社会关系和社会秩序为目的。法律是由享有立法权的立法机关行使国家立法权，依照法定程序制定、修改并颁布，并由国家强制力保证实施的基本法律和普通法律的总称。法律是法典和律法的统称，分别规定公民在社会生活中可进行的事务和不可进行的事务。法律制度对企业行为规范有着强约束力，是推动企业向善发展的重要手段。

对于企业主体而言，法律制度无疑是约束企业行为的重要手段。它规范了企业能做什么，不能做什么，以及违背这些准则可能承担的后果。它对企业行为的影响既有制约与监督，又有促进和保护，主要体现在：①法律规范为企业提供合法化路径，使之有可能成为一个被民众认可的企业；②法律规范对企业具有管理、制约、监督、惩罚不正当行为等功能；③法律规范对企业具有促进、推动、维护企业间公平竞争的作用。

相较于其他类型的约束力量，法律规范具有如下特征。

1）规范性

法律作为一种行为规范，规范性是其首要特征，即法律为人们的行为提供模式、标准、样式和方向，告诉人们什么可为，什么不可为。同时，法律通过规定人们的权利和义务来分配利益，影响人们的动机和行为，进而影响社会关系，维持社会秩序。法律规范包括三种模式：一是授权性规范，即被允许的行为；二是命令性规范，即必须执行的行为；三是禁止性规范，即不被允许的行为。

2）普遍性

法律约束的普遍性又称"法的普遍约束力"。普遍性指法律作为一种特殊的社会行为规范，为一定历史阶段的社会或国度的一般人或组织的行为，规定了统一的和普遍的模式、方向和标准。在法所设定的条件下，规定了一般的人（所有的人）可以做什么、必须做什么和禁止做什么，而不是针对具体的、特定的个人。同时，法的普遍性还包含着在法所设定的同样情况下，法律可以同样和反复适用，而不应超过法定条件对个人或组织采取特殊对待，或者仅仅适用一次。法的普遍性表明，有权制定法律的机关在职权范围内依照法定程序制定或认可的规范性法律文件，在机关管辖领域内，要求所有的人和组织普遍遵行，合法权益受法的保护，违法行为依法追究。

3）有限性

法律规范还呈现有限性特征，主要是指由于人的有限理性和法律条款制定及实施成本的原因，现实中的法律条款不可能穷尽人的行为，因此无法对人的任何可能行为都进行有效的规定。即使是在法律制度最为发达和健全的现代社会，正式的、法律化的制度规范也只是限制人们行为选择的一小部分规则。此外，正式制度的充分制定和执行需要花费成本，当成本大于收益时，就会出现制度结构的不完全和低效率。

4）滞后性

法从诞生之日起就是滞后的。社会是运动的，但法律不可能时刻反映社会变化特征以及满足现实需要，便出现了法律的滞后性，这是法治无法回避的代价。法律滞后性也与立法程序有关。以我国为例，按照全国人大常委会的立法程序，立法至少需经历三次上会审议，通常3～5年才能获得通过。现有记录中最快的立法周期是2年，《中华人民共和国公司法》（以下简称《公司法》）从起草到通过经历了15年，《中华人民共和国商业银行法》经历了10年。

2. 商业契约

按照《现代汉语词典》的解释，契约（contract）是指"证明买卖、抵押、租赁等关系的文书"。1932年美国律师学会在《合同法重述》中给契约下的定义是："一个诺言或一系列诺言，法律对违反这种诺言给予救济，或者在某种情况下，认为履行这种诺言是一种义务。"从本质来说，契约是商品经济的产物，其内在原则是基于商品交换的平等、自由精神；从法理来说，契约是指个人可以通过自由订立协定而为自己创设权利、义务和社会地位的一种社会协议形式。契约体现了商业伦理中的平等原则，也是商业活动中最为常见的正式制度规范和约束力量之一。

一般来说，契约呈现如下特征。

（1）许诺：契约是当事人之间的一种合意过程。这种合意是通过双方相互许诺而形成的，其直接目的是在当事人之间建立一种信赖关系，构成双方实现利益最大化的共同基础。

（2）信赖：订立契约另一个目的在于促使源于承诺活动的纯有益信赖的最大化。信赖包含两个维度的信念：一是对将来出现的价值最大化的信赖和期待，被称为合理期待；二是人们对契约活动是实现价值最大化的有效方式的坚信。在这一意义上，信赖分"有益信赖"和"不利信赖"。"有益信赖"是指承诺被对方遵守时，当事人便可获益的信赖；"不利信赖"是指承诺不被对方遵守时，当事人便会遭受损失的信赖。正是这种信念，构成了契约活动中双方均须遵守诺言的观念和法律基础。

（3）义务：遵守诺言和执行诺言就是承担义务，一方当事人应对对方当事人负责。

（4）不完全特性：以威廉姆森和哈特为代表的经济学家认识到，由于某种程度的有限理性或者交易成本的存在，现实中契约往往是不完全的（incomplete）。契约不完全是由交易成本引发的，也就是由如下三个要素中的一个或几个因素所导致的（Tirole，1999；Maskin，2002），即不可预料的或然事件：契约主体无法事先确定未来可能发生的各种或然事件；契约撰写成本：即使契约主体能够预见所有的或然事件，将其全部写入契约的成本太高；契约执行成本：为了强制执行契约，法庭必须完全理解契约条款并能够证实或然事件与行动的发生，这将导致契约执行成本太高。

许诺、信赖、义务和不完全特性构成了契约的四大基本特征，它们贯穿整个契约过程。在此基础上，契约的订立和履行也要遵循相应的原则。

（1）订立中的自由与责任原则：当事人作为独立的经济主体和权利主体是订立契约的根本前提，契约双方必须是平等、自由的。

（2）执行中的诚信原则和无偿承诺原则："诚信"是指尊重事实和信守诺言，一般被定义为遵守公平交易的合理商业标准。无偿承诺原则指缔约双方中任何一方不得擅自更改或中止契约，且执行契约是无条件的。

（3）违约中的损害赔偿原则：契约中止分为合理中止和不合理中止。合理中止指契约双方均履行了契约所规定的义务并获得了可期待的利益而中止了契约；不合理中止则指当事人未能履行义务而中止契约。不合理中止契约给对方造成了一定损失，依照法律规定，必须对违约一方实施损害赔偿原则。

3. 企业制度

企业制度是企业自主制定的，并在生产经营活动中必须共同遵守的规定和准则的总称，其表现形式或组成包括公司章程、组织结构、岗位工作说明、工作流程、专业管理制度等各类规范文件。企业制度的核心作用是激励约束，即通过制度规范引导，激发员工积极性并奖励优秀员工，并对不良行为及业绩不佳的员工予以相应惩处。此制度安排将向全体员工释放"企业倡导何种行为、反对何种行为"的明确信号，引导大家朝着共同的企业目标奋进。企业制度的作用主要体现在：

（1）企业制度是企业赖以生存的体制基础。

（2）企业制度是企业及其内设机构和全体员工的行为准则。

（3）企业制度是对企业功能的规定，是企业的活力之源。

（4）企业制度是企业有序运行的体制框架，是企业经营活动的体制保证。

4.1.3　非正式制度的内涵

非正式制度是指人们在经济、社会生活的长期实践中，经过多次博弈、取舍而渐渐形成的对人们行为产生隐性约束的规则，如共有的文化传统、价值观念、意识形态、日常惯例、习惯习俗、道德伦理、宗教信仰等。

不同于正式制度的强制性、规范性、有限性等特征，非正式制度并不依赖国家机关的强制执行，而是依靠个体自觉与自发执行，依赖人们内心的自省和自觉，依靠道德自律机制来执行。非正式制度约束了个体行为选择的大部分行为空间，对人们思想和行为产生了更为深远和广泛的影响。归纳起来，它具有非强制性、自发性、广泛性、持续性等特征。

非正式制度的形成机制主要是模仿和顺从，其约束力源于内在的心理契约，本质上是一种群体选择的结果。也就是说，当整个社会都在遵从某种共有的非正式制度安排时，为了避免与他人产生摩擦或引致他人歧视，人们会不自觉地实现认知与行为趋同，进而主动遵从大家共同持有的非正式制度规范。现实社会中发挥作用的几种典型非正式制度包括：

1. 意识形态

意识形态，是指一种观念的集合。特拉西创制了"意识形态"这一概念，试图为一切观念的产生提供一个真正科学的哲学基础。意识形态可以被理解为一种具有理解性的想象、一种看待事物的方法（比如世界观），存在于共识与一些哲学趋势中，或者是指由社会中的统治阶级对所有社会成员提出的一组观念。

每个社会都有意识形态，这已成为"大众想法"或共识的基础，而社会中大多数人通常都看不见它。占有优势地位的意识形态以一种"中立"的姿态呈现，所有其他与这个标准不同的意识形态则常常被视为极端。马克思是意识形态理论的奠基人，他提出了"经济基础与上层建筑"社会模型。经济基础指社会的生产方式，上层建筑在经济基础之上形成，并组成社会的意识形态。

2. 文化习俗

任何一个国家、组织和个体的行为都与其所处的文化系统有着不可分割的渊源和联系，并深受各自民族传统文化的影响。诺斯提出"路径依赖"的概念，其意是，任何制度改革与创新行为总是在已有的历史基础上进行的，因而原有的社会经济、政治、文化结构对改革与创新构成了现实约束。这种约束在文化层面上就是文化习俗的隐性作用机制，它构成了改革的"外在必然性"。尤其是有着悠久历史的文化传统，它是深深积淀于民族心理结构之中的，具有相对独立的自主力量。诺斯认为，如果一个国家不知道自己从何而来，不知道自己面临的现实制约、传统影响以及文化惯性，就不可能知道未来的发展方向。

亨廷顿和哈里森（2013）也强调，文化是影响社会、政治和经济行为的重要因素。高阶梯队理论和烙印理论都认为，企业决策行为很大程度上映射了企业家的个体认知与价值偏好，而企业家的价值认知系统则明显受到早期成长环境和文化土壤的塑造，留有鲜明的文化印记。近年来学术界兴起的"文化与财务"研究也表明，除制度和经济因素外，文化习俗这类非正式制度因素也对企业决策产生了重要的影响。

扩展阅读 4.1 《我不是药神》：法律之下的伦理困境

3. 道德伦理

百行德为首，百业德为先。道德规范是商业群体最重要、最长远的约束机制，没有这种约束机制，任何商业群体都不可能长盛不衰。企业道德是指在企业这一特定的社会经济组织中，依靠社会舆论、传统习惯和内心信念维持的，以善恶评价为标准的道德原则、道德规范和道德活动的总和。企业道德责任，指企业在生产经营活动中自觉履行伦理准则和道德规范，它是企业社会责任的重要组成部分。

关于企业道德责任的含义，广义上来说，企业道德责任是体现在企业的经济责任、法律责任和精神文化责任之中的，同时又是同企业伦理建设密切相关的诸种责任的有机统一。狭义上来说，企业道德责任是企业对自己、同行和社会道德义务的自觉承担，它在精神实质上可以用"敬业求精、贵和乐群"来概括。企业道德责任的内化即为企业良心。企业良心是企业道德责任的自我意识和自我评价，它由企业爱心、企业诚心、企业义心和公正之心构成。

企业道德责任是较高层次的社会责任。从企业内部来讲，主要包括善待职工，关注职工生命安全和身体健康，改善工作环境，保障职工合法权益，注重职工成长，让职工分享企业发展成果等；从企业外部来讲，主要包括遵守商业道德、平等交易、诚实守信，以及尊重自然、保护环境、珍惜与节约资源等。

4.1.4 个体行为二维分析框架

上文阐述的各类非正式制度可以简化为"理"。"理"是什么？理就是中国人讲的"天理""公理""道理""天经地义"，学术上叫"自然法"（natural law）。自然法在西方也被称为上帝的法、理性之法。它们是良知、正义、德性的基本含义。所谓天理或自然法，就是人类从理性和情感所发现的为了人类生存和发展所必须尊崇的最一般的戒条或法则，是人类文明演化过程中达成一致并传承下来的约定俗成的共识性法则，比如杀人偿命、借债还钱、知恩图报、言而有信、平等公正等。"理"是人类的集体智慧，是在历史中自然演化形成的，是被人们普遍认可的，它与人的本性相符，反映在人类的良知中。

与之对应，各类正式制度则可以简化为"法"。"法"是指政府或相关权力机关制定的法律与规章制度，中国人传统上称为"王法""律法"，学术上叫"人定法"（positive law）或"立法法"（legislative law）。一件事是否合法是相对清楚的，至少政府官员和法规制定者认为是清楚的。人类之所以需要政府制定法律，是因为天理（自然法）在某种程度上具有模糊性，操作起来有难度，也就是说，人定法应该是自然法的具体化和可操作化规章制度，而非对自然法的否定。打个比方，即使我们都知道开车要靠右行，但如果马路上不画中间线，要判决谁违规了就比较困难。

所谓合法，是指行为符合法律规定；合理，则是指行为合乎天理或道德伦理。不论法律制度和道德伦理之间有着如何紧密的联系，二者都是不同的概念，属于两套不同的行为规范体系，因而也必然存在不一致或冲突。因此，要筑牢商业行为治理的制度伦理基础。所谓制度伦理是指制度本身的伦理属性及其伦理功能，简言之就是指对于制度的"善"的规定性，由此区分出"好"制度与"坏"制度。对此，理论上存在目的论与权利论两种基本立场。功利主义认为判断一种制度是不是"善"的，主要是看它是否有效，是否能给全体成员带来最大福利，其缺陷在于以功效本身评判制度的"善"，易使制度沦为一种纯粹计算意义的工具或技术。自由主义契约论则注重制度的合法性和正当性，并且把自由权利作为判断制度是否为"善"的基本依据。但由于强调个人自由权利高于一切，它难免造成事实上的个人权利优先的价值取向。需要强调的是，中国特色社会主义制度体系是合规律与合目的的有机统一，既符合经济社会发展和制度演进的普遍规律，也始终坚持以人民为中心、保障人民当家作主、促进人的自由全面发展这一根本目标，无论是显现效果还是对未来期许，都是趋向于"善"的。

沿袭理和法的二元约束逻辑，衡量现实中的某一种行为有两个基本标准，一是合理不合理，二是合法不合法。因此，可以将所有事情划分为图 4-2 所示的四种类型：

第一类：合理且合法。这是最理想的行为状态，该行为既符合现行法律规范，又符合基本的道义伦理。因而，这类行为是应该被鼓励的，至少是不该被反对的。

第二类：合理不合法。该行为符合自然法的道义伦理原则，但与现行法律制度相违背。这种行为状态在大多数情况下是由现实中法律的局限性导致的，或是范围局限，或是时间滞后，或是形式僵化。

第三类：合法不合理。该行为符合现行法律规范，但与自然道义相违背。这是由于制定法律制度的人也可能存有自私之心，即使制定法律制度的人是中立且无私心的，也可能因其认知局限或情境变迁而导致法律条款偏离公道和正义。

第四类：既不合法又不合理。这类行为既违反了法律制度规范，又与道义伦理相冲突，因而是最应该被摒弃的行为。

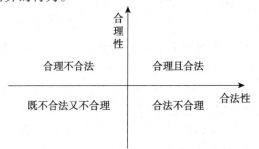

图 4-2　人类行为二维分析框架

4.1.5　伦理与制度的关系

既然现实中已经存在完备的各类法律、监管条例和企业制度对企业经营行为进行监管约束，为何还要倡导和重视商业伦理呢？伦理道德与法律制度二者之间到底存在何种关系？

1. 法律制度的局限

法律制度作为一种正式制度力量在维系社会治理和商业秩序中发挥着极为重要的作用。然而，任何一种法律制度都并非完美无瑕的，其本身存在一系列天然的局限和不足，具体表现为：

（1）规制范围的局限性。正式制度无法完全代替伦理规范，因为并非所有的伦理规范都能被制度化。伦理系统包含"信仰伦理""规范伦理"和"美德伦理"三个层面，能够被正式制度化的伦理只有"规范伦理"这一层面。伦理的正式制度化通常有两条途径：一是伦理的法律化，二是伦理的政策化。然而，当道德表现为对行为主体高级精神要求的满足时，伦理就不能被法律化和政策化。因此，虽然正式制度对于社会规范伦理具有某种导向作用，但由于信仰伦理和美德伦理无法克服正式制度化的局限性，使得法律制度的行为约束边界无法涵盖伦理规范的所有层面。在法律制度等正式制度力量尚未规制的空白（灰色）地带，依然需要依赖伦理道德的自我约束。

（2）价值诉求的局限性。一方面，法律制度对个体行为的规制仅仅停留在最低水平的底线要求。因此，法律制度在功能上可以达到"人们不做或少做坏事"，但无法实现引导"人们多做好事"的更高治理目标。另一方面，法律制度的价值指向只溯及形式公正，达不到实质公正。在现实社会中，实质公正仅是正式制度的理想目标和价值指向，并非正式制度自身所能完全解决的。这主要是因为立法者或制度制定者可能存在认知局限或个人私心，从而使得立法导向偏离实质公正。此时，伦理道德与良知善心就成了必不可少的替代性约束力量。

（3）实现方式的局限性。正式制度立足于否定性的人性假设，主要依靠外在的强制性约束力量，即他律机制发挥作用。比如，法律制度的执行依赖可验证的证据，这通常会导致对违规行为的起诉、审判、执行过程中存在高昂成本或漏洞；又如，市场契约可能因市场环境的动态变化或缔约双方信息不对称而导致缔约双方的权力责任边界模糊，进而造成契约失灵。

（4）时空维度的滞后性。由于人类的认知局限和未来的不可预测，正式制度都是建立在过去的经验积累之上的，因而制度规范总是滞后于社会经济系统的变迁。在传统的社会经济系统中，由于外部环境、技术水平、市场边界、竞争态势等在较长时间维度上基本维持稳定，制度力量发挥治理作用的时空较长。当今世界正处于一个充满易变性（volatile）、不确定性（uncertain）、复杂性（complex）和模糊性（ambiguous）的 VUCA 时代，制度规范的滞后效应日益凸显，这也导致新兴的社会经济领域经常面临

扩展阅读 4.2 VUCA 时代是什么？

"制度盲区"问题，即传统法律制度无法适用于新生的商业生态，从而使其无法被监管，比如，P2P 互联网金融刚出现时，超越了传统金融监管的覆盖范围，导致其野蛮增长并滋生了巨大暴雷风险。

2. 伦理道德的互补作用

虽然正式制度存在诸多局限，但绝不意味着正式制度该被摒弃，它是伦理道德合法化的必经之路。同时，伦理道德等非正式制度有助于弥补正式制度的不足，克服其局限性，强化正式制度的执行。非正式制度是正式制度的依据和前提条件，正式制度则是行为的最低标准，是约束的"最后一道防线"。仅仅通过法律、契约等正式制度来界定权利和责任是远远不够的，强制性、权威性和可操作性的正式制度必须与社会习惯、内心信念、价值信仰等非正式的道德伦理约束结合起来，以共同致力于良序社会的实现。

经济道德化是中国特色社会主义市场经济的基本特征和必然要求，不仅有助于提升社会福利、促进共同富裕，还为企业自身提供了一个良好的、赖以生存发展的商业环境。

在这个意义上讲，现代企业的商业竞争必须遵循伦理道德和法律边界。那么，在法与理的双重标准下，企业应该如何审视自身行为，做到法与理的真正统一呢？

（1）要塑造企业诚信精神：企业诚信是企业价值和企业竞争力的重要标志，要在企业中大力宣传、倡导诚信观念，加强诚信教育，普及诚信知识，认识到诚信对企业和社会发展的重要意义，把诚信贯穿企业经营活动的各个环节。企业只有坚持诚信为本，将诚信置于利润目标之前才可能实现企业的可持续发展。

（2）要强化企业自律约束：一是提高企业道德标准。企业要自主制定高标准、高水平的道德目标，制定更高的产品质量检验标准、安全标准和环境保护标准。高标准、高水平的企业道德目标，可以防止危机事件发生，提高企业道德建设层次，塑造良好企业形象。二是实行企业道德的内部制度化，即在企业内部组织和行为中导入正确的道德判断基准，作为规范员工行为的管理制度。道德行为规范，是企业道德价值观与经营目标相冲突时应奉行的基本方针。

（3）要建立企业伦理责任监督机制：一是法律监督。要明确法律是企业伦理责任监督机制的根本保证。政府应加快推进企业伦理责任的法制化建设工作，通过制定和完善相关法律法规来强化企业承担伦理责任的义务观念，加大宣传和实施相关法律法规的力度，并通过各种行政监管手段和激励机制来敦促企业承担伦理责任。二是社会监督。企业伦理责任不单单是企业的任务，还应积极鼓励社会力量参与到企业伦理责任构建中来，充分利用媒体报道、中介机构监督评价、行业协会监管以及审计部门审计等多样化手段，积极调动各方力量对企业伦理责任进行监督约束。

4.2　企业非伦理行为

4.2.1　企业非伦理行为的内涵及类型

1. 企业非伦理行为的内涵

随着安然、世通、泰科等公司治理丑闻的发生，商业伦理引起了各国立法机构、监管部门、新闻媒体和学术界的高度关注。广义上，商业伦理指关乎企业行动或高管决策道德正确性的一系列准则。企业非伦理行为（unethical behavior）是指对他人或组织有害，且违背广为接受的社会规范的行为。具体而言，企业违背社会制度、标准和原则及自身道德规范的行为统称为企业非伦理行为。

2. 企业非伦理行为的类型

企业经营实践中存在大量非伦理行为，这些行为主要包括三类：

（1）违反政府法律规定与制度标准的行为：包括非法排污、市场垄断、专利侵权、商业间谍、信息欺诈等行为。

（2）违反社会规范和组织行为规范的行为：包括假冒伪劣、虚假信息陈述、财务舞弊、员工腐败等行为。这些违背组织行为规范的异常行为大多会给组织和组织成员带来危害。

（3）违反合作伙伴间关系规范或公平竞争原则的行为：包括有意破坏第三方合作关系的采销行为、恶意招标、低价倾销等行为。

4.2.2 企业非伦理行为的成因

理论界对企业非伦理行为成因的探讨先后经历了个体观、环境观、整合观以及社会互动观四个阶段。不同理论观点体现了对企业非伦理行为探索路径和关注重点的变化。

"坏苹果"假说（bad apple argument）理论认为，企业家和经营者的道德认知、价值观、主控信念、马基雅维利主义、道德哲学以及人口统计学等个体特征是决定企业非伦理行为的重要变量。这种基于个体之间不同特质的系列研究认为，对控制点、经济价值导向、政治价值导向和道德认知发展的度量结果与个体的伦理决策行为呈现出显著的关系。个体观作为出现最早的流派，引起了一大批学者的兴趣。然而，由于个体观局限于关注个体特质因素，遭到了广泛的批评。

由于个体观受到质疑，且解释范围有限，学者们开始把研究兴趣转移到环境因素。"坏桶"假说（bad barrels argument）理论认为，组织环境中的一些因素比"坏苹果"更有害，这种观点把企业非伦理行为归因于竞争、管理中的结果导向、缺乏对道德行为的强制执行等环境因素。另外，一些实验结果发现，企业非伦理行为带来的额外回报所造成的竞争压力也会增加企业非伦理行为；同时，企业的道德准则、解聘威胁、对非伦理行为的直接惩罚会减少企业非伦理行为。环境观关注了广泛的环境因素，增加了理论视角的解释力度，但对环境因素的关注大多局限于静态的分析，仍然是一种不完整的视角。

由于个体观和环境观各自具有明显的局限性，整合观开始出现，其主要观点认为个体特征、组织环境和伦理事件等因素共同决定了企业非伦理行为的发生。在相关研究中，基什·格普哈特等（Kish-Gephart et al., 2010）提出的企业非伦理行为成因模型最具有代表性（图 4-3）。该模型综合考虑了个体特征、道德事件特征和组织环境特征三大因素对非伦理行为的影响。整合观可以看作对企业非伦理行为形成机制的第一次理论融合，增加了理论的普适性，扩大了解释范围，但这种对个体观和环境观的机械融合，忽视了个体或组织之间的互动因素对个体或组织行为的影响。

无论是个体观、环境观还是整合观，都是静态地讨论影响企业非伦理行为的个体、环境或道德情境因素，忽略了行为主体之间的竞争、博弈或合作。相关研究要么从个体的视角探讨企业非伦理行为的决定因素、治

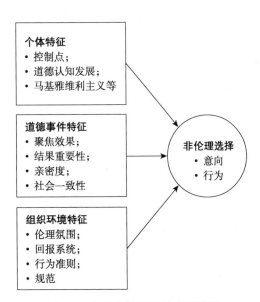

图 4-3　企业非伦理行为成因模型

扩展阅读 4.3 个体观、环境观和整合观相关研究重点

理机制、影响因素、预测变量，要么从伦理氛围角度探讨环境对企业非伦理行为的影响。整合观虽然同时考虑了个体因素和环境因素，但仍未能跳出静态思维模式。社会互动观的出现弥补了这个缺憾，其主要观点为：要从社会网络视角考虑关系类型和关系结构对企业非伦理行为的影响，具体包括个体之间的非伦理行为互动、组织之间的非伦理行为互动、非伦理行为对观察者或竞争对手的刺激效应或影响、内群体或外群体成员地位对非伦理行为的影响。社会互动观从动态视角考虑了更广泛的因素，因而具有权变特征。

4.2.3 企业非伦理行为的后果

企业非伦理行为是企业将个体利益凌驾于伦理准则之上，并对其他利益相关者造成损害的行为，是企业极度功利主义及伦理价值缺失的反映。

1. 损害企业可持续发展根基

企业非伦理行为被市场揭露后将可能产生一系列负面后果，比如破坏供应商信任关系、降低上下游企业合作意愿、降低客户满意度、损害企业品牌价值、导致企业声誉受损、引发企业融资难或融资贵，甚至使企业面临法律诉讼风险等。更重要的是，企业非伦理行为会影响企业职工的生产积极性，甚至会扭曲企业文化的发展方向。因此，企业非伦理行为最终将损害企业绩效，并使企业失去可持续发展与成长的根基。

2. 破坏市场竞争秩序

企业非伦理行为是造成社会经济活动和市场竞争无序状态的主要原因。企业在市场中并非孤立的存在，企业非伦理行为具有同行传染效应并引发负的外部性，这会导致社会资源配置的无效率。如果市场中的企业非伦理行为盛行，整个社会共同遵守的经济规则将形同虚设，经济活动中的资源配置失效，会破坏公平竞争机制和良好的社会经济秩序，不利于市场经济体制的健康运行。

3. 造成社会道德滑坡

企业非伦理行为盛行，会导致社会公德意识淡薄，从而败坏社会道德。这方面的主要表现是：对物质生活和个人需要的过分看重、对精神生活和集体生活的普遍冷淡。管理者和员工是构成企业集体的主要因素。如果企业经营者和成员不能关心集体利益并对企业有责任感，拜金主义、利己主义、享乐主义和个人主义就可能随之盛行，逐渐演化成整个社会的道德滑坡与道德沦丧。

4.2.4 企业非伦理行为的应对策略

企业非伦理行为是企业战略领域关注的核心问题之一。探讨和研究企业非伦理行为的最终目的就是要抑制和克服这种集体不道德行为的发生。基于企业非伦理行为的成因探讨，相关人员应该重点从如下几个层面采取措施防范企业非伦理行为的发生。

1. 企业层面

企业的个体特征是决定企业非伦理行为的重要因素。影响企业非伦理行为的企业因素包括企业的伦理准则、企业价值观、股东价值和管理责任、企业规模大小、企业内部的官僚组织、企业员工的伦理道德认知等。因此，企业应该加强企业内部伦理规范建设、树立企业责任感和自律感、率先垂范所倡导的道德规范。具体来讲：

（1）企业家和高层管理人员应该增强自我伦理道德的认知水平，高标准塑造企业的经营哲学、伦理基调与伦理准则，并在员工面前做好践行企业伦理规范的引领者。

（2）建立健全企业内部伦理规范与制度建设，强化对员工非伦理行为的制度约束。通过制度条例强化对企业非伦理行为的事前监督和事后惩罚，压缩企业非伦理行为的生存空间。

（3）将伦理规范植入企业文化建设中。积极健康的文化氛围有助于提升企业道德水平。企业文化作为隐性行为规范，对员工的个体伦理价值取向和行为方式都有着潜移默化的影响。因此，应该将符合企业伦理价值取向的文化基因纳入企业文化建设系统中，通过文化氛围和集体行动培养员工正确的价值观、经营观、职业道德观和文明行为。

2. 环境层面

环境因素也是诱发企业非伦理行为的重要因素。市场环境、竞争压力、竞争对手行为等因素都可能诱发企业非伦理行为，并可能产生劣币驱逐良币的现象，进而导致集体不道德现象出现。因此，要致力于营造良好的行业竞争环境，净化行业伦理生态。具体来讲：

（1）净化社会风气、营造良好伦理氛围：当今时代，在经济不断发展的同时，也出现了物欲追求无度、个人主义膨胀、社会诚信消减、人与自然关系紧张等问题。要想解决这些问题，需要加强伦理道德建设。社会风气是一定时期社会的思想意识、价值取向和精神面貌等的集中反映。社会风气反映伦理道德，影响人们的价值判断和具体行为。社会风气一旦遭到污染，就会助推企业非伦理行为的泛滥。

（2）夯实伦理生态构建基础：加强伦理道德建设时应将伦理道德作为一个有机系统，坚持以社会主义核心价值观为引领，积极构建良好伦理生态。伦理生态构建的基础是经济社会发展所形成的客观环境。构建良好伦理生态，应大力加强经济建设、政治建设、文化建设、社会建设、生态文明建设，为伦理生态健康发展奠定坚实基础。当前，随着中央统筹推进"五位一体"总体布局、协调推进"四个全面"战略布局，构建良好伦理生态有了越来越坚实的基础。同时，伦理生态不是一成不变的，要随着经济社会发展与时俱进，只有这样，伦理生态才能保持生态平衡，比如，党的十八大以来，大力推进生态文明建设，而生态文明建设需要树立尊重自然、顺应自然、保护自然的生态文明理念。新形势下，随着"美丽中国"建设的不断推进，我们必须将"尊重自然、顺应自然、保护自然""绿色消费"等作为伦理生态构建的重要内容。只有这样，才能使伦理生态与外部世界始终保持和谐共生关系。

（3）加强对企业非伦理行为的法律监管：要通过完善法治建设和执法力度，增强对企业非伦理行为的监督，查处和惩罚是防范企业非伦理行为的重要保障。首先，应由国家立法机关制定层次较高的规范性文件和专门针对企业非伦理行为的法律法规，通过制定权责明确的法律法规来规范企业经营行为。其次，加强对企业非伦理行为的监督和查处力度，尤其是充分利用大数据等新兴技术手段加大对企业非伦理行为的执法范围，提升执法效率。最后，加大惩罚力度，使非伦理行为的实施主体不但无利可图，而且在遭受市场报复之前就付出沉重代价，进而形成强大的事前威慑。

（4）加强行业规范建设，实现行业自律：企业经营行为呈现鲜明的同行效应（Peer Effect），因此，要树立良性有序竞争原则，强化行业行为规范建设，倡导行业伦理自律。工商联、行业协会等机构应该引导行业竞争的规范性和伦理自律章程的建设，加强对企业经营过程中非伦理行为的行业监管和惩处，营造良好的行业竞争氛围和伦理环境。

4.3　商业伦理的作用

2008 年全球金融危机在打破原有国际经济金融秩序，充分暴露国际经济体系内在弊端的同时，相继揭露出许多国内外知名商业组织的经营污点或管理丑闻。这一系列恶性事件引起了管理学界与企业界的高度重视和广泛关注。大家普遍认为在当前国际竞争加剧的背景下，商业伦理严重缺失是促发全球金融危机的重要原因之一。面对危机冲击导致的混乱局面，亟待重拾信心的人们也清醒地意识到反思商业伦理的内涵与价值将是治愈危机创伤的最为有效的药剂。

4.3.1　商业伦理的内涵

企业是从事生产、流通与服务等经济活动的营利性组织，企业通过各种生产经营活动创造物质财富，提供满足社会公众物质和文化生活需要的产品服务。商业伦理（business ethics），又称企业伦理（enterprise ethics），指任何商业组织从事经营管理活动时除必须遵守的法律规则外，还应该遵守的伦理准则和行为规范，是管理学和伦理学交叉学科的产物。具体来讲，企业伦理是指企业在从事生产、经营管理和服务活动中的伦理关系、伦理意识、伦理准则、伦理活动的总和。

作为一个现代研究领域，虽然商业伦理相对较新，但自物物交换和商品交易出现以来，如何合乎道德地开展商业活动就一直是个被广泛讨论的问题。亚里士多德曾提出过一些关于商业伦理的观点。中国古代就有经商要合义取利、价实量足等基本伦理要求。在社会主义市场经济条件下，商业伦理的基本内容是：为人民服务，对人民负责；文明经商，礼貌待客；遵纪守法，货真价实；买卖公平，诚实无欺；等等。

部分学者基于个体层面的研究把商业伦理界定义为面对道德困境的行为主体在思考应当采取何种行为时所参照的原则与标准的集合（Nash，1990）。不难发现，这一定义强调了商业行为主体所具备的道德能动性，即重点突出了商业伦理对于行为主体自身行为的评判性价值。也有部分学者认为，商业伦理是企业管理者针对企业员工实施的商业行为及其对社会利益相关者产生影响效果的系统性价值反应（Epstein，1987）。这是从传统个体评判视角出发，着重强调商业伦理的外部评价功能，即对伦理互动关系中的另一方进行道德审视。以上两个定义都着眼于个体感知，体现了商业伦理的基本功能，即辅助个体对自己的商业行为进行评判。然而，在这种定义下，商业伦理的作用范围只局限于个体层面。直到 21 世纪初，随着组织行为理论的发展，商业伦理研究才得以从个体层面逐渐扩展到组织层面。

一些学者基于公司治理视角提出了商业伦理是组织在回顾、调查并解决复杂的伦理困境过程中必须遵循的判别标准的观点。部分观点又补充指出，组织主要参照其自身事先形成的商业伦理标准来确定当前行为的价值。从以上定义可清晰地看到，学者们开始强调组织内部存在统一的、为所有成员共同认知并接受的商业伦理。换言之，商业伦理能够也应当聚合成为一个组织层面的研究变量。值得注意的是，上述定义的价值仍然更多地体现为判别特定组织成员行为的是非对错。全球经济一体化发展趋势进一步打破了原有组织的边界，要求企业积极参与全球化市场竞争，从而使得组织互动中的主体越来越多样化。因此，商业伦理也成为基于道德判断商业政策、制度和行为的标准之总和。

今天，商业伦理内涵又获得了新的发展，它不再只是对组织管理基本原则与规范的概括性描述，也是刻画关键伦理问题并阐释伦理决策的内在缘由，有时甚至还是在预测伦理行为结果的前提下组织进行反馈的行动指南。换言之，商业伦理的功能角色在原有单纯性评判的基础上，添加了极为重要的引导元素。例如，有学者（Lu，2008）在回顾我国近 30 年来商业伦理发展后发现，商业伦理的内涵正在经历着从原计划经济模式下分析企业行为是否正确妥当的角色，向当前市场经济模式下是否引领企业更加富有成效实施市场行为的角色转变。

虽然不同学者定义的侧重点有所不同，但归纳起来，商业伦理的核心是指企业在经营活动中应遵循的道德原则、行为准则和社会价值观。一般地，我们认为商业伦理表现在三个层面：

（1）微观层面：企业中雇主与雇员，企业与投资者、客户、供应商之间关系处理和行为中的伦理准则。

（2）中观层面：企业与企业之间、企业与社会其他组织之间关系处理和行为中的伦理准则。

（3）宏观层面：企业社会责任，企业对社会、环境、人类文明所应该承担的责任，如环境保护、社会公平、共同富裕、社会可持续发展等。

扩展阅读 4.4 商业伦理的关键维度

4.3.2 商业伦理的重要性

商业伦理不容忽视，它是企业合法运作的重要基础。一方面，它引导企业在法律允许和社会认同的范围内合规运作；另一方面，企业践行商业伦理规范也有利于增强合法性地位，提升企业公众形象，从而实现企业可持续发展。概括来说，商业伦理的重要性体现在如下几个方面。

1. 抑制不端行为

商业伦理直接影响企业经营方式。它是帮助企业判断经营行为对错的重要基础。这些伦理规范明确了企业必须严格遵守的某些规则和原则，一旦违反就会受到市场惩罚，此外，它还确定了企业行为的伦理边界，确保企业不会肆意实施非伦理的不端行为。

2. 辅助企业决策

辅助组织及时做出更好的决策是商业伦理的重要功能。决策的主体可能是高层管理者或普通员工，伦理规范为企业的日常运作提供了基本的行为规则和指导方针。当员工面临突发事件或超越制度规定范畴的未尽事宜时，一个重要的决策逻辑是如何采取行动以更好的符合企业所遵循的伦理规范。

3. 增强企业声誉

声誉是市场经济环境下企业拥有的重要资本。毋庸置疑，拥有高声誉资本的企业在市场竞争中更能够吸引客户并建立顾客信任。在日常经营过程中坚持高伦理标准的企业往往更值得信任，因而更能够赢得顾客的认同和忠诚，提升企业在市场中的声誉和品牌价值。

4. 改善盈利能力

商业伦理的履行一定程度上也能够改善企业的盈利能力。一方面，它规定全体业务人员都要遵守相应的道德规范，并专注于各自工作职责，这确保了企业内部人力和财力资源的有效利用。另一方面，有德性的企业对外部顾客、合作伙伴和投资者也更具吸引力，这能够为企业创造良好的外部合作环境。从长远来看，这对改善企业盈利能力会产生积极作用。

4.3.3 商业伦理与制度约束的关系

许多企业都在商业伦理和制度约束的工作上投入了大量的资源，同时，企业也日益重视推行正式的道德管理程序。企业伦理化经营的过程中，可能会与其利润导向相冲突，从而导致企业非伦理行为的发生，因此需要相应制度予以规范。在我国，自古以来伦理就是商业发展的重要前提之一。在全球化大背景下，我国企业也极为重视商业伦理建设问题，它体现了企业超出制度规范条文的社会责任意识觉醒，用合乎伦理的道德价值观指导和组织企业经营活动，既合法经营，又合德经营。二者存在内在一致性，相互依存，相互促进。2018 年《中国企业社会责任报告》发布数量持续增长，由 2017 年的 1913 份增至 2018 年的 2097 份，创近年来新高。其中，1779 份由上市公司发布，占比为 84.8%；民营企业发布报告数量占比首次超过 50%，成为报告发布的主力军；1564 份报告进行了负面数据的披露，占比为 74.6%，报告发布的平衡性显著提升。

1. 制度约束为商业伦理提供规范保障

由于经济组织的趋利性，当恪守商业伦理与企业谋利产生冲突时，若此时只存在一种外在的软约束来规范企业行为，这种约束往往会被企业追求利润最大化的目标所忽视，从而导致伦理规则的被践踏与缺失，进而引发如偷税漏税、生产假冒伪劣产品、拍摄虚假广告等不正当竞争。若此时外在约束被赋予制度意义上的强制性，企业就会认为这种约束是重要并且必要的，这主要是由制度的群体性、确定性、稳定性和强制性等特点决定的，为企业实施商业伦理行为提供了规范保障。

2. 商业伦理为制度约束提供道德支撑

法律制度与道德伦理并非完全重叠，当服从法律制度的义务和遵守伦理道德的义务相同时，法律行为要求与道德标准一致；当不涉及重大事件时，法律和道德边界不一定相同。哲学家霍布斯（Hobbes）曾谈道，在一个没有伦理的社会中，猜疑和无限制的自利主义会造成"人与人之间的战争"。商业伦理为制度约束提供了道德支撑，促使商业活动在制度强制约束的条件下，更为顺利地开展进行。履行商业伦理行为是公司的最佳长期企业战略，但这不意味着伦理行为会始终被嘉奖，非伦理行为总是被处罚。相反的是，不道德行为有时会获得回报，伦理行为反而会带来损失，但从长期来看，相比不道德竞争者或者只拘泥于制度范围内活动的对手，伦理行为能为公司带来超越性优势，这主要体现在社会口碑、顾客信任度等方面的道德积累。

4.4　商业伦理的核心维度

面对频频发生的企业非伦理行为，除强化正式制度监管干预外，还要充分发挥商业伦理的隐性约束和引导作用，通过伦理价值塑造和道德规范引导企业践行积极伦理行为（positive ethical behavior），抑制消极伦理行为（negative ethical behavior）。从企业伦理规范的特点来看，企业伦理是关于企业及其成员行为的规范，是关于企业与他人、群体、组织和社会之间关系的行为规范。企业伦理涉及社会责任问题、人和人之间的相处问题、如何对待员工的问题以及人们怎样做才是正确的问题等。因此，企业伦理规范应主要包括集体主义、互惠互利、公平、诚信、进取、和谐以及尊重人等方面的内容。应当说，一个企业在其经营管理活动中，只有重视和加强企业伦理建设，严格遵循企业伦理规范，才能真正达到经营管理的理想境界，使企业具有持续竞争力。

4.4.1　组织德性

关于商业伦理的探讨存在三种主要视角，即康德主义（Kantian）、实用主义（utilitarian）和德性伦理（virtue ethics）。最初，康德主义视角和实用主义视角一直主导着商业伦理领域的研究。康德主义视角注重原则，用做事的意图而非行为后果来评判个体或组织的善恶，并强调遵守一般人类行为准则，如"不撒谎""不偷窃"等。实用主义视角则更加讲求实际的成本/收益关系，认为个体应该采取能够产生最大收益的行动，该视角的基本观点是"不盈利的企业不是好企业"。从二者的观点来看，康德主义和实用主义都是基于理性主义原则，并不要求企业将商业伦理作为强制约束。与之不同，德性伦理视角摒弃了纯粹的理性主义原则，反对在算计和遵守原则的基础上制定道德决策，转而支持出于本能制定道德决策，试图引导回答"我们应该成为什么样的企业"这个根本问题。

1. 定义

随着商业伦理的发展，大量学者开展了对组织德性（organizational virtuousness 或

organizational virtue，也译为组织美德）的研究。基于德性伦理视角，麦金泰尔（MacIntyre，1985）最早系统地研究组织德性，并形成了著作《追求美德》。对于组织德性的具体定义，不同学者有着不同的理解，较有代表性的观点如下：

卡梅隆（Cameron）认为组织德性与"组织渴望在处于最佳状态时成为什么"有关，可以在个人和集体行为、组织结构、组织文化、组织流程等方面体现出来。

有学者认为组织德性是组织的伦理特征，与组织的伦理价值观一样，可以通过组织在日常商业活动中的行为体现出来，它可以提高组织内外部利益相关者的满意度。

皮特森（Peterson）和帕克（Park）认为组织德性是一个组织作为整体的道德特征，它不是组织成员道德特征的简单合成，而是组织文化的持久组成部分。

有学者进一步归纳了组织德性的三个关键概念属性，包括：

（1）人类影响，即组织德性可以帮助个体展现道德品质、进行自我控制和遵守卓越原则；

（2）道德美德，即组织德性暗含了什么是好的、正确的和值得发展的特质；

（3）社会改善，即组织德性能够创造超越组织自身利益的社会价值并且不追求互惠或回报。

2. 核心维度

关于组织德性的主要维度，不同学者采用理论分析和实证方法进行了探索。1992年，所罗门（Solomon）最早于《伦理与卓越：商业中的合作与诚信》一书中提出了组织德性清单，涵盖了45个不同类别的特质。其中包含了道德类德性（如诚实）、非道德类德性（如幽默）和处于道德与非道德之间的中间类德性。

1999年，墨菲（Murphy）从国际化营销视角出发，认为正直、公平、信任、尊重和移情五个德性特质是企业在国际化营销中必备的要素。2003年，沙拉汉（Shanahan）和海曼（Hyman）首次采用问卷调查方式，试图对所罗门的德性清单进行提炼，最后形成了包含34个条目的六因子结构，总结出六个主要德性特质：移情、新教徒工作伦理、虔诚、尊重、可信和廉洁。2003年，皮特森和帕克提出了毅力、安全、公平、人性化和尊严五个组织德性维度，并认为这些维度可以广泛地应用于企业、学校和社会组织。2005年，摩尔（Moore）提出了倡导组织关注"内在善良"（internal goods）的组织德性特征，包括刚毅、节制、公正、谨慎、正直和坚定不移。2005年，Chun等通过验证性因素分析确定了组织德性的六个维度：正直、同理心、热情、勇气、尽责和热忱。

4.4.2 公平

  贴片案例

社区团购不能以低价倾销破坏公平竞争

近日，南京市市场监管局发布《电商"菜品社区团购"合规经营告知书》（以下简称《告知书》），对电商平台的经营、团购群"团长"的责任等方面进行了规范。该告知书除要求平台经营者证照齐全、主动备案、履行食品安全义务、接受各部门监管外，还特别提出"不得以不正当竞争方式获取交易机会或竞争优势并因此损害其他经营者或消费者合法权益，尤其不得以低于成本的价格实施低价倾销，排挤竞争对手独占市场，扰乱正常经营秩序"。

该《告知书》传递出地方政府开始出手治理社区团购恶性竞争的信号。从本质上来说，社区团购就是以社区为单位，以社群为交易场景，依靠"团长"向社区居民推荐商品并促成交易的一种电商模式。虽然这种模式早已存在，但在今年新冠疫情影响下，社区团购意外地取得了惊人发展。不仅如此，社区团购还被认为是中国零售的最后一块"肥肉"，吸引了各路电商巨头纷纷入局。

然而，有些电商巨头的竞争手法却简单粗暴，普遍采用的手段就是"烧钱"。烧的钱越多、越持久，就越有可能在这场"团购大战"中获得胜利。广大消费者起初可能会得到价格战带来的些许红利，一旦垄断市场形成，消费者可能又会承受价格反弹带来的代价。不仅如此，那些依靠卖菜为生的小摊小贩，以及小微商铺，也最容易在资本碾压下失去饭碗和生存机会，进而触及民生的底线。

据21世纪经济报道，有的社区团购平台上，1分钱一盒鸡蛋、9分钱一棵白菜……显然，这样的价格严重低于市场价，这正是《告知书》指出的"低价倾销"问题。所谓低价倾销，是指经营者以排挤竞争对手为目的，以低于成本的价格销售商品，其违背市场规律，已经涉嫌违反《中华人民共和国反不正当竞争法》等法律法规中规定的"以不正当竞争方式获取交易机会或竞争优势，以达到排挤竞争对手独占市场的目的"。这种行为会扰乱正常的经营秩序，侵害消费者权益，最终损害的其实是全行业。

可以相信的是，此次治理行动，极有可能引起其他城市的连锁反应。这一系列行动表明，电商平台不是反垄断的法外之地，也不是孕育不正当竞争的温床。即使是新赛道、新风口，也不可野蛮扩张，也要合法经营，不能触及法律底线。

当然，电商巨头在社区团购上激烈竞争，并不意味着社区团购的商业模式不合理，更不意味着应该就此彻底阻断平台企业对其投资和经营。恰恰相反，只要符合市场良性竞争要求，能够满足广大民众的便捷生活需求，社区团购自然会得到市场和消费者的青睐。

说到底，对于互联网企业而言，不要总想着走捷径，甚至以牺牲基本民生为代价去追逐利润，或以不正当的竞争手段达到占领市场的目的，而是要靠商业模式和核心技术创新去赢得市场。这样才能达到企业与消费者"双赢"的目的。

资料来源：作者根据《新京报》（2020-12-17）的《社区团购不能以低价倾销破坏公平竞争》等内容整理改编。

公平正义是社会交互或商业经济活动中必须遵循的基本伦理规范之一。它主要是指处理事情要合情合理，不偏袒任何一方，参与合作的每个人都应该肩负其需要承担的责任，得到其应该获得的利益。人际合作关系的和谐主要是通过公平正义来实现，公平正义是人类追求美好社会的永恒主题。公平正义就是要妥善协调和处理人与人之间的利益和矛盾，它不仅表现为收入分配公平，也表现为人们在成长和发展方面的机会平等。强调公平正义，需要以国家法治为基础，以政府经济政策制度为保障，以社会道德文化为支撑。商业活动中的交易公平意味着客观公正，并致力于为交易双方创造双赢局面。商业伦理中关于公平的关注主要集中在对员工的公平和市场中的竞争公平方面。

公平意味着权利和义务的统一与对等，对这一问题的讨论离不开公平理论。公平理论是研究工资报酬分配的合理性、公平性对职工工作积极性影响的理论，由美国心理学家亚当斯于 1965 年提出。该理论认为，职工对收入的满意程度能够影响职工工作的积极性，而职工对收入的满意程度取决于一个社会比较过程，一个人不仅关心自己绝对收入的多少，而且关心自己相对收入的多少——每个人会把自己付出的劳动和所得的报酬与他人付出的劳动和所得的报酬进行社会比较，也会把自己现在付出的劳动和所得报酬与自己付出的劳动和所得的报酬进行历史比较。职工个人需要保持一种分配上的公平感，如果他发现自己的收支比例与他人的收支比例相等，或现在的收支比例与过去的收支比例相等，他就会认为公平、合理，从而心情舒畅，努力工作，如果他发现自己的收支比例与他人的收支比例不相等，或现在的收支比例与过去的收支比例不相等，他就会产生不公平感，内心不满，工作积极性也会随之降低。在国外，企业依据公平理论的基本观点，采取种种措施，如单独秘密发放奖金等，努力使职工产生一种主观上的公平感，从而调动职工工作的积极性。公平理论认为，当员工发现组织不公正时，会有以下六种主要的措施：改变自己的投入、改变自己的所得、扭曲对自己的认知、扭曲对他人的认知、改变参考对象、改变目前的工作。对于企业而言，不论员工采取上述何种措施都会产生负面的经济效应，因此保障员工在工作场景的公平感是极为重要的管理议题。

市场经济不能够没有竞争，但其前提是必须遵循竞争伦理道德与法律边界。竞争伦理学认为，竞争本质上是利益主体在市场上为实现各自利益要求展开的经济资源和市场的争夺，包含十分复杂而广泛的内容。从竞争主体在市场中的行为性质来说，可分为买方之间的竞争、卖方之间的竞争以及买卖双方之间的竞争；从竞争的手段或方式来说，可将竞争分为自由竞争、过度竞争、恶性竞争、公平竞争及不正当竞争。我们应该贬损恶性竞争和不正当竞争，崇尚和倡导公平竞争，确保竞争遵循一定的伦理原则，在道德范围内展开。

对于广大企业而言，坚守公平竞争必须遵循如下规范：

（1）在产品竞争上，要讲究产品质量，突出产品特色，注重产品种类，不能通过销售假冒伪劣或侵权产品来赢得竞争。

（2）在价格竞争上，除要考虑产品的成本、利润之外，还要符合国家或行业的政策法规，不能哄抬物价、牟取暴利，也不能任意限制价格、垄断价格和任意压低价格。商家依赖低价倾销方式排挤竞争对手，不仅损害了行业利益，也会损害企业自身利益，导致两败俱伤。

近年来，无论是传统行业，还是新兴行业，都有形成垄断的趋势。在移动互联技术和资本加速器的推动下，互联网形成垄断速度更快，"马太效应"更加明显，对消费者权益和中小企业生存空间的潜在侵害性更强。反垄断是市场经济国家经济立法的核心，它能够在行业巨头变得具有攻击性之时，适时进行"修剪"，从而预防和制止垄断行为。特别是在我国创新驱动发展的时代背景下，强化反垄断和防止资本无序扩张，有利于塑造更加公平竞争、开放包容的发展环境，让创新的火花更加闪耀。

4.4.3　诚信

 贴片案例

大数据杀熟背后的伦理困境

近期，一篇《我被美团会员割了韭菜》的文章刷屏各大互联网站，甚至冲上了微博热搜，美团顷刻间身陷"大数据杀熟"的舆论旋涡。文章作者指出，自己开通会员后发现经常点餐的一家店铺，配送费由平时的 2 元变为了 6 元。颇感意外的是，作者用另一个未开通会员的账号在同一家店铺点餐，同一时间配送费依然是 2 元。

一时之间，"会员配送费更贵"的消息引发热议，大家纷纷指责美团"价格歧视""割会员韭菜""不顾吃相"……面对网民控诉，美团方面回应称：配送费差异与会员身份无关，由于软件存在定位缓存，错误地使用了用户上一次的历史定位，与用户实际位置产生了偏差，导致了配送费预估不准，在实际下单时会按照真实配送地址计算，不受影响。这则回应没有承认是"大数据杀熟"，而是技术问题。仅仅一次"杀熟风波"，2020 年 12 月 18 日美团股价大跌 3%，逾 400 亿元市值瞬间蒸发。

美团公司到底存不存在"大数据杀熟"，已不再是问题的关键。问题的关键是，"大数据杀熟"早已不是什么新鲜事，美团也曾被传成"大数据杀熟"的重灾区。新华社记者在调查报道过程中，曾拿两个手机登录美团 App，一部是使用过该 App 的手机，另一部是没有使用过该 App 的手机，显示结果是：查询同一房型、同一时间的酒店房价，前者明显高于后者，其他人也遇到过同样的情况。

资料来源：作者根据易芊梓《美团"大数据杀熟"背后的伦理之困》（财经 E 法，2020-12-19）等内容整理改编。

5G 时代如何强化反垄断、平台治理、企业社会责任，如何使算法少一点算计，如今已成为重要议题。大数据在提供个性化服务时，应以透明公正的要义，打造平衡用户权益与平台收益的健康生态，形成共同遵守的商业伦理准则或行业公约。关上大数据的"偏见之门"，是从根本上解决"大数据杀熟"问题的应有之义。

除公平正义以外，企业还应该做到诚实守信。诚实是信任的基石。诚实与守信既是社会道德，也是商业伦理的基本原则。诚信行为是市场经济和现代社会运行的基石。没有诚信，承诺就会被打破，合同就无法被履行，税收就无法缴纳，政府就会变得腐败……这种违反诚信的行为对个人、组织和整个社会来说都代价高昂，例如，美国每年因为逃税造成的损失估计为数千亿美元；全球因腐败和其他非法资金流动损耗的成本约 1.3 万亿美元，大致相当于澳大利亚每年的国内生产总值。

诚信是一种传统美德和良好社会风气。任何成熟的社会风气实质上都是一种均衡。这种社会风气或习俗一旦建立，任何人都不会有单方面偏离这种规范的激励。现代经济学中的博弈论告诉我们，如果做出选择的进程可以分为前后相继的步骤，理性行为将考虑所有人的初始行为对后续选择及最终结果的影响，即所谓的动态博弈。这一类博弈的中心问题是可信性，即当背离行为发生后，惩罚措施是否确实被执行。在一个人人都尔虞我诈的社会中，如果有谁选择诚实守信，那么他的利益必然受损，所以相互欺骗是纳什均衡。在一个人人讲求诚信的社会中骗人是会受到法律制裁和舆论谴责的，所以诚信也是纳什均衡。博弈论中的无名氏定理（folk theorem）告诉我们，如果经济个体（市场经济中主要是企业）的生存期足够长，他们之间进行的不是静态博弈而是无限期的重复博弈，而他们又有足够的远见，则信守诺言将成为纳什均衡。因此，只要适当设计规则，使背离行为的惩罚是可信的，且惩罚力度足以抵消背离行为带来的收益，人们就不会被激励去背离规则的约束，这主要依靠法治和道德的力量。

诚实无欺、恪守信用是诚信的基本要义，也是规范商业行为与交易关系的基本法则。现代市场经济体系必须以诚信为本，否则无法长期存续。诚信未能在当今社会广泛建立，其原因就是市场体系缺乏规范，信号机制、信息机制和舆论机制还没有很好地发挥作用。在现有制度体系下，所期望的人们的诚信行为方式不构成均衡，致使有些人不按诚信规则行事，主要原因有以下几点：一是法律约束和道德谴责的力度不够，使得惩罚不能成为可置信的事前威胁；二是经济主体缺乏远见和自我伦理约束，从长期来看这种短视的经济主体必将被市场竞争所淘汰。

现代信用制度是市场经济体制运行良好的文化基础。在成熟的市场经济制度中，信誉是企业的生命。企业只有重视信誉才能长期生存，才能创造品牌效应。在经济活动中，越是市场经济成熟的地方，出现欺骗的可能性就越小。在相对完善的市场经济体系下，人们会有较稳定的预期和长期投资行为，社会成员能守信用、重合同，市场的作用会使得失信者在经济上受到惩罚，守信者从长远来说则会得到回报。当然，诚信也是中国传统文化所提倡的传统美德和社会规范。在中国古代，"信"是与仁、义、礼、智并列的道德准则。管子就认为，不守信用的人不得经商，"是故非诚贾不得食于贾"。在中国传统观念中，"诚贾""良贾"实际上就是指诚实守信的商人。诚信也就成了商贾的立身之本。

4.4.4 共享

"共享"是党的十八届五中全会提出的五大发展理念之一，它反映了中国特色社会主义的本质要求，也是我们古老的东方民族的价值追求。几千年以来，共享就是世代中国人的美好愿望和不懈追求，孔子有"不患寡而患不均"之说，孙中山有"平均地权"之思想。中国共产党始终把造福人民、共同富裕作为自己的崇高目标，革命、建设、改革都是为了实现这个目标。毛泽东同志讲过："现在我们实行这么一种制度，这么一种计划，是可以一年一年走向更富更强的，一年一年可以看到更富更强些。这个富，是共同的富，这个强，是共同的强，大家都有份。"邓小平同志讲过："社会主义的本质就是解放生产力，发展生产力，消灭剥削，消除两极分化，最终达到共同富裕。"党的二十大报告指出，"共同富裕是中国特色社会主义的本质要求"。实现共同富裕，是全体中国人民的共同期盼，是中国共产党为之奋斗的重要目标。

共享发展可以社会公平正义。实现共同富裕，要坚持以人民为中心，在全民共享、全面共享、共建共享、渐进共享中，不断实现好、维护好、发展好最广大人民的根本利益，使全体人民有更多的获得感、幸福感、安全感。共享发展理念是依据"共享伦理"这一伦理价值体系构建的。以共享伦理促进发展、以共享伦理统领发展，以共享伦理规定发展的合理性边界，是共享发展理念具有深厚伦理蕴意的根本原因。共享伦理是由以"共享"为核心价值取向的伦理思想、伦理精神、伦理原则和伦理行为统一而成的伦理价值体系。它将"共享"视为一种美德，要求最大限度地实现发展成果或社会资源的共享，即社会发展成果或社会资源能够为国民或公民共同享有，让所有国民或公民能够有强烈的获得感，让所有国民或公民能够从国家或社会发展中受益。

收入分配制度是我国推进共享发展和实现共同富裕的核心安排。首先，坚持按劳分配为主体、多种分配方式并存。增加劳动者特别是一线劳动者的劳动报酬，提高劳动报酬在初次分配中的比重。其次，兼顾社会公平正义与发挥资本效率，将资本的利润动机与收益追求规制在符合社会主义价值选择的框架内，建立健全一系列规制资本的制度，防止资本野蛮生长、肆意扩张，防止贫富差距的固化。其中，初次分配事关"做大蛋糕"，更注重效率，主要依赖市场机制配置，通过劳动收入或资本利得等形式实现；二次分配事关"切好蛋糕"，更注重公平，主要依赖政府调节，通过政府税收或财政转移支付等形式实现；三次分配是现有收入制度的自愿补充，依赖道德约束，通过企业慈善捐赠、自有资本配置优化等形式实现。共同富裕的推进需要在高质量发展的前提下开展，效率和公平的关系将得到正确处理。

4.4.5 可持续

可持续发展概念的明确提出，最早可以追溯到联合国环境规划署委托国际资源和自然保护联合会于 1980 年发表的《世界自然资源保护大纲》。1987 年以布伦特兰为首的世界环境与发展委员会（WCED）发表了报告《我们共同的未来》，报告中对于可持续的定义被广泛接受："既满足当代人的需求，又不对后代人满足其自身需求的能力构成危害的发展。"与此定义相近的还有江泽民同志的定义："所谓可持续发展，就是既要考虑当前发展的需要，又要考虑未来发展的需要，不要以牺牲后代人的利益为代价来满足当代人的利益。"

环境学家赫尔曼·戴利（Herman Daly）认为，环境的可持续性要求有如下三条规则：

（1）所有可再生性资源的开采利用水平应当小于或等于种群生长率，即利用水平不应超过再生能力。

（2）污染物的排放水平应当低于自然界的净化能力。

（3）将不可再生性资源开发利用获得的收益区分为收入部分和资本保留部分，作为资本保留的部分用来投资于可再生的替代性资源，以便不可再生性资源耗尽时有足够的资源替代使用，从而维持人类的持久生存。

可持续发展观念下的环境伦理有其独特的内涵，它是一种新型环境伦理观念，有别于传统的环境伦理观念，"生态文明""科学发展观""环境正义""环境伦理学""人类中心主义"是其五大主体。这一观念从本质上来说是科学的、正确的、实用的，是环境伦理发展的特色产物，具有时代烙印。

这一伦理观念也对企业提出了新要求，即企业生态责任。企业生态责任指企业的环境责任，即企业在经济活动中应认真考虑自身行为对自然环境的影响，并且以负责任的态度将自身对环境的负外部性降至力所能及的水平，目标是成为"资源节约型和环境友好型"生态企业。它包括以下几类责任：

1）对自然环境的责任

传统企业秉承"理性经济人"假设，以追逐经济利润为首要目标，环境问题被视为次要因素。随着自然环境的不断恶化，兼顾环境与资源问题，走可持续发展道路逐渐成为企业共识。可持续发展观念要求企业充分考虑环境生态的价值，走技术进步、创新驱动和资源节约的发展道路，要求限制企业对自然资源的过度开发，最大限度保持自然生态平衡，真正秉持对全人类负责的精神，确立关心自然、爱护自然的责任感，自觉履行保护生态环境的义务。

2）对市场顾客的责任

在建设生态文明的大背景下，目前国际行业组织已经认定通过一些环境标准对产品进行评价和甄选，只有达到这些环境标准的产品才能进入优等市场，而没有达到环境标准的产品及其生产企业将无法得到平等的市场竞争地位。随着人们环保意识和生态消费意识的不断加强，生态消费市场将会日益蓬勃发展，这要求企业要真正以市场为导向来生产绿色产品，通过绿色创新、绿色包装、绿色认证等手段提供满足市场需要的绿色产品，在市场中培育和形成生态竞争优势。

本章关键知识点

商业伦理、制度约束、二维分析框架

思考题

1. 为何在拥有制度约束的情境下还要强调商业伦理的价值？制度和伦理二者之间存在何种关系？

2. 如何理解企业追逐经济利益与遵循商业伦理之间的关系？

即测即练

自学自测　　扫描此码

第二篇

伦理决策篇

第5章

企业人力资源管理中的伦理决策

 本章学习目标

通过本章的学习，学生应该能够：

1. 理解现代企业人力资源管理模式的进化；
2. 理解人力资源管理伦理的基本内涵和原则；
3. 理解人力资源管理中的非伦理行为表现及动因；
4. 掌握人力资源伦理规范化的建设途径。

引导案例

企业非澡堂，无须看男女

企业可以有一本精打细算的经济账，但国家在维护社会价值和机会平等上不能含糊自己的权利账、法律账。2014 年 11 月，杭州西湖区人民法院判决女求职者小黄诉招聘单位无故"限招男性"构成就业歧视一案胜诉。正是这一纸判决，宣示宪法里毫不含糊的男女平等、劳动法中禁止就业性别歧视这些基本权利绝不只是漂亮的口号。然而也正是这起被媒体冠以"浙江就业性别歧视第一案"的奋起维权，再次将近年来就业公平的隐痛搬上台面。

2013 年初冬，一篇《求职呵，请别把我们挡在门外》在全国高校女求职者中引起强烈共鸣，文中一位清华大学的"天之骄女"仅仅因为其女性身份，从一开始就被部分用人单位排除在了考虑范围之外。就业性别歧视现象或明或暗，在社会似有蔓延之势，甚至成了某种程度上的"约定俗成"，以至于女性在求职中有苦难言，只能无奈地接受并习以为常。

或许有人质疑法院的判决干涉了企业的用工自由，毕竟企业最清楚自己需要什么样的人才。既然如此，尊重市场选择，让企业从经济效益最优的角度偏好男性，又有何错？这样的辩解其实似是而非。男女之间生理结构存在客观差异，但这并不能成为女性的就业劣势。现实中的确存在一些诸如矿工、伐木工、消防员等性质特殊而不适宜女性的职业，同理，在诸如礼仪、护理等领域男性也少有涉足。然而，在更多由现代经济形态所创造的白领职业中，相比"肌肉"，"头脑"才是职业胜任力的决定因素，男女并无明显差距。因此，再为女性设置门槛就是一种性别歧视。

纵观如今的就业市场，来自合理差别的"门槛"少，而来自无理歧视的"门槛"多。如果在招聘之初就不把女性纳入考察的视野，实质上就是在破坏就业中性别间的机会平等，那么女性所面临的将不是如何在竞争中脱颖而出的问题，而是有没有资格参与竞争的问题，而这种资格是宪法赋予每一个人的基本权利。这就好比宣称自由的运动场里的比拼，如果是技不如人自当输得心服口服，但如果一开始双方就没站在同一起跑线上，甚至压根就没资格站在同一赛场上，那所谓的"自由"就不过是恣意妄为的一块遮羞布。

"无救济即无权利"，法院的判决是一个明确的信号，表明写在纸上的权利不等于只是外表唬人的"纸老虎"。企业可以有一本精打细算的经济账，但国家在维护社会价值和机会平等上不能含糊自己的权利账、法律账。之所以要算好这笔账，不是心血来潮，而是无数错误之后才换来的教训。20世纪初，艾米·诺特这位被爱因斯坦称为"有史以来最伟大的女数学家"的数学奇才，竟然无法在当时欧洲的顶级学府谋得一个教职，最后逼得另一个数学领袖希尔伯特在大会上怒吼："这里是大学，不是澡堂！"

如今100年过去了，这样的错误，我们不能再犯。

资料来源：张璁. 企业不是澡堂，进人先看男女？[EB/OL]. 人民网，2014-11-19.

思考题：

1. 我们如何理解就业歧视现象及其可能造成的后果？
2. 现实生活中导致就业歧视的原因可能有哪些？
3. 我们如何规避就业歧视现象的发生？

5.1 人力资源管理模式进化

彼得·德鲁克（Peter Drucker）在《管理的实践》一书中对人力资源进行了明确定义：人力资源是所有可用资源中最有生产力、最有用处、最为多产的资源。人力资源管理是指管理者通过人力资源规划、人员选聘、培训与发展、绩效评估、制定工资和福利制度等一系列管理活动，向组织提供合适人选并取得高水平绩效和员工满足的过程。与物质资源相比，人力资源具有两个鲜明特点：一是可以创造新价值。物质资源本质上只能实现价值转移，而人力资源在实现价值转移过程中还能创造出比自身价值更大的价值，即创造新价值；二是具有可再生性，即通过培训，接受新知识、新技能，人力资源能够获得再生和价值增值。

从社会发展的历史进程来看，雇佣劳动被认为是社会进步的重要标志之一。一般情况下，人们将雇佣劳动视作典型的资本主义生产关系，认为雇佣关系是"具有剥削性质的劳动关系"。《资本论》指出，在实现价值增值过程中资本家与劳动者之间形成的雇佣关系（权利失衡、利益对立）本质上体现为剥削与被剥削关系。为了获得价值增值，资本家通过延长劳动时间、增加劳动强度等手段迫使劳动者提供额外劳动来获取剩余价值。

随着人类文明与社会的进步，特别是市场中人力资本价值的提升，资本与劳动的关系发生了明显改变。如何正确科学地看待员工、有效管理雇员成为影响企业竞争力的关键因素。现代经济以创新性和知识性劳动为主体，员工也成为企业最有价值的资产之一。员工的能力、工作激情、投入程度及价值贡献直接关乎企业的运营效率和结果。雇用员工质量较高的企业往往更加具有创新活力。改善员工管理实践有助于提升企业创新水平，增强市场竞争力。同时，和谐的雇佣关系也有助于增强团队合作水平，提升团队创造力，提高企业运营效率。需要强调的是，不同于物质资本，人力资本呈现典型的活性特征。传统雇佣管理呈现的剥削与被剥削及强制劳动关系难以激发员工工作激情、难以充分释放人力资本价值。

21世纪初的世界正用前所未有的力量来否定自身。传统的甚至仅仅是昨天还被视为经典的东西，如今可能已经被扔进回收站。无论是人还是企业都脱离了传统的概念。企业中的人和人的空间（企业）都成为一种理念，组织越发显现出平台的属性，员工也从雇员角色转换为创造者和伙伴角色。正因如此，企业必须进行文化与管理革新。时代的人和时代的企业都要勇敢地拥抱失败、自我颠覆，要有强烈的求知欲，热衷于行动，富有好奇心和创造力，乐观激进，勇于变革。因此，企业必须增强员工的感知能力，实现由传统雇佣关系向现代伙伴关系的认知进化。

5.1.1　雇佣关系的内涵及特征

1. 雇佣关系的内涵

在人力资源管理实践中，雇佣关系主要指受雇人向雇主提供劳务，而雇用人向受雇人支付相应报酬而形成的权利义务关系。雇佣关系是在雇主和受雇人彼此达成契约的基础上成立的。雇佣契约可以是口头合约也可以是书面合约。

在传统雇佣关系下，企业与员工之间是一种雇用与被雇用的关系，彼此之间呈现对立状态。企业主要通过强制性要求和惩罚手段迫使员工进行被动的工作投入。该状态所代表的基本思想是，企业与员工或员工集体之间的利益关系是相互对立的。企业主要借助自身的优势地位以强制方式获取员工劳动力，进而实现利润目标。因此，企业与员工之间的关系本质上体现为剥削与被剥削关系。

在法律层面，传统雇佣关系包含如下几个关键要素：

（1）雇佣关系的主体双方是平等的，不存在隶属性。雇佣关系主体之间具有普遍的平等性。雇佣关系的产生、变更和消灭，以及雇用合同的履行，均可由主体双方在平等自愿的基础上自由协商确定。

（2）雇佣关系具有财产关系和人身关系的双重属性。在雇佣关系中，雇员出卖劳动力，雇主支付工资报酬，因而具有财产关系属性。雇佣关系中的财产关系应与承揽关系中以交付劳动成果为内容的财产关系相区分。此外，雇佣关系还具有人身关系的属性，表现在雇主未经雇员同意不得将劳动力请求权让渡给他人；同样，雇员未经雇主同意不得让他人代为提供劳务。这是由劳动力直接依附于劳动者人身的不能分离本性所决定的。

（3）雇佣关系以当事人意志为主导建立，体现契约自由原则。雇佣关系的产生、变更和消灭以当事人的意志表现为标志。这体现了当事人的意志自治，国家意志基本不干预。

2. 雇佣关系管理模式的特征

在传统雇佣关系下，企业对员工的管理方式比较简单和粗暴。雇佣关系管理模式主要呈现以下特征：

（1）雇佣关系管理主要以"事"为中心开展工作。企业主对待员工或上级对待下级主要采取"我要你做"的被动反应型管理模式。

（2）雇佣关系管理的内容比较简单、生硬，主要聚焦员工"进、管、出"的过程管理。其中，"进"主要指员工招聘和录用；"管"主要指员工绩效考核、奖惩、职务升降、工资福利和人事档案管理等；"出"主要指员工离职与流动手续办理。上述环节构成了传统人事管理的基本内容，是一种事务性管理。

（3）雇佣关系管理中雇佣双方关系以利益导向为主，情感联系较弱。在这种雇佣关系管理模式下，员工的工作动机主要源于对利益回报的追逐，其在工作过程中获得的满足感以及对企业的归属感较低。

（4）雇佣关系管理主要由企业人事部门执行，属于行政事务管理，较少涉及高层决策，业务部门的参与度也较低。人力资源管理过程更多处于执行操作层，因而对基础知识、专业特长和综合管理能力等的要求相对较低。

5.1.2　新型伙伴关系的内涵及特征

1. 新型伙伴关系的内涵

由于现代企业在分工合作方面不断深化技术复杂度也不断提升，导致竞争环境的不确定性急剧增加。在这种背景下，传统雇佣关系下的被动式管理模式面临的矛盾日益突出。企业人力资源管理实践逐渐向伙伴关系进化。与传统雇佣关系不同，新型伙伴关系虽然也认为员工与企业间存在一定的利益冲突倾向，但面对日益激烈的外部市场竞争，不得不将二者之间的共同利益置于雇佣关系管理中更突出的位置。基于此，企业需要构建以经济契约和心理契约双重纽带为基础的新型伙伴关系。

归纳起来，现代伙伴关系包含如下几个关键要素：

（1）现代伙伴关系以经济契约（劳动合同）和心理契约（情感纽带）作为管理与调节企业与员工之间雇佣关系的微观基础。一方面，依托市场法则和劳动合约明确企业与员工彼此的权利义务与利益分配关系。另一方面，企业还需要以使命、价值观为基础建立与员工之间的共同愿景，培养企业与员工之间的信任与情感认同，进而形成稳定的心理契约，实现员工自主管理与自我发展。越来越多的管理咨询专家认为，一种让员工进行自我领导的文化比传统的控制管理更为有效。这一思潮和管理实践，突出强调了伦理价值观与目标导向作为企业文化重要组成部分的重要性，其重要性不亚于完成任务所需的物质资料以及制度工具。

（2）现代伙伴关系不再将企业决策完全视为资方的特权，而是通过制度流程确保员工享有较高程度的决策参与。相关研究表明，参与式管理在激发员工工作积极性、提升员工忠诚度等方面发挥了重要的积极作用。员工参与决策有利于改善其内部人员的身份感知水平，提高组织认同感和忠诚度，减少离职意图。

（3）在现代伙伴关系下，员工有机会参与分享企业成长的果实。员工不仅是企业价值创造的贡献者，也是企业价值增长的受益者和分享者。员工从企业成长中获得的收益分享可以表现为货币收入增加（业绩奖金），也可通过被授予具有良好成长性的公司股票（参加员工持股计划）来体现，抑或是实现自身人力资本投资与增值。因此，现代伙伴关系在本质上体现了企业与员工之间的目标共享与互惠双赢，最终目标是实现共同成长与发展。

2. 新型伙伴关系的特征

现代伙伴关系管理蕴含了丰富的经营哲学与伦理价值，与传统雇佣关系管理相比较，主要凸显以下几方面特征（见表 5-1）。

表 5-1　传统雇佣关系与现代伙伴关系的区别

	内　　涵	特　　点
传统雇佣关系	企业与员工之间表现为雇用与被雇用的关系，主要依赖强制和惩罚手段迫使员工工作	以"事"为中心开展工作
		管理内容简单、生硬，聚焦员工"进、管、出"
	企业与员工之间的关系主要表现为剥削与被剥削关系	雇佣双方关系以利益导向为主，情感联系较弱
		管理工作主要由人事部门执行
现代伙伴关系	以劳动契约和心理契约双重纽带构建的雇佣关系	管理过程突出人本观念，强调一切从人出发，以人为本
	员工拥有较高的工作自由度，参与决策	员工的"主人翁"精神和个体活力得到释放
	员工有机会参与分享企业成长的果实	企业与员工之间利益与风险共享

（1）管理过程秉承"人本管理"伦理价值，强调一切从人出发，以人为本。在传统雇佣关系管理过程中企业更加重视制度约束和规则系统的建立，将员工视为企业价值创造的工具，并借由严苛的制度约束与监管惩罚开展员工管理，以确保组织目标的实现。与之不同，在新型伙伴关系管理模式下，企业将员工视为最有价值的资本，注重根据员工的能力、特长、兴趣、心理状况等因素实现人力资源配置优化，并通过制度规范、人力资源开发、激励机制和企业文化建设等多样化途径激发员工的个体活力与工作积极性，实现企业价值创造。

（2）员工"主人翁"精神和工作能动性更加凸显。主动参与是激发员工个体活力、形成企业凝聚力的基本要求。在新型伙伴关系管理模式下，企业注重与员工形成共同愿景，共同讨论企业发展目标、制定管理制度、寻求解决方案，同时也共同分享企业成长果实。企业让员工真切感受到需要并依赖每一位员工，尊重并认同每一位员工的价值贡献，从而让员工产生被需要感和被信任感。比如，沃尔玛公司让级别最低的雇员都有机会看到所有财务报告。这一细节发出的信号是："你是公司合伙人，我们要你像经营自己的小企业一样经营你的部门。"企业对员工的尊重和认同有利于增强他们对企业的情感归属，激发主人翁精神和责任感，真正形成基于认同感、归属感、责任感和获得感的价值创造良性循环。

（3）企业与员工之间利益与风险共享。在新型伙伴关系管理模式下，企业将建立一套科学合理的利益分配机制，通过利益联结激励员工以更大热情和更负责任的态度投入工作中。比如，近年来一些大型企业兴起的公司内部创业现象，就是以利益共享、风险共担机制为企业员工提供内部创业的机会平台，帮助员工实现人生价值，同时也为企业业务与利益扩张孵化了新空间。在这一新兴模式下，企业与员工之间不再是雇佣与被雇佣关系，而是合作关系。员工真正成为自己的主人，因而工作更为主动并充满热情。

5.1.3 伙伴关系中伦理约束的必要性

传统雇佣关系向伙伴关系转变需要在人力资源管理过程中贯穿与遵循必要的伦理约束。马克斯·韦伯在《新教伦理和资本主义精神》中论证了经济发展需要伦理精神的推动。伦理道德不仅作为人们行为的隐性约束力量存在，而且也作为一种现实的人文动力发挥作用。现代管理理论和众多成功企业的实践案例都表明，伦理精神是推动企业发展的内在动因。企业实现价值创造的核心主体是全体员工。因此，企业与员工之间伙伴关系的构建及人力资源管理实践过程中必须遵循一定的道德标准和伦理规范。企业只有将公正、公平、尊重、认同等积极伦理价值注入人力资源管理实践过程中并成为企业行为准则时，才能真正做到以人为中心，真正实现"一切依靠人、一切为了人"的管理目标。

1. 遵循人力资源伦理约束有利于赢得员工忠诚

现代企业竞争在本质上表现为人才的竞争。吸引和留住优秀人才，更好地激励和释放人力资本，是企业获得竞争优势的根本。毋庸置疑，每一个员工都更愿意选择并留在有道德、讲情怀、重伦理的企业工作。马斯洛需求理论表明，人不仅有物质的需要，还有精神追求与自我价值实现的需要。随着个体发展与社会进步，人们对高层次需求的表现更加丰富和强烈。企业吸纳、保留和激励员工，仅仅依靠物质条件是不够的，还必须表现出对员工的尊重、认同、信任、理解、关心与培育等，需要在员工心目中树立良好的道德形象。一系列研究都表明，尊重和关心员工，鼓励员工参与决策，认同员工价值贡献等都有利于提升员工的内部人员身份感知和忠诚度；相反，粗暴的虐辱式管理则会破坏员工的心理认同，降低员工的情感承诺与忠诚度。

2. 遵循人力资源伦理约束有利于树立良好的雇主形象

优质的产品和服务最终源于优秀的员工。企业员工的整体素质主要包含知识、能力和品德三个维度。其中，能力比知识重要，品德比能力重要。一个人若拥有远大的理想和高度的责任感，为人真诚，就能够激发出持续的学习动力与工作潜力。企业遵循人力资源管理伦理有助于营造积极向上、近悦远来的人才氛围，为员工施展抱负提供良好平台。这也能够向劳动力市场释放积极信号，帮助企业树立良好的雇主形象，增强企业在人才市场中对优秀人才的吸引力。研究表明，遵循人力资源管理伦理规范，尊重、认同员工价值并与员工共享发展成果的企业更有利于与员工形成稳定的心理契约，强化员工情感认同，因而更容易留住优秀人才。

3. 遵循人力资源伦理约束有利于激发员工个体活力

知识经济时代，人力资源管理的核心在于激发员工个体活力。员工是体现企业竞争力的一池水，要使企业充满活力，这池水就必须被激活，使其成为活水。这就要求企业管理者能够把人的因素放在首位，重视用人之道。哈罗德·孔茨与海因茨·韦里克把领导力构成的要素概括为四种综合能力：①有效并以负责的态度运用权力的能力；②了解不同时间和不同情景下激励因素的能力；③鼓舞人们的能力；④以某种活动方式来形成有利气氛，以此激励并使人们响应的能力。

纵观那些优秀企业，除工作待遇与环境优越外，更重要的是形成了一种自我管理、自我承担与目标设定的氛围和习惯。企业遵循人力资源管理伦理激发的员工工作热情首先来自超越自身利益的企业使命和目标感。彼得·圣吉指出：当人类所追求的愿景超越个人利益时，便会激发出一股强大的力量，这股力量远非追求狭窄的个体目标所能及。如果企业遵循高标准伦理道德，让员工感觉到被尊重与被需要，感受到在为社会进步、国家富强和人类幸福而工作，就能产生崇高的使命感，并激发出强大的内在动力和自我领导能力。

5.2　人力资源管理伦理

人才是现代企业之间竞争的根本。在管理实践中，企业与员工之间存在着既相互对立，又彼此统一的利益共同体关系。企业人力资源管理除遵循基本的法律规范和契约精神外，还必须秉承高标准的伦理规范。企业与员工诚实不欺、相互尊重、彼此信任、恪守合同、履行责任是形成和谐劳动关系的基础。企业应当恪守伦理规范，本着以诚为本、取信于人的道德原则，尊重、信任、认同和公平地对待员工。

遵循人力资源管理伦理既是有效保护员工权益，激发员工个体活力，充分释放企业人力资本价值的关键，也是借由伦理信号帮助企业树立良好的雇主形象，增强企业对优秀人才吸引力的重要保障。同时，强化人力资源管理伦理规范也是人类认知与文明的进化，以及新经济时代企业员工伙伴关系管理面临的现实要求。因此，企业需要在战略认知层面强化人力资源管理的理论意识，在制度与文化层面完善企业人力资源管理伦理规范体系设计，并加强对人力资源管理伦理规范的执行监管，借由伦理手段化解企业人力资源管理难题。

5.2.1　人力资源管理伦理的内涵

随着社会进步与理论发展，企业人力资源管理实践模式也在不断改进，并逐渐形成了比较完善的基于人力资源实践的伦理道德，即人力资源管理伦理。罗伯特·海勒（Robert Heller）指出，"在当今社会快速发展的过程中，企业人力资源管理伦理在管理活动中所发挥的作用和功能将愈发显著，同时，它也是对企业相关管理实践效果的有效检验"。

伦理是人和社会关系的纽带，是调节人与人之间、人与社会之间的价值、道德和行为的另一种方式方法。人力资源管理伦理是指在人力资源管理过程中产生的各种伦理关系及其道德原则、道德规范和道德实践的总和（图5-1）。它作为一种价值观念和道德准则的叠加，嵌入和贯彻落实到人力资源管理实践过程中，以实现企业人力资源管理的伦理化。现代人力资源管理的核心特点在于把人视为组织的一种重要的战略资源，因此，伦理成为人力资源管理的一个重要基础。以伦理道德规范企业人力资源管理活动，有利于对管理者行为施加有效的伦理约束，促进管理手段及结果的伦理化导向，最终实现伦理规范和管理效率的双重目标，为和谐劳动关系与企业可持续发展奠定扎实的基础。

图 5-1　人力资源管理伦理的含义

人力资源管理伦理追求的核心目标是"工作生活质量"，即组织中所有人员，通过与组织目标相适应的公开交流渠道，有权影响涉及自己工作生活质量的有关决策，从而提高对工作的参与度、满意度并减少精神压力。工作生活质量提高既是一个伦理目标，也是一个管理目标，贯穿企业人力资源管理的整个过程。工作生活质量提高有助于激发员工的主人翁精神，增强员工责任感和自我控制能力，维护员工自尊，最终提高工作效率和质量。一般认为，为了提高员工工作生活质量，企业应该强化人力资源管理实践中的伦理规范，秉承公正、平等、人道等"人本管理"伦理原则处理和改善员工关系。

5.2.2　企业对员工的基本伦理责任

根据人力资源管理伦理规范，现代企业需要对员工承担两类主要的伦理责任，即法律责任和道义责任。

1）法律责任

法律责任是指企业作为一个法人组织对员工所需承担的相应责任。这一责任具有法定性和强制性。企业履行法律责任不分时间和地域，也与企业发展阶段及经营状态没有必然联系。

企业对员工的法律责任是以雇佣关系为前提的民事责任。具体来说，该民事责任包含两方面内容：一是企业对员工由于工作所受伤害时应承担的民事责任；二是企业对员工在工作活动中致第三人遭受损害时应承担的民事责任。我国多项法律法规对企业法律责任作出了明确规定。例如，《最高人民法院关于适用〈中华人民共和国民事诉讼法〉若干问题的意见》第 45 条规定指出："个体工商户、农村承包经营户、合伙组织雇用的人员在进行雇用合同规定的生产经营活动中造成他人损害的，其雇主是当事人。"法律民事责任构成了企业对员工伦理责任的基础内容，企业人力资源管理伦理也应当给予足够重视。

扩展阅读 5.1　"996"工作制有违道德规范吗？

2）道义责任

道义责任主要归属于道德层面的企业责任。它不像法律责任那样具有强制性，更多属于企业自主行动。道义责任更多体现为企业对员工的情感伦理关怀，具体表现为：

（1）保障员工生命安全与健康。工作环境直接影响员工身心健康和工作效率。企业应该对员工生命安全与健康问题给予足够关注。企业需要重视员工生命安全与健康管理，为员工提供安全、卫生的工作环境。企业不仅要为员工营造安全舒适、关系融洽、压力适中的工作环境，也要对环境、设备、作业过程、事故以及职业病等实施全方位监控和预警管理，提供有效的安全健康解决方案，避免对员工造成不必要伤害。

（2）保障员工雇用安全。稳定就业是最大的民生，也是企业持续健康发展的保障。我国当前正处于社会转型与经济换挡的关键期，各类劳资矛盾与冲突频频发生，政府出台了一系列法律法规引导企业采取积极措施保障员工就业。比如，2018 年 11 月国务院《关于做好当前和今后一个时期促进就业工作的若干意见》提出，企业需要全力为员工提供稳定岗位工作，促进社会就业的稳定性，尽量不裁员或者减少裁员。保障就业和雇佣关系稳定有利于加强员工和企业之间的情感纽带，提升员工归属感与未来预期，也有助于企业长期目标的实现。

（3）持续开展人力资本投资。高效的企业运营不仅依赖于人力资本优化配置，做到人尽其才、才尽其用，而且需要企业对员工进行持续培训和人力资本投资，以有效应对技术变革、知识迭代和未来竞争。人力资本投资为员工技能与效率提升提供必要的智力支持和知识储备，有利于员工人力资本增值和职业生涯长远发展，最终实现企业目标与员工成长的互惠相容。

（4）消除员工歧视。员工队伍多元化对于保持企业竞争力具有重要的现实意义。员工歧视既是对部分员工的不公正对待与利益侵占，也会造成企业人力资源错配和整体效率损失。同时，它也会损害雇主形象，削弱企业在劳动力市场中对优秀人才的吸引力，损害企业成长基础。任何一个组织或群体都是由许多不同个性和品格的个体所组成，尤其是在互联网时代，个性更容易彰显出来，也使个体有更多机会显现出作用与价值。

5.2.3　人力资源管理遵循的伦理原则

基于人力资源管理的伦理导向，企业要全面提升员工伦理价值取向，就必须坚持两个基本原则：一是以人为本原则，二是伦理原则。杨清荣在《企业伦理要素论》中明确提出，人力资源管理的伦理判断要素主要有民主、价值观、尊重、公平等。戴木才在《论管理与伦理结合的内在基础》中提出，人力资源伦理管理过程应该遵循信任、公平、尊重、民主原则。

人力资源管理伦理原则是指企业人力资源管理实践过程中应该遵循的基本伦理导向，是企业实施人力资源管理伦理化的评判标准。归纳已有研究文献，结合我国制度与文化情境，企业人力资源管理遵循的伦理原则主要包括如下方面（图 5-2）。

1. 平等原则

平等是一个历久弥新的词语，虽然存在各种不同表述，但都与同等权利、同等地位息息相关。在人力资源管理实践中，员工应当获得公平的工作机会，薪酬福利应当根据贡献大小予以公平分配。平等原则又可以分为法律平等、机会平等、收入平等、社会平等。

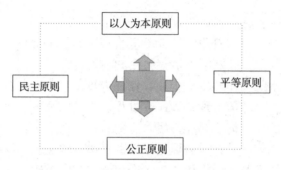

图 5-2　人力资源管理遵循的伦理原则

（1）法律平等。法律面前人人平等，这是对人权的基本尊重。法律平等意味着不论员工的民族属性、家庭出身、宗教信仰、性别年龄，只要符合法律规定就具有选择和获得就业机会的基本权利，企业应当满足法律赋予员工的各项权利。当然，员工也应该遵守法律法规和企业守则，不能对企业利益造成破坏。

（2）机会平等。机会平等是指劳动力市场上所有人的起点是平等的，大家享有在就业市场获得公正待遇的机会。要实现就业市场中的机会平等，就要求企业在人力资源管理实践中平等对待和选择人才，要依据员工才能、发展潜力和努力水平等因素提供公正合理的岗位与报酬。只有实现就业机会平等，才能避免人才市场中劣币驱逐良币现象的发生，并激励人力资本投资。

（3）收入平等。收入平等是指企业应该给予相似岗位和业绩贡献度的员工同等水平的报酬，它是结果平等的反映。收入平等并非收入等同或收入均等，而是强调员工收入分配应该与其岗位价值、工作能力和业绩贡献相匹配。收入平等是对员工能力和业绩贡献的认可，有利于充分激发员工的工作积极性，释放人力资本价值。

（4）社会平等。追求平等是人类的共同理想。社会平等指人们在社会网络中的人格独立与价值认同。虽然不同的人在能力、职位、收入、权力等方面存在差异，但他们都是值得尊重、认同的平等社会个体。

2. 公正原则

公正原则是企业人力资源管理实践需要遵循的另一项重要伦理原则。公正原则就是要求企业管理人员坚持"等价交换"原则，平等地对待劳动者和用人单位。古语云"公则天下平矣，平得于公"（《吕氏春秋·贵公》）。公正历来被视为和谐与秩序的代名词。公正原则最终解决的是如何分配交易双方的权利与义务问题。把公正视为人力资源管理伦理标准，有利于实现员工与企业之间的利益均衡关系；同时，这也是增强企业公信力和凝聚力，形成隐性规范秩序的道德基础。

1）分配公正

分配公正是指个体对所获报酬或待遇的公正知觉，即依据一定标准对最终分配结果的主观评价，亦称为结果公正。结果公正是最终评判公平与否的重要指标，是人们追求公平的最根本目的。个人收入分配是否公平，不取决于收入水平有没有差距，而取决于这种差距是否合法、合理。从组织行为学的角度来讲，分配公正是员工对报酬数量及其分配公平程度所持的看法。唯有结果公正才能得民心、顺民意、使人信服，才是公平观念的终极体现。

2）程序公正

程序公正是指人们对于决策制定者使用政策、程序、准则以达成某一争议或协商结果的公平知觉。简单地说，程序公正是指决策过程在多大程度上被认为是公正的，这涉及对制定决策程序的评价。程序公正涉及的是程序变动的社会心理结果，主要强调由公正性判断的程序效果。程序公正观点认为，人们会依据产生决策结果的程序对决策结果的公平性做出反应，且在本质上人们认为公正的程序是首要的。公正的程序可以让人们觉得，他们的利益在长期都是可以受到保护的。

在评估分配公正性时，除要衡量分配结果是否公正外，还必须考虑到程序的公正性。具体来讲，在评估报酬分配程序是否公正时，需要从七个不同层面来考虑程序构成要素：

（1）选择委托人（selection of agents）：规范应由谁负责制定分配决策的程序。

（2）设定基础法则（setting ground rules）：规范必须达成的目标、评价标准及可能的酬赏程序。

（3）搜集信息（gathering information）：搜集与运用被酬赏者信息的程序。

（4）决策结构（decision structure）：明确分配决策过程的程序。

（5）申诉（appeals）：针对不满的决策寻求改善的程序。

（6）预防措施（safeguards）：确保决策制定者不会滥用职权的程序。

（7）改变机制（change mechanisms）：授权改变分配做法的程序。

根据程序公正性的性质，利文撒尔（Leventhal）、克鲁扎（Karuza）和弗赖伊（Fry）提出六项原则，用以评估程序公正性：

（1）一致性原则（consistency rule）：整个决策期间，所有可能被该决策影响的成员都应该适用相同程序。

（2）代表性原则（representativeness rule）：在该程序中，所有可能被决策影响的成员所关心的问题与价值观都应予以考虑。

（3）避免偏见原则（bias suppression rule）：在决策过程中，决策者对该决策不应有先入为主的偏见，并避免涉及自身利益；同时乐于接受所有观点和意见。

（4）正确性原则（accuracy rule）：应该尽可能地依据最完整、最有法律效力的信息以及有佐证的意见进行决策。

（5）修正性原则（correctability rule）：对于不适当或不公平的决策应该留有被修正或撤销的余地。

（6）道德性原则（ethicality rule）：决策程序必须符合那些可能受到决策影响的成员的基本伦理道德和价值观。

3. 以人为本原则

以人为本原则是指企业在人力资源管理实践活动中将尊重、认同和实现人的价值作为最根本的伦理原则和价值诉求。以人为本，不仅主张人是发展的根本目的，回答了为什么发展、发展"为了谁"的问题，而且主张人是发展的根本动力，回答了怎样发展、发展"依靠谁"的问题。"为了谁"和"依靠谁"是分不开的。人是发展的根本目的，也是发展的根本动力，一切为了人，一切依靠人，二者的统一构成以人为本原则的完整内容。

人本管理思想最早出现于《管子·霸言》中，书中记述了管仲对齐桓公陈述霸王之业的言论："夫霸王之所始也，以人为本。本理则国固，本乱则国危。"1995 年哥本哈根举行的联合国社会发展问题世界首脑会议上明确提出"以人为本"的社会发展理念，即经济增长、制度建设、制度选择都要以尊重人的尊严、实现人的权利、满足人的需要为出发点和落脚点。党的十六届三中全会《中共中央关于完善社会主义市场经济体制若干问题的决定》正式提出要"坚持以人为本，树立全面、协调、可持续的发展观，促进经济社会和人的全面发展"。

人本管理最好的注解就是用爱来经营。企业坚持"以人为本"就是重视人的存在性和主体作用，充分调动每个员工的主观能动性，将人的全面发展作为终极目标，一切从人的利益出发。基于这一伦理原则，企业应该把员工作为人力资源管理的对象和资源，而不是将其视为实现财富增长的工具与手段。在实践过程中，人本管理就是企业基于对员工价值的认同和利益诉求的满足，构建企业与员工、客户之间利益协同与目标共享的持续动力机制，最终形成基于责任感、归属感、获得感的员工自执行机制。企业要采取积极措施确保员工价值、权利和尊严的实现，为员工提供发展自我、实现自我、成就自我的平台。员工则要不断增强自身对企业的归属感和责任感，凝心聚力实现企业价值创造。

人本管理伦理原则超越传统狭隘的控制手段，借由个体尊重与价值认同来激发员工的个体活力与主观能动性（图 5-3）。企业管理者必须理解一件事情：控制如果不能激发员工的积极性，实质上就失去了意义。人本管理理念与传统资本化管理导向有着本质的

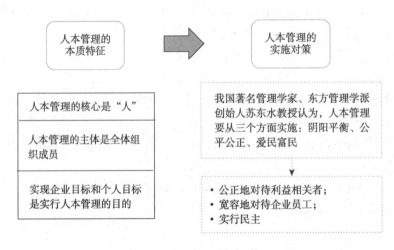

图 5-3　人力资源伦理中的人本管理

区别，即它超越狭隘的工具性认知和强制性要求，更加注重对员工的尊重和价值认同，在人性满足和企业目标之间寻求结合与平衡点，实现人力资本价值释放和企业价值目标的互惠双赢。"零售帝国"沃尔玛的人本管理如图 5-4 所示。

山姆·沃尔顿："对待员工要像对待花园中的花草树木，需要用精神上的鼓励，职务晋升和优厚的待遇来浇灌他们，适时移植以保证最佳搭配，必要时还要细心除去园内的杂草，以利于他们的成长。"

员工培训：入职培训、技术培训、工作岗位培训及海外培训等，同时，所有管理人员都会接受领导艺术培训

经营理念：企业与员工共享利润

计酬方式：固定薪资制、薪资加资金制、钟点计薪制、计件酬劳制等

福利：奖金、保险、休闲、补助、进修、奖励等

图 5-4　"零售帝国"沃尔玛的人本管理

4．民主原则

"民主"一词来源于希腊字"demos"，主要指人民的意思。早期人们主要将民主运用在国家制度和社会事务管理中，按照平等以及少数服从多数的原则实现人民对国家事务的共同管理。民主是人类追求的重要理想以及社会发展的基本目标。在个体层面，民主强调了个人拥有独立处理自己事务的权利；在社会层面，民主强调了所有成员都有参与和组织社会管理的权利。聚焦到人力资源管理伦理，民主原则要求企业尊重每一位员工的民主意识和民主权利，让他们有机会共同参与企业管理决策、实施、监督和评价的全过程。在这些过程中，管理者要相信和尊重员工，重视和发挥其积极性、主动性、创造性。

（1）实现自我管理。民主原则要求人们不应该完全服从异己力量，不管这种力量是代表了神圣的"绝对命令"，还是代表了具有超凡能力的个人权威。民主的原动力来自人作为活动主体要求主宰自己命运的愿望。民主理想就是要实现人类社会本身和个体自身的自我管理。因此，民主原则强调企业应该维护广大员工的人格尊严，满足员工维护自身权益的诉求，保障和落实员工"发声"权利与自我管理实践。

（2）参与管理。在制度建设层面，民主原则认为，企业应该为员工参与管理实践提供制度保障。民主原则需要赋予员工一定自主选择和活动的权利，肯定员工追求正当权益的合法性，并为他们参与管理提供组织支持。民主原则的关键是如何正确处理员工与组织之间的关系，落实员工参与管理实践的制度安排。企业应该基于民主原则赋予广大员工在企业决策中的参与权，避免管理总是由少数人控制或专制的现象，确保员工享有管理权利及地位，从而激发他们的主观能动性与责任感。

5.3 人力资源管理非伦理行为

5.3.1 员工雇用歧视

 贴片案例

就业歧视何时休?

2019 年 7 月,浙江喜来登度假村有限公司通过智联招聘平台向社会发布了一批公司人员招聘信息,其中包含"法务专员""董事长助理"两个岗位。2019 年 7 月 3 日,闫某通过智联招聘平台就喜来登公司发布的前述两个岗位分别投递了求职简历。闫某投递的求职简历中包含姓名、性别、出生日期、户口所在地、现居住城市等个人基本信息,其中户口所在地填写为"河南南阳"。7 月 4 日应聘"董事长助理"岗位的闫某被拒,原因为:河南人。同日,应聘"法务专员"岗位的闫某被拒,原因为:河南人。

无独有偶,2019 年 5 月初爱奇艺平台也因招聘中的一句话——"河南人尽量先过滤掉"而陷入舆论风波。5 月 11 日,该平台通过招聘微博号和公司官微向公众致歉,承认存在招聘歧视问题,并已将当事员工辞退,强调坚决反对任何形式的招聘歧视。在此之前,美团公司招聘产品运营人员时也曾在招聘过程中出现过"原则上不要黄泛区和东北人"的地域歧视现象。

不可否认,丑化河南人的社会现象由来已久,社会上嘲弄河南人的段子曾大规模流行。地域歧视从过去的偏见或调侃异变为一种潜意识上的认同,甚至被嵌入公司制度管理中(图 5-5)。正如浙江喜来登度假村有限公司通过"制度"把欲应聘的河南人拒之门外,这种企业行为实际是一种集体性歧视。这种行为不仅反映出企业法律意识低下,还给求职者造成了巨大的心理压力与创伤。单位用人,当以德才为先,量才为用,与出生地何干?这种画地为牢的户籍与地域歧视荒诞不经——一些人被排挤出公平竞争并非源于能力而是外在因素。这种情况在给就业者带来伤害的同时,也使用人单位失去最优的资源配置机会。在所有浪费当中,人才浪费是最可怕的浪费;在所有歧视当中,就业歧视是危害最大的歧视。

图 5-5 地域歧视

资料来源：作者根据《法人》（2022-04-22）的《就业歧视何时休》等内容整理改编。

思考题

1. 你还遇到过哪些类型的雇用歧视？请列举说明。

2. 你认为员工如果遭受到雇用歧视，应该怎么做？

1. 雇用歧视的内涵

雇用歧视是劳动力市场和企业人力资源管理实践中普遍存在的非伦理行为之一。所谓歧视，就是不公平看待。贝克尔（Becker，1957）首次提出"体验式歧视"（taste-based discrimination）概念，特指少数民族、低收入群体、女性成员等相对于其他伙伴所遭遇的不公正对待。国际劳工组织（International Labor Organization）在《消除就业和职业歧视公约》中对歧视的定义是：任何根据种族、肤色、性别、宗教、政治观点、民族、血统或社会出身所做的区别、排斥或优惠，进而有损在就业或职业上的机会均等或待遇平等，都会构成歧视。

瓦拉斯克斯（Velasquez，2013）提出了符合雇用歧视的三个基本条件：①它不是一项以个人价值为基准对员工进行人力资源管理的决定。②该决定完全或部分地源于种族或性别偏见、错误的刻板印象或其他违背道德的看法。③该决定（或一系列决定）对员工的雇用、薪水、培训与发展和解雇等方面产生不利的负面影响。

雇用歧视是人力资本的非市场化配置，必然损害企业人力资本配置效率。基于身份差异的雇用歧视也违背了社会公正的基本原则，对被歧视者个人权益造成损害。《中华人民共和国就业促进法》第3条明确规定："劳动者依法享有平等就业和自主择业的权利。劳动者就业，不因民族、种族、性别、宗教信仰等不同而受歧视。"《中华人民共和国劳动法》（以下简称《劳动法》）第12条中也规定："劳动者就业，不因民族、种族、性别、宗教信仰不同而受歧视。"

扩展阅读 5.2 第一学历歧视：简历投递实验

2. 雇用歧视的主要形式

1）性别歧视

我们常说"妇女能顶半边天"。然而，一个普遍现象是现实中女性职工获得高级管理职位的比例显著低于男性。虽然女性职工占据世界劳动力市场的47%，但2021年《财富》世界500强企业中女性高管所占比例仅为15%，女性CEO更是只占8.1%。这种现象在我国表现得尤为突出，无论是党政部门中的高级职务，还是企事业单位中的高级职务，女性管理者都是凤毛麟角。

女性高级管理者的比例如此之低是令人惊奇的。一系列研究表明，与男性管理者相比，女性管理者的决策能力并不差（甚至更好）。学术界从多个角度探讨了阻碍女性职业发展的潜在因素。领导力主要源自阳刚气质（如竞争意识、影响力等），这使得女性在追求高阶管理职位和权力过程中处于先天劣势。有学者强调，男女性偏好差异阻碍了女性获得高阶管理职位。与男性过度自信和"拥抱竞争"的态度不同，女性常常因羞于竞争而失去晋升机会，甚至主动回避导致压力或工作生活失衡的高阶管理职位。当然，生育导致职业中断也在客观上限制了女性职业发展。

另一种观点则认为，劳动力市场中的性别歧视是阻碍女性获得高级管理职位的重要原因。该观点强调，劳动力市场中"女不如男"的刻板印象盛行，进而衍生出多种形式的女性歧视行为。尤其是当前的高级管理团队或决策权力机构主要由男性构成，这进一步强化了女性歧视效应，阻碍她们在男性主导的职业网络中获得权力。

"性别歧视"起源于20世纪60年代的美国，主要指基于人的生理性别或社会性别而产生的歧视与偏见。在《消除对妇女一切形式歧视公约》里，"对妇女的歧视"指基于性别而做的任何区别、排斥或限制。这种歧视的影响或目的，均足以妨碍或否认妇女不论已婚未婚在男女平等的基础上认识、享有或行使在政治、经济、社会、文化、公民或任何其他方面的人权和基本自由。1958年国际劳工组织通过的《消除就业和职业歧视公约》首先提出，歧视指基于性别的任何区别、排斥或特惠，其效果为取消或损害就业或职业方面的机会平等或待遇平等。

劳动力市场存在多种形式的性别歧视，包括薪酬歧视、雇用歧视、晋升歧视等。早在1981年卡布拉尔（Cabral）等通过调研3家信托机构的数据发现，拥有相同信贷能力的女性员工，初始工作配置等级明显低于男性员工，获得晋升的概率也显著更低。雅普（Yap）和康拉德（Konrad）的研究表明，尽管晋升后的工资回报在性别之间没有差异，但女性获得晋升的概率显著低于男性。虽然职位晋升的性别差异很早就得到关注，但直到1990年才由拉齐尔（Lazear）和罗森（Rosen）首次构建了职位晋升性别差异的理论模型。随后，一系列实证研究发现，女性晋升门槛明显高于男性；而且，女性退出劳动力市场的概率也显著高于男性。

性别歧视是对自由劳动市场的践踏。它不仅损害了女性的合法工作权益，降低了社会及企业层面的人力资源配置效率，还会引发个体与社会不公平，破坏和谐社会的发展。因此，许多国家通过立法手段明确规定，企业不得在招录与雇用员工过程中实施性别歧视。比如，我国《中华人民共和国宪法》（以下简称《宪法》）第33条规定，"中华人民共和国公民在法律面前一律平等"，它为平等就业奠定了原则和精神基础。《宪法》第42条规定，"中华人民共和国公民有劳动的权利和义务"。我国《劳动法》第12条规定，"劳动者就业，不因民族、种族、性别、宗教信仰不同而受歧视"；第13条规定，"妇女享有与男子平等的就业权利，在录用职工时，除国家规定不适合妇女的工种或岗位外，不得以性别为由拒绝录用妇女或提高对妇女的录用标准"。

随着人们对女性高级管理者独特价值和团队成员多样化认知的深化，多个国家颁布法律要求公司董事会中女性董事比例必须达到一定门槛。其中，2003年挪威立法规定，到2008年公司董事会中女性董事比例要达到40%；2007年西班牙通过法案鼓励公司董事会女性董事比例在2015年达到40%；2010年法国国民议会提出法案要求上市公司在法案实施3年内公司董事会中女性董事比例达到20%，6年内达到40%。此外，比利时、德国和新西兰等国类似的法律也正在讨论中。

2）身份歧视

身份歧视是指因员工个体身份差异导致的同工不同酬现象。在我国政府机构、事业单位以及国有企业里，"编制""正式工"等名词还在使用，大量企事业单位把员工划分成"正式工"（编制内员工）和"临时工"（编制外员工）。由于人力资本投资不足，低端劳动力过剩，一个由体制外人员组成的二级劳动力市场自然形成。这种现象在每个国家都会存在，只是比例有所不同。两类员工的工作内容与强度类似（实际上大多数情况下临时工的工作强度反而更大），但他们获得的劳动报酬却存在明显差距。比如，编制内员工工作稳定，有机会获得正常升迁，能够分享单位创收和福利；编外员工则随时面临被解聘的风险，能力再强或业绩再好，获得转正和晋升的机会也非常有限。我国企事业单位同工不同酬现象已经引起广泛关注。所谓的"体制内红利"，实际上就是因员工身份差异导致的典型职业歧视。

3）年龄歧视

年龄歧视是指在就业机会中基于人的年龄因素而给予不合理的区别对待。一般来讲，年龄歧视是指一种认为老年人是生理或社会方面的弱者并因此歧视老年人的观点，这源自用人单位对老年人的刻板印象。由于中国人口众多，就业结构呈现年轻化趋势，有的用人单位在招聘时规定了苛刻的年龄界限，将一大批年龄较大的求职者排斥在外。"35周岁职场荣枯线"现象，几乎在各个就业场景都存在。公务员考试大多要求35周岁以下；在企业招聘中，无论是国有企业还是民营企业，除了特殊职位另作要求，大多数岗位的年龄要求也都限定在35周岁以下；一些互联网公司在优化人力资源结构时也将35周岁确定为分界线，甚至部分公司明确要求"员工90化"……

很多用人单位热衷于收割"青春红利"。这种状况导致"35周岁以上"人群成为"就业困难人群"，部分职场人士面临失业、家庭收入下滑等困境。然而，我国"人口红利"正逐渐消退，"35周岁失业"叠加"中年危机"，容易加剧职场员工焦虑，不仅构成就业"年龄歧视"，更是对全社会人力资源的浪费。

当然，年轻人也并非年龄歧视的绝缘体。不少心理学研究发现，职场上的年轻人经常被扣上"懒惰""傲慢"和"不负责任"的帽子。有些企业错误地认为，年轻人在知识经验上不如年长者，所以这些企业在职场上为了保证年长者的利益，会利用不科学的管理制度，压制优秀的年轻人。更有趣的是，根据美国北伊利诺伊大学心理学家丽莎·芬克尔斯坦等人的研究，年轻人在职场中受到的来自同事的歧视比年长者更严重，而这些不公平的预判会让他们在与同事的交流中变得趋于回避和充满戒心。

4）地域歧视

另一种普遍存在的雇用歧视就是地域歧视。一是歧视农村人口。农村劳动者在城市就业广受不平等待遇。农民往往被称为"乡下人"，被一些企业拒之门外。二是歧视外来人口。有些企业在招工中往往限定"本市户口优先"，或者要求应聘者须持有本地户口。

5）健康歧视

健康歧视是指因身体健康因素导致的员工就业机会不公平、不公正现象。例如，2004年4月2日，备受媒体关注的中国乙肝歧视第一案引发社会各界关于员工就业健康歧视的广泛关注与讨论。事情起因于2003年9月安徽省国家公务员考试招录过程中，成绩排名第一的张先著考生在复检过程中因是乙肝病毒携带者而被判定体检不合格，最终被取消公务员录取资格，遭受了明显的不公正就业待遇。

此外，经验歧视、学校歧视、学历歧视等也是人力资源管理实践中常见的歧视现象。比如，某些企业在招聘员工时，倾向录用经验丰富、毕业于名校的学生。近年来有研究还发现，颜值差异也会诱发雇用歧视。比如，有学者（Cao，2020）实证考察了卖方金融分析师外表吸引力与工作表现的关系。研究发现，外表具有吸引力的分析师在向上市公司管理层获取资讯时愈加得到优待，从而有机会获得更多企业私有信息。因而，外表具有吸引力的分析师能够做出更准确的盈余预测，也有机会获得更好的工作机会。

3. 消除雇用歧视的对策

雇用歧视对应聘者的合法权益造成了损害，破坏了社会公正等价值取向，也损害了社会人力资源配置效率。因此，政府、企业要采取积极举措消除雇用歧视。

（1）提升企业伦理素养，增强企业社会责任感。企业应该树立健康的人才伦理观，在人才管理实践中秉承公平、公正、公开的伦理规范，增强对企业（潜在）员工的人文伦理关怀，切实落实《劳动法》《中华人民共和国劳动合同法》（以下简称《劳动合同法》）等关于公平就业的相关要求。同时，企业还应该注重员工职业生涯规划，充分认识和利用不同类型和特征员工的比较优势，打造包容发展的企业文化。

（2）维护就业公平的社会公众意识。国家广泛宣传反对就业歧视，提高劳动者的就业保护观念。通过学校、社区、媒体等的宣传教育在全社会逐渐形成维护就业平等的公众意识，对就业歧视行为形成强大的舆论压力。随着我国人口出生率下降、劳动力供给减少，用工难、用工荒等问题逐渐凸显，企业要破除"年龄歧视""性别歧视""身份歧视"等歧视行为，形成维护就业公平的社会公众意识，进而重构劳动力市场，提高劳动参与率。

（3）深化市场化改革。积极推进和深化市场机制改革有利于缓解就业歧视。贝克尔（Becker，1957）强调，歧视一般会随着市场竞争的加剧逐渐消失，因为企业难以承受非经济因素驱动雇用决策产生的成本。众所周知，雇用歧视行为是由认知偏见导致的，因此必然导致企业人力资本配置效率损失。企业市场竞争压力的增加，会倒逼企业优化人力资源配置，减少雇用歧视行为。许多实证研究都表明，市场竞争确实在缓解雇用歧视和薪酬歧视上发挥了积极作用。比如德缪志等（Demurger et al.，2007）指出："20世纪90年代中国启动的市场化改革是非常有益的。通过引入更多市场竞争和自由化改革，减少了乡镇企业和外资企业的歧视行为……通过放松管制和政府干预，也压缩了国有企业的歧视空间。"

（4）提高求职者职业素养。政府和企业应该强化对弱势群体的技能培训投资，建立完善的就业信息服务和职业技能培训体系，提升弱势群体在人才市场中的竞争力和适应性。求职者更应保持终身学习的习惯，凭借扎实的工作能力立足职场。2017年《经济学人》（The Economist）杂志发表《终身学习——如何在自动化的时代生存》特刊，认为机器人科技和人工智能正在呼唤下一次教育革命。企业应该鼓励员工参与学习。比如，美国AT&T公司希望员工具备一定的计算机操作能力。为此，它每年提供3000万美元用于员工的培训经费。各种行会组织也可以在终身学习中发挥积极作用，特别是对于小企业员工和自由职业者。英国商业行会组织的培训已经得到了各界的支持。

（5）加强就业歧视立法及执行监管。市场经济的有效运行需要法制体系的保驾护航。针对劳动力市场中的就业歧视问题，政府应该完善相关立法，加大对就业歧视行为的监督、查处和惩罚力度，向市场释放清晰的"反对就业歧视、维护就业公平"的信号。在我国人口红利逐渐消退的背景下，有必要对目前大行其道的就业歧视作出禁止性的规定。事实上，很多西方发达国家都有反就业歧视的相关法律。

4. 消除雇用歧视的现实意义

（1）有利于提升人力资本配置效率。雇用歧视是企业人力资源的非市场化配置，这必然损害人力资本配置效率。消除雇用歧视能够破解因认知偏见导致的优秀人才流失或错配，从而提升企业人力资本配置效率。同时，这也能够修正企业"不正之风"，在企业内部树立和弘扬"公正、公平"新风，有利于激发全体员工的工作积极性，更好地释放人力资本潜能。

（2）有利于塑造良好的雇主形象。追求公平是人类社会的共同认知和普遍追求。企业采取积极行动缓解和消除雇用歧视、保障就业公平，有利于强化自身的公平形象，并借由口碑效应在外部劳动力市场中形成良好的雇主形象，增强企业对优秀人才的吸引力。

（3）有利于形成稳定合作的关系。消除雇用歧视是企业对员工就业机会公平的保障，也从行动上映射了企业遵循"公正公平"的伦理价值信号。这一积极的伦理价值信号能够在就业市场、产品市场、金融市场和竞争市场中交叉传递扩散。因而，消除雇用歧视不仅有利于改善人力资源管理效率，也为企业获取顾客资本、金融资本和供应链资本等外部网络合作资源奠定了扎实的伦理认知基础。

5.3.2 虚假信息承诺

 贴片案例

招聘广告存在虚假承诺是否承担法律责任？

2017年2月，小毕突然看到某外资企业登出的一则招聘广告。广告中写道："本单位录用的员工将送到国外培训半年至一年。"于是小毕毅然辞去原来的工作，并顺利地进了新单位。加入新单位的小毕对工作充满希望，想通过积极工作得到领导重视，以及时获得出国机会。但是两年过去了，出国培训的事情依然没有动静，也没有听说哪位同事出国培训了。小毕找到单位负责人理论，单位应当履行在招聘广告中的承诺。单位负责人答应小毕一定会考虑。但几天过去了，单位还是没有动静。

小毕觉得自己两次出国都没有成功，用人单位实在欺人太甚，明明写好的条件，单位却没有兑现，这种做法属于发布虚假广告。小毕认为单位的做法严重侵犯了自己的合法权益，遂向当地劳动争议仲裁委员会提起仲裁，要求用人单位履行招聘广告中所给出的承诺。单位在答辩书中称，单位与小毕的劳动合同中并没有送小毕出国培训的条款，因此单位没有此项义务，招聘广告中的内容并没有写进劳动合同，因此没有法律效力。

最终，仲裁委员会采纳了单位方的辩护意见，做出裁决：招聘广告中的承诺，因为没有写进劳动合同，因此不具备法律效力，驳回小毕提出的用人单位应当履行"招聘广告"中规定义务的请求。

判决后，小毕百思不得其解，为什么公司写在招聘广告中的内容就不算数呢？

资料来源：作者根据网络文章《招聘广告中的承诺有效吗？》（新安人才网）整理改编。

1. 虚假信息承诺的内涵

虚假信息承诺指企业在招聘过程中故意夸大宣传，不负责任地对潜在求职者做出无法兑现的虚假承诺，或故意掩饰回避企业缺陷，以达到吸引优秀人才加盟的目的。许多企业为了能够招聘到急需的优秀人才，往往在招聘广告或者面试过程中开出许多无法兑现的优惠条件，导致许多人慕名而来，有的人甚至不惜辞职、承担一定违约金等。

由于就业市场的信息不对称，企业虚假信息承诺必然对就业者的选择造成干扰，阻碍他们做出最符合自身利益和长期职业发展的就业决策，损害了就业者利益。同时，企业发布虚假信息承诺，会导致就业者主要以利益诱惑为求职目的，忽视了自身能力、岗位匹配和价值创造。这种行为不仅与企业发展目标背道而驰，也与个人的职业发展相悖。此外，虚假信息承诺也是对企业品牌形象的损耗，必然损害企业诚信形象，不利于企业长期的发展。

招聘广告中的虚假信息承诺虽未写进劳动合同而无法律约束力，但用人单位也将承担一定风险。比如，若虚假信息承诺被认定为欺诈行为，根据《劳动合同法》相关规定，劳动合同将被裁定无效或劳动者有权解除劳动合同并要求补偿金。根据《就业服务与就业管理规定》，用人单位发布虚假广告的行为将被处以行政处罚并赔偿劳动者损失。虚假信息承诺的恶劣影响还会逾越就业市场的边界而在产品市场、信贷市场、上下游合作市场扩散传播，对企业声誉和正常的市场竞争秩序造成严重破坏。

2. 虚假信息承诺的主要形式

（1）信息操控。信息操控是指招聘企业通过发布虚假信息诱骗潜在求职者。就业市场信息不对称是实施信息操控的主要原因。由于受到时间、精力、渠道等多种因素制约，潜在求职者仅能通过企业宣介、网络平台等方式获取意向企业相关信息。为了增加对优秀求职者的吸引力，有些企业刻意在宣介材料中撒布虚假信息或承诺。而且，有的企业还会选择大学与政府组织的正规招聘会或知名招聘网站平台发布虚假信息，借由外部机构公信力迷惑欺骗求职者。

（2）意识操控。意识操控是指招聘企业利用求职者急于获取工作机会或渴望优厚待遇的心理诱导他们上当。求职者普遍希望岗位要求越低越好，工作环境与待遇越高越好。于是，有些企业利用求职者"趋利避害"心理故意营造对其有利的就业假象，提供无法兑现的承诺，诱使求职者心动上当。

（3）环境操控。环境操控是指招聘企业利用求职者缺乏社会经验和法律意识淡薄的特点进行欺骗，故意营造损害求职者利益的入职环境。比如，大多数企业会对新入职员工设置一段时间的试用期，这是正常的，也是劳动法规许可的，但有些公司却不签劳动合同，先试用，等试用期满后，一句"不符合录用条件"，就将求职者变成了他们的廉价劳动力。再如，企业与职业院校合谋以专业课程实践名义获取长期的廉价劳动力。

 贴片案例

铁打的营盘，流水的兵

某高校经贸专业毕业生小冯被北京上地一家公司录用。和他一起进入试用期的还有另外 6 名新职工。他们被分到不同部门实习，小冯被分到中关村大街一个大型电子商城内的公司摊位卖电子产品。经理告诉他，让他站柜台一是让他熟悉公司业务，为以后工作打下基础；二是了解市场动态，听取顾客意见，以便于改进产品。3 个月试用期过后，小冯销售业绩相当不错，除第一个月不太熟悉，销售额仅有 5000 多元外，后两个月销售额都超过了 20000 元。小冯想，这个业绩证明了自己的才能，公司没有不录用他的理由。经理让他回家等消息，可是快两个月了也没有动静，他给公司打电话，人事部门经理告诉他落聘了，小冯怎么也不相信自己的耳朵。后来一打听，他们这批新来的 7 个人，一个也没有被录用。半年后，小冯有一次到中关村大街那家电子商城，无意中来到这家公司摊位前，发现又有一批新来的大学生在那里站柜台。

3. 避免虚假信息承诺的对策

因为企业招聘中的虚假信息承诺主要通过信息操控、意识操控和环境操控三种方式实现，所以有必要从净化信息环境、提升自我认知和加强劳动监管三个方面对症下药，杜绝虚假信息承诺。

（1）净化信息环境

招聘企业应该坚守诚信经营的伦理原则，确保信息发布的真实性。诚信对待每一位潜在求职者，以树立良好的雇主形象与口碑效应。同时，目前全国各省教育厅毕业生工作办公室或地方就业人才服务中心都已搭建了完善的就业信息平台。相关主管单位应该加强对招聘企业的资质审核与信息甄别，通过大数据技术、信息互联共享、虚假信息预警、失信企业禁入等途径确保招聘企业所发布信息的真实可靠，净化就业市场信息环境。

（2）提升自我认知

求职者应该提升自我认知，树立正确的择业观与合理的就业预期，避免好高骛远、急功近利等不良心态。就业指导机构应该建立常态化的就业培训机制，加强对求职者择业观、择业技能、就业形势、劳动法律与权益保护意识的培训，提升他们对虚假信息承诺的甄别和防范能力。

（3）加强劳动监管

企业招聘过程中虚假信息承诺盛行既是部分企业伦理价值缺失的反映，也是法律保护与劳动监管低效的表现。政府劳动监察与仲裁部门应该加大对企业招聘过程中虚假信息承诺与欺诈行为的监督、取证和惩罚力度，建立失信企业名录，以此倒逼企业实施诚信招聘。

5.3.3 恶性人才竞争

1. 恶性人才竞争的内涵

美国斯坦福国际研究所所长米勒教授指出："知识经济就是人才经济。"市场经济环境下的企业竞争，归根结底就是人才的竞争。谁拥有人才优势，谁就可以在产品服务与顾客竞争中获得主动权。因此，企业纷纷采取积极措施，加大力度吸纳、培育和聚集优秀人才。

企业竞争过程中"挖人"现象屡见不鲜，挖人者往往本着"拿来主义"精神，以"高官"或者"厚禄"相许，让被"挖"者心中充满"荣誉感"；而被挖墙脚的企业则备尝人才流失和背叛的失落。恶意挖角在各大行业都层出不穷，给劳动力市场的有序竞争造成不利冲击，也严重损害了企业人力资源管理的伦理道德。

扩展阅读 5.3 "挖人事件"

恶性人才竞争，是指部分企业出于急功近利的目的，采用"高价购买"等不正当手段，从竞争对手处挖取人才的行为。现实中优秀人才（尤其是尖端研发人才）极为稀缺，人才成长和培养周期也较长。有些短视企业便采取高薪诱惑、竞相挖角等粗暴方式招徕人才。这看似可以快速充实自身企业人力资本，也对竞争对手形成直接打击，可谓"一举两得"。然而，长此以往，当行业中多数企业都开展短视的恶性人才竞争时，行业人才培育、成长与使用的生态环境将急剧恶化。

企业间的正常人才流动与恶性竞争下的挖人行动在人才"定价"、各方利益平衡，以及流动的途径、程序、频率、效果等方面都有着本质区别。企业间的正常人才流动，主要是基于诚信、公平和效益的原则，在有利于人才成长和价值实现的前提下，人才与引进单位围绕人才价值发挥，以适当的经济和社会待遇、精准的人力资源配置，通过合理、合规与合法途径实现人才自由流动。相反，出于急功近利的目的，通过"高价购买"等不正当手段盲目挖角竞争对手人才的行为，不仅破坏了正常的人才培育与使用环境，还严重扰乱了人才市场秩序，导致"市场失灵"。最终，"公地悲剧"或不可避免，整个行业发展受到损害。

2. 恶性人才竞争的后果

（1）损害行业经营环境。出于不道德动机的恶性人才竞争是典型的"不劳而获"行为，破坏了同行业企业之间针对优秀人才的有序竞争规则。同行业企业之间相互挖角、竞相涨薪，必将导致行业薪酬水平的整体上升，加大各企业人力资本的成本负担，对正常的行业经营环境造成破坏。同时，恶性人才竞争也导致被挖角企业对同行兄弟企业充满怨气，严重损害了兄弟企业之间的信任基础，动摇了行业合作的根基。

（2）破坏人才培养生态。现实中被竞争对手瞄上并挖走的通常都是业务能力冒尖、企业重点培养的优秀人才。若挖角行为频频发生，将对企业正常的生产经营活动和人才梯队建设造成严重破坏。特别是企业前期对人才的培养和投资瞬间变为"为他人作嫁衣"，这会极大挫伤企业人力资本投资的积极性。因此，若恶性人才竞争不被抑制，最终将导致行业呈现"劣币驱逐良币"现象，广大企业都不理性地采取短视的、功利性的挖人行动，而不是长期导向的人力资本和自有人才培育。

（3）损害人才成长发展。恶性人才竞争导致人才价格出现扭曲，明显偏离自身能力和价值。这也可能导致部分人才产生认知错觉，自我期望值盲目升高，不利于他们树立正确的事业观。恶性人才竞争与利益诱惑导致被争夺的人才无法准确定位，浮躁短视，眼高手低，甚至面临跳槽后的"水土不服"，不利于人力资本价值释放，最终损害自身成长与职业生涯发展。

3. 避免恶性人才竞争的对策

（1）坚守伦理底线。竞争是激发企业活力的催化剂，但突破商业道德底线，相互恶性竞争就只会适得其反。在全球化的今天，企业不妨以开阔的视野与同行开展公正公平的竞争。

（2）改变工作理念。重引进、轻培育是导致恶性人才竞争的重要原因。企业需要充分认识知识经济时代优秀人才的战略价值、人才培养的个性化与长期性特征，完善人才培育与成长规划体系，打造良好的企业人才生态系统，从根本上把人才工作重心从"引人"调整到"育人"，改善人才梯队和人才储备。

（3）强化契约精神。优秀人才的频繁流失既是外部企业"高官厚酬"拉力的吸引所致，也是企业自身不重视和尊重人才导致其"心受伤了"的推力使然。因此，企业要完善人才管理机制设计，借由经济契约与心理契约等契约化手段强化企业与人才之间的利益情感联结，不给外部企业任何挖角机会。当然，优秀人才也要增强契约精神，自觉履行服务合同。

（4）完善市场监督。恶性人才竞争既对人才流失企业造成不利影响，也严重破坏了市场竞争秩序和社会人才培养生态。因此，政府主管机构、行业协会应该引导广大企业遵守人才竞争伦理规范，加大对恶性人才竞争行为的行业监管和处罚力度，致力于塑造公平有序的人才竞争秩序。

5.3.4　侵犯员工隐私

 贴片案例

　　杨某为大连某品牌连锁咖啡公司的运营总监，月薪 8000 元。在事件发生之前，公司购买了名为"威眼"的监控软件，安装在 54 名员工电脑中，且此过程杨某知晓。一天，杨某通过同行了解到，其职位在其他公司的月薪已经涨至 1.5 万元。因此，杨某利用午休时间，更新并向其他公司投递了简历。这一行为被监控软件记录了下来。在投递完简历后的半个小时内，公司以此为由将杨某开除。杨某不服公司决定，于是向劳动争议仲裁委员会提起申请。但是，仲裁裁决认为，根据《互联网安全保护技术措施规定》第 8 条的规定，提供互联网接入服务的单位应当落实记录并留存用户注册信息；记录、跟踪网络运行状态，监测、记录网络安全事件等安全审计功能的安全保护技术措施。因此，公司可以使用监控软件对员工用网情况进行监督。

　　请问：你认为公司安装监控软件的行为是否侵犯了杨某的隐私权？

扩展阅读 5.4　体检结果被公布，福利变负担

随着社会文明程度的提升，隐私问题越来越被全社会所关注。企业面试员工时为了更全面地掌握求职人员信息，考察其是否符合岗位要求，确保录用人员达到预期标准，时常会问及求职人员的婚配、生育、健康等隐私情况，甚至启动背景调查。《劳动合同法》第 8 条规定"用人单位有权了解劳动者与劳动合同直接相关的基本情况，劳动者也应当如实说明"。这有利于企业更好地把握员工工作状况，提高用工效率和灵活规划人事调动等。但是，企业也应该坚守隐私保密原则，避免泄露和侵犯员工个人隐私，甚至触犯相关法律。

随着信息技术的进步和普及使用，不少公司使用手机软件定位员工行踪，记录员工考勤状态，甚至监控员工手机、电脑和邮件使用情况。职场监控主要分为两种形式。一种是在企业计算机内部安装软件，监控员工使用企业计算机的情况，主要功能有屏幕实时监控、即时通信管控、上网行为管理、文件防泄密、屏幕录制、远程文件管理等。另一种是利用网络爬虫技术，抓取互联网中与员工相关的网络信息，分析员工行为。

从企业角度出发，安装监控软件有利于监控网络状况，防止商业秘密泄露。商业秘密是企业立身之本。随着互联网的普及应用，商业秘密往往通过电子数据等形式存储于公司硬件系统中，其窃取途径也与互联网相关。为了防止商业秘密泄露，对职场网络状况进行监控是非常有效的方式。同时，企业通过监控软件可以实时掌握和了解员工工作状态，监督员工全程投入和高效率工作。

虽然监督或监控具有一定的合理性与必要性，能够带来管理便利和效率提升的好处，但它可能导致侵犯员工隐私和员工隐私泄露等道德问题，对员工造成伤害。理查德·斯皮内洛指出，隐私是行使自主权利的前提条件，尤其是在信息密集的环境中更为重要。尊重他人的隐私是一个道德命令，不能借口经济利益而专横地抛弃或践踏。根据理查德·斯皮内洛的观点，既然员工在工作场所的自主权利与隐私紧密相连，就理应享有工作场所中的隐私权。对工作场所中的员工实施监督或监控，如果实施过头，就可能侵犯员工隐私，从而违背了尊重他人自主的道德要求。经济学家安东尼奥·阿尔甘多纳（Antonio Argandona）也强调，如果我们不得不依赖新技术来获取数据和信息，那么我们必须遵循四个原则：①诚实和透明；②尊重隐私；③保障财产和生命安全；④负责任。

5.4　人力资源管理非伦理行为的动因

5.4.1　领导层面认知局限

企业管理过程中的领导指的是指挥、带动和鼓励下属为实现企业目标而努力的过程。作为企业领导者，他们需要具备三个方面的基本要素：①领导者必须有下属或者追随者；②领导者拥有影响下属的能力或力量，这既包括组织赋予领导者的职位权力，也包括领导者的个人魅力；③领导者具有明确目标且能够通过影响下属来促进目标实现。

高阶梯队理论认为，企业决策行为很大程度上是企业家或高管团队成员个体认知与

价值观的映射。高管团队成员的早期成长经历和文化环境会在其价值认知系统留存深刻的烙印，进而对个体行为与企业决策产生持续影响。有学者（Fritzsche and Oz，2007）证实了利他主义价值观对企业道德决策的积极贡献。他们还发现，利他主义价值观包括世界和平、社会正义、纠正不公正、关爱弱者和机会平等。

在企业伦理决策过程中，领导者的认知水平与价值偏好发挥了重要作用。很多企业人力资源管理实践中非伦理行为频发，其根本原因是高层领导者自身伦理具有认知局限——领导者对人力资源管理伦理建设不够重视，或自身伦理标准不严，甚至带头逾越伦理边界，最终导致非伦理行为在企业内部蔓延。要构建完善的人力资源伦理管理机制，企业领导者必须以身作则，不断提升伦理道德素养，拓宽伦理认知边界。

5.4.2 企业人文精神缺失

人文精神对企业内部风气有着巨大的推动作用，它可以促进企业内部人文环境建设，提高员工整体水平，激发员工个体活力与工作积极性，维系和谐稳定的雇佣关系。随着我国劳动力市场的不断发展，很多企业开始意识到人文精神塑造对于企业践行人力资源管理伦理有着不可忽视的作用。一个缺少人文精神的企业，是无法真正践行伦理价值的。

员工身份随着社会经济及文化背景的演化不断变化，从早期的"机器人""经济人"到后来的"社会人""道德人"，这种身份变化也体现了企业人文精神的演进。在工业化发展早期，许多人被剥夺了赖以生存的土地，只能沦为产业工人，但人们的小农意识没有彻底转变，不具备工人阶级思想觉悟。在劳动供给远大于劳动需求的情况下，工人对企业有很强的人身依附性。员工最关心的是基本生存保障，并不涉及工作环境、人格尊严、教育培训等。此时，普遍强调的是员工对企业的单方面工作伦理，企业对员工的伦理却没有被提及。

在工业化发展中期，生产门类细分，大规模制造取代了作坊式生产，对劳动技术的要求逐渐提升。这一阶段产生了大批产业工人，工人阶级已经意识到他们出售的仅仅是劳动力的使用价值而不是人身。劳动力市场也开始形成，工会力量逐渐壮大，工人阶级可以通过劳动力市场自由选择雇主，对企业不再具有人身依附性。这就使得企业与员工之间通过劳动力市场建立了平等的劳动契约关系。在这一阶段，企业为了提高劳动效率，开始加大对员工的教育技能投资，开始关注员工的工作环境、待遇、安全等问题。

到了工业化发展后期，知识逐渐替代资本、机器，成为价值创造的核心要素。员工作为知识的载体更加受到重视。特别是具有特殊知识的人才，更是从人力资源上升到了人力资本的高度。企业管理逐渐从"以物为本"或"以资为本"转向"以人为本"，越来越突出人在管理中的中心地位。为了使优秀员工创造出卓越绩效，企业努力赋予工作意义、提升工作待遇和环境舒适度。这使得企业不仅重视员工的劳动者角色，也更加重视员工工作以外的角色，增强对员工的人文情感关怀。在实践中，企业更加关注员工的心理期望满足，注重建立信任与情感承诺关系，实现员工自主管理，构建互惠共赢的合作关系。

5.4.3　组织系统伦理建设滞后

企业内部组织设计为组织系统运行提供了基本框架。在现代企业伦理管理体系中，人力资源伦理管理处于中心环节。然而，人力资源伦理管理形成的时间并不长，伦理管理系统构建和伦理规范塑造明显滞后。虽然人力资源管理实践中的伦理规范日益受到重视，但大多数企业并没有真正建立人力资源管理伦理系统。企业人力资源管理领域中的伦理规范不明确，企业发生非伦理行为时的处理与问责机制也不明晰。有些企业人力资源管理伦理实践依然停留在口号层面，无法将企业坚守的伦理价值落地到流程和操作层面；也有部分企业存在人力资源伦理管理工具化的倾向，忽视了制度和文化建设在推进企业人力资源管理伦理进程中的基础性作用。

5.4.4　外部法律制度不完善

制度理论强调制度主要由规则约束、社会规范、特定模式等组成，它通过规范经济主体的行为边界和减少外部性与机会主义行为来影响企业经营行为（Meyer and Rowan，1977；Scott，1995）。经过四十多年的改革开放，中国劳动力市场从无到有，从混乱到有序地逐步发展，相关法律制度及政策法规起了重要作用。斯通（Stone，2006）发现，法律制度能够为那些没有安全工作场所的工人提供制度保障，尤其是在面对高难度的现代化工作任务时保障作用更强。有学者（Li and Freeman，2015）通过珠三角地区农民工调查数据发现，新《劳动合同法》提高了农民工签订书面合同的比例，提高了社会保险覆盖范围，降低了企业拖欠工资的可能性。还有学者（Gao et al.，2017）利用中国家庭收入项目（CHIP）纵向调查数据进行分析后发现，2008年实施的《劳动合同法》显著促进了农民工参与社会保险的比例，增强了劳动利益保护。由此可见，正式制度确实对敦促企业践行人力资源伦理实践具有积极作用。

法律制度对企业行为规范有着强约束力，是推动企业伦理管理发展的重要手段。它规范了企业什么能做、什么不能做，以及违背这些准则可能承受的经济后果。它对企业行为既有制约与监督作用，又有促进和保护作用。主要体现在：

（1）法律制度为企业提供合法化路径，并促进企业被公众认可；

（2）法律制度对企业具有管理、制约、监督、惩罚企业不正当行为的功能；

（3）法律制度对企业具有促进、推动、保护、维护企业间公平和谐的作用。

目前劳工问题突出，除现行法律体系的漏洞和缺陷外，与执法部门有法不依、执法不严，以及地方政府片面追求经济增长和招商引资，对引进企业违反《劳动法》的情况不作为也有很大关系。如果企业违法成本较低，非伦理行为没有受到社会监督和法律严惩，就会导致这类行为的肆意蔓延。

5.5　人力资源伦理规范建设

企业构建人力资源管理伦理规范的最终目的是为企业发展服务，使人力资源管理实践更加符合社会发展趋势，更加符合人性发展需求。要实现人力资源管理伦理建设这一目标，必须增强企业人力资源管理伦理化的意识，建立健全企业人力资源管理伦理化管理机制等，最大化激励员工的主观能动性和创造性，使其为企业发展贡献力量。

5.5.1 提升管理层伦理认知水平

1. 切实提升管理者的道德素质

企业完善人力资源伦理管理系统的前提是切实提升管理者自身的伦理认知水平和道德素养。一是将企业伦理道德培训对象扩展到管理者层面，通过伦理宣讲和培养评价机制等措施促进管理者道德素养提升。二是优化管理者选人用人制度，在人才选聘和职位晋升中坚持德才兼备、价值为上的根本原则，树立"有德有才，破格重用；有德无才，培养使用；有才无德，限制录用；无德无才，坚决不用"的用人理念，通过制度和流程阻止存在道德缺失的人员晋升到管理岗位。管理者道德素质的提升，有利于强化自身和所领导部门的伦理约束。

2. 改善管理者的职业技术水平

人力资源伦理管理是一门综合性学问，与其相关的理论知识和经验也是随着社会和企业的发展而发展的，因此，要构建和不断完善企业人力资源伦理管理体制，单纯依靠管理者良好的思想道德水平是做不到完美的。思想道德水平只是构建伦理管理体制的前提条件，精湛的业务素养才是伦理管理体制的根本保障。所以企业管理者应当不断加强自我学习，不断提升业务技能水平，熟知相关法律法规和相关政策措施，综合考量各方因素，凭借自身丰富的管理经验，实现人力资源伦理管理体制的构建和实施。我国目前仍然处在社会和经济高速发展的时期，企业管理者应当抓住机遇，在管理当中将企业管理与伦理管理有效结合，加强对国外具有先进管理水平的公司的学习与借鉴，提高企业管理方式的人性化水平。

3. 构建管理层的行为规范和责任观

企业若想构建诚信、公正的高层管理权威，还需要相关内部制度的保障，从而维持管理层的秩序性。通常企业里关于员工的规章制度层出不穷，却缺少对于管理者尤其是高层管理者的约束政策，这就会造成员工处于权力层级的底层，承受着最大的制约但享受着最少的利益。而一个企业的正常运转不仅依赖员工的贡献，也依赖更高层级管理者的有效管理，这就需要处于管理岗位的管理层在具备相关专业技能和管理技能的同时，还需要具有完善的伦理人格，这对构建高信服度的高层管理权威起着至关重要的作用。实施并制定管理层的行为规范也不仅是为了对管理层起到制约作用，更重要的是通过这种方式实现责权在管理层中的平衡和统一，使管理者在拥有管理权力的同时也承担相应的责任，树立责任意识。

5.5.2 构建新型人本管理模式

企业人本价值观建设是人力资源伦理管理中非常重要的一环，能激发员工自觉工作的积极性，降低企业的管理控制成本，使企业成为一个既统一又具有创新力的企业。企业需要着重从以下几方面出发，构建新型人本管理模式。

1. 企业"以人为本"的管理方针

企业应该将员工的个人利益与企业的整体利益结合起来，因为员工的总体水平代表着企业自身的发展情况。一个站在员工角度考虑问题的企业，其员工的工作积极性将会被有效调动，员工自身的潜力也会得以激发，进而促进整个企业工作效率的提高，加快企业的发展与进步。当前，我国很多企业都没有认识到这一问题，还在坚持所谓的"以利为本"，企业家们只在乎企业的盈利水平，不在乎员工的个人利益，一味压低成本，这样的观念对于整个企业的发展来说无疑是致命的。企业坚持"以人为本"的管理方针就是重视人的存在性和主体作用，充分调动每个员工的主观能动性，将人的全面发展作为终极目标，一切从人的利益出发。基于这一管理方针，企业应该把员工作为人力资源管理的对象，而不是将其视为实现财富增长的工具与手段。企业要采取积极措施确保员工价值、权利和尊严的实现，为员工提供发展自我、实现自我、成就自我的平台。

2. 尊重员工个体

（1）尊重"个体精神"。企业应突破简单功利主义的"团队精神"的束缚，引入强调人格独立、尊重和平等的"个体精神"。承认员工个人追求自身利益的合理性和现实性，强调员工通过对自己负责的努力和奋斗达到目标的可能性，在企业内形成尊重个人的良好氛围和习惯。

（2）释放"个体空间"。在企业内明确员工作为独立的人的基本权利和利益，将个人关系与工作关系区分开来，在工作职权上、责任上要明确，减少因个体独立性而形成的性格、爱好等因素对工作的影响，不将员工个人的、非工作的生活内容纳入工作的考察范围中。尊重员工在工作职能之外的个人空间。

（3）承认个体多样性。不通过企业的培训和价值观的灌输来改变员工的个性和人生观、价值观。企业文化建设和培训的重点应该是在承认和尊重员工个性多样化的基础上，着手建立一个秩序来维持企业工作的有序性，发挥因员工不同个性而形成的多样创造能力，也让员工理解和支持企业在某些方面对员工统一性要求的必要性。

（4）构建科学的制度。正因为承认和尊重员工人格的独立和平等，所以要求企业建立现代管理制度，要求管理的规范化和科学化，以制度来保证员工在追求自身利益的同时，不能损害其他员工和企业的利益，强调员工对自己行为的责任感。

5.5.3　完善人力资源伦理管理机制

在企业层面，有效实施人力资源伦理管理需要不断优化组织管理机制，只有在管理过程中强调伦理规范，才能有效激励员工，为企业创造更大的效益。

1. 创立起点平等的优秀人才选拔机制

企业应该创立优秀人才选拔机制，建立相关的奖罚体制，使人才有足够的空间大展拳脚。加强以人为本的管理机制建设，通过良好的待遇和工作环境来防止企业人才流失，使他们在自己的工作岗位上发挥出最大的力量。

企业人力资源伦理管理的人才选拔工作应遵循以下原则：

（1）公开、公平、公正原则。企业人员选拔工作首先要为人们提供平等的就业机会，其次，招聘工作要公开透明；最后，择优录用，选拔符合企业要求的员工。

（2）双向选择原则。员工有自主择业权，企业有自主选择权。《劳动法》第3条明确规定，劳动者享有选择用人单位的权利。用人单位享有用人自主权，即求职者可以根据自身条件、意愿选择用人单位；用人单位也可以根据本单位特点，择优选择求职者。双方在平等自愿、协商一致的基础上，达成选择意向。

（3）照顾特殊群体原则。企业作为社会就业岗位的主要提供者，有义务照顾残障人士、少数民族等特殊群体，这既是企业伦理的要求，也是法律制度的要求。

2. 鼓励员工参与管理

员工参与管理是企业劳动合作的主要表现形式，也是员工参与企业民主管理的主要途径。员工参与管理对于企业来说是一项双赢之举：一方面，有助于保障员工的合法权益，健全员工诉求传达机制，在企业管理过程中体现员工的主人翁地位；另一方面，对于企业来说，员工参与管理也能在很大程度上激发员工的工作潜能，增强决策的科学性与正确性，进而提升企业的经营绩效。

员工参与管理的形式多种多样，有深度和广度的差异，企业应结合实际，选择适合自身企业特点的员工参与管理形式，以达到增强员工工作自主性、提高员工工作积极性及组织效率、提升企业综合竞争力的目的。员工参与管理时，组织内部的沟通系统必须畅通无阻，领导和员工之间要做到充分沟通。要想使员工参与管理机制产生最大效益，企业需要对参与决策的员工加以教育，使其了解参与管理对整个组织的作用，以避免在实施时因观念错误而产生误差。有效的沟通交流可以从心灵上挖掘员工的内驱力，同时缩短员工与管理者之间的距离，有利于各项工作的顺利开展。

3. 强化员工安全与健康

在企业人力资源伦理管理过程中，员工安全与健康管理应该摆在更为突出的位置，企业应该为员工提供一个安全、健康的工作环境，切实保障员工工作安全与生命健康权益。在员工安全管理中，首先，企业应该提高安全意识，消除事故隐患。人的认识是行为的先导，只有提高员工安全意识，才能使员工自觉遵守安全规范。企业应适当开展一些安全认知项目来提高员工的安全素质，规范安全行为，防止工伤事故的发生。其次，要明确安全管理职责。企业制定安全管理目标，落实安全生产责任制，要保证安全管理目标能够指标化和具体化，以增强可操作性，切实保障员工安全。最后，建立安全评估与监控系统。通过该系统，强化安全生产管理与监督，即明确安全管理成效，以减少伤害和疾病的发生，为员工提供安全的工作环境。

在员工身心健康管理方面，首先，企业应该合理安排员工工作时间。员工工作时间的安排要考虑员工单位工作时间的工作效率，这样才能有利于员工的身体和心理健康，有利于防止疲劳发生，有利于员工在家庭与社会中起到相应作用。其次，避免长时间工作。众多研究表明，员工长时间紧张工作不仅会事倍功半，而且有损身心健康。因此要实现工作和休息轮流交换，劳逸结合，以使员工消除疲劳和紧张，提高工作效率。最后，适当的工作负荷。工作负荷过大会造成员工神经上的过分紧张，产生较大压力，并因难以完成工作而产生挫折感，影响工作积极性。因此，我们在提供有一定挑战性工作的时候，要注意工作负荷的适当性，使提供的工作切合员工的实际能力和愿望，员工能够借助一定的内外部条件，并通过自己的努力完成相应工作任务。

4. 完善公正的员工激励机制

人力资源业绩考核的主要目的是通过公正、客观地评价员工的工作绩效，帮助员工找出工作差距和缩短差距的方法，而非像过去那样使员工感到难堪或受到惩罚，从而保持和调动员工的工作积极性。企业在人力资源伦理管理过程中，需要结合其人力资源实际发展现状，建立与健全相应的激励机制。通过激励机制使每一位员工得到自己应得的报酬，做到人力资源管理的公平公正，并带动企业内员工的工作积极性，加强员工对企业的认可和支持。在激励方式上，企业应该加强对员工的外在激励，让那些能力突出的员工担任一些更有锻炼意义的工作。这样既可以加强对那些优秀员工的锻炼，提高他们的能力和水平，又可以促进企业优化人力资源整体利用效率，避免人力资源的浪费。企业在进行人力资源伦理管理的过程中应该从员工的角度出发，在制定激励决策时兼顾员工能力和企业经济效益。

5.5.4 加强法律制度建设

国家要建立完善的法律法规，依法规范企业行为。各地方政府应该加大对企业的监督力度，为每个企业打造出一个良好公正的市场环境，让企业在守法、不违背伦理道德的前提下发展。同时，还要利用好舆论监督，加强对尊重劳动者精神的宣传，保护好劳动者利益的同时对他们进行一定的约束，提升他们的整体实力和水平，使人本观念深入人心。

1. 健全完善相关法律法规

我国自实施改革开放以来，劳动关系逐渐呈现出多元化的特点，因此开始全面改革劳动法律法规。1995 年《劳动法》开始施行，并以这部法律为主体，形成相应的法律体系。围绕保障劳动者权益，我国先后出台了一系列的法律法规，比如，完善明确劳动合同双方责任与权利的《劳动合同法》、解决劳动争议的《中华人民共和国劳动争议调解仲裁法》、促使经济发展和扩大就业相协调的《中华人民共和国就业促进法》，改善员工就业保障的《中华人民共和国社会保险法》等。

而当下复杂的企业类型与经济形势，需要更加具体，完善的法规制度来约束企业的伦理行为，保护员工的基本权益，避免在企业人力资源管理的过程中出现工伤无处理赔、权益分配不公、女性员工遭到歧视、员工隐私泄露、恶性人才竞争等行为。国家应从案例着手，填补法规中存在的漏洞，明晰模糊条例，避免出现权责争议，避免给企业逃脱责任的理由，使员工真正在付出劳动的同时有法可依，有底气与一切不公正待遇抗争，进而推动市场秩序稳定，促进企业与市场的共同繁荣发展。

2. 加大监管力度

对企业行为的约束不能单纯依靠法律法规的硬措施，为使用工标准不断具体化，政府还要对相关法律法规的实施进行严格的监督管理。当前，我国正值经济增速换挡期和产业结构调整的阵痛期，面临的就业矛盾更加复杂，对维护社会稳定、保障劳动者的权益提出了更高的要求。相关执法部门需要加大对劳动违法行为的监督处罚力度，增加劳动执法人员编制，扩大劳动监管部门的职权。劳动执法机关不但要做到执法公平，还要做到执法严厉，提高企业的违法成本。监督执法力度的强化，不仅能使企业感到畏惧，从而能够严格按照法律执行，而且能使企业管理伦理的发展得到有效的保证，减少企业在管理过程中的矛盾与不公。

5.5.5 健全SA8000体系，接轨国际标准

社会责任标准（Social Accountability 8000，简称SA8000）自1997年问世以来受到了公众极大的关注，在欧美工商界引起了强烈反响。专家们认为，SA8000是继ISO9000、ISO14000之后出现的又一个重要的国际性标准，并迟早会转化为ISO标准，通过SA8000认证将成为国际市场竞争中的又一重要武器。有远见的企业家应未雨绸缪，及早检查本企业是否履行了公认的社会责任，在企业运行过程中是否有违背社会公德的行为，是否切实保障了职工的正当权益，以把握先机，迎接新一轮的世界性的挑战。

一个企业要想在日益激烈的国际竞争中站稳脚跟，也应跟进健全SA8000标准。企业在日常运营管理中，要借鉴国际经验，加强对劳动者的保护，不断提高企业人力资源管理水平，注重激励机制多样化，最大可能激发人力资源的创造性，这样才可以建立国际公信力，培养消费者对企业和产品的正面感情，建立合作伙伴对企业的长期信心，突破国外对中国设置的贸易壁垒；企业要将社会责任的投入转化为市场竞争力，变被动为主动，努力实现企业经济利益、员工利益和社会利益的多赢，以真正实现企业的可持续发展；建立基于SA8000体系的现代人力资源管理制度的基本平台，针对SA8000体系的具体要求完善企业的人力资源管理制度，具体包括核心劳工标准、工时与工资、健康与安全等；要密切关注SA8000体系的发展动态，分析其可能产生的影响，建立以SA8000体系为基础的人力资源监督制度。

本章关键知识点

雇佣关系、伙伴关系、人力资源伦理、以人为本

思考题

1. 现实中导致企业人力资源管理伦理乱象频发的主要原因有哪些？
2. 知识经济时代，企业如何致力于与员工构建和谐的伙伴关系？

即测即练

自学自测 扫描此码

第 6 章

市场营销中的伦理决策

本章学习目标

通过本章的学习，学生应该能够：

1. 理解营销伦理决策模型；
2. 掌握营销伦理基本准则；
3. 熟悉企业营销伦理建设基本思路。

引导案例

中国银行：遭遇"负油价"

2020 年年初以来，受到新冠疫情的冲击，石油价格急剧下跌。2020 年 4 月 20 日，美国 WTI 原油期货 5 月合约到期，收盘价格跌到史上第一个负数结算价——每桶–37.63 美元，跌幅达到 305.97%。受其影响，中国银行面向个人客户发行的挂钩境内外原油期货合约的交易产品原油宝，发生"穿仓"事件。按照报价参考对象不同，原油宝的产品内容包括了美国原油产品和英国原油产品。美国原油对应的基准标的正是"WTI 原油期货合约"，英国原油对应的基准标的为"布伦特原油期货合约"，并均以美元（USD）和人民币（CNY）计价。这个事件对投资者造成的损失有多大呢？根据有关原油宝平仓损益截图，一名投资者以一桶 194.23 元的价格买入了 2000 桶原油，持仓成本约为 388 万元。而该投资者平仓的价格为中国银行给出的最终结算日价格，为每桶–266.12 元，平仓损益为–532 万元。如此算来，该名投资者总共亏损约 920 万元。中国原油宝有 6 万余名客户，预计这次"穿仓事件"造成的总体损失规模不低于 90 亿元。

随后，中国银行发出通知，要求投资者来承担此次"负油价"的全部损失。此消息一出，立即引起了社会各界广泛关注。投资者认为，国有商业银行向来是"低风险"的代表，此次出现巨额亏损，中国银行难辞其咎，并从产品设计与营销、风险控制和风险评估三个方面向中国银行提出了质疑。

首先，原油宝产品设计和营销均存在欺骗投资者的嫌疑。中国银行在发布的关于原油宝的产品介绍中提到，原油宝为不具备杠杆效应的交易类产品，这往往会给投资者带来风险更低的错觉。然而实际上，原油宝本质上是原油期货，并不能通过提高保证金比例来阻挡风险。在产品宣传上，中国银行声称原油宝适合没有专业金融知识的投资小白，然而事实上并非如此。除此之外，原油宝的交易时间实际上是不合理的。其交易时间为周一至周五 8:00 至次日 2:00，如果为合约最后交易日，则交易时间为当日的 8:00—22:00，这并没有涵盖 WTI 原油期货的全部交易时间段。由于中美两国有 12 个小时的时差，所以当中国 4 月 20 日晚上 10 点的时候，美国正处于早上 10 点，在那一刻每桶石油价格还在 10.81 美元。随后原油期货价格跌到负值，国内处于凌晨，投资者仍在睡梦中，根本没有察觉到这一事件的发生。虽然在事件发生的两天内，中国银行关闭了投资者的交易账户，同时与交易所进行了协商，但也改变不了以负价进行结算的事实。

其次，风险控制能力太弱。虽然中国银行在原油宝产品发生巨额亏损之前，对保证金充足率低于 20% 的原油期货合约从大到小实施自动强制平仓，但实际上仍有相当部分保证金不足的客户没有被强制平仓，也没有及时迁仓，最终导致了巨额亏损现象的发生。另外，工行和建行在发生巨额亏损前及时对客户投资的期货进行了移仓，中国银行并没有跟上他们的脚步，错失及时止损的最佳时机。对此问题，有法律界业内人士表示，如果是中国银行交易时间制度设计的缺陷造成的亏损，不应全部由客户承担。在此事件中，中国银行在风险管理控制方面有不可推卸的责任。

最后，风险评估不准确。投资者在购买前填写评估资料时多半表示只能承受 20%～30% 的亏损。如今发生穿仓是对投资者风险评估的掌控不足导致的。在 4 月 15 日，芝加哥交易所修改了交易规则，允许负数的公告出台之后，如果中国银行给出风险提示，很多投资者会选择提早退出，然而为何中国银行没有给出风险提示？

随着此次事件不断发酵，公众给予中国银行的舆论压力越来越大。4 月 24 日中国银行在关于原油宝产品情况说明中的态度变得恳切，表示对客户投资原油宝遭受的损失深感不安，将全面审视产品设计与营销、风险管控环节和流程，在法律框架和道德规范的双重约束下承担应有责任。5 月 5 日，中国银行与原油宝投资者达成和解协议，负油价部分的损失由中国银行承担，此外还将赔偿 20% 的保证金，多扣的部分将会退回。至此，沸沸扬扬半个月的中国银行原油宝事件逐渐平息。

思考题：

1. 中国银行在上述事件中存在哪些违背商业伦理的行为？
2. 导致此类非伦理行为发生的主要原因是什么？

6.1　现代营销行为的伦理导向

企业之间的市场竞争本质上表现为争夺客户资源。随着企业之间竞争的加剧，特别是客户需求多样化、个性化特征的日益凸显，如何有效管理客户，建立持续稳定的客户关系，已成为影响现代企业竞争能力的关键。客户关系管理（customer relationship management，CRM）正是在这一现实背景下兴起、发展并迅速成为现代营销的重要内容。

近年来，社会大众对企业承担社会责任的期望越来越大，频繁有企业被曝出在营销过程中存在非伦理行为，侵害消费者利益。这些行为严重破坏了企业与客户的关系，并且引起了客户对相关产品的强烈抵制和对公司的道德谴责，最终使得苦心经营几十年的企业毁于一旦。面对越来越严苛的外部环境，企业在营销活动中应该如何维系客户关系，才能保证基业长青呢？本小节将对客户关系管理的内涵、价值及其伦理要求进行剖析，以明确营销伦理的重要性。

6.1.1 客户关系管理的内涵

客户关系管理以建立并维系与客户间的长期稳定关系为主要目标，其理论基础是 20 世纪 80 年代兴起的关系营销理论。白瑞（Berry）于 1983 年首次提出了关系营销概念，并将其定义为吸引、保持和强化客户关系的营销理念。后来，斯托巴卡（Storbacka）于 1994 年对关系营销的概念进行了补充，指出关系营销就是通过建立、维持和增强与客户及其他伙伴的关系，并利用相互之间的承诺与践诺来获取利润，以满足各方利益要求的经营理念。总的来说，关系营销理论强调，建立并维系与客户的持续稳定关系是企业营销的核心理念，该理论一经提出便得到快速推广。客户关系管理的兴起促使企业营销实践的战略重心实现了由产品生命周期到客户关系生命周期的转变。

尽管客户关系管理在实践中得到了广泛运用，但迄今为止，理论界对于客户关系管理的具体内涵是什么，以及如何有效实施客户关系管理等并未取得广泛一致的结论。由于客户关系管理源于 20 世纪 90 年代中期信息技术环境下的营销策略创新，而这种创新主要指基于信息技术的客户解决方案（比如销售自动化等），因此一部分学者侧重从信息技术视角来理解客户关系管理，他们将客户关系管理描述为基于信息技术的关系营销策略。随着客户关系管理研究的不断深入，有学者开始质疑客户关系管理的技术观内涵，认为将客户关系管理简单地视为一种技术解决方案存在很大缺陷，并从战略视角对客户关系管理进行了重新定义。他们认为客户关系管理就是结合运用关系营销战略和 IT 技术来创造与客户及其他关键利益主体的长期盈利关系。可以看出，学者们逐步突破了传统的狭隘技术观，转而从战略层面思考客户关系管理问题。正是沿袭这一思路，客户关系管理战略的整合模型被提出。该模型认为，客户关系管理涉及企业与客户之间发生的所有战略进程，其中的关键进程包括客户信息获取、客户信息整合、客户信息利用和客户绩效评价等。

结合理论界的讨论历程，可以将客户关系管理的具体内涵归纳为三大类：

（1）狭义的技术性定义：客户关系管理是关于特定技术解决方案项目的实施。

（2）广义的技术性定义：客户关系管理是一系列面向客户的集成技术解决方案的实施。

（3）广义的战略性定义：客户关系管理是一种管理客户关系以创造股东价值的整体方案。

综合来看，客户关系管理可以被定义为一种营销战略，注重通过与关键客户和客户群发展适当的关系来创造更高的企业利润和股东价值。客户关系管理将关系营销战略和信息技术的潜力结合起来，与客户和其他利益相关者建立长期关系。客户关系管理需要通过信息、技术和应用实现流程、人员、运营和营销能力的整合。

6.1.2　客户关系管理的价值

现代企业对客户关系管理的投资日益增加，良好的客户关系管理能够给企业带来什么结果呢？最为直观、显性的结果就是企业绩效的提升。由于客户关系管理涉及企业在IT技术、客户服务等方面的大规模投资，因此可以先从投入产出角度分析客户关系管理的应用效果。研究表明，企业在获取客户与保留客户方面花费的费用与企业价值之间存在显著的正相关关系。企业在客户关系管理技术方面的投资规模与客户满意和客户忠诚等客户关系管理绩效之间具有积极联系。由于客户关系管理也反映了企业维系与客户之间关系的能力水平，因此从企业能力视角分析客户关系管理的影响同样受到理论界关注。相关研究表明，客户关系管理能力提升有助于降低客户逆向选择，帮助企业快速辨识有价值的客户。客户关系管理的实施使企业每一个商业单元的盈利能力增加了270%。随着企业对客户价值挖掘的增加，企业客户关系管理战略也发生了根本变革，而且这一变革能够促进企业绩效的显著提升。当企业以客户价值最大化为目标导向时，企业客户关系管理能力的增强有利于提升企业绩效。

除提升企业绩效这一显著价值外，客户关系管理更直接的作用是有助于企业获取客户知识。信息技术驱动的客户关系管理能够促进企业通过客户购买行为获取有价值的客户知识。其主要通过两种途径为企业获取和利用客户知识。首先，客户关系管理信息系统使得一线客户服务人员能够记录每一次客户交易的相关信息，企业可以通过相关的组织规则和信息处理过程，进一步将这些信息转化为客户知识。其次，企业能够与客户分享客户知识，让客户自行选择服务内容和服务方式，而客户自行选择服务的过程也为企业提供了掌握客户需求变化的额外机会，这将有利于促进客户知识的积累。如此一来，企业能够通过客户关系管理获取和利用客户信息并强化组织学习，提高企业对客户需求的响应能力，从而更好地满足客户需求，提高客户满意度。

综合客户关系管理在提升企业绩效和帮助企业获取客户知识这两方面的价值，我们可以从客户信息视角出发，构建客户关系管理如何实现价值创造的分析框架。首先，客户关系导向（战略理念）和以客户为中心的管理系统（战略实施支持系统）是CRM的核心内容。企业通过这两方面的努力能够显著提升与客户的关系信息进程效率和效果。具体的关系信息进程可以划分为信息互惠进程、信息获取进程、信息整合进程、信息共享进程和信息使用进程五个维度。其次，客户关系管理价值将反映在企业财务绩效和市场绩效上。财务绩效包括销售回报率和投资回报率。市场绩效包括客户满意、客户忠诚、客户承诺、关系质量。具体分析框架如图6-1所示。

6.1.3　客户关系管理的伦理导向

既然良好的客户关系能够带来财务绩效与市场绩效等多项收益，那么如何才能建立和维持这种关系呢？答案是企业在实施以客户关系管理为导向的营销战略时，需要更加

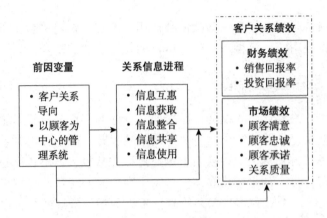

图 6-1　客户关系管理价值创造分析框架

注意遵循营销伦理规范。随着客户权益保护意识逐渐增强，企业必须严格遵守营销道德准则，树立良好的品牌形象，以获取消费者信任。在此基础之上，企业才能继续与客户建立更深层次的交易关系。总体而言，客户关系管理遵循营销伦理约束将对企业、社会大众、市场产生诸多裨益：

1. 遵循营销伦理规范有利于增强企业合法性

企业经营决策受到来自内外部利益相关者的密切关注和监督。其中，直接利益相关者包括供应商、零售商、消费者、股东、员工、债权人等；间接利益相关者包括地方政府、行业协会、社会媒体等。企业形象是社会公众对企业的看法，企业形象好坏由公众评判。一方面，企业加强营销伦理建设，坚持践行伦理营销行为，能够扩大企业产品销量，提高知名度；另一方面，伦理营销意味着企业更加注重客户价值实现，不欺骗、不隐瞒真实情况，客户买得安心，用得顺心，这样自然能在客户群体中形成好口碑，对提升企业品牌形象产生持续影响。因此，企业在与客户交互过程中需要遵循基本的伦理规范，为自己赢得客户认可，增强企业合法性地位。

2. 遵循营销伦理规范有利于提高企业市场绩效

客户满意是企业营销活动期望实现的目标，也是企业竞争优势的重要来源。企业交易过程中是否具有道德感，是否遵循基本的伦理规范是影响客户满意度的重要方面。买方对供应商的道德建设感知主要由六个维度（安全性、非欺骗、履行/可靠性、服务补救、共享价值和沟通）组成，并强烈影响买方的回购意图和忠诚度。可靠性、满足感和不欺骗是企业与客户建立亲密关系最有效的维度；而企业与客户的关系质量将对客户的再购买意愿和忠诚度产生影响。由此可见，企业遵循营销伦理，能够优化与客户的关系质量，进而提高客户的忠诚度和满意度。

曾任惠普公司总裁的约翰·扬指出："我们的最终目标是获得成功，成功与否只能由客户来判断，如果我们真正令客户满意，那么我们一定能获得利润。"让客户真正满意的前提是不应该有针对客户的非伦理经营行为，如假冒伪劣、质次价高、虚假宣传、缺斤少两、漫天要价等。企业在营销伦理规范的指导下，视客户为亲人，真正为客户着想，只有这样才有利于切实提高客户满意度。

3. 遵循营销伦理规范有利于增强企业市场竞争力

虽然相关法律制度对企业营销行为做出了一系列明确的规定和约束，但是现实中的法律制度总是不够完善和健全的，尤其是在高速成长和发展的新兴市场中，正式制度的力量难以实现对企业行为的有效约束。此时，关注客户价值，遵循基本营销伦理成为规制和约束产品与营销行为的替代力量。在激烈的市场竞争环境中，坚守客户价值，尊崇伦理规范的尊崇能够帮助企业开拓市场，获得客户青睐和品牌溢价。科恩通讯公司的一项调查表明，在价格和品质没有差别的情况下，74%的人倾向选择热衷公益、支持慈善事业的公司的产品。而且，直接回馈消费者的公益活动要比单纯宣传产品的效果更好。由此可见，营销伦理规范与企业竞争力和经营绩效是息息相关的。企业在营销过程中不弄虚作假，用真诚换取客户信任，将有利于增强企业市场竞争力。

在经济全球化浪潮下，我国经济生活更多地融入国际经济的大潮之中，企业也处于充满竞争、文化多元和信息密集的环境中。改革开放后成长起来的一大批企业开始走出国门，参与国际市场竞争。如何适应国际经济生活的基本规则，是我国企业经营者不得不认真思考的问题。不管是否情愿，我国企业将不得不接受国际竞争的一整套游戏规则。企业要增强国际竞争能力，必须练好内功。加强企业伦理建设，在企业内部建立起一套行之有效的伦理机制，塑造良好的企业道德形象，只有这样才能极大地增强国际竞争力。因此，重视和加强企业营销伦理建设也是我国加入世贸组织后对企业提出的必然要求。

4. 遵循营销伦理规范有利于净化市场竞争秩序

在当今激烈的市场竞争中，一些企业从狭隘利益出发做出违背法律规则及营销伦理的行为，如生产和销售假冒伪劣产品、产品包装信息不真实、采取掠夺性价格、进行虚假广告宣传等。若上述恶性产品竞争与营销乱象得不到有效抑制，就可能导致"劣币驱逐良币"效应，整个行业环境和市场竞争秩序将被严重破坏。在此背景下，重塑和净化市场秩序不可或缺的前提就是建立起企业与消费者之间的信任关系，这就要求每一家企业的产品营销行为必须遵循一定的道德伦理规范，借由伦理自律实现自我约束和规制。

6.2　营销伦理

遵循营销伦理是企业建立和维持良好的客户关系，成功实施营销策略以及获得市场份额的基础准则。那么营销伦理从何而来？营销伦理的内涵到底是什么？营销伦理的发展背景和历程是怎样的？企业应该遵循的营销伦理基本准则有哪些？企业应该如何做出符合营销伦理规范的营销决策？

6.2.1　营销伦理的内涵

营销伦理（Marketing Ethics）是商业伦理学的一个应用分支，是指对营销策略、营销行为及机构道德的判断标准。其具体表现为判断企业营销活动是否符合消费者及社会的利益，能否给消费者及社会带来最大幸福，是市场经济规律及法制以外制约企业行为的另一重要因素。市场营销蕴含丰富的伦理思想。如市场营销中的"顾客至上""服务第一""货真价实""物美价廉"等营销原则，既是营销原则，也是伦理规范。营销伦理涉及的决策主体包括企业组织和营销人员。一方面，企业作为重要的市场主体，处于一个复杂的社会大系统中，企业经营行为主要是通过营销活动表现出来的，企业整体营销活动可表现出道德水平的高低。另一方面，营销人员的个体行为直接代表了企业行为，企业营销道德水平主要由营销人员的营销活动表现出来。总体而言，消费者及社会公众可以通过营销行为判断企业是否符合法律规定和社会道德要求。

6.2.2 营销伦理理论演进

根据美国理查德·T. 戴乔治教授对企业营销伦理理论研究的总结，我们可以将营销伦理相关理论的演进分为三个阶段：20 世纪 60—70 年代为营销伦理理论形成期；20 世纪 80 年代为营销伦理理论成长期；20 世纪 90 年代以来为营销伦理理论全面发展期。

1. 营销伦理理论形成期

"二战"后美国经济实现快速增长的同时，企业间的市场竞争也逐渐变得格外激烈。部分企业为了获取利益不择手段，由此出现了一系列企业营销伦理道德问题。消费者对此表现出强烈不满。进入 20 世纪 60 年代，这种不满情绪进一步扩大，逼迫企业和社会各界开始关注消费者权益保护问题，针对企业营销伦理问题的讨论就此展开。

俄亥俄州立大学市场营销学教授罗伯特·巴特尔斯（Robert Bartels）为企业营销人员设计的伦理决策模型是 20 世纪 60 年代企业营销伦理道德问题研究的重要理论成果。他的模型试图回答以下问题：

（1）营销伦理标准是如何设定的？

（2）道德决策是如何做出的？

模型内容分为两个部分：

（1）道德标准建立——道德标准来自文化、各种制度过程和结构，以及经济参与者的期望；

（2）道德决策——人们必须基于道德标准选择行动策略。

他还认为，如果企业营销人员具备无私、诚实、公平和真诚的基本品质，将会做出更加遵循营销伦理规范的决策。

1966 年，美国伦理学家托马斯·加勒特提出了相称理论。相称理论指行为人所欲达到的善的效果超过了不为行为人所希望的恶的效果。相称理论是一种道德判断理论。该理论认为，判断一项行为或决定是否道德，应从目的、手段和后果三方面加以综合考查。这种考查应以相称理由为核心进行道德性判断，并遵循四个原则：①如果目的和手段都无可挑剔，但可以预见该行为将产生副作用，则行为人应有相称的理由允许该副作用的发生，否则就是不道德的。②不论是手段还是行为，如果旨在给他人造成大恶，那就是不道德的。③允许或放任大恶发生又不提出相称理由，则是不道德的。④允许和放任小恶发生，且不提出相称理由，是不道德的。这里，"大恶"是指导致某一机构或个人某些重要能力的丧失，如制售劣质奶粉造成大头婴儿或者婴儿死亡。"小恶"则是指虽然不会导致某一机构或个人某些重要能力的丧失，但会造成被害方的物质利益损害。比如，用夸大其词的广告或有奖销售刺激消费者购买他们并不真正需要的产品。

1971 年，美国哈佛大学的约翰·罗尔斯在他的社会正义理论中，提出了两条基本原则。一是平等自由原则——每个人都拥有一种平等的权利，每个人的自由不受侵犯；二是机会的差别原则与公平原则——对社会和经济的不平等应作如下安排，即人们能合理地指望这种不平等对每个人有利，而且地位与官职对每个人开放。相称理论和社会正义理论为当时企业营销伦理的评价提供了理论依据，也为企业营销伦理理论研究奠定了基础。

1971 年，菲利普·科特勒受环保运动和消费者保护运动的影响，提出了"社会营销"观念，这一观念兼顾企业、消费者和社会（包括生态）的利益，将企业营销伦理纳入了营销战略的制定和实施。

2. 营销伦理理论成长期

随着营销伦理理论研究范围的进一步扩大，营销道德决策与评价模型研究取得较大成果。

1981 年，杰罗德·F. 卡瓦纳等设计了一种营销道德决策树模型，为企业判断某种特定营销行为是否符合道德规范提供了依据。

1983 年，基恩·R. 拉克兹尼亚克在美国《宏观营销杂志》上发表了《市场营销伦理学分析结构》一文，全面探讨了企业营销伦理的结构体系，提出了企业营销伦理理论框架，其主要内容包括相称结构、社会公平结构、结构的价值和市场营销伦理学理论等内容。

1986 年，亨特和维特尔在《宏观营销杂志》上发表了《营销伦理的基本理论》一文，较为系统地论述了营销人员的道德决策过程及影响因素，并提出亨特–维特尔模型，这是一种基于道义论和功利论的营销伦理道德评价模型，其目的是描述营销人员是如何做出道德决策的。该模型提出后得到了企业广泛认可。1991 年，亨特和维特尔还在模型中加入职业和行业环境的影响因素，使得该模型也可用来分析个性化的道德决策问题。

3. 营销伦理理论全面发展期

20 世纪 90 年代以来是企业营销伦理理论的全面发展期，这一阶段的研究明显具有从一般现象到具体探究问题的特征。

1990 年，美国乔治顿大学的 N. 克雷格·史密斯（N. Craig Smith）出版了《道德与市场》（*Morals and Markets*）一书，并于 1993 年和哈佛大学的约翰·A. 奎尔奇（John A. Quelch）合作出版了《营销中伦理学》（*Ethics in Marketing*）一书，通过大量的伦理案例研究，全面分析了市场营销伦理问题，讨论了营销实践中的伦理现象，系统揭示了伦理化营销的一般问题，《营销中伦理学》成为营销伦理问题研究的一部经典著作。1997 年，N. 克雷格·史密斯又同伊丽莎白·库博马丁在《市场营销杂志》（*Journal of Marketing*）上发表了《伦理与目标：产品伤害和消费者弱势地位》一文，阐述了企业产品中的伦理问题。

1996 年，科特勒与加里·阿姆斯特朗在合著的《营销学原理》（第七版）中新增了一章专门论述营销道德与社会责任的内容，认为营销活动中的伦理道德问题会给消费者及整个社会带来巨大冲击。1997 年，科特勒在其第九版的《营销管理：分析、计划、实施与控制》一书中，将伦理与社会责任作为一个专题进行详细论述。

1997 年，恩瓦舒库和维特尔在《营销中的道德与社会责任：审查广告策略的道德评估》一文中指出，高个人自治权、高消费者主权和无害产品这三个变量会使得市场营销从业者对广告的道德评价水平更高。1999 年，墨菲在《企业伦理杂志》上发表了《国际营销中的品德伦理：管理者、研究者和教育者的议程》一文，讨论了品格和德性伦理在国际营销中的适用性，并认为诚信、公平、信任、尊重、同理心对多元文化和跨国情境下的营销伦理决策极为重要。

20 世纪 90 年代，英国威尔斯大学肯·毕提教授在其所著的《绿色营销——化危机为商机的经营趋势》一书中指出："绿色营销是一种能辨识、预期及符合消费的社会需求，并且可带来利润及永续经营的管理过程。"德国的亨利贝特·莫菲和曼弗雷德·金克尔格发表了题为《绿色营销》的论文，提出了绿色营销的战略计划及实施、绿色营销之路及其成功的前提、生态导向型营销组合设计，为企业进行绿色营销提供了依据。从此，绿色营销越来越引起学术界和企业重视。

进入 21 世纪，营销伦理理论体系日趋完善，内容也更加丰富，已经成为企业营销理论的重要内容之一。与消费者相关的道德问题、营销教育、企业道德决策、规范和准则、绿色营销、国际营销伦理等子领域也在不断发展。随着互联网大数据技术的广泛运用，新技术带来的新型道德冲突也正逐渐成为社会各界重点关注的热门话题。

6.2.3　营销伦理决策模型

在营销伦理理论研究进程中，学者为了帮助企业和客户检验营销行为是否符合伦理规范，引导企业在营销决策中更好地遵循伦理要求，提出了多种伦理决策模型。接下来本小节将重点介绍三种经典伦理决策模型：卡瓦纳的道德决策树模型、拉克兹尼亚克的九问模型和亨特–维特尔的营销道德理论模型。

1. 卡瓦纳的道德决策树模型

杰罗德·F. 卡瓦纳等人开发了一种道德决策树模型，可将道德因素纳入决策过程中。他们的决策树模型主要整合了三种伦理理论：功利主义理论、道德权利理论和社会正义理论。这一模型存在两个特点，其一是从决策后果和决策对义务与权力的尊重两方面来评价决策在道德上的可接受性；其二是运用加特勒的相称理论，考虑例外情况的解决方式。卡瓦纳的道德决策树模型的具体操作流程如图 6-2 所示。

当评价一项营销策略是否符合伦理规范时，先需要考虑的是这项决策是否符合功利主义理论要求。功利主义理论即效益主义，亦称为"功利论""功用主义"，是道德哲学中的一个理论，通常是指以实际功效或利益作为道德标准的伦理学说。借助该理论，决策者需要考虑决策对企业、社会、经济和个人是否都有利，这是道德决策树模型中最基本的层次。如果决策不能通过这一理论的审查，那么在没有正当且关键的理由使上述目标不被满足的情况下，应该判定这一决策是不符合伦理规范的。

当决策通过这一理论审查后，决策者接着考虑这项决策是否符合各方的权利。这一层次的审查是基于康德的道德权利理论。同样，当该项决策在没有正当且关键的理由不尊重某项权力的情况下违背了部分人的权利，那么就应该判定这项决策是不道德的。

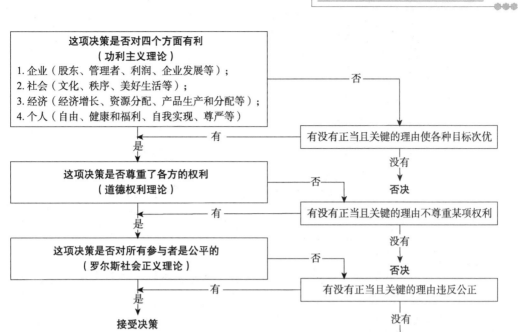

图 6-2 卡瓦纳的道德决策树模型的具体操作流程

如果决策通过了道德权利理论的考察,那么对这项决策的道德性判断就会到达最后一个层次的审查。这个层次的考察是基于罗尔斯的社会正义理论提出的。因此,需要判断的是该项决策是否对所有参与者都是公平的。回答如果为"是",则可以认为该项决策是符合道德规范的。回答如果为"否",则需再次审视该项决策是否有正当且关键的理由违反公正。如果答案为"是",则该项决策仍然是符合道德规范的,如果答案为"否",那么只能判定该项决策违背了道德规范。

如此一来,只有某项决策能够依次通过权利、义务和公平的考察,或不能通过但具有正当且关键的理由时,才能被视为符合道德规范的决策。道德决策树模型还进一步明确"正当且关键的理由"通常指标准之间的冲突、标准内部的冲突以及缺乏使用标准的能力等。通过上述流程的层层筛选,企业可以清晰地审视自己制定的营销策略是否为外界提供了应有的价值,以及是否存在侵害外部利益相关者权利或是欺骗部分消费者的非伦理行为,进而有效规避潜在的伦理风险。

2. 九问模型

基恩·R. 拉克兹尼亚克(Gene R. Laczniak)在 1983 年基于义务理论、相称理论和公平理论提出了九问模型。企业决策者可以通过这九个问题来判断决策的伦理性。如果能得到否定的回答,那么这个行为才是符合道德规范的。这些问题是:

(1)该行为违法吗?

(2)该行为违反以下任意一条普遍性的道义吗?

• 诚实的责任;

• 感恩的责任;

- 公平的责任；
- 仁慈的责任；
- 自我完善的责任；
- 无伤害的责任。

（3）该行动侵犯由于组织类型而相应产生的特定义务吗？

（4）该行动的动机是邪恶的吗？

（5）采取该行动会不会发生某种"大恶"？

（6）是否故意否定了可以比该行动产生更多的善、更少的恶的另一行动？

（7）该行动侵犯消费者不可剥夺的权力了吗？

（8）该行动是否侵犯个人或组织的权力？

（9）该个人或组织是否处于相对弱势的地位？

可以看到，九个问题的逻辑思路是从法律审查开始，再依次进行道义审查、组织类型特定义务审查、目的审查、结果审查、过程审查、权力审查和公正审查。相较于卡瓦纳的道德决策树模型，九问模型更加全面地审视了决策存在的道德风险，实用性更强。

3. 亨特–维特尔营销道德理论模型

亨特和维特尔认为之前的营销伦理理论都是集中于为企业营销伦理制定指导方针或是规制，例如，拉克兹尼亚克提出的九问模型是为了帮助营销人员按照道德规范行事。因此，与之完全不同，他们于 1986 年提出了一个描述性的而不是规定性的道德理论模型。该模型旨在探究现实生活中的营销人员在面临各类营销问题时，如何根据道义论和功利论所确立的两大不同评判标准来做出道德判断，并进而确定有可能从事的行为，而非具体分析营销人员应该恪守哪些道德义务，或探讨如何提高营销道德水平等问题。1993 年，他们在原有模型的基础上加入了环境因素，形成了如图 6-3 所示的亨特–维特尔营销道德理论模型。

该模型认为道德决策流程包括四个主要阶段：道德判断、建立道德意图、道德行为发生、行为实际产生后果的评价。在道德判断阶段，当营销人员面对实际的道德困境时，他先会依据文化环境、职业环境、行业环境、组织环境和个人特征而生成备选行动方案。亨特和维特尔认为，营销人员的道德判断是同时建立在道义论和功利论的基础之上的。道义论所关注的是个体具体行动或行为是否具有正义性，功利论所关注的是行动或行为后果所体现的善恶大小。因此，在此阶段营销人员会同时结合道义论和功利论来评价每一种备选行动方案的正确性和错误性。具体而言，需要考虑四个方面的因素：

（1）方案对不同利益团体产生的后果或影响。这里的利益团体主要是指股东、员工、客户、供应商、社会大众等重要利益相关者。

（2）行动后果发生在每一个具体利益团体身上的可能性。

（3）各利益团体对每种行动后果的意欲程度或排斥程度。

（4）各利益团体的重要性。对利益团体重要性的判断可能存在差异性。例如，对于营销经理和营销人员而言，营销经理的重要利益团体包括股东、员工、供应商等；而对于一般营销人员而言，顾客、同事和上司就是相对重要的利益团体。

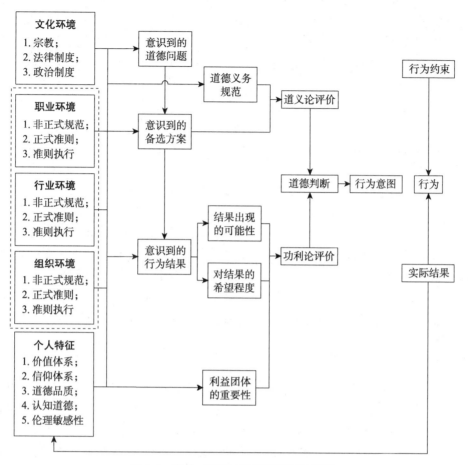

图 6-3　亨特–维特尔营销道德理论模型

在做出总体的伦理判断后，营销人员会建立一个行为意图。实际上行为意图受功利论评价的影响更大，因为决策者虽然在行为正义性的判断上认为某一行为方案是符合道德的，但是行为结果与决策者的自身利益直接相关，致使道义论的评价结果更容易影响决策者的道德意图。

行为意图建立后是否最终产生实际的行为还受行为约束因素影响，具体是指个人对某种行为方案的控制力，比如实施某种特定行为方案的机会或机遇。营销人员在执行某项特定营销行为时，可能受到上司干预、消费者反馈、法律约束、不可抗力的自然环境转变等因素影响，使得其行为发生根本性转变。

行为结束后，营销人员对实际发生的行为结果进行再次评价，并作为个人经验累积，影响之后的道德判断。营销人员如果做出不道德行为，市场会给予强烈的负面反馈，这将对营销人员产生强烈的警示效应，促使他们在道德判断和意图建立过程中更加谨慎。然而，有些不道德行为很难被察觉和管制。例如假冒伪劣商品，营销人员既有利可图，产品也存在潜在消费者，正品商家面对的诉讼成本也非常高昂。由此便给予了此类商品一直存续的可能。营销人员在做出此类非伦理行为后没有受到应有的惩罚，这种行为反而被从中赚取的利益负面强化了。

该理论模型还指出，影响个人道德判断的具体因素包括文化环境、职业环境、行业环境、组织环境和个人特征。如图 6-3 所示，虚线外的模型代表营销人员道德决策的一般理论，虚线内影响因素的纳入使该模型可以依据职业环境和管理环境的差异而变得个性化。每个影响因素的具体内容包括：

（1）文化环境：宗教、法律制度、政治制度；

（2）职业环境：非正式规范、正式准则、准则执行；

（3）行业环境：非正式规范、正式准则、准则执行；

（4）组织环境：非正式规范、正式准则、准则执行；

（5）个人特征：价值体系、信仰体系、道德品质、认知道德、伦理敏感性。

亨特–维特尔营销道德理论模型向我们全面展示了营销道德判断的基本思路和理论框架。总的来说，营销人员个体的主体行为对企业营销行为道德与否起到关键作用。但营销人员所处的外部环境也深刻影响着其对具体行为的道德判断。因此，督促营销人员培养社会责任心，树立正确的经营理念对规范企业营销行为具有重要价值。同时，文化环境、职业环境、行业环境、组织环境中存在的正式与非正式规范，以及规范的执行力度也需要被重视，以便更好地约束企业非伦理行为，促使企业营销道德水平不断提升。

6.2.4　营销伦理的基本准则

企业在做出营销决策时，应该遵循一些基本的道德准则，以防止决策偏离道德基础。菲斯克提出了营销伦理行为的五个基本原则，对企业规范营销行为具有一定的参考价值。这一营销伦理原则基于以下四项前提：①人是自私的；②人们总是被鼓励寻求个人利益；③交易发生在对双方都有利的时候；④市场营销是一门有关产生交换的学科。结合自由意志主义思想和市场营销理念，菲斯克提出以下五个基本的营销伦理原则：

（1）交易原则——道德行为就是价值和价值互换的交易行为。

（2）非强制性原则——道德行为要求拒绝强制性交易行为，胁迫是对他人权利和自由的压制。

（3）公平原则——有道德的个人会平等地对待他人。

（4）独立判断原则——有道德的个人会进行独立判断，并对交易伙伴抱有同样期望。

（5）营销原则——满足消费者需求是营销者制订营销决策的关键。从长远来看，利润是通过满足消费者需求实现最大化的。

6.3　产品设计中的非伦理行为

企业有道德上的义务为社会提供直观、安全且不会危及个人生命的产品。企业应该考虑，产品对环境、资源、气候和消费者健康会有何种影响。在理想情况下，企业对每个产品的研发都应该考虑对上述所有领域的潜在影响，并采取有效措施减少和防止危害发生。但是，现实中由于缺乏道德约束或是产品开发预算限值等多方面原因，有些企业时常无法严格遵循营销伦理规范，一系列非伦理产品设计由此产生。

6.3.1　安全性缺失

保证产品安全性应该是企业的首要任务，一旦产品出现安全问题，产品质量、安全和责任这三个相互关联的话题就会引起消费者关注。随着新技术广泛应用于各类产品，消费者面临的产品安全性风险也随之增加，企业应该如何减少非安全性产品出现呢？

1. 产品安全的定义

产品安全指产品的生产和使用过程不会给消费者造成人身或利益的威胁、危害和损失。《中华人民共和国产品质量法》第26条对产品质量做出要求：不存在危及人身、财产安全的不合理的危险，有保障人体健康和人身财产安全的国家标准、行业标准的，应当符合该标准。

扩展阅读 6.1　福特汽车的错误决定

那么，什么样的产品才是100%安全的产品呢？答案是几乎没有。企业能做的就是在自己能力范围内将产品安全性做到最高。如果产品存在危及人身或者财产安全的不可容许或不可接受的风险，这样的产品被称为缺陷产品，不可以上市销售。为保障产品安全，企业在形成一套产品安全的质量技术标准之外，还应加强自我伦理约束。

2. 产品安全的伦理分析

企业在产品设计及检验出厂的过程中没有做好安全性把控，或是企业在设计产品时意识到了该产品潜在的安全性缺失问题，但没有提出解决方案，任由不安全产品进入市场，这是对消费者不负责任的行为。在许多情况下，企业将制造成本转嫁到销售价格上以增加产品的安全功能，但这反而会使消费者选择不那么安全的替代商品。正如公司开发产品时遵循功利原则一样，消费者购物时也会使用这种原则，使得产品安全性缺失的风险在制造商和消费者的共同计算下产生。综合来说，产品安全性风险大小应该是合理的，不合理风险是指那些在企业能力范围内，可以预防但没有采取措施导致的设计风险。

企业从伦理角度评估产品安全性的三个步骤包括：

（1）在技术上可以达到多大程度的安全性？

（2）社会、消费者和政府对该产品的可接受风险大小是多少？

（3）产品是否符合社会和消费者的期望？

3. 产品安全性缺失的不良后果

产品安全性缺失问题会给企业本身、社会和国家带来诸多不良后果：

（1）企业自身品牌形象及经济效益受到负面影响；

（2）消费者人身财产安全受到威胁；

（3）社会整体信誉度受到波及；

（4）若产品出口海外，产品安全性缺失问题被暴露后更是损害国家声誉。

扩展阅读 6.2　长生公司产品安全性缺失

贴片案例

2012—2013 年，P2P（peer to peer lending，互联网借贷平台）由于具有普惠金融和科技金融双重特点，一度成为互联网金融的代名词。然而，随着资金池、期限错配、自融、欺诈等违法违规行为顶着 P2P 的帽子大行其道，P2P 逐渐变质，成为国内金融市场的一大"灰犀牛"。2018 年 P2P 行业开始进入大面积暴雷期，上千万名投资者遭受了严重损失，社会信用体系遭受震荡。与此类似的还有 2020 年频繁发生的长租公寓运营商纷纷跑路事件，例如巢客、蛋壳等，使大型长租公寓运营商深陷信用危机。由于这些长租公寓租户自身发生财务危机，无法向房东支付房租，很多房东便开始暴力赶人，致使大批租户在寒冬中无家可归。

不重视产品设计的安全性，将导致企业、消费者和社会大众遭受严重的财产损害。因此，企业在产品设计过程中，需要重视产品安全性的重要意义，遵守产品设计的伦理准则，从源头上避免类似情况发生。

4. 产品安全性缺失的责任承担

不安全产品的负面影响发生之后，谁应该为这一问题买单？生产者、销售者和质量中介服务机构都应该履行相应的义务与承担相应的责任。

（1）生产者应严格按标准组织生产活动，发现安全隐患后及时履行召回和告知义务。生产者应该严格按照技术标准生产产品，以降低危及人身、财产安全的不合理风险。对于存在安全隐患的产品，生产者具有主动召回义务和及时告知义务，产品投入市场后发现存在缺陷的，应当立即向有关部门报告和告知消费者，采取停止销售、警示、召回、无害化处理、销毁、停止生产等措施，并承担消费者因此支出的必要费用。实施召回措施，应当以便于公众知晓的方式发布信息，告知公众产品存在缺陷、避免损害发生的应急处理方式和生产者、销售者消除缺陷的措施等事项。

2020 年 7 月，福特汽车（中国）有限公司根据《缺陷汽车产品召回管理条例》和《缺陷汽车产品召回管理条例实施办法》的要求，向国家市场监督管理总局备案了召回计划。福特汽车（中国）有限公司决定从 2020 年 7 月 31 日起，召回 2020 年 2 月 27 日至 3 月 15 日生产的部分 2020 年款进口林肯领航员汽车，共计 9 辆。此次召回范围内的部分车辆由于供应商的原因，第二排左侧座椅的头枕支架在焊接过程中可能没有充分焊接到座椅靠背框架上，这会降低头枕强度，在车辆碰撞中可能无法充分约束乘员，增加乘员受伤风险，存在安全隐患。在这次召回事件中，福特汽车（中国）有限公司委托林肯品牌授权经销商为召回范围内的车辆检查第二排左侧座椅头枕支架焊接情况，为焊接不充分的车辆免费更换座椅框架，以消除安全隐患。并且公司及时告知消费者应急处置措施，即车辆召回维修前，用户应谨慎驾驶车辆，避免发生碰撞；若发现第二排左侧座椅头枕松动，应尽快到经销商处检查。福特汽车（中国）有限公司还以挂号信等方式通知相关车主召回事宜，林肯品牌授权经销商也主动联系了相关用户，安排免费排查和维修。福特汽车（中国）有限公司在这次召回事件中积极履行和承担了相应的义务与责任，及时消除了产品潜在的不合理风险，维护了企业品牌形象。

134

（2）销售者应履行查验、记录和保持义务。销售者对自己销售的商品有义务确认其安全性，不可以在明知产品存在设计缺陷的情况下依然售卖给消费者；进货、销售等信息应留存记录，以备后续消费者索赔、监管部门抽查使用；在商品未售出期间，应保证商品安全性的存续；所售商品对消费者产生损害时要积极与生产商承担连带责任。前面福特汽车（中国）有限公司召回问题车辆的过程中，林肯品牌授权经销商也积极参与了事件的处理，主动联系相关用户并安排免费排查和维修。

（3）质量中介服务机构要严守职业规范。质量中介服务机构包括质量检验、检测机构和认证机构。这些机构为企业提供质量检验、检测和认证服务，是保障产品质量合格、维护经营者合法权益的重要技术支持。质量中介服务机构不可以做出虚假检验检测和虚假认证等违背职业规范的不当行为，必须为企业产品质量把好关。

6.3.2　假冒伪劣

假冒伪劣商品不仅侵害了正规品牌企业的利益，而且由于其质量通常不过关，隐藏着损害消费者人身和财产安全的隐患。随着互联网销售渠道的发展，假冒伪劣产品的分销速度变快，涉案金额变多，不法企业总是在突破道德底线与法律防线的边缘来回试探，此类非伦理行为屡见不鲜。

扩展阅读 6.3　假冒伪劣产品案例

1. 假冒伪劣产品的定义

国家质检总局将假冒产品定义为"使用不真实的厂名、厂址、商标、产品名称、产品标识等，从而使客户、消费者误以为是正版产品"的产品；伪劣产品是指质量低劣或者失去使用性能的产品。

假冒伪劣产品是企业在设计产品时为了追逐经济利益，故意模仿业内知名品牌的产品和标识进行设计，且往往具有混淆消费者认知、价格较低和质量差等特点。例如，"营养直线""康帅博""王老古""可日可乐""统十冰红茶"等似曾相识的山寨品牌在市场上层出不穷。这些商家将人的有限理性特征利用到极致，即人们对细微的产品品牌和标识差异很难在短时间内进行有效辨识。这些山寨品牌普遍与原品牌只差一个字，相似度极高；加之外部形象标识几乎一模一样，导致普通消费者根本难以区分（图 6-4）。

图 6-4　市场常见假冒伪劣产品示例

企业在市场竞争中逐渐具有品牌意识，实际是一种好的现象。但遗憾的是，这些企业没有将企业资源和工作重心放在自身品牌塑造与品牌培育上，而是通过歪门邪道进行对已有品牌的侵权行为。在产品竞争中存在两种基本逻辑，第一种是市场逻辑；第二种是强盗逻辑。市场逻辑强调等价交换，关注互惠共赢，即在获取利益的同时让别人也能够获取一定的利益；而强盗逻辑则不同，其获取利益的方式是建立在损害其他人利益的前提和基础之上的。当前一些地域性市场上的山寨横行显然是强盗逻辑演化的结果，实际上这些无良商家在借用知名品牌获取经济利益的同时，对原有品牌和消费者都造成了实际性伤害。

2. 假冒伪劣的伦理分析

假冒伪劣产品的重点为"假"和"劣"二字，依此可以将其分为三类：又假又劣的产品、假而不劣的产品和劣而不假的产品。

（1）又假又劣的产品。此类产品通常由一些小作坊生产，利用大企业品牌效应而模仿其产品的外观，功能等，使用劣质的原材料和不成熟的工艺进行制作。这类产品一般能够较为容易地从产品外观和价格上与正品区分，因此上当受骗的通常是老人、小孩等鉴别能力较差的弱势群体。此类产品涉及的伦理问题是企业违背了诚实守信、公平交易和知识产权保护原则。冒用他人品牌诱导顾客购买产品，属于欺骗顾客行为；产品价格与价值明显不符，顾客利益受到严重损害，违背了公平交易原则；企业通过仿冒其他品牌企业产品，导致市场上的产品良莠不齐、真假难辨，严重损害了既有品牌的利益。

（2）假而不劣的产品。这类产品在衣服、鞋包、化妆品等生活领域较为常见。中国沿海地区很多企业过去多年为国外大品牌代工，积累了众多从原材料到工艺的产业链条。近年来随着消费者财富积累，品牌意识加强，海淘网站兴起，少数企业或个人通过买通代工厂商干起生产和销售"高仿品"的生意。这些产品使用的原材料和工艺与原有品牌厂家都是一样的，产品质量上不存在劣质一说，但由于没有得到品牌企业授权，属于明显违背知识产权保护的不良行为。此类行为涉及的伦理问题主要是违反了诚实守信原则。对于原品牌企业而言，这一行为是盗取品牌利益的恶性行径，严重侵犯了品牌企业的知识产权；对于消费者而言，"高仿品"虽然不存在严重质量问题，却没有被真正授权，消费者购买到的仍然是"假货"。

（3）劣而不假的产品。现实中一些企业生产和销售的自身品牌产品质量较差，且与售价不匹配的情况时有发生。在这类非伦理行为中，企业将资源投放重点放在营销宣传而非产品质量上。因此，为了回收高昂的营销成本，企业不得不偷工减料、削减生产制造成本并抬高产品定价。如此，消费者得到的产品质量和承担的价格明显不对等时，就会产生该类产品是劣质品的印象和判断。此类产品伦理问题主要是违背了公平交易和价值对等原则。

3. 假冒伪劣的不良后果

（1）降低社会信任度。当假冒伪劣商品充斥市场，消费者不再信任相关产品的质量保障，对消费缺乏安全感时，将导致消费者购买频次大幅降低。例如，自2017年各大海淘平台商品造假新闻出现后，消费者在网站上购买这些进口商品时变得非常谨慎——他们不再相信通过海淘平台能够购买到真正物美价廉的品牌商品。

（2）侵害品牌企业的合法权益。以假乱真的商品进入市场后必然挤占一定的既有品牌企业的市场份额，损害其经济利益。同时，一旦假冒产品出现质量问题，市场上的负面情绪将传导给被侵权的品牌企业，损害其品牌形象和品牌价值。如果品牌企业坚持维权并对假冒企业进行打击，需要付出巨大的维权成本。

（3）损害消费者的合法利益。消费者以等同于正品品牌的价格却购买到假冒伪劣商品，产品价格与价值明显偏离，这将使得消费者蒙受不必要的经济损失。同时，假冒伪劣产品大多并未经过严格的市场监管程序，存在严重的安全隐患，这将大大降低消费者使用体验，甚至危害消费者人身或财产安全。

4. 应对假冒伪劣的主要措施

（1）增强自我伦理约束。山寨产品是典型侵权行为的产品，它侵害了原有品牌的商标权，被侵权企业可以通过法律途径维护自身利益。但是，由于现实中开展山寨仿冒的商家大多是区域型小企业，可能是县级、乡镇企业，甚至是个体户，他们数量众多且非常分散，因此被侵权企业通过正式法律途径维权的成本与收益不对等。即人们常说的"光脚的不怕穿鞋的"，这也是导致此类现象屡禁不止的主要原因。因此，要减少假冒伪劣产品，从根本上还是需要广大企业提高自我伦理约束，避免侵权行为的发生。

（2）增强企业知识产权保护意识。企业应该树立品牌和知识产权保护意识。尽可能多地学习了解与知识产权侵权相关的内容，研究最新造假案例，并时刻关注相关法律法规，在必要时及时行使权利，不能放任假冒伪劣产品肆意生长，造成"劣币驱逐良币"的严重后果。同时，企业应防患于未然，为品牌多加一层防护。对于与自身品牌商标近似的图案或名称应该抢先予以注册，减少"营养直线""康帅博"等类似侵权情况的发生。同时，借由技术手段加强品牌防伪标志设计，提高自身产品辨识度，加强对消费者品牌识别能力的教育。

（3）加大对假冒伪劣行为的打击力度。市场监管部门应该主动发挥监督作用，严厉打击制假售假行为。一旦发现假冒伪劣行为，应该给予实施主体严厉处罚以发挥市场威慑效应，同时提高品牌企业做大做强的信心。除严厉打击和经济惩罚外，市场监管部门还应该通过典型案例、警示大会、伦理规范培训等多种形式加强对企业主体合法经营的教育培训，增强企业主体的合法经营意识和伦理道德认知。

6.3.3 环境污染

近几十年来，全球经济迅猛发展，创造了前所未有的物质财富，推动了社会高速发展，但同时由于人们不计后果地向环境疯狂索取，无节制地排放大量的污染物，超出了自然的承受能力，使地球变得气息奄奄，导致各国均出现了资源短缺甚至自然资源枯竭的现象，生态平衡被打破，环境遭到严重破坏。

扩展阅读 6.4 印度博帕尔毒气泄漏惨案

1. 企业面临的环境污染问题

受传统经营观念的影响，企业以追求利润最大化和成本最小化为经营目标，在激烈

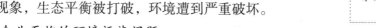

的市场竞争中，为了求得生存、获利、降低成本，不惜以牺牲环境为代价。

在经济利益驱动下，企业不愿意投入大量资金购买无助于降低成本、增加利润的环保设备；即便有些企业购买了环保设备，面对高额的治污费用，环保设备也形同虚设，成了应付检查的道具。部分企业为了逃避检查，黑白颠倒——白天停工休息，晚上加班生产，甚至还有一些企业为了掩盖环境污染的表面现象，将污水注入地下，污染深层地下水。

2. 企业环境污染的伦理分析

随着近代科学技术的发展，人类与自然的关系向着改造与被改造、征服与被征服的关系演变。然而，过分强调人类的价值主体地位而忽视生态系统生存发展的需要不利于人类的可持续发展。人类应该是自然的一部分，应该以尊重自然及其内在价值为基础来规范人类的实践活动。人与自然是平等的，人类应当培养尊重自然、爱护生命、保护环境的道德情操。

环境污染破坏了人与自然的伦理关系。近年来以企业为责任主体的事故频发，自然环境已经过度承载了由工业发展带来的水污染、空气污染、海洋污染，人类生存环境也受到巨大挑战。环境伦理要求企业在发展中应该遵循可持续发展的原则，对自然的输出应该绿色环保。因此在产品设计和生产中，减少污染才是符合伦理规范的表现。企业在生产经营中应该自觉遵守环境行为规范和环境道德要求。

3. 企业加强环境保护的必要性

1）保护环境是企业履行社会职能的重要方面

企业是市场活动的重要主体，企业的活动离不开社会和自然资源，社会为企业产品提供了市场，自然资源为企业提供了赖以存续的条件。如果企业一味追求经济利益，以牺牲环境为代价，势必损害社会利益，危害自然资源，最终也必将受到社会的惩罚，被消费者抛弃。

2）保护环境是企业顺应社会消费趋势的必然结果

随着人们经济收入的不断提高，物质生活的不断改善，价格因素对人们选择商品的影响越来越小。人们深受环境污染之痛，对健康更加珍惜，消费更趋向理性化，对健康、绿色产品的需求更加强烈，绿色消费从食物消费开始，逐渐渗透到人类生活消费的各个方面，绿色消费势必反溯至生产、经营领域，这就要求企业要顺应社会消费趋势，走绿色经营之路。

3）保护环境是企业可持续发展的内在要求

环境保护，从短期来看，会增加企业成本，减少企业盈利。但从长期来看，环境保护有利于提高企业资源利用率，赢得更多市场和社会资源，树立良好的社会形象，获得竞争优势，实现企业可持续发展。目前，环境保护已成为人们关注的焦点，人们在选购产品时，更加青睐那些绿色环保产品。自觉参与环境保护的企业，势必获得新的发展机遇，具体体现在以下四方面。

①通过生产绿色环保产品，形成差异化的竞争优势，为企业创造新的发展机遇。

②企业在环境保护方面的表现也成为消费者评判一个企业的新指标，人们更乐于支

持那些注意环境保护、主动承担社会责任的企业。企业主动承担环境保护责任，可以树立良好的社会形象，获得竞争优势。

③企业通过技术改进，采用先进的工艺技术与设备、改善管理，从源头减少污染，节能减排，提高资源利用效率，可以降低产品的生产成本，取得价格优势。

④随着全球环境问题的日益严重，国家的干预力度不断加大，能否承担环保责任成为企业可持续经营的重要影响因素，成了企业核心竞争力的一个重要组成部分，良好的环保表现能为企业赢得更多的消费者和投资者，为企业带来丰厚的回报。

4. 减少企业环境污染的措施

1）树立全员环保意识，推进绿色发展

保护环境是企业履行社会职能的一个重要方面，有利于提高企业资源利用率，赢得更多的市场和社会资源，树立良好的社会形象，获得竞争优势。环境保护关系企业的发展、每一位员工的健康和切身利益。做好企业的环保工作，不仅需要企业领导层的重视、管理人员的专业管理，还需要广大员工正确认识、全员参与。目前，环境保护已成为企业的高压线、生命线，直接或间接地影响着每一位员工的健康与切身利益。因此，企业每一位员工都要树立正确的环保意识，踏踏实实地履行好环保职责，推动企业绿色发展。

2）实施绿色技术创新

企业通过绿色技术创新，主动开发绿色产品，一方面，迎合绿色消费潮流，向消费者展示自己的社会责任，树立良好的企业形象，提高社会满意度，提升品牌影响力；另一方面，通过绿色技术创新，主动开发绿色产品，形成差异化经营，取得竞争优势，打破贸易壁垒，拓展海外市场。

绿色技术是指遵循生态原理和生态经济规律，节约资源和能源，避免、消除或减轻生态环境污染和破坏，生态负效应最小的"无公害化"或"少公害化"的技术、工艺和产品的总称。企业可以从三个方面进行绿色技术创新。一是进行产品工艺创新，降低污染，提高原材料和能源的利用效率；二是开发各种清洁材料和清洁能源，减少废物排放；三是开发循环再生技术，加强产品回收与再利用，减少生产过程中和产品使用过程中对环境的污染。企业通过绿色技术创新，可以有效降低经营成本，在市场竞争中取得成本竞争优势。

3）建立环保信息公开制度

建立环保信息公开制度，定期向社会、政府提供环保信息。这一举措应该像企业定期向政府、投资人、债权人、社会公众提供财务报告一样，形成常态化制度。这样不仅便于社会、政府及时了解企业的环境状况、环境保护措施和环保质量，有效预防环境污染行为的发生，还有利于政府、社会对企业进行监督、检查，促进企业自觉进行环境保护。

4）加大环境违法惩戒力度

一些企业之所以违法排污，而且屡禁不止，是因为环境违法成本较低。面对自身利益和社会利益、经济收益与违法成本，部分企业往往会从自身利益出发，选择高收益与较低的违法成本，抛弃社会利益、社会公德和社会责任，唯利是图，使得环境污染违法行为屡禁不止。加大环境违法惩戒力度，提高违法成本，让企业环境违法成本高于实际收益，迫使企业树立不敢违法、不能违法的意识。

建立环境违法追究制度，本着"谁污染、谁治理"的原则，企业造成的环境污染，不应当由政府和社会买单。对于企业造成的环境污染，理应由企业来治理，并进行损害补偿，对于不具备治理条件的企业，由政府或第三方进行治理，责任企业承担治理费用及造成的损害补偿，直至环境恢复。

5）建立环境保护信用库

在环境保护工作中引入信用机制，建立环境保护信用库，将企业环境保护情况记录在案，对于有环境污染违法行为的企业及时进行曝光，让违法企业无处遁形，抛弃侥幸的幻想，有效置于广大人民群众的监督之下。建立企业环境信用记录，引导企业环保自律，将企业的环境信用信息在政府职能部门之间实现共享，互联互通，并及时向社会公开。这一做法有以下三方面好处。首先，可以有效动员各职能部门和社会力量共同参与环境保护，形成"一处失信，处处受限"的法治环境；其次，可以督促企业自觉保护环境，履行环保义务和承担社会责任，提高企业环境守法意识和水平；最后，可以推动环保手段从单纯的行政手段向综合运用法律、经济、技术和信用约束等手段转变，降低监管成本，提高环保监管效能。

6.4 产品定价中的非伦理行为

产品价格是其价值的反映。在市场竞争过程中，企业可选择的产品定价策略非常多。例如，企业可以考虑选择以顾客价值为基础的定价策略，以产品成本为基础的定价策略和以市场竞争为基础的定价策略等。不管采取何种策略，一个重要的原则是产品价格要与价值相匹配，企业通过提供产品或服务获取合理的利润空间。然而，现实中由于恶性市场竞争或过度利润攫取等原因，常常出现歧视性定价、串谋定价、掠夺性定价等违背基本伦理规范的定价行为。

6.4.1 歧视性定价

1. 歧视性定价的内涵

2013 年央视"3·15"晚会曝出苹果公司针对中国用户实施双重标准，"三包"缩水，挑战中国法律。调查发现，如果中国消费者购买的苹果手机因故障而需要更换整机时，

扩展阅读 6.5 天猫大数据杀熟

苹果会使用该故障机原有后盖。售后人员表示："要想换后盖只有一个办法，就是另外付钱。"然而，在英国、澳大利亚、美国、韩国等国家，苹果手机在保修期内出现故障换整机时都是连同后盖一起更换。在澳大利亚、韩国等国家，如果苹果产品出现质量问题，公司将为消费者免费更换一个新产品，无须等待返修。此外，央视方面还指出，苹果产品售后服务拒不执行中国"三包"规定，包括手机、iPad 和笔记本电脑等。苹果歧视行径曝光后，受到各方关注并引发全民讨论。重压之下，苹果公司在其官网发

布库克给中国消费者的公开致歉信，并宣布针对中国区售后服务做出包括改进苹果手机在华维修政策等在内的四项重大调整。

苹果公司这一差异性定价行为，就是产品定价中常见的非伦理行为之一——歧视性定价。所谓歧视性定价，实质上是一种价格差异，通常指商品或服务的提供者在向不同的接受者提供相同等级、相同质量的商品或服务时，在接受者之间实行不同的销售价格或收费标准。歧视性定价是一种重要的垄断定价行为，是垄断企业通过差别价格来获取超额利润的一种定价策略。它虽然有利于垄断企业获取更多垄断利润，但是会使条件相同的若干买主处于不公平的地位，妨碍了商品之间的正当竞争，具有限制竞争的危害。因而，世界各国的反垄断法规基本上对它做出了限制。

西方经济学中将歧视性定价定义为：在同一时间对同一种商品向不同购买者索取不同的价格。歧视性定价是厂商获取超额利润的手段。歧视性定价只有在两种情况下才行得通。第一种情况是顾客处于分隔的市场中，他们无法互相沟通。地区封锁和限制贸易自由的各种障碍往往有利于垄断者实行歧视性定价。因此，通过反垄断限制歧视性定价应该尽力消除其实现的环境条件。第二种情况是垄断性商品，顾客只能从唯一的供应方得到商品，因此不能逃避垄断者对他们的区别对待。这两种情况都是竞争不充分引起的。当市场不存在竞争、信息不畅通，或者由于种种原因被分割时，垄断者就可以利用这一点实行歧视性定价。

2. 歧视性定价的类型及危害

歧视性定价可以分为三种类型：第一类歧视性定价也称为"完全价格歧视"，是指对每一个消费者都收取不同价格。比如，现实中经常存在的互联网公司"大数据杀熟"。第二类歧视性定价被称为"非线性定价"，是指为消费者提供不同数量、质量和价位的组合，然后让消费者自行选择最为偏好的一种。在此过程中，商品价格是随着购买量变化而变化的，消费者支付的总金额和购买量之间并不呈现成比例上升的线性关系。第三类歧视性定价则是对不同市场或不同消费者群体收取不同的价格。比如前面苹果公司基于区域的差别定价。

采用哪类歧视性定价受商家对消费者类别识别能力的限制。以往第二类和第三类歧视性定价是商家比较容易实施的手段。如今，随着数字经济的发展，数据挖掘技术得到广泛应用，商家通过移动设备对消费者数据进行实时跟踪、捕获、整理与挖掘，对消费者熟悉程度大大提升，第一类歧视性定价也变得越来越多。

歧视性定价作为一种垄断价格，不仅是垄断者获取最大垄断利润的一种手段，而且会导致不公平竞争，因此理所当然地应该加以限制。同时，歧视性定价也是对受到区别价格（主要指高价格）对待的消费者利益的侵害，会让他们产生明显的不公平感。

3. 歧视性定价的伦理分析

差别定价本身是企业自主定价权的反应，属于正常的经营策略。在企业定价行为不对其他主体利益造成损害或相互冲突的情况下，差别定价行为不应受到法律的制裁和伦理道德的谴责，比如，现实中对弱势群体减免收费、特定销售时段的商品价格优惠等差别定价行为。但是，当企业实施差别定价的目的或造成的实际后果是谋取自我利益，且形成了对部分群体的歧视性定价和权益受损时，它就必然面临伦理道德的谴责，甚至是法律的制裁。比如，前面提及的完全歧视性定价就是新技术环境下应该重点关注的歧视性定价现象。它很容易引发三种经济后果：一是破坏正常的市场竞争秩序；二是采取隐秘方式对消费者实施高价格，损害消费者合法利益；三是利用大数据技术野蛮收集消费者隐私信息。显然，上述任何一种经济后果的产生都是违背基本道德规范的企业非伦理行为。

大智移云时代，完全歧视性定价行为越发普遍。这违背了经营者的"诚信原则"，扰乱了正常的市场秩序，侵犯了消费者的知情权，损害了消费者的权益，伤害了消费者的信任，有违商业道德，同时可能引发人们对数据安全的担忧。针对这些情况，政府监管部门必须及时介入并施加相应的制度规制。但现实情况是，由于算法隐匿性和价格差异原因的多元性，即使企业完全歧视性定价行为被消费者或监管部门发现，也难以判断和取证认定其存在不正当价格行为。因此，增强企业经营者的伦理道德约束，实施合理的市场价格竞争，同时完善法律监管才是当务之急。

6.4.2　串谋性定价

1. 串谋性定价的内涵

串谋性定价是指企业之间相互串通，订立价格协定，以共同占领市场，获取高额利润的行为。基于经济学理论分析，串谋性定价通常出现在由若干个规模相当的大企业控制的寡头垄断产业中。这些生产经营者之间相互串通，订立价格协议或达成价格默契，把价格调节到某一个特定水平，以共同占领市场，获取高额利润。在寡头垄断市场中，企业的目标是利益最大化。因此，企业有动机串通起来，形成卡特尔组织，采取减少产出进而提高产品价格或是直接提高产品价格等措施操纵价格，以增加他们共同的利润水平，这就导致了串谋性定价行为的发生。

扩展阅读 6.6　对串谋性定价的集体诉讼

马克哈姆提出了产生串谋性定价的五个市场结构条件：

（1）产业集中度高，大企业规模大致相同，每个企业对价格都有相当的影响力；

（2）进入壁垒较高；

（3）各企业之间产品尽管不要求完全同质，但要求具有高度替代性，价格相互依存；

（4）市场需求缺乏弹性，从而保证对产量的限制能够有利可图；

（5）各企业的成本条件大致相同，从而利润率比较接近。

 贴片案例

2011 年 12 月，宝洁、汉高、高露洁棕榄因协同联合利华在法国进行衣物清洁剂价格操控，被处以 3.61 亿欧元的罚款。同年，宝洁、汉高等 8 家化妆品制造商因结盟操纵价格达 20 年，被西班牙政府处罚 5000 万欧元。2014 年 12 月，欧莱雅、宝洁、联合利华等日化巨头因串谋性定价被法国竞争管理局开出了"巨额"罚单。类似罚单在日化行业中并不少见。可见，日化巨头间的价格串谋已经不是一次两次了，其中一家提价，其他几家立马跟涨，这种默契源于违法收入远远高于违法成本。

资料来源：作者根据人民网公开报道（2014 年 12 月 28 日）整理编写。

2. 串谋性定价的伦理分析

企业实施串谋性定价的主要动机是希望通过价格联盟获得高额垄断价格带来的超额利润。从道义上讲，这种价格垄断是典型的非伦理行为，它具有借由集体力量强制消费者高价购买商品的意图，且严重损害了消费者的合法权益。现实中，企业间为了获得共同利益而相互勾结的非伦理行为是隐秘的，因而串谋性定价也比较难以被发现。一般企业间实施串谋性定价不会订立协议，以避免日后东窗事发而受到法律问责。串谋性定价实施手段的非公开性也暴露了这一行为的非道德本质。串谋性定价的主要形式包括：①协议固定价格；②价格信息交换；③平行定价；④维持转售价格。

协议固定价格是指组合间的各个成员企业达成一致协议，彼此同意以相同价格出售产品，以消除各成员间的产品竞争，达到维护自身利益的串谋性定价做法。协议固定价格本质上是一种限制性商业做法，这会对市场的自由竞争造成不利影响。其主要的伦理问题表现在两个方面：一是限制市场竞争秩序。缺少正常市场竞争秩序就不能被称为市场经济，大企业之间达成协议固定价格会使企业产生升级惰性，严重打击企业提升生产效率的动力。同时，串谋性协议固定价格行为也会导致组织外企业失去公平的竞争机会，进而导致整个行业创新不足。二是损害消费者利益。联盟串谋性定价组织制定了最低零售价格限制，并且通常占领着市场大多数份额，消费者只能被迫接受产品价格。同时固定协议价格的反竞争特点导致中小企业难以生存，消费者的可选择范围受到限制，这显然违背了营销伦理准则中的非强制性和独立判断原则。

与协议固定价格行为存在同样伦理问题的还有价格信息交换和平行定价行为。其本质上都是企业和竞争对手之间对产品价格达成一致，进而降低竞争，损害消费者利益的非伦理行为。平行定价是指同一市场上的两个或者两个以上的经营者在相同或差不多的时间内以相同或者相似的比例调整产品的价格的行为。平行定价与协议固定价格的差别在于平行定价是多个企业的单方面行为，表面上不存在企业之间进行串谋的证据。

维持转售价格是指制造商或批发商试图控制自己的商品或服务的最终售价而与再售商达成的一种协议。《中华人民共和国反垄断法》（以下简称《反垄断法》）第 14 条明确禁止这类协议。当采取的维持转售价格的内容是固定向第三人转售商品的价格时，所涉及的经销商在相关商品的价格上是没有任何竞争的。无论客户转向当中哪个经销商购买相关商品，他们能够获得的交易价格都是一样的，这些不同经销商之间的价格竞争完全被人为排除。当采取的维持转售价格的内容是限定向第三人转售商品的最低价格时，所涉及的经销商在相关商品的价格上尚存在一些竞争。客户转向当中的不同经销商购买相关商品，他们可能获得不同的交易价格，只是都存在一个最低的价格限度，这些不同经销商之间的价格竞争在很大程度上被人为限制。由此看来，维持转售价格会限制经销商之间的价格竞争以及行业品牌间的竞争，进而阻碍合理市场价格的形成；同时，这一协议也会排除消费者以低于限制价格购买相关产品的机会，损害消费者利益。

6.4.3 掠夺性定价

1. 掠夺性定价的内涵

掠夺性定价是指企业为了把对手挤出市场或吓退试图进入市场的潜在对手，而采取降低价格甚至使价格低于成本的策略。《反垄断法》第 17 条第 2 项将掠夺性定价定义为 "以低于成本的价格销售商品"，实际上，掠夺性定价行为的完整过程还包括后续部分，即以低于成本的价格销售商品，将竞争对手赶出市场之后，再提高价格收回之前的掠夺成本并获取垄断利润。

扩展阅读 6.7　美国司法部诉美国航空公司掠夺性定价案例研究

掠夺性定价行为是一种非正当的竞争手段，出现这种非伦理行为的根本原因是在位企业想要将现有竞争对手赶出市场，同时阻止潜在竞争对手进入，以期未来获取垄断利润。全球第一大芯片制造商高通公司曾在 2009—2011 年，以低于成本的价格向其关键客户销售基带芯片，迫使英国手机软件制造商 Icera 退出市场。

许多经济学家都认为，以低于成本价格销售商品来逼退竞争对手的做法对自身造成的损失也非常大，尤其是在企业相较于竞争对手的竞争优势不太大时，逼走竞争对手需要花费大量的时间和资源。因此，财力雄厚、在市场上占有支配地位的企业才敢冒此风险做出这类选择。

对企业掠夺性定价行为进行认定时，有两个要素需要关注：一是企业是否拥有市场支配地位；二是企业是否实施了低于成本价格的销售行为。市场支配地位是指企业在一定市场范围内拥有某种程度的控制力、支配力，使得其在相关产品市场中拥有决定产品产量和价格等方面的控制能力。雄厚的经济实力是企业获得市场支配地位的必备条件，这使得企业能够在短期内通过低价销售行为将竞争对手或潜在竞争对手排挤出市场。此外，额外的生产能力也是拥有市场支配地位的显著特征，这种能力能够帮助企业在夺得市场份额后，很好地满足市场需求。由此看来，拥有市场支配地位的企业才具备实施掠夺性定价的能力。不具备这一地位的企业即使其实施价格削减或者低于成本价格销售的行为，一般也不会被认定为掠夺性定价进而受到反垄断指控。

由于外界难以判断企业产品或服务的真实生产成本，因此如何判断企业销售价格是否低于成本就是识别掠夺性定价的难点。我国《反垄断法》并未对成本的具体计算方式进行明确规定，这更增加了掠夺性定价的界定难度。美国学者阿里达和特纳提出的平均可变成本标准（也被称为 "阿里达-特纳标准"），在克服掠夺性定价标准的模糊性方面做出了重要贡献，这一标准使贸易保护主义者难以滥用《反垄断法》。而且，市场供求变化和竞争状况能够通过平均可变成本得到更好表现，并且这种计算方式也相对较为简单。根据掠夺性定价的定义，掠夺性定价往往经历两个阶段：第一个阶段是低于成本定价阶段，即掠夺阶段，指在某个时期具有市场支配地位的企业削减价格至成本价格以下，直到将竞争对手排挤出该市场；第二个阶段是补偿阶段，即企业提高价格至原来水平甚至是超高水平，借此获取垄断利润以弥补此前低于成本价格销售所造成的亏损。因此，对掠夺性定价的认定还应当考虑企业实施补偿行为以获取垄断利润的可能性。

贴片案例

　　亚马逊就曾涉嫌利用低于成本的定价策略向潜在竞争对手施压，最终实现收购。2009 年，电子商务公司 Quidsi（Diapers.com 网站所有者）拒绝了亚马逊的收购提议，亚马逊随后将出售的婴儿尿布及其他婴儿用品的价格降低了 30%，并开展"亚马逊妈妈"（Amazon Mom）活动，提供折扣和免费送货服务。Quidsi 试图与沃尔玛联合，但最终失败，不得不接受了亚马逊的收购方案。2012 年，亚马逊平台上的婴儿用品开始涨价，并大幅减少"亚马逊妈妈"的折扣。

2. 掠夺性定价的伦理分析

　　掠夺性定价行为违背了公平竞争原则。掠夺性定价是一种不正当的竞争手段，会严重抑制市场竞争。企业利用自身雄厚的经济实力排挤竞争对手，不具备经济实力的竞争对手无法招架这一非伦理战术，不得不选择退出市场。在这样的市场结构中，中小企业生存机会受到明显挤压和剥夺。

　　掠夺性定价行为也明显抑制市场创新。创新是我国实现高质量发展的核心动力。企业实施掠夺性定价行为需要耗费一定财力，同时获得的利润也很少。企业将主要精力和财力放在掠夺性定价和市场份额争夺上，对于技术创新的关注和投资就会减少，这不利于企业实施创新发展。同时，行业内竞争对手为了应对掠夺性定价的市场压力，也可能被迫放弃创新投资，从而导致整个行业技术创新停滞不前，最终影响经济发展质量。

　　掠夺性定价行为严重损害消费者权利。掠夺性定价会排挤竞争对手，并使潜在的竞争对手无法进入相关市场。消费者能够享受的产品和服务受到占有市场支配地位的企业的控制，其自由选择权受到限制。一旦通过掠夺性定价将竞争对手排挤出市场后，企业便会恢复产品定价甚至提高价格，消费者将不得不接受其价格剥削。因此，掠夺性定价行为对消费者的自由选择权和公平交易权造成严重损害。

6.4.4 价格欺诈

1. 价格欺诈的认定

　　价格欺诈行为在百货、电商、餐饮等与消费者直接接触的行业中比较普遍。所谓价格欺诈，就是指经营者利用虚假的或者使人误解的标价形式或者价格手段，欺骗、诱导消费者或者其他经营者与其进行交易的行为。《中华人民共和国价格法》第 14 条和《禁止价格欺诈行为的规定》第 3 条对此都作了规定。

　　关于价格欺诈的表现形式，《禁止价格欺诈行为的规定》第 6 条指出：经营者收购、销售商品和提供有偿服务的标价行为，有下列情形之一的，属于价格欺诈行为。

　　（1）标价签、价目表等所标示商品的品名、产地、规格、等

扩展阅读 6.8　价格欺诈案例

级、质地、计价单位、价格等或者服务的项目、收费标准等有关内容与实际不符，并以此为手段诱骗消费者或者其他经营者购买的；

（2）对同一商品或者服务，在同一交易场所同时使用两种标价签或者价目表，以低价招徕顾客并以高价进行结算的；

（3）使用欺骗性或者误导性的语言、文字、图片、计量单位等标价，诱导他人与其进行交易的；

（4）标示的市场最低价、出厂价、批发价、特价、极品价等价格表示无依据或者无从比较的；

（5）降价销售所标示的折扣商品或者服务，其折扣幅度与实际不符的；

（6）销售处理商品时，不标示处理商品和处理商品价格的；

（7）采取价外馈赠方式销售商品和提供服务时，不如实标示馈赠物品的品名、数量或者馈赠物品为假劣商品的；

（8）收购、销售商品和提供服务带有价格附加条件时，不标示或者含糊标示附加条件的；

（9）其他欺骗性价格表示。

《中华人民共和国价格法》第7条指出：经营者收购、销售商品和提供有偿服务，采取下列价格手段之一的，属于价格欺诈行为。

（1）虚构原价，虚构降价原因，虚假优惠折价，谎称降价或者将要提价，诱骗他人购买的；

（2）收购、销售商品和提供服务前有价格承诺，不履行或者不完全履行的；

（3）谎称收购、销售价格高于或者低于其他经营者的收购、销售价格，诱骗消费者或者其他经营者与其进行交易的；

（4）采取掺杂、掺假，以假充真，以次充好，短缺数量等手段，使数量或者质量与价格不符的；

（5）对实行市场调节价的商品和服务价格，谎称为政府定价或者政府指导定价的；

（6）其他价格欺诈手段。

2. 价格欺诈行为的伦理分析

在市场经济条件下，交易主体之间是自愿平等的关系，公平与诚信交易是市场经济最核心的原则和要求。《禁止价格欺诈行为的规定》第4条明确提到，经营者与消费者进行交易，应当遵循公平、公开、自愿、诚实守信的原则。这是国家层面对经营者做出的道德上的要求。我国虽然已经建立了市场经济体制，但社会信用制度不健全。大多数经营者信用意识淡薄，相关信用档案不健全，经营者的行为很少受到信用约束，商业道德水平较低，这些都是导致价格欺诈行为发生的原因。同时，很多消费者在自身权益受到非法侵害时，不愿意找商家协商、找消协维权，也不愿意通过法律诉讼方式解决问题，宁愿忍气吞声。经营者就是利用了这种善良心态，大肆进行价格欺诈，损害了消费者利益。

价格欺诈行为虽然能够帮助企业在短期内获得一定的利益，但从长远来看，这种利益是不可持续的。价格欺诈行为被消费者识别后将严重影响企业声誉，倒逼消费者用脚投票。对于社会而言，价格欺诈行为会破坏社会信用体系，阻碍公众构建文明和谐社会的进程。对于经济发展而言，价格欺诈影响资源分配的公平性，对经济增长质量有不良影响。

因此，应该加强社会信用体系建设，督促经营者提升道德水平和自律意识。同时，要提高消费者维权意识，为消费者维权提供保障。政府相关部门还应该完善价格法律法规，提高价格欺诈行为的识别和惩罚力度。

6.5 产品营销中的非伦理行为

现代企业不仅需要注重产品设计和定价过程中的伦理问题，还需要注重市场营销过程中的伦理问题。产品营销活动会促使企业与消费者、零售商及其他利益相关者产生大量的互动。遵循营销伦理规范是建立良好的合作关系和市场口碑的必要条件。然而，现实中依然有一些企业通过虚假宣传、不良广告、骚扰电话等非伦理行为开展营销活动。

6.5.1 虚假宣传

1. 虚假宣传的定义

虚假宣传指宣传内容与企业实际提供产品或服务的实际质量不符，或者宣传内容容易使消费者产品误解，从而影响其购买决策，属于不正当竞争行为。广告的目的是让顾客了解自身的产品和服务，并唤醒他们的购买欲望。因此，公司在广告中必须坚守的道德责任是以不欺骗的方式告知和说服消费者。

广告的原始功能是传达商家信息。信息真实性是广告行为应该遵循的底线。现代商业活动要求的不仅是信息传达，更重要的是唤醒消费者需求。行为科学研究表明，有效的广告原则包括：①命令原则，即广告需要在形式上有冲击力，能调动人们的基本欲望；②补偿原则，即在广告中创造条件与情境，使人们感到消费行为有价值。比如，买一赠一，超值享受。

尽管研究人员强调广告宣传对个体心理的吸引，但其前提是信息必须真实可靠，即广告内容不是虚假的，不能以欺骗为手段。虚假信息的传导必然产生消极的后果，使广告失去真正的媒介作用。近年来对广告持批评态度的人认为，一些企业的广告常常虚张声势或在欺骗的边缘徘徊。特别是老年人和未成年人由于缺乏一定的辨识能力，对于这种虚假广告的抵抗力最弱，也最容易成为其目标。

扩展阅读 6.9 虚假宣传案例

2. 虚假宣传的伦理分析

《中华人民共和国广告法》（以下简称《广告法》）第 4 条明确规定，广告中不得含有虚假或者引人误解的内容，不得欺骗、误导消费者。第 37 条也提到，法律、行政法规规定禁止生产、销售的产品或者提供的服务，以及禁止发布广告的商品或者服务，任何单位或者个人不得设计、制作、代理、发布广告。

一般来说，消费者能够从企业的诚信度、社会责任、顾客价值、公平竞争等维度感知到企业伦理水平进而影响购买决策。虚假广告违背了诚实守信的基本伦理原则，将严重影响消费者对企业的好感度。虚假广告和不诚信宣传还会对消费者心理造成一定的伤害。经常浏览虚假广告或是受到真实欺骗的消费者会对其他广告产生戒备心理，因为害怕被再次欺骗，由此导致消费者不再轻易信任任何商家，这将破坏正常的市场营销环境和竞争生态。

有些企业认为，宣传信息真实与否并不重要，因为消费者会自行判断。他们认定消费者是理性的，且有能力根据自己的判断选择消费行为，因此虚假宣传不会导致多大的不良后果。然而，这个假设本身并不成立，不仅对判断能力较弱的未成年人或老年人而言，即使对成熟个体而言，做出理性也是一件难事。因为广告或宣传活动的目的，是冲击、调动人们的购买欲望。同时，消费者认定广告或宣传活动传达的是专家信息，他们已经将自己的判断能力交给了专家——只有专家有知识、有时间帮助人们判断产品的适宜性。最近几年多起明星代言广告涉及虚假宣传而惹上官司也很好地反映了这一点。

每当公司以操纵性、不真实性、潜意识和胁迫性方式将广告瞄准易受伤害的购买者（如老人和儿童）时，道德问题就会出现。美国广告协会（American Association of Advertising Agencies，AAAA）提出了一个道德规范守则，以帮助企业监督检查广告是否符合道德标准。该守则告诫公司在进行广告宣传时不要有虚假、歪曲、误导和夸大的声明以及冒犯公众和少数群体的图片。广告公司和消费者都可以使用以下问题来衡量广告的道德标准：

（1）消费者被视为达到目的的手段还是目的？那又是什么手段和谁的目的呢？
（2）谁的权利受到有意和无意的保护或侵犯？是以什么方式和谁的代价呢？
（3）消费者是否得到公平和公正的对待？
（4）广告的效果和意图是否考虑了公共福利和公益价值？
（5）是否有人因使用本产品或服务而受到伤害？

6.5.2 不良广告

1. 不良广告的定义

不良广告即不恰当、不正当、不合适的广告行为。一般可以将不良广告按内容划分为三种类型，其一是产生一定不良影响，违反人们普遍接受的道德价值标准，但还没有逾越法律标准的不良广告；其二是违背了人们的一般伦理价值标准，但尚未严重损害社会秩序、个人尊严的不良广告；其三是严重违反人们的道德价值标准，且超出法律秩序容忍程度的不良广告。企业营销过程中常见的不良广告包括推送钓鱼网站、散布亵渎民族情感的内容、恶意侮辱竞争对手、传播恐怖信息等。

随着互联网技术的发展，企业宣传途径变得更加多样化，信息的传播速度也变得更快。这为企业产品营销带来便利的同时，也让部分伦理失范企业的不良广告传播更加迅速，其造成的负面影响也被扩大，严重的甚至破坏社会秩序，危害公共利益。

2. 不良广告产生的原因

营销过程中出现不良广告的原因可能是多方面的，其中一个原因可能是国家或民族文化差异导致的无意之举。在不同国家和民族文化情境中，伦理道德的内涵、标准和价值取向存在一定的差异。正因为这种文化差异，部分跨国企业在东道国进行产品营销过程中如果忽视了这一因素，可能会引起文化冲突，进而演变为消费者对产品的抵制。本小节扩展阅读中杜嘉班纳辱华事件正是因此而发生。文化冲突可能从三个方面产生：一是企业漠视东道国文化，在产品宣传涉及相关内容时容易导致文化误解，弄巧成拙；二是企业对东道国文化存在刻板印象并产生偏见，这种偏见不被东道国消费者所接受，进而产生情绪冲突；三是在信息网络技术和社交媒体的推波助澜之下，企业广告中包含的不当言论很容易被扩散，进而在社会中产生强大的厌恶情绪，造成品牌抵制行为。

另一个原因是，企业采用侮辱对手、传播恐怖信息、虚假诱骗等不良方式宣传产品，属于有意为之。企业妄图通过这些哗众取宠的方式获得大众关注，提高品牌知名度。这是典型的将伦理道德约束抛之脑后的非伦理行为。正是由于道德底线缺失，企业才会做出违背伦理规范，不顾及消费者心理接受程度和人身财产安全的营销行为，这些行为只能给企业带来短暂的关注度，最后必然受到消费者的抵制和市场的惩罚。

3. 不良广告的伦理分析

企业使用不良广告宣传产品，存在诸多非伦理问题。

（1）不良广告中包含的垃圾信息、电子赌博游戏等内容，容易混淆视听，危及消费者人身财产安全，且污染媒体环境，影响青少年身心健康。我国《广告法》第3条规定：广告应当真实、合法，以健康的表现形式表达广告内容，符合社会主义精神文明建设和弘扬中华优秀传统文化的要求。

扩展阅读 6.10　杜嘉班纳"起筷吃饭事件"：西方奢侈品牌的傲慢与偏见

（2）部分奢靡浮夸、炫富攀比等广告内容引导的消费方向与我国倡导的绿色发展理念背道而驰。在全社会营造浪费可耻、节约光荣的氛围是发展伦理的现实要求，也是生态文明、绿色发展的具体体现。炫耀性消费广告鼓吹非理性消费理念，激发的往往是炫耀、攀比、欲望、奢靡等典型符号价值的非理性消费行为，很容易误导和危害年轻人。

扩展阅读 6.11　借贷广告中的伦理问题

（3）企业使用不良广告非但不利于提高市场份额，反而危害品牌安全，进而损害利益相关者权益。有调查报告指出，75%的广告商的品牌安全都曾受损于不良广告内容。不良广告会极大地破坏客户与企业之间建立的情感纽带，进而导致客户对企业的不信任，甚至引发全社会的市场抵制行为。

6.5.3　恶意骚扰

1. 恶意骚扰的定义

这里我们讨论的是产品营销中的恶意骚扰行为，主要是指企业为了推广自己的产品而频繁与消费者联系，扰乱消费者正常生活的行为。当前骚扰电话已经成为扰乱消费者正常生活状态的突出问题。艾媒咨询的调查数据显示，2018 年中国骚扰电话拨打量超过

扩展阅读 6.12 恶意骚扰案例

500 亿次，两成网民接到的电话中有超过一半是骚扰电话，且每周都接到骚扰电话的网民占比达到了 85.4%。国外也面临同样的问题。知名来电识别应用 Truecaller 发布的 2018 年度报告显示，全球垃圾电话数量相比 2017 年增长了 3 倍。2018 年 1—10 月 Truecaller 用户共计接到 177 亿个垃圾电话。虽然电话营销方式不失为一种精准高效的营销方法，但频率过高会使消费者产生厌恶情绪。

恶意骚扰日益盛行的主要原因来自通信业的迅速发展、个人信息的严重泄露，以及商家实施骚扰行为的低成本。

（1）通信业的迅速发展。在房地产、金融理财和教育培训等行业，电话营销已经成为主导营销模式之一，电话营销产生的业务量占到总业务量的三分之二左右。电话营销有其存在的必要性。然而，企业实施电话营销时并不总能精准定位潜在需求客户，进而采取广撒网模式，大量并无消费需求的民众被频频骚扰。近年来兴起的"AI 电销机器人"具有低成本和高效率的特征，这进一步促进了企业选择电话营销模式来拓展业务。

（2）个人信息的严重泄露。在互联网大数据的时代背景下，企业侵犯消费者隐私的行为屡见不鲜。消费者在网上登录各种平台或购买商品过程中，经常需要输入各种个人信息。部分道德沦丧的不法商家不尊重消费者隐私，恶意抓取客户隐私信息并进行数据贩卖和滥用，导致消费者经常被电话骚扰。

（3）商家实施骚扰行为的低成本。骚扰很难从法律、技术和内容上给出一个完整的认定。对骚扰行为的判断非常主观，每个人对商家骚扰行为的接受程度也各不相同。同时，一线销售人员由于 KPI 绩效压力等原因，频频对潜在对象进行电话销售骚扰。因为此类行为很难在法律上取证和问责，所以企业仅需承担道义上的谴责——惩罚成本太低使得这一现象难以被完全抑制。

2. 恶意骚扰行为的伦理分析

恶意骚扰行为的伦理问题主要表现在两个方面：

一是侵犯消费者通信自由权和安宁权。《中华人民共和国宪法》将通信秘密与通信自由明确列为我国公民的一项基本权利，在生活中是不可或缺的。《中华人民共和国民法典》中第四编《人格权》，第 1033 条明确规定，除权利人明确同意外，任何组织或个人不得以短信、电话、即时通信工具等方式侵扰他人的私人生活安宁。消费者接二连三地收到骚扰电话，会使得其正常有序的私人生活被侵犯，并影响消费者精神世界安稳和宁静，因此骚扰电话会严重侵犯消费者的安宁权。

二是破坏企业形象，损害利益相关者的权益。骚扰电话侵犯消费者通信自由权和安宁权，消费者自然会对实施这一非伦理行为的企业感到厌恶，进而产生消费排斥。企业不但不能从电话营销中获得营业额的提升，反而会破坏自身企业形象，引起消费者抵制。

6.6 营销伦理决策的影响因素

企业在产品设计、定价和营销过程中呈现的种种非伦理行为会给消费者、企业自身和市场环境造成严重的不良影响。那么，企业如何在产品与营销决策环节嵌入伦理道德准则，真正实施营销伦理决策呢？要解决这一问题，需要明确影响企业营销伦理决策的重要因素。基于亨特–维特尔营销道德理论模型，研究者从个人层面、组织层面和宏观层面等维度揭示了影响企业营销伦理决策的关键因素，具体如表6-1所示。

表 6-1　企业营销伦理决策的关键影响因素

维　　度	关键影响因素
个人层面	性别、年龄、国籍、宗教、受教育水平、职业经历、性格、信仰、价值观
组织层面	同事、管理方式、行为准则、内部级别、道德培训、文化、奖励、惩罚、行业、组织规模
宏观层面	社会道德、文化习俗、法律制度、政治环境

6.6.1　个人层面因素

企业市场营销决策与营销人员存在紧密的关系。因此，在讨论个人层面动因时，主要聚焦营销人员进行分析。个人层面能够影响营销人员道德行为的主要因素包括个人属性特征和个体价值观。

1. 个人属性特征

围绕个人属性特征如何影响营销人员伦理决策这一问题，社会各界关注最为广泛的即性别、年龄和受教育水平。虽然尚未得到一致结论，但这也正表明个人属性特征和伦理决策之间存在着复杂的关系。

关于性别是否影响营销人员道德判断，主要基于两种不同的观点。一种观点认为，男性与女性在成长过程中逐渐社会化的方式是不同的。男性重视竞争、自信和支配地位，女性则更加重视合作、平等和情感亲近。这些固有的价值差异可能会导致男女性营销人员之间产生不同的道德判断和行为。有研究机构通过问卷调查发现，性别是人口统计学特征中唯一显著影响营销人员道德感知水平的因素。总体来讲，女性营销人员比男性营销人员更有道德观念。

另一种观点则认为，在两性早期社会化过程中，父母、教师、邻居和大众媒体等社会行为者传授了相同的价值取向、交流方式和习俗。因此，尽管不同的性别存在一些生理和心理差异，但仍然存在不可忽视的相似行为和价值观。根据这一观点，人们可以适应自己的环境，且男性、女性在组织环境中的表现是相似的。有研究指出，营销人员的道德观念并没有显著的性别差异，但在某些具体的道德问题决策上可能存在性别差异。例如，在服装行业，女性营销人员比男性营销人员有更高的道德反应。医疗设备公司的女性营销经理比她们的男性同行更有可能表现出道德行为；与男性营销经理相比，女性营销经理更有道德感并且她们的道德观念受到年龄、收入和行业的影响。对于年龄这一个人属性因素，社会普遍认为年龄较小的营销人员对所处行业的道德标准或许还没有足够的认知，需要领导或同事来教导，因此更容易做出非伦理决策，出现非伦理行为。而年龄较大的营销人员更加了解行业道德准则，也具有较多相关经验，对决策伦理水平的判断更加精准，因此出现非伦理行为的可能性较小。受教育水平也是影响营销人员伦理决策的重要因素。受教育水平越高的人，往往越能理性分析非伦理行为可能带来的严重后果，并通过所学知识制订更多备选方案以有效遏制自己做出非伦理决策。

2. 个体价值观

营销从业者的道德判断随着个人道德哲学的美德、理性主义和情感主义的不同而不同。个人价值观与道德决策存在着较大关系，个人价值观中值得被关注的方面主要包括政治取向、同理心、利他主义等。个人价值观与个体的意识、判断和意图有关。那些在政治上更自由的人更有可能在与他人的互动中追求利润和自身利益最大化。同理心是影响道德决策意图的显著因素。当同理心较高时，营销人员基于道德准则的非伦理行为造成的后果与实际后果非常接近。这将有效降低营销人员因判断失误而做出非伦理决策。利他主义价值观能够有效提升决策的道德水平，其提倡的观点通常包括世界和平、社会正义、纠正不公正、关爱弱者等。相反，以自我为中心的价值观容易对道德决策产生负面影响。以自我为中心的价值观，例如，权威、领导或指挥的权利、影响力、对人和事件的影响、物质财富和金钱等都是这种价值观的典型表现。营销人员在自我为中心价值观的指引下，凡事都先考虑自己的利益，而不注重遵守营销中的平等交易原则。

有时，营销人员的价值观受到直系上司即营销经理的影响较多。营销经理是持道德相对主义观念还是道德理想主义观念，会对营销人员的判断和意图产生影响。例如，持道德相对主义观念的营销经理认为不存在评价伦理道德的普遍标准，并在团队内营造了一种视具体个人价值规范而判断对错的道德氛围，这就可能导致销售团队受到这一观念的影响，进而认为任何对错都是可以被接受的。如此一来，营销人员的道德选择将不会受到来自部门营销经理的约束，而是随心所欲的，这可能会纵使营销人员做出许多不道德的行为。因此，我们可以看到，个人道德哲学与他们对非伦理情境的感知有关，营销经理需要通过理解营销人员的道德观念进而更好地管控营销决策伦理水平。

6.6.2　组织层面因素

道德氛围、监督风格、奖励惩罚机制、规范和价值观、行为准则和政策、期望、管理行为和社会化是组织文化的一部分。重要的是，一个销售组织不仅有自己的亚文化或道德气候，还有销售道德气候，影响道德问题和道德决策强度的感知。通常而言，组织中的监督、奖惩、道德准则、气候和文化、组织承诺、道德氛围、市场吸引力、自我效能、组织行为控制系统、对配额的感知、主管的意识形态信仰、领导风格等多个因素对企业营销决策均有着显著的影响。下面是受到最高关注的三个因素。

1. 职业道德准则

企业是否建立明确的职业道德准则是影响营销人员行为规范的重要因素。许多学者都呼吁企业建立和执行明确的道德准则，甚至是行业内通用的道德准则。当企业道德规范的内容在公司、行业和国家之间更加普及和相似时，营销人员对企业道德规范的遵从程度将会更高。道德准则通过影响营销经理的态度而间接影响营销人员的道德水平，因为道德准则为营销人员提供了明确的道德期望，有助于消除营销人员对遭受不公平对待的担忧。对道德准则的认识与对更高道德价值和更高水平组织承诺的感知之间有明确关系。与没有道德规范的组织相比，有道德规范的组织雇用的销售人员认为其工作环境具有更积极的道德价值观，这种感知不会受他们在组织中的任职年限、道德培训时间、他们对组织总体工作满意度以及组织承诺水平的影响。出于这些原因，相关部门应该重点监测道德准则的制定以及营销人员的执行情况，以此提升营销人员的道德水平。

2. 道德培训机制

企业对营销人员的道德培训是规范其营销行为的重要途径。与一般道德培训相比，传达营销伦理规范的道德培训将在减少营销人员的非伦理行为方面发挥更大作用。培训数量与营销人员对组织道德制度化和道德文化的看法、主管和员工的满意度之间都呈正相关关系。道德培训使营销人员对可能使道德判断产生偏差的情境、偶然因素变得更加敏感，并且能够有效减少个体差异对道德情境感知能力的影响，例如，减轻年龄和教育程度对营销人员道德情境感知能力的影响，提升营销人员道德观念的平均强度。因此，营销经理应该鼓励营销人员更好地理解什么是道德标准和道德违规，这样会帮助他们更好地理解道德准则的内涵并在行动中主动对照执行。

3. 管理层监督

营销经理的风格和他对销售战略的管理控制手段会影响营销人员的道德认知水平和组织道德氛围，进而影响营销人员对道德的判断。面对营销人员的非伦理行为，管理者应该只考虑那些与道德相关的问题，不能让外部因素影响他们的道德决策。他们不应因个人特征和其他因素影响而在法律、社会正义或公平问题上做出差异性的裁决。

营销人员的道德判断与他们的销售业绩正相关。因此，管理者不仅需要解决营销人员的角色冲突问题，还要营造良好的组织道德氛围。例如，政策和准则的制定与执行以及对不道德营销行为的零容忍。因为组织道德氛围会影响营销人员对不同营销人员和经理群体之间角色冲突的看法。管理者应该特别关注市场吸引力、自我效能和实现配额的难度对销售业绩的影响，并对他们能够控制的因素采取行动。例如，经理需要提高对营销人员的审查和监控水平，并就实现配额的难度发出信号，以提高营销人员的销售能力，从而使其更好地接受具有挑战性的配额。当营销人员完成或未能完成配额时，沟通和帮助他们实现所期望的结果是经理们需要重点关注的。只有实施有效的监督管理手段，才能降低营销人员实施非伦理行为的概率。

6.6.3　宏观层面因素

1. 道德强度

任何一个企业都是在特定的社会文化和环境中生存和发展的。问题涉及的道德强度将影响和制约企业的营销决策行为。琼斯于1991年提出道德强度的定义，即在某种情况下与问题相关的道德要求的程度。道德强度将直接影响营销人员伦理决策的四个阶段：意识、意图、判断和行为。琼斯的道德强度模型包括六个维度：

（1）后果的严重程度——对受害者/受益者造成的伤害/好处的数量；

（2）社会共识——对行为好坏的认同程度；

（3）影响概率——事件发生并造成预期伤害/好处的可能性；

（4）时间上的即时性——做出决定和后果发生之间的时间；

（5）接近度——决策者和受害者/受益者之间的接近程度；

（6）集中效应——受决策影响的人数。

许多学者在个人和组织因素研究中测试了琼斯六个维度中的一个或多个。对道德强度的概念和具体维度进行专门测试的趋势一直在继续。早期研究发现，道德问题的重要性影响了行为意图，甚至影响了整个道德决策过程。随后有更多关于道德强度的研究发现，道德强度因素存在于人们的意识、判断和意图类别中。道德强度和道德判断是道德意图的重要预测因素。当人们在销售环境中感知到更大的道德强度时，更有可能产生道德意图，使得决策更加符合伦理规范。

2. 文化差异

文化价值观的总体差异塑造了伦理决策的差异。一项针对美国、土耳其和泰国营销专业人士的研究发现，美国营销专业人士认为道德更重要，对不道德营销行为严重性的认识比土耳其和泰国同行更深。曾在中国、埃及、芬兰、韩国、俄罗斯和美国进行的一项跨国研究也发现，文化差异确实影响了商业实践中的伦理观念与伦理实践。

在集体主义文化中，由于更大的相互依赖性，经理对他们的组织更忠诚，通常也更关心他们的组织。但这并不一定能影响道德或不道德决策。事实上，集体主义和长期取向导致集体文化中的员工可能选择与所在企业同流合污，做出支持组织意愿但违背道德规范的商业决策。相比之下，个人主义文化中的员工可能会公开质疑一个组织的不道德商业行为。

6.7 企业营销伦理规范建设

企业与客户之间的交易关系应该秉承自由平等原则。对于消费者而言，他们在产品或服务消费过程中具有安全权、知情权、选择权、表达意见权、环境保护要求等一系列权利。与之相对应，企业应该生产达到安全标准的产品，向消费者提供完全信息，特别是明确告知可能的伤害；在平等互利条件下进行交易，不能签订存在不公平内容的合同；倾听消费者投诉并积极反应；最大限度地减少污染。

要形成上述市场交易关系，企业不仅需要下定决心规范营销伦理并付出实际行动，还需要社会各界的广泛监督与共同努力。这对于帮助企业实现伦理营销、建立良好的客户关系和品牌形象具有重要的意义。因此，为解决企业在市场营销中面对的伦理挑战，企业营销伦理规范建设应从以下五个方面着手：监管、组织、沟通、社会营销、绿色营销（表 6-2）。

表 6-2 改进企业营销伦理的具体措施

维　　度	具体措施示例
监管	加强监管以规范企业非伦理行为。例如，税率、规制费用等
组织	调整组织结构，提升组织的伦理性。例如，组织规模，联盟等

维　　度	具体措施示例
沟通	小规模小组讨论，大规模教育活动；多方利益相关者对话协商，并反馈到实际营销决策中
社会营销	培养利他主义价值观，实践可持续的市场营销
绿色营销	将环保理念贯穿整个营销过程。例如，新能源汽车

6.7.1　加大监管力度

过度的自由竞争会导致市场失灵。市场监管部门积极履责是引导企业遵循营销伦理准则和客户价值创造原则的重要途径。产品开发、分销、定价的各个环节都有机会产生各种非伦理问题，政府可以通过设计影响企业产品开发、分销、定价、营销决策的监管策略来防范潜在非伦理营销问题的发生。例如，差别电价制度就是国家抑制高耗能产业盲目发展的重要手段；政府对企业征收环保治污费也是减少企业环境污染的有效措施。总体而言，企业营销中有三类道德问题迫切需要政府监管来解决。

1. 贿赂和腐败问题

虽然这个话题经常在更为宏观的市场背景下进行讨论，但营销领域是这一问题的重灾区，销售主管时常扮演着向政府相关部门、供应商以及经销商行贿的角色。解决这一问题除需要政府部门做到洁身自好外，还需要制定严格的监管措施打击企业行贿行为。

2. 产品假冒伪劣问题

药品、婴幼儿奶粉、化妆品等这类产品比较容易出现这类问题，从而严重威胁消费者人身安全及被假冒企业的财产和声誉安全。因此政府需要采取严格手段对此类问题予以治理，加大对假冒伪劣实施主体的惩罚力度。

3. 互联网时代的道德问题

新兴网络营销手段的广泛运用引发许多新的道德问题，包括隐私、数据安全和管辖权等问题。虽然在处理这个问题上，企业的自我监管是主要措施之一，但由于问题存在的普遍性，政府部门的严格监管也是必不可少的。

6.7.2　调整组织结构

组织的道德约束会对营销人员的道德决策产生显著影响。当企业将道德作为一项重要的行为准则时，营销人员做出违背道德规范的营销决策的概率会大大降低。例如，强生公司将制定的道德信条翻译成多种语言展示在各个办公室中，并且还会通过的问卷形式每半年对管理者是否执行信条内容进行一次评估。将道德准则摆在经营管理中的重要位置是很难做到的，但是营销经理确实需要组织强大的道德感来规范自己的行为。

组织结构的变化可能影响整个企业自我导向激励机制作用的发挥，缩小团队规模和与公益组织合作都会让企业的营销决策更加符合道德规范。

1. 缩小团队规模

研究表明，随着群体规模缩小，合作或自我约束的动机往往会增加。可能的原因是大群体中的个人认为他们的行为决定对群体福利的影响较小且不明显。因此，适当控制销售团队规模，让每个营销者都能感受到非道德行为对自身利益的负面影响，是降低此类行为发生的有效途径。

2. 与公益组织合作

公益对于企业来说是承担和履行社会责任的一部分，公益组织可以在这一方面发挥专业作用。由于企业的优势是拥有资源，需求是获得有利于企业实现利益最大化的"声誉"；公益组织的需求是获得资源以求生存，优势是可代表社会授予企业声誉。企业与公益组织双方可建立起"资源—声誉"交换路径：企业向公益组织投入资源—公益组织以社会名义告知社会公众—社会相信这一信息—社会认可企业并给予相应的积极评价—企业获得声誉—企业获得利益和可持续发展。这也是双方良性合作的逻辑。企业与公益组织之间的合作有利于增加社会福利，实现企业、公益组织、社会三方共赢。

6.7.3 提升沟通效率

沟通是市场营销的命脉，它贯穿所有类型的营销活动，对买卖双方都有影响。企业针对道德问题进行内外部沟通和交流是非常有必要的，能够减少不道德行为以及对道德问题的偏见。市场营销处于公司对外交流的最前沿，因此更应该对道德问题进行严肃认真的讨论。如何利用沟通来治理企业非伦理营销行为，大致可以从以下两方面入手。

1. 培养诚实沟通的营销理念

阿德勒（Adler）于 1998 年提出了"践行诚实沟通"，将其作为全球营销的四个道德准则之一，且认为这是一个可以在社会上普及的准则。准确认识"诚实沟通"是发挥其功能的首要前提。企业与市场的沟通可能涉及听觉、视觉或语言歧义上的误差等问题，但这些都不属于非诚实沟通。只有当沟通的目的是故意歪曲、隐瞒或以其他方式操纵他人以误导消费者时，才是道德上存在问题。因此，营销人员应该准确理解诚实沟通的内涵，并自觉遵守这一准则，严格做到准确传递产品真实性能。企业可以在小范围内组织关于诚实沟通的交流活动，也可以在大范围内开展专门的教育培训活动，以增强营销人员对诚实沟通准则的理解和执行力度。

2. 加强与利益相关者的沟通

有些市场营销中的道德问题可能是在某个行业或是整个市场中普遍存在的，在这种情况下企业通过个体努力获得改善的效果可能并不明显，因而需要企业与外部利益相关者沟通协作以解决这些普遍存在的道德问题，如环境污染、资源浪费等。对于如何解决某类公共的道德困境，企业可以通过网络快速收集消费者、社会大众、政府以及同行反馈的意见，并在产品设计、定价和营销等流程做出相应调整。同时，消费者在理解企业为解决道德困境而付出巨大努力和资源投入的基础上，也愿意为价格较高且符合伦理规范的产品买单，这也将有利于企业、消费者和社会共赢局面的形成。

6.7.4 重视社会营销

社会营销注重满足消费者和社会的长期利益，是企业建设营销伦理规范的重要方向。

1971 年，菲利普·科特勒提出了"社会营销"（societal marketing）的概念，并将其定义为"以整合营销为支撑的客户导向，旨在创造客户满意度和长期消费者福利"，这一观念兼顾企业、消费者和社会的利益，将社会责任承担纳入了营销战略的制定和实施。

按照社会营销原则，公司制定市场营销决策时，必须考虑消费者的欲望、公司的要求、消费者和社会的长期利益。公司应该明白，忽略消费者和社会的长期利益会给消费者和社会造成损害。明智的公司应该将社会问题视为市场机会。社会营销应该重视的五个关键维度包括物理后果、心理健康、社会关系、经济贡献、环保意识。

1. 物理后果

这一维度是指一个组织生产和提供一种产品的程度，这种产品应该增加个人和整个社会的物理收益，同时最大限度地减少物理伤害。产品的物理后果应该是企业首要考虑的社会问题。企业在提供产品时应该注意产品在服务期间不存在危险和风险，同时还能够帮助用户保护和改善他们的身体健康状况。为了提高个人和整个社会的福祉，企业有必要考虑和预测与产品相关的物理收益和损害。

2. 心理健康

这一维度是指一个企业生产并提供一种产品，在努力减少负面结果的同时，提高个人和整个社会的积极心理和情感结果的程度。企业提供的产品应该能够帮助人们发展情感和提供精神力量，减轻压力。产品的生产和消费可能会影响个人和整个社会的态度、行为、情感和心理过程。通过消费一种产品，一个人可以感受到他/她的情绪的积极或消极的变化。比如一个球队的忠实球迷，当他们支持的球队输了的时候可能会情绪低落，而对方球队的球迷却很开心。企业在准备产品时可能会预测某些心理结果。然而，这种预测并不等同于他们完全了解了产品生产和消费过程中产生的各种心理后果。实际上，一个组织应该预测一个产品会导致什么样的积极或消极的心理后果。

3. 社会关系

这一维度是指一个组织生产和提供一种产品的程度，这种产品有助于建立和维持人们之间的社会互动，同时减少产品对这些互动的破坏性。受访的经理们都建议，一个组织提供的产品应该能够帮助人们轻松地与他人互动。例如，管理人员指出，他们的服务应该有助于"培养社区意识"，并帮助"用户"与其他用户轻松互动。事实上，一种产品的生产和消费对人与人之间关系的建立和维护有着重要的影响。个人与他人有一定联系，因为个人周围的人对某种产品的选择可能有不同的反应，所以消费某种产品可能会促进或威胁这些联系。例如，忠实于同一支球队的球迷之间可能会有友好互动；与此同时，忠于不同球队的球迷间极端行为的发生说明了个人难以与忠于对手球队的人互动。个人或一群人与其他人的关系（即社交互动）可能会受到产品消费的积极或消极影响。

4. 经济贡献

这一维度是指一个组织在努力减少财务损失的同时，为个人和社会生产提供有助于财务收益的产品的程度。企业在服务社会时，有必要为财产的货币价值增加做出贡献。从本质上说，一个人或一群人可能会直接经历与产品生产和消费相关的经济收益或损失。例如，人们期望通过定期参加健身计划来减少与健康相关的支出（代表经济收益）；或者，个人可能需要购买健身计划不提供的设备（代表经济损失）。同样，企业搬迁到新的地方预计会对以前企业所在地造成经济损失，例如减少当地的税收、个人工作岗位丢失等。而新地址的个人（获得工作机会）和地方政府（增加税收）却能够获得经济收益。

5. 环保意识

这一维度是指一个组织生产和提供对自然环境有利的产品，同时尽量减少对环境的负面影响的程度。个人和整个社会的福祉与环境条件息息相关，因为它们会获得环境条件的帮助或受到伤害。例如，产品生产造成的环境污染可能导致呼吸系统疾病等健康问题，而保护森林将有助于减少这种疾病的发生。产品的生产和消费也可能破坏或促进自然环境的健康状态。例如，在高尔夫球场使用除草剂清除杂草会对附近的植物和森林造成生态破坏；允许更多的游客去步道会损害公园里动植物的栖息地。相反，努力生产更环保的产品，如旨在最大限度减少二氧化碳排放的汽车，以及努力回收在产品生产和消费过程中产生的废物，肯定有助于自然环境的改善。企业应该至少开发一种生产和消费不会对环境造成损害的产品。

6.7.5　发展绿色营销

随着工业化进程加快，我国社会经济得到高速发展，生活水平迅速提高。不可否认的是，这也给生态环境带来了污染和破坏。为了保护环境，绿色消费成为被政府绿色法规和公众广泛接受的一种生活方式。在此背景下，绿色营销应运而生。绿色营销是指一种能辨识、预测及满足消费者的绿色需求，并且可带来利润及促进可持续发展的一系列营销活动。它要求企业在经营中贯彻自身利益、消费者利益和环境利益相结合的原则。企业在实施绿色营销时需要重新审视产品设计、产品定价、产品销售等营销环节，将环保观念融入其中。绿色营销的主要内容包括以下几个方面。

1. 设计绿色产品

产品设计是企业营销的基本前提，企业实施绿色营销需要以绿色产品为载体。绿色产品是指从生产、使用到回收处理的整个过程都对节约资源、环境改善、人体健康有利的产品。设计绿色产品，重点要做好以下四个方面的工作。

（1）设计绿色功能。产品的核心功能应该既要满足消费者的实用需求，符合相应的技术和质量标准，同时也能比传统产品更加节能环保，符合有关环保和安全卫生标准。例如，近年来兴起的新能源汽车就是典型的带有绿色功能的产品。新能源汽车不仅能够较好地满足消费者出行需求，还能为消费者节省油费。使用电池作为主要动力还不会产生尾气，有效规避了空气污染。但是由于充电桩数量供应不足以及电池续航能力等问题，新能源汽车完全替代燃油车还有很长的路要走。

（2）使用绿色资源。产品制造过程中应该尽可能减少资源消耗，提高资源使用效率，减少生产过程中的废物排放。利用再生资源设计产品，产品中不能添加有害环境和人体健康的原料、辅料。2020年年初，《国家发展改革委、生态环境部关于进一步加强塑料污染治理的意见》，明确了2020年、2022年、2025年三个时间段塑料污染治理分阶段的任务目标。受到此文件影响，全国范围内餐饮行业被禁止使用不可降解的一次性塑料吸管。于是瑞幸咖啡、星巴克、一点点奶茶等品牌饮品店相继将一次性塑料吸管替换为纸质吸管或可降解塑料吸管。一些生产聚乳酸吸管、纸吸管、不锈钢吸管的公司订单量呈爆发式增长，为公司带来了可观利润。可以看到，符合环保需求的产品越来越受到市场的认可。

（3）选择绿色包装。产品包装应该减少对资源的消耗，包装材料应该无毒无污染，包装废弃物应尽可能可以回收重复利用或可降解。近年来随着电子商务的快速发展，网络购物配送过程中的过度包装问题受到关注。相关部门在 2021 年陆续发布了《邮件快件包装管理办法》《限制商品过度包装要求 食品和化妆品》的国家标准，以限制商品过度包装。商家应该从伦理视角审视产品包装问题，加强自我约束，尽可能降低环境污染，从而打造能够获得消费者全方面认可的优质品牌。

2．制定绿色价格

绿色产品在生产过程中，企业因增加或改善环保功能而支付的研制经费，因研制对环境和人体无污染、无伤害的产品而增加的工艺成本，因使用新的绿色原料、辅料而可能增加的资源成本，因实施绿色营销而可能增加的管理成本、销售成本等均将导致绿色产品成本的上升。因此企业针对绿色产品的定价难免会高于传统产品。然而即便如此，随着收入水平不断提高，人们将更加重视安全、环保等方面的考虑，也将愿意接受环保带来的高价。但是，企业不应借此名义制定过高价格，应该认真核算成本后进行合理定价。同时，企业还应在保证产品质量的前提下，积极吸纳先进的科学技术，以降低绿色产品的制造成本，为消费者提供物美价廉的绿色产品。

3．开展绿色营销

绿色营销是指企业利用广告、促销活动、人员推广等方式，宣传产品的绿色知识，启发引导消费者的绿色需求，最终促成购买的行为。从现有企业的实践来看，主要的营销方式包含以下两种。

（1）绿色广告。企业通过设计广告来向外界传达自己付诸的绿色行动，同时介绍产品的绿色功能定位，引导消费者接受并产生绿色消费观念。在绿色产品的市场投入期和成长期，企业可以通过大量广告宣传，营造市场营销的绿色氛围，激发消费者购买欲望。例如，有机牛奶是一种纯天然、无污染、安全又营养的有机食品，最大限度地保存了牛奶的天然营养成分，是继"无公害牛奶""绿色食品牛奶"之后，更为健康的一种牛奶。有机牛奶与普通牛奶的区别主要在于奶牛的饲养方式、饲料和牛奶的处理过程。有机牛奶的奶牛吃天然牧草长大，牧草施用的必须是有机肥料。同时在后期加工中，绝不加入防腐剂、抗生素等物质，是最安全的营养食品。伊利集团为了推广旗下的一款产品——金典有机奶，斥巨资赞助了多个当红综艺，并配置了绿色广告词，比如"限定原产地有机牧场""生态水源，汲取地下水源自然清澈""营养牧草，自然生长，优选进口紫花苜蓿"等。这些广告词向消费者传达了金典有机奶的绿色品质，给大众留下了深刻印象并强烈刺激了消费需求。

（2）绿色公关。成立相应的公关小组，通过与公益组织成立联盟或组织实施一些环保行动来侧面满足社会大众对环保的需求，进而拉近与消费者的距离，这也是企业常见的绿色营销手段。例如，参与一系列公关活动，包括发表环保倡议文章、演讲、播放影视资料、社交联谊、公益活动、赞助等。这些活动既能增加企业与社会公众的接触频率，提高品牌知名度，也能通过增强公众绿色意识给企业树立绿色形象，为绿色营销建立广泛的社会基础，助力后续其他绿色营销活动或普通营销活动顺利开展。

绿色营销作为一种符合伦理规范的营销手段，正逐渐成为企业营销活动的趋势。因此，企业家要具有长期发展意识，将绿色理念贯穿整个营销活动。从关注企业盈利这一单一绩效指标，转变到兼顾经济价值与环境保护，从而实现可持续发展的长远目标。

本章关键知识点

卡瓦纳道德决策树模型、亨特–维特尔营销道德理论模型、营销伦理理论、绿色营销

思考题

1. 企业在市场竞争压力中如何避免非伦理营销行为的发生？
2. 追求市场利润和遵循伦理准则在营销活动中是两个相悖的选择吗？

即测即练

自学自测　　扫描此码

第 7 章

资本市场中的企业伦理决策

本章学习目标

通过本章的学习，学生应该能够：

1. 理解投资者利益保护的重要性；
2. 掌握资本市场关键伦理准则；
3. 了解资本市场非伦理行为表现及动因；
4. 熟悉资本市场伦理规范建设思路。

引导案例

瑞幸咖啡财务造假

2017 年 10 月，瑞幸咖啡第一家门店试营业，随后经营规模迅速扩张。2019 年年初，门店数量达到 2000 家左右，成为国内咖啡业第二大连锁品牌。2019 年 5 月 17 日，瑞幸咖啡成功在美国纳斯达克上市，共募集资金 6.95 亿美元，市值达 42.5 亿美元，成为当年在纳斯达克 IPO 融资规模最大的亚洲公司，也创造了全球最快 IPO 纪录（自公司成立到上市仅相隔 18 个月）。

瑞幸咖啡之所以能够在短时间内成为与星巴克并驾齐驱的咖啡品牌，得益于其独特的商业模式。其商业模式的特点可概括为以下三个方面。

一是利用互联网技术与"流量经济"，采取线上、线下相结合的经营模式。通过大幅度折扣、免单等促销手段培育中国消费者的咖啡消费习惯，获得流量后再将流量引向其他高盈利领域，实现"从咖啡开始，让瑞幸成为每个人日常生活的一部分"的商业愿景。

二是高性价比。采用高比例折扣、赠送优惠券与免单、订单满 35 元免配送费等促销手段塑造低价格、高品质的品牌形象，对标星巴克与咖世家（Costa），具有价格优势。

三是高度依赖营销宣传。公司投入大量财力用于营销、宣传、公关，试图塑造并维持良好的品牌形象，但也造成了沉重的成本负担。

瑞幸咖啡通过上述商业模式实现了快速扩张，但并未带来良好的盈利。瑞幸咖啡上市前即处于亏损状态，2017 年净亏损 5637 万元，2018 年净亏损 16.19 亿元，2019 年前三季度亏损 5.32 亿元。但瑞幸咖啡在季度报告中营造出"发展势头良好、营业利润开始为正"的假象。2019 年三季报显示公司 2019 年前三季度营收为 165.42 亿元，同比增长 540%，同时门店运营利润（营业收入减营业成本，未扣减其他费用）为 1.9 亿元。

2020 年 2 月，浑水公司发布了一份长达 89 页的研究报告，质疑瑞幸咖啡 2019 年下半年财务数据造假，指出其存在根本性的业务模式缺陷。浑水公司调查了 92 名全职员工和 1418 名兼职员工，对 1832 家瑞幸咖啡门店进行现场调查，收集各类小票 25000 张，录制视频时长达 11000 小时。做空报告详细分析了门店的监控数据，证明瑞幸咖啡 2019 年第三季度与第四季度的每日销量被分别夸大了至少 69% 和 88%，单笔订单商品数从 2019 年第二季度的 1.38 降至 2019 年第四季度的 1.14，门店层面亏损高达 24.7%～28%。

在商业模式方面，做空报告认为咖啡无法构成中国人的核心需求，中国整体咖啡市场需求有限、增长温和，无法支撑起瑞幸咖啡提出的"从咖啡开始，让瑞幸成为每个人日常生活的一部分"的商业愿景；同时用户价格敏感度较高，对瑞幸咖啡的品牌忠诚度有限，瑞幸咖啡无法通过提升售价的方式增加门店销售额与利润额。因此，高度依赖营销和补贴的商业模式不可持续，门店也难以获得持续盈利。

在浑水公司做空报告形成的压力之下，2020 年 4 月 2 日，瑞幸咖啡向美国证券交易委员会（SEC）提交公告，承认 COO（首席运营官）及部分下属存在捏造交易数据等不当行为，公司于 2019 年第二季度至第四季度共计虚增了 22 亿元销售额。公司承认财务造假后，股价暴跌，当天开盘 6 次熔断，收盘价为 6.4 美元/股，较前一日（26.20 美元）下跌 75.57%，市值蒸发 354 亿元。4 月 7 日，美股开盘后，瑞幸咖啡停牌。

在瑞幸咖啡财务造假事件中，审计机构也负有重大责任。与瑞幸咖啡财务造假直接相关的安永会计师事务所（以下简称安永）被推向了风口浪尖。2020 年 4 月 4 日，安永回应称，安永仅对瑞幸咖啡成立至 2018 年年末的财务报告进行了审查并出具了审计报告，而对瑞幸咖啡上市之后的财务报告还未出具任何审计报告。在浑水公司发布做空报告后，安永派遣专业团队对浑水公司做空报告中涉及的财务季报进行了全面审计，发现 2019 年第二季度至第四季度的财务报告确实存在重大问题，并向瑞幸咖啡审计委员会提出相关问题。在安永的强烈要求下，瑞幸咖啡开始进行内部调查。

会计师事务所签署的审计报告对投资者具有重大参考价值，然而在某些案例中存在审计机构和上市公司合谋欺骗投资者的情况。当然也可能由于审计机构限于人力、权限及预算等未能识别上市公司精心掩盖的造假事实而导致审计失败。虽然目前披露的信息尚不能证明安永在瑞幸咖啡财务造假事件中存在违法事实，但安永作为审计机构，其在这起事件中的表现确实令人质疑，因此也难辞其咎。曾经轰动一时的美国安然公司财务造假案件直接导致全球五大会计师事务所之一的安达信会计师事务所面临破产。

2020 年 5 月 12 日，瑞幸咖啡宣布董事会及管理层改组。自财务造假事件发生后，公司董事会成立特别委员会进行监督调查。董事会在评估收集各类信息后，终止了 CEO（首席执行官）钱治亚和 COO 刘剑的一切职务，并要求他们从董事会辞职。此外，董事会新任命公司董事、高级副总裁郭瑾一为代理 CEO，还宣布任命曹文宝和吴刚为董事会成员。尽管财务造假事件的影响远未结束，但此次董事会改组后几个月，瑞幸咖啡开始精细化运营管理，部分门店逐步实现盈亏平衡。

资料来源：作者根据瑞幸咖啡年报和网络公开资料整理编写。

思考题：

1. 瑞幸咖啡财务造假事件违背了哪些伦理原则？
2. 导致瑞幸咖啡财务造假的主要原因是什么？
3. 如何防范资本市场非伦理行为的发生？

7.1 两权分离与代理冲突

7.1.1 公司制的起源与发展

1. 股份制公司的萌芽时期

学术界普遍认为现代公司起源于中世纪的欧洲。16 世纪中叶，欧洲手工作坊开始兴起，在生产经营中逐渐呈现专业化分工，组织形式也发生了变化。随着海上贸易的发展，合伙制开始盛行，欧洲地中海出现了海上协会、康孟达和索塞特等合伙组织。海上协会通过发售股票募集资金并分担风险，还向每只商船派驻一个代理人代表投资者。康孟达则是一种商事契约组织，其资本的所有者和经营者相分离，资本所有者仅以预付资本为限承担有限责任，经营者承担无限责任。索塞特则以所有者的全部私人财产对企业债务和经营风险承担无限责任，并以契约形式约定企业的存续期限。可以看出虽然合伙制的含义直到 18—19 世纪才被完备确定下来，但代理权和有限责任在当时就出现了。

随着地理大发现以及航海技术的发展，英国、法国、荷兰等欧洲海洋强国开辟了东西半球之间的贸易航线，欧洲商人的活动领域从地中海周围扩展至大西洋沿岸，东西半球各地贸易额大幅增长。此时，公司制度也有了新的发展。远洋贸易的发展迫切需要组建一批贸易公司，但当时的欧洲盛行重商主义，政府不允许自由贸易，建立贸易公司必须取得皇家的特许，因此，那时的贸易公司被称作"特许贸易公司"（chartered company）。17 世纪初，一批以贸易为主要经营活动的特许贸易公司逐渐出现，它们被普遍认为是现代股份公司的先驱。比如，1553 年，英国首次以合股形式成立了海外特许的莫斯科公司；1600 年，英国女王伊丽莎白一世特许成立东印度贸易公司。需要明确的是，这些通过申请获得皇家特许的特许贸易公司，虽然也被称为"公司"，但其本质只不过是通过特许授权经营模式获得了海外贸易的垄断权。在特许制度下，公司成立没有一般性条件，必须依据国王、政府或议会颁布的专门法令而成立。在这个专门法令中，公司的设立条件、章程的主要内容、政府的特别权益、公司的特别权利、公司的经营事项等重大事项都有专门规定。在这个阶段，公司的成立必须依据法令，否则，公司无法成立。因此，这一时期的特许贸易公司带有临时性的特点。例如，1600 年成立的英国东印度公司，就其规模、影响、获利程度及其在海外贸易中的地位来说，是相当重要的。但是，它只是一种临时性股份企业，可能以一次或几次航行为限。该公司于 1720 年要求永久特许状，但未获皇家批准。

2. 股份制公司的蓬勃发展

海外市场的不断扩张不仅需要庞大的、长期的资金支持，同时还承担着极大的贸易风险。因此，这些海外贸易公司开始向全社会发行股票以募集大量资金，并分散贸易风险。1602 年，特许成立的荷兰东印度公司被学者们认为是世界上第一家永久性股份制公司，并且该公司在招股公告中首次使用了"股东"和"股份"等现代公司制的专有名词。该公司在成立时，阿姆斯特丹商会作为大股东持有 56.9% 的股份，其余资金通过面向全国发行股票来募集，并成立股票交易市场；公司设立股东大会并作为最高权力机构；由股东大会选出 60 名董事组成董事会，董事会为公司决策机构；另选 17 人组成经理会，经理会为执行机构，主持日常事务；公司所得利润定期按持股比例分红。此时，荷兰东印度公司已具备现代公司制的基本特征：①股票面向全国发行并建立二级交易市场；②建立董事会和股东大会等公司治理机制；③所有权和经营权相分离；④股东有限责任的确立；⑤公司存续期的永久性。

现代公司制正式形成于 19 世纪后期。1825 年，英国议会废止《泡沫法案》。1837 年，美国康涅狄格州颁布了第一部公司法，取消公司成立的政府特许证，规定了标准且简单的公司设立程序。此后，欧美各国的公司不仅发展迅速，而且具有联合倾向，出现了诸

扩展阅读 7.1 世界上第一家现代股份制公司的诞生

如卡特尔、辛迪加、康采恩与托拉斯等垄断组织。其中最令人瞩目的是，以股份有限公司为典型特征的现代公司制企业的迅速发展。20 世纪初，在英、美、法、德等国家，股份制公司控制了近 1/3 的国民财富。钱德勒认为，现代公司制企业的出现是由于管理上的协调比市场上的协调更有效率、更有利可图。股份制公司的发展不仅扩大了资金来源，而且对现代经济的所有制关系产生了深远影响。由于公司股权的分散化，产权所有者众多，无法都参与企业日常的经营管理，股东开始将公司经营权委托给经验丰富且具有专业能力的经理人。此时，公司的所有权和经营权逐渐被分离，这也标志着现代公司的正式形成。

7.1.2 委托代理理论

委托代理理论是伴随股份制公司所有权与经营权的分离而产生的，是契约理论最重要的发展之一，是 20 世纪 70 年代初，以莫里斯、阿克洛夫以及史宾斯为代表的经济学家深入研究股份制公司内部信息不对称和激励问题而形成的重要理论。该理论以委托代理关系为研究对象，委托代理关系主要是指一个或多个行为主体根据一种明示或隐含的契约，指定、雇用另一些行为主体为其服务，同时授予后者一定的决策权利，并根据后者提供的服务质量为其支付相应报酬。委托代理理论的中心任务是研究委托人如何设计最优契约激励代理人，实现二者之间的激励相容。该理论以下面两个假设为前提：

1. 委托人与代理人之间存在目标利益冲突

委托代理关系中，委托人和代理人都是经济理性人，他们的行为目标都是实现自身效用最大化。在委托代理关系中，委托人（股东）的目标利益是实现其股权价值最大化，

即公司利润最大化。但代理人（经理人）的目标利益则是实现个人在当前阶段薪酬、在职消费和闲暇时间等自身利益最大化。委托人的收益大小直接取决于代理人付出的成本，即代理人工作时的努力程度和时间长短，而代理人的收益大小则取决于委托人付出的成本，即委托人给予的报酬和休假时间等福利。因此，委托人与代理人之间的利益诉求并非完全一致，甚至是相互冲突的。由于目标利益不一致，代理人便可能利用委托人委托的企业资源配置权谋取私人利益，即产生代理问题。因而，委托人与代理人之间需要建立某种机制（契约）以协调两者之间相互冲突的利益诉求，使两者的目标利益尽可能趋于一致。

2. 委托人与代理人之间存在信息不对称

由于委托人并不直接参与公司内部管理，因此在委托代理关系中，委托人并不能直接观察到代理人的努力程度，因此难以清楚地了解公司的经营状况。代理人却很清楚自己付出的努力程度以及详细的公司经营情况，具有明显的内部信息优势。由于两者之间的信息不对称，代理人便可能利用自己拥有的内部信息优势谋取私人利益，从而产生代理问题。代理人努力程度的不可观察性和不可证实性意味着代理人努力水平不能被包含在契约条款中。此时，委托人必须设计某种合适的契约或机制来缓解两者之间的信息不对称，引导代理人选择符合委托人利益的最优努力水平。

由于委托人和代理人之间存在主观上的目标利益冲突和客观上的信息不对称，代理冲突和代理成本不可避免地产生了。按照詹森和麦克林（Jensen and Meckling，1976）给出的定义，代理成本主要包含三部分：①委托人的监督成本，即委托人激励和监控代理人以图后者为前者目标利益尽力而为的成本；②代理人的保证成本，即代理人用以保证不采取损害委托人行为的成本，以及如果采取了不当行为，将给予赔偿的成本；③剩余损失，它是代理人决策与委托人福利最大化决策之间的偏差所导致的一种价值损失。

在现代公司制企业中，主要存在两类典型的代理问题。

1）第一类代理问题：股东与经理人之间的冲突

随着生产力的发展，社会分工的进一步细化。公司所有者由于知识、能力和精力有限，不能很好地行使经营权，而专业化分工产生了一大批专业知识丰富的管理者，他们有精力、有能力管理好企业。在这种情况下，公司股东将公司经营权委托于经验丰富的管理者，并形成了股东与经理人之间的委托代理关系，这是现代股份制公司的典型特征。20世纪30年代，美国经济学家伯利（Berle）和米恩斯（Means）在《现代公司与私有财产》（*The Modern Corporate and Private Property*）一书中明确指出，现代公司的发展使得公司所有权和经营权发生了实质性分离，公司实际上已经由职业经理人组成的"控制集团"所掌握。亚当·斯密在《国富论》中也对这一问题有相关论述："在钱财的处理上，股份制公司的经理人是为股东尽力，而合伙制公司的合伙人则纯为自己打算。所以，要想股份制公司的经理人使用公司钱财能像合伙人那样用意周到，几乎是不可能的。"委托代理关系是股东为了追求分工的专业效果和规模效应而产生的。但在委托代理关系当中，由于股东与经理人的目标不一致，股东追求的是股东财富最大化，而经理人追求自己的薪酬、在职消费和闲暇时间等综合收益最大化，这必然导致两者的目标利益相冲突。在没有有效的制度安排的情况下，股东和经理人之间存在严重的信息不对称，经理人的自利行为可能损害股东的利益。因此，股东与经理人之间存在代理问题和代理冲突，这也被称为第一类代理问题。

2）第二类代理问题：控股股东与中小股东之间的冲突

现代股份制公司中的股权结构普遍呈现"一股独大"现象。拉·波塔等（La Porta et al.，1999）利用跨国公司数据进行的研究表明，目前全球除英、美等少数国家的公司股权结构相对分散外，大多数新兴国家的公司股权呈现高度集中的特点。当公司股权集中于部分大股东之手时，这些大股东便掌握了企业控制权。此时，控股股东与外部中小股东之间存在着隐含的契约关系，即他们代理分散的中小股东对公司实施控制和管理。然而，现实中大股东为了实现自身利益最大化，可能会利用其拥有的控制权和信息优势通过各种隐蔽方式对外部中小股东实施"掏空"行为，损害中小股东的利益。

通常情况下，大股东对中小股东实施利益侵占的手段是构建公司现金流权和控制权分离的金字塔式股权结构。在一股一票正常原则下，股东享有的控制权与其持有的股票份额是一致的，但现实中公司股权结构复杂，股东（尤其是大股东或控股股东）的现金流权和控制权往往存在偏离现象。大股东或控股股东通过构建层级众多且复杂的金字塔式股权结构，加剧了现金流权与控制权的分离度，进而实现利用少量股权资本达到掌握公司控制权的目的。此后，大股东或控股股东通过层层的控制结构实施"掏空"行为，极为隐秘地对中小股东的利益进行非法侵占。在投资者利益保护较弱、公司股权相对集中的国家，这种现象更为普遍。由于大股东或控股股东的"掏空"行为及其方式极具隐蔽性，这种现象被形象地称为"隧道效应"（tunneling）。由于公司股权结构相对集中化，大股东或控股股东对中小股东的利益侵占也被称为第二类代理问题。由于股权集中的普遍存在，现代公司治理实践中控股股东与中小股东之间的第二类代理问题对公司的危害可能更大。正如拉波塔等（La Porta et al.，2000）指出，投资者保护的主要问题并非约束不道德的职业经理人，而是抑制大股东对中小股东的"掏空"。

7.1.3　经理人信托责任

古典企业形态中，企业所有者与经营者往往是同一个人，因而不存在经营者与所有者之间的利益冲突和代理问题。但现代股份制公司中两权分离是基本特征，由此产生了委托代理关系。在委托代理关系中，经营者（经理人）可能存在道德风险和逆向选择，并且背弃所有者（股东）的信托责任。因此，强化经营者信托责任对于现代企业良性发展具有重要意义。

1. 信托责任的内涵

要完整准确地对信托责任的内涵进行解释，首先要对信托责任中两大基本元素进行阐释，即"信托"与"责任"。其中，"信"在中国语境中具有"信用"和"信任"两重含义，信用为表，信任为里。信托则更倾向于"信任"（trust）的含义。"信任"是人与人之间的一种柔性关系，即基于人们在共同心理状态下对某一行动或观念的认可，从而形成的心理契约关系，并希望通过这种契约关系实现行动经济化的目的。"责任"则是基于信任而授予对方权利，并承担相应的义务以及未能有效完成义务所导致的不良后果。

基于上述相关元素阐释，信托责任的基本内涵可以定义为：基于委托人、受托方以及受益方三者之间的权利与义务关系而产生，其作用是在三方之间建立起一种具有内在约束力的心理契约关系。具体而言：①信托责任是委托人基于对代理人的信任，将其财产管理权委托予代理人；②代理人负有严格按照委托人意愿进行财产管理的忠实责任；③在财产管理和分配的过程当中，代理人不得使自己的利益与其负有的信托责任相冲突，不得以代理人的地位谋取私利。在现代公司两权分离的情况下，股东拥有公司所有权，经营者得到股东的信任并接受股东的委托管理公司财产。在这种委托代理关系中作为代理人的管理者对股东负有保持公司健康运营和发展，促进公司资产保值、增值的信托责任。

2. 信托责任的重要性

由于股东和经理人之间天然的目标利益冲突和信息不对称，经理人往往违背其信托责任，实施财务造假、奢侈消费、玩忽职守等败德行为，对公司价值和股东财富造成巨大损害。现实中公司管理者常见的信托责任问题大致有三种表现形式：①利用职务之便侵害公司股东以及其他利益相关者的利益，比如奢靡消费、利益输送；②实施过度投资、商业帝国构建，以形成堑壕效应，损害了投资者的利益；③由于管理者自身工作疏忽或其他原因造成公司面临重大利益损失。

作为一种心理契约关系，信托责任要求受托人履行忠实勤勉义务，这对降低信息不对称、协调委托代理关系以及提高社会分工程度具有重要作用。其一，受托人良好的信托责任有利于降低信息获取成本，缓解委托人与受托人之间的信息不对称程度，抑制受托人道德风险与逆向选择问题。其二，受托人良好的信托责任有利于降低复杂环境下的市场交易成本，缓解委托人和受托人之间可能存在的信任危机和利益冲突。其三，受托人良好的信托责任有利于促进社会分工和专业化合作程度，培育高质量的职业经理人市场，提高公司投资效率，保障资本市场融资体系健康运转。因此，强化信托责任对投资者利益保护与资本市场伦理建设具有重要的现实意义。

7.2 投资者利益保护

威廉姆森（Williamson，1985）认为，在与公司利益相关的主体中，投资者的利益保护最为重要。国际证监会组织（International Organization of Securities Commissions，IOSCO）将投资者利益保护视为国际资本市场监管的首要目标。因此，缓解企业代理冲突、有效保护投资者利益成为世界各国资本市场监管立法的根本宗旨，也是现代资本市场伦理建设的核心要义。

7.2.1 投资者利益保护的内涵与重要性

1. 投资者利益保护的内涵

公司治理实践中拥有企业实际控制权的内部管理者可能并不按照外部投资者的利益行动，而是有动机攫取控制权私利，比如行动懈怠、奢靡消费、商业帝国构建、堑壕效应等。因此，投资者（尤其中小股东）利益保护是公司治理与法律监管的核心问题之一，其根本目标是防止公司管理层或控股股东（实际控制人）对外部投资者利益进行侵害或掠夺。投资者利益保护主要有两个方面：①投资者的收益权（剩余索取权），主要是指投资者可以从公司获取合法的财产和经济收益的一系列权益，比如股利分配请求权、剩余价值分配请求权等；②投资者的参与管理权（企业控制权），主要是指投资者参与公司决策、监督等一系列权利，包括表决权、股东大会召集请求权、质询权、提案权等。

对于投资者利益保护的定义，学术界尚未达成一致看法。国际证监会组织以及不同学者对投资者利益保护的内涵进行相关了阐述。国际证监会组织认为，投资者利益保护是指防止投资者被误导或操纵，包括防止公司违规操作、资金侵占以及内幕交易等行为。LLSV（学界对拉波塔、洛配兹·西拉内斯、安德烈·施莱弗和罗伯特·维什尼四位学者的简称）组合（1998）将投资者利益保护定义为外部投资者借以防止其合法权益被内部人剥夺的法律规定及其执行机制。也有学者将投资者利益保护定义为："由国家立法机关、司法机关、行政机关或者其授权的监管机构，以及自律性组织通过法律法规、行政或者自律手段对投资者利益进行保护，以使投资者能够在资本市场中公平地获取相关信息和投资机会，免于受到公司控股股东和内部人的资本市场欺诈行为，以及过度监管和不当监管带来的侵害，同时有效降低投资风险的监管行为。"还有学者认为，投资者权益保护应由法律规范、社会规范以及市场机制共同构建，并通过事前逆向选择规避、事中决策和控制、事后背德惩戒三个基本路径实现。由此可见，投资者利益保护的内涵已经由最初仅强调法治层面的保护延伸到了各类保护机制的综合运用。

2. 投资者利益保护的重要性

投资者利益保护对资本市场健康发展和企业价值创造均有重要影响，比如扩大股票市场规模、提高企业投融资效率。投资者是资本市场运行的主要参与者与推动者，他们的投资信心和预期对市场繁荣发挥着至关重要的作用。保护投资者利益不仅直接关系到投资者个人的切身利益，而且还将进一步影响资本市场中的其他利益相关者。LLSV 组合（1997，1998，2000）提出的法与金融理论表明，一个好的法律环境可以有效地保护潜在的融资供给者，使他们愿意为证券市场提供资金，因此有助于股票市场规模的扩大。而在投资者法律保护较差的国家里，中小股东面临遭受大股东剥削的风险，他们只愿意以较低的价格购买公司发行的股票，从而使公司失去向社会公众发行股票的吸引力。所以，投资者利益保护较差的国家，其股票市场规模也较小。具体来讲，投资者利益保护的主要作用体现在以下三个方面。

（1）投资者个体层面：投资者利益保护是投资者自身局限性的必然要求。资本市场本身具有高度不确定和信息不对称等特征，投资者通常面临较高的投资风险。一般投资者在经验、信息、资本等方面处于弱势地位，难以有效发现和识别资本市场中可能存在的违法违规等重大投资风险，尤其是广大中小投资者，往往缺乏专业的投资知识和风险意识，且风险承担能力较为薄弱。同时，从众心理加剧了投资者在资本市场波动中盲目追涨杀跌而导致的投资风险。因此，在资本市场各参与方中，投资者尤其是中小投资者应是资本市场中的重点保护群体。

（2）公司层面：投资者利益保护是完善公司治理并提高企业价值的根本目标。"用手投票"是投资者参与公司治理和企业决策的重要方式。在投资者利益保护良好的前提下，投资者可以通过"用手投票"影响内部治理水平以及公司市场价值——当投资者保护水平较高时，投资者能够较好地行使监督权，充分使用股权所带来的投票权和参与权，积极参与公司的治理和决策过程，并愿意为公司发展提供资金和意见。投资者的积极参与会促进公司治理水平的提升和完善，进而提升公司投资效率和市场价值。LLSV 组合（1998）的研究发现，相比投资者利益保护较差的国家，在投资者利益保护较好的国家（英美法系的国家）中上市公司的托宾 Q 值（一种衡量企业市场价值与其资产重置成本之间比率的财务指标）往往更高。

（3）资本市场层面：投资者利益保护是提高资本市场运行效率的重要基础。社会公众在资本市场中进行投资交易，其根本目的是分享公司经营活动的成长收益，实现资金的保值与增值。如果忽视投资者权益保护，势必挫伤广大投资者参与资本市场活动的积极性，在场投资者会以"用脚投票"的方式表达对资本市场的不满，其他场外潜在投资者参与资本市场投资的积极性也会受到影响，最终导致资本市场丧失融资功能和价格发现功能。有学者（Shleifer and Wolfenzon，2002）的研究发现，对投资者更好的保护有利于建立更有价值的股票市场。因此，资本市场作为股份制公司重要的融资体系，保护投资者利益有利于促进公众积极参与资本市场投资交易，提高资本市场的运行效率。

7.2.2 投资者利益保护面临的伦理挑战

近年来，我国资本市场整体发展迅速，但同时也暴露出一些问题，比如信息披露问题、违规使用资金问题、内幕交易问题、操纵股价问题以及误导投资者等。这不仅扰乱了资本市场的正常运行秩序，也给投资者造成了巨大利益损失。目前我国资本市场已基本形成国家法律监管保护、市场自律保护、投资者自我保护与社会监督保护相结合的多层次投资者保护体系，但资本市场运行和投资者利益保护效率依然较低，损害投资者利益的违规行为频频发生。特别是随着互联网、大数据以及人工智能等金融科技的广泛应用，金融产品创新层出不穷，但当前投资者保护机制难以完全适应日趋复杂的资本市场，投资者利益保护依然面临众多伦理挑战。

1. 我国投资者利益保护现状

投资者利益保护与资本市场发展阶段紧密相连。欧美发达国家的资本市场起步较早，投资者利益保护制度也相对较为完善和有效。我国资本市场诞生于 20 世纪 90 年代初，历经 30 多年的市场化改革后逐步形成了多层次的投资者利益保护体系，主要表现在以下几个方面。

1）法律制度

投资者利益保护制度建设是一项系统工程。投资者利益保护法律制度散见于不同法律法规之中。在我国，《公司法》《中华人民共和国证券法》（以下简称《证券法》）、《中华人民共和国民法典》（以下简称《民法典》）等诸多法律以及数量众多的法规和部门规章都涉及投资者保护的内容。比如，《证券法》中有关信息披露、防止内幕交易和操纵市场的规定，《民法典》中有关侵权的法条，都是构成投资者利益保护制度体系的重要组成部分。2020 年出台的新《证券法》进一步完善了资本市场的投资者权责配置，为保护投资者利益提供了丰富的制度基础。

2）中介机构

目前在对金融中介公司的监管工作中形成了六大投资者保护制度，即以诚信与资质为标准的市场准入制度、以第三方存（托）管为基础的客户资产保护制度、以信息真实透明为目标的信息公开披露制度、以净资本为核心的经营风险控制制度、以风险提示为主要内容的投资者教育制度和以"依法清偿、适当收购"为原则的投资者补偿制度。

3）上市公司

我国资本市场发展过程中曾频频出现包装上市、大股东侵占、内幕交易和财务造假等严重侵害投资者利益的行为。为应对这些问题，我国通过股权分置改革、上市公司治理等措施推动上市公司规范运作；通过推行公司上市保荐人制度改革，改进上市公司市场准入制度；实施国际通行《企业会计准则》，规范公司信息披露；完善市场退出机制等，对上市公司从市场准入、信息披露、市场退出等环节进行规范。通过上述监管制度的建立和实行，我国在投资者利益保护方面取得了重大进步，投资者保护措施全面强化，投资者受非法侵害的制度性漏洞明显减少。

2. 我国投资者利益保护面临的挑战

我国投资者利益保护机制在资本市场功能目标不断变化中逐步建立和完善。但目前依然存在诸多问题与挑战，主要有以下几方面：①随着互联网技术的应用，金融产品创新种类繁多，使得投资者保护问题更加复杂和艰巨。②中国资本市场监管受多重目标的约束，往往难以将中小投资者利益作为首要目标。③中国法律成文法的渊源决定了对外部投资者的保护程度相对较低，法律执行效率与西方发达国家仍有差距。④机构投资者与独立董事在公司治理中的监督和约束作用并未有效发挥，中小投资者难以借助公司治理机制保护自身合法权益。⑤中国上市公司特殊而复杂的股权结构使得控制权市场难以发挥应有的作用，中小投资者更容易受到大股东和"内部人"的双重侵害。

7.2.3 伦理规范对投资者利益保护的作用

1. 中国资本市场的制度背景

投资者利益保护关系到资本市场的长远发展，保护中小投资者一直是《证券法》《公司法》等法律制度的基本原则，根本目标在于维护中小投资者的信心和利益。然而，我国资本市场尚处于成长期和转型期，各项制度建设依然不够完善。尤其是我国资本市场以中小投资者为主的投资者结构加剧了投资者利益保护的难度。

资本市场制度建设尚不健全是当前我国投资者权益被侵犯的重要原因，比如上市公司股权结构比较集中、公司治理水平不高、资本市场信息供给不足以及政府监管滞后等。当前，中国资本市场的基本特征仍然是"新兴加转轨"，整体发展水平处于初级阶段。主要表现在：①法律环境有待完善，监管有效性和执法效率有待提高；②市场机制尚不完善，市场运行效率不高；③上市公司治理结构和水平有待提高；④金融中介机构综合竞争力较弱；⑤投资者结构不合理，机构投资者规模偏小，发展不平衡。因此，中国资本市场整体制度环境较为薄弱，投资者利益保护水平亟待提升。

2. 资本市场伦理建设对投资者利益保护的重要性

伦理道德对人类行为的调节作用不可或缺，西方资本市场的发展历史也证明了伦理在资本市场建设中的重要作用。目前大多数学者和监管者大多从制度环境和法治建设等角度关注和完善投资者利益保护措施，而忽略了资本市场伦理建设在其中可能扮演的重要角色。制度的建设与适应是一个漫长的过程，而且单靠法律制度的监管并不能完全解决资本市场投资者利益保护面临的所有问题。尤其是正处于制度转型期的中国，制度建设存在缺陷和滞后性。此时，伦理建设在投资者利益保护方面能够与正式制度形成一定的替代性和协同性治理关系。

扩展阅读 7.2　互联网金融监管

首先，资本市场伦理建设可以在一定程度上弥补制度监管的盲区。正如科斯所说，"即使在最发达的经济体中，正式规则也只是决定行为选择的总体约束的一小部分，大部分行为空间由习惯、伦理等非正式规则来约束"。随着新兴技术变革和商业模式创新，新经济得到了飞速发展，资本市场也由此衍生出诸多新生问题。比如，互联网、人工智能等金融科技和科技金融在早期曾导致某些金融监管领域出现"无人区"。制度监管难以及时覆盖资本市场出现的新产品和新领域，存在监管滞后性和监管空白区。现实中，制度建设不仅需要及时发现监管漏洞，而且相应的监管条款制定和出台也需要较长的时间。此时，伦理规范主导的自我监管和金融自律则可以成为一种重要的替代性治理力量来保护投资者利益。

其次，资本市场伦理建设可以提高现有制度规则的遵守程度。虽然当前我国资本市场制度建设已有很大改善，但侵害投资者利益的现象依然较为严重。其中，重要的原因之一是转型期制度有效性的发挥存在较大问题。有效的伦理准则是资本市场法治建设的道德基石，它能够协调市场参与者与制度之间的利益关系，使得参与者更加尊重和遵守现行法律制度，大大提高制度建设和制度执行的有效性。因此，资本市场伦理建设也可以与现有法律制度在投资者利益保护方面形成协同治理效应。

7.3　资本市场伦理

7.3.1　资本市场伦理的内涵

伦理是人类对形成良好的人伦关系基本原理的各种设计，是主观与客观的统一。它是人类协调个人与他人、社会以及自然的柔性手段，诉诸人们心中的道德良心。资本市场伦理是协调资本市场参与主体利益关系的价值理念和行为规范，是利益相关者在资本市场活动中的内在秩序和主体自觉的统一。根据金融发展和道德生成的双重逻辑，资本市场伦理首先是内生于金融活动的客观存在，表征金融活动的内在秩序，也是人们追问这些性质和关系的结果，是渗透着主体精神及意志的自觉构建。从本质上看，这种构建并非金融技术背后伦理关系的简单呈现，而是融入了主体精神与意志的再造，是人们对合理金融秩序和道德品质的认同和期待。通常而言，资本市场伦理包含三个特征内涵。

1. 道德责任的前瞻性

随着资本市场与现代科技的全面融合，人类社会生活面临着来自资本市场领域的各种风险。这使资本市场本质上成为"一种给予信誉的符号化风险交易机制"。在具体实践中，由于信誉是以委托责任形式出现的，而且"资本市场中的每个人，从财务分析师到市场监管者都有一定的委托责任"，因此委托责任在资本市场领域具有特殊意义，它"在决策判断上需要有一个防御性的价值标准"。这意味着，资本市场伦理作为资本市场的一种责任伦理，主体的道德责任不是实际风险发生后的追溯性补救，而是从资本市场行为主体的职业责任出发，以审慎的态度规避未来风险的前瞻性预防。

2. 价值标准的非道义性

现代金融理论接受了功利主义和自由主义经济学假设，功利论和权利论成为衡量资本市场制度和资本市场行为善恶的价值标准。一方面，为了实现最大多数人的最大利益，成本–效益分析成为金融活动决策的基本工具，交易者只要是以维护金融系统稳定和正常交易规则为前提，在道德上就被允许以最小风险、最短时间获得最大收益。另一方面，与道义论强调个体应当服从绝对律令不同，以权利论为基础的资本市场伦理强调有条件的等价交换原则，所谓正当的、合理的资本市场秩序，不是通过牺牲特定个体或特定金融机构的利益来换取社会整体利益，而是要在基于权利资格的正义原则下实现个体与整体的双赢。

3. 调控机制的层次性

资本市场交易是一种高度市场化的交易，交易者从来都是在时间、风险和收益的均衡中寻求利益最大化的。同时，资本市场发展又是一个螺旋式的创新过程，不断改变利益–风险从而调整社会资源或财富的分配格局，为交易者突破既有技术和法律规定，谋求自我利益最大化提供新的契机。因而，资本市场伦理对金融系统的调控是在资本市场的动态发展过程中逐层推进的，包括外在调控机制和内在调控机制。前者基于资本市场共同默认的自利原则和行业以及金融机构共同设定的市场激励机制，分别以底线伦理和市场伦理进行调控，以他律手段维护资本市场的诚实、信用和公正。而后者则是一种以自律为手段，旨在提高主体道德自主开发能力的调控机制。它通过拓展资本市场行为主体的道德自由空间，增强其理解和辨识道德合理性的能力，以及在资本市场创新过程中创造性解决伦理问题并自主开发伦理规则的能力，在动态中维护资本市场伦理秩序。

总之，资本市场伦理是社会伦理体系的特殊伦理形态，是人们在反思和追问内在资本市场关系的基础上，主观建构的用来调节不确定条件下资本市场体系内部利益关系以及金融资源和风险分配与经济、社会、环境和人自身发展关系的价值理念和行为原则规范。

7.3.2　资本市场伦理建设的必要性

商业实践中，金融决策是在既定资本市场条件下寻求收益的最大化和风险的最小化，这种决策机制往往并不涉及价值判断。正因如此，资本的利益动机实现了对资源的有效配置。但由于金融体系的特殊性（突出表现在大量使用"别人的钱"、产品专业性和信息不对称等），若金融伦理缺失，经济主体的社会正义性将失去保障，金融活动将被异化为空洞的敛财工具，进而诱发操纵、欺诈、道德风险和逆向选择等非伦理行为，甚至出现把实体经济当成工具、把金融作为目的的"金融背叛"及其各种所谓的"创新"行为。由此可见，资本市场伦理建设有助于从根本上审视和思考资本的本真功能与作用。在我国经济已由高速增长阶段转向高质量发展阶段的时期，倡导和强调资本市场伦理建设具有重要的现实意义。结合国家经济发展和战略需要做"有温度的资本"，防范和抑制资本无序扩张，更加理性、有效地配置资本，从而达到资本发展和社会经济发展目标的共赢。建立一个以服务实体经济为根本，具有高度法治、诚信、契约和公平公正等理念的完整人格化的资本市场伦理体系，对各方参与主体均具有积极意义。

1. 投资者层面

对普通投资者而言，诚信是投资者参与资本市场的重要前提。资本市场违规现象的频发严重损害了投资者利益并打击了投资者的投资积极性和对资本市场的信任度。资本市场伦理建设能够为保护投资者利益营造良好的投资环境，有助于增强投资者参与资本市场的信心和预期，并增强投资回报的安全性。

2. 上市公司层面

上市公司的发展需要资本市场为其提供融资供给。公司持续获得资本支持需要以严格遵守资本市场伦理原则为前提。遵守资本市场伦理规范、增强企业行为自律，可以提升上市公司与外部投资者以及监管机构之间的信息透明度，从而得到外部投资者认可和信任。这不仅可以降低公司融资成本、扩大企业融资规模，也有利于投资者积极参与公司治理并提高企业经营效率。

3. 资本市场层面

资本市场的本质是公司向公众筹集资金用于项目建设和发展生产，并以未来收益作为投资回报的一种资金融通和转化体系。一方面，资本市场为公司有发展前景的项目筹措资金用于发展，资本市场表现出资金的聚集和配置功能，尤其为新产品、新技术、新产业提供资金支持；另一方面，社会资金通过资本市场流向前景更好、回报更高的行业和企业，实现了资源的更有效配置。因此，资本市场的有效运行是提高资金融通效率、支撑实体经济高质量发展的重要基础。而资本市场的伦理建设能够对市场参与方形成约束，从而发挥资本市场在资源配置中的积极作用。

4. 监管机构层面

我国资本市场的建设和发展历史较短，法治环境尚不健全，证监会、交易所等监管部门的执法资源有限，公司违规现象屡屡发生，严重损害了投资者利益和资本市场健康发展。资本市场伦理建设一方面可以较好地弥补正式制度监管可能存在的盲区和不足，另一方面可以促使上市公司更好地遵循正式制度，发挥伦理规范与制度规则的协同治理作用。这将大大提高监管机构的监督效率，节约监管机构的执法资源，促进资本市场健康发展。

7.3.3 资本市场遵循的基本伦理准则

资本市场的伦理准则旨在恢复因道德风险而损害的法律正义，完善金融法律制度。资本市场的伦理准则针对资本市场参与主体利益至上的观念，反对自我中心主义和工具主义的狭隘价值观，意在激发人们去理解金融主体之间的互相依存关系，强调金融法律关系参与人之间的关联和责任，并致力于实现金融法律关系参与人的互利共赢。没有任何监管体系可以替代恰当的价值体系，我们需要研究资本市场活动参与主体在金融交易活动中应遵循的道德准则和行为规范，以及如何不断完善市场和价值体系，以确保资本市场在复杂的信用环境下健康有序发展。金融市场"高杠杆—高风险—高回报"的链条不仅需要法律制度去监管，还需要伦理道德去规范和矫正。一个对道德关怀和公平正义漠不关心的金融法律制度，终将使金融市场以及整个社会遭受严重损失。随着金融市场的不断发展，这种道德关怀和公平正义的内涵将日益丰富，资本市场中伦理准则的价值也将日益彰显。虽然资本市场需要尊崇的伦理规范和准则包含多个维度，但其中最主要的是信用准则、公平准则以及透明准则。这三个准则相辅相成、相互促进，共同影响和推动资本市场活动的开展。

1. 信用准则

信用准则是现代资本市场产生和发展的第一推动力量，是资本市场伦理的核心准则。信用是以诚信为内核、互信为前提、信任为归宿的非正式制度，各种金融交易活动是信用的外在表现形式。市场经济的本质是一种契约经济，而契约的题中之义是缔约双方都应遵守诚信原则。可见，信用是市场经济赖以维系的最根本的伦理准则之一。法国学者阿兰·佩雷菲特（Alain Peyrefitte）在其著作《论经济"奇迹"——法兰西学院教程》一书中指出，荷兰、英国、美国、日本这四个国家经济快速发展的共同原因是竞争和诚信，竞争保证了要素的自由流动和积极创新，而诚信则有利于社会成员之间的协作。从交易成本的角度看，诚实守信的经济体系因为个体之间良好的信任关系而大大降低了违约风险和交易成本，有利于提高社会经济运行效率，增加社会的总体福利。因此，诚信要求资本市场的参与主体充分披露自身的信息，特别是上市公司应确保其财务信息和其他经营信息的真实性和可靠性，降低资本市场交易前的信息搜集成本、谈判成本，交易后的执行成本和违约成本，进而提高资本市场的运行效率。从博弈论的角度看，诚信是交易双方在重复博弈下的最优选择，若一方选择违背诚信和合作精神，资本市场约束机制会使其违约成本要高于违约收益，维系诚信是多方在博弈下理性选择的结果；而在有限次博弈中，各方都会倾向于选择违背诚信和合作精神以获取最大收益。因此，在资本市场交易体系中，信用是资本市场的内在品质，是经济文化走向现代文明的内在要求。

2. 公平准则

公平准则是资本市场参与主体公正平等履行自身权利与义务的准则与行为方式，资本市场活动主体与各个利益相关者在金融活动中必须公正平等地进行金融交易，这是资本市场活动健康发展的内在要求。如今，资本市场中存在种种不公平现象：欺诈与操纵、不对称信息、不平等的谈判力量以及无效定价等使个人投资者和社会成员在资本市场中难以受到公平的待遇。博特赖特的研究指出："只有当市场被人们认为是公平的时候，人们才会积极投入资本市场中去。因此，作为提升效率的一种手段，公平性具有一种伦理价值。"在现代契约经济社会中，资本市场中的所有交易行为都是通过一系列合约来实现的，权利公平应做到在缔约之前保证交易各方身份平等，不应存在交易主体身份歧视现象，比如在国有企业和民营企业之间，不能因为企业产权性质不同而在贷款融资过程中区别对待。公平性同时也体现为交易过程中各方权利的平等，比如大型机构投资者和中小投资者之间，不能因为资金实力相差悬殊而存在身份偏袒，不同实力投资者平等进行交易的权利都应得到保障，中小投资者的合法权益应受到保护，各种股市操纵和欺诈行为应受到严厉惩处，如此才能保证所有市场参与主体被公平对待。

3. 透明准则

透明度是成熟资本市场所需具备的基本要素之一。资本市场是最典型的信息不对称市场，企业内部经营者比外部投资者更了解公司的实际经营情况，享有企业控制权的大股东和大型机构投资者往往比中小投资者拥有更多的私有信息和更强的信息分析能力。而资本市场中信息透明度较低不仅会造成投资者信息搜寻成本增加、市场主体之间实施交易的费用增加以及政府机构对资本市场的监管成本增加，还会诱发公司管理者的逆向选择和道德风险问题。与此同时，信息不透明还破坏了投资者的理性决策行为，尤其加剧了中小投资者投资行为的非理性，增加了投资失败的可能性，从而严重打击投资者的信心。更重要的是，信息不透明还会引导社会资金向提供虚假财务信息的企业流动，而真正业绩优良的企业却得不到资金支持。因此，如果资本市场信息透明度问题得不到有效解决，那么资金需求者和供给者之间虽然具有交易意愿，也会因为信息不对称而使交易难以持续进行，更谈不上市场交易规模和交易品种的扩大。资本市场透明度的提升和维护作为减少信息不对称最主要的手段，不仅可使资金供给者或市场投资者获得投资决策所必需的充分信息，并使潜在的资产交易意愿变为现实，真正实现资本市场的融资功能和资产价格发现功能，还大大降低了企业违法违规的概率，这也正是资本市场伦理建设的应有之义。

7.4　资本市场中的典型非伦理行为

上市公司是资本市场中最重要的参与主体，伦理道德则是约束上市公司行为、确保资本市场高效运行的重要基石。但从各国资本市场的发展历程来看，上市公司各类违法违规行为屡见不鲜。由于资本市场中的信息高度不对称，上市公司（大股东或管理层）可能并不会完全按照外部投资者的意愿行事，而是有动机利用自身拥有的资源配置权力攫取各种私有收益，甚至逾越法律监管和伦理道德的约束进行财务造假、利益输送、恶意收购等，资本市场俨然成了某些公司获取非法利益的圈钱场所。

7.4.1　财务造假

财务造假是指造假行为人违反国家法律法规、制度的规定，采用各种欺诈手段在会计账务中弄虚作假，伪造、变造会计事项，掩盖企业真实的财务状况、经营成果与现金流量情况，为小团体或个人谋取私利的违法犯罪行为。我国资本市场经过几十年的发展，取得了巨大成就。但是，上市公司财务造假仍是一个较为普遍的现象，它不仅破坏了资本市场的"三公"原则，而且严重误导投资者、债权人及政府监管部门。投资者、债权人面对虚假财务数据无法做出正确的投资决策，监管部门也不能及时、有效地防范及化解由上市公司财务风险所引发的市场风险。此外，财务造假使得作为企业财务信息监督方的会计师事务所的信誉也遭到了极大的挑战，注册会计师审计面临着空前的信任危机。在我国当前财务信息严重背离事实的背景下，识别上市公司财务造假、抑制财务造假，不但有助于信息使用者做出正确的判断和决策，也有助于建立公平竞争的市场秩序，更好地发挥市场资源配置功能。财务造假的手段通常有以下几种。

1. 虚增交易

通过伪造销售合同、销售发票及发运凭证的原始单据，编制虚假代销清单，虚构交易，并形成虚假收入和利润。企业在日常销售中，经常会因品种、质量不符以及结算的原因发生销售折扣、折让及退回业务，这种情况下会影响本年利润。因此，有不少企业会利用这种情况，趁机在年终时开具空头发票虚构本年销售收入，次年用红字发票冲销，对外谎称是销货退回业务，以此来达到虚增收入、虚增利润的目的。

2. 虚增资产

资产是由过去的交易或事项形成，由企业拥有或控制，未来会给企业带来经济效益的经济总流入。而虚增资产的主要表现形式就是虚增资产挂账。虚增资产挂账主要是指公司对于一些已经没有利用价值的项目不予注销，以达到虚增资产的目的。虚增资产，可以帮助上市公司提高股价，从而顺利实现融资。对于非上市公司而言，也可以顺利获得银行借款。例如，已经没有生产能力的固定资产、三年以上的应收账款、已经超过受益期限的待摊费用、递延资产、待处理财产损失等项目，长年累月挂账以达到虚增资产的目的。虚增资产，必然会带来利润的增加，也会带来应交税金的增加。但是，只要虚增的利润高于虚增的税金，虚增资产仍然是有利可图的。这也是许多公司冒着被罚的风险，也要虚增资产的重要原因。

3. 虚增收入

（1）未销售出去的商品或劳务，提前确认销售收入主要是指企业为了增加利润，粉饰报表，违背《企业会计准则》的截止要求，将不属于当期销售商品或劳务的收入强行放入当期，以此起到调节利润的作用。

（2）对发出商品以及委托代销商品等提前确认销售收入在委托销售中，委托方向受托方发出产品，商品的持有权仍属于委托方，由受托方去找寻最终的消费者。在这种销售方式下，委托方发出商品时不确认销售收入，只有在受托方实际将商品卖出后，委托方才能确认收入结转成本。如果委托方在产品发往受托方而受托方没有实际销售的情况下确认销售收入，就是提前确认收入。

（3）提前确认递延收入，比如服务性项目或劳务型项目，一般是提供者先收取全部或部分款项，未来提供服务或劳务。《企业会计准则》规定，服务性项目或劳务型项目一般作为递延收益，等服务或劳务实际发生时再按一定的比例确认收入。有些公司为了达到操控利润的目的，往往在收到款项时立即确认收入，而不管未来是否提供服务，以此实现利润的虚增。

（4）虚增收入，调节利润。假如公司账面处于亏损状态，只要虚增的收入不超过亏损金额，就不用缴纳所得税，只需要缴纳流转税。与此同时，这部分收入可以多结转成本，这无形之中又可以降低25%的所得税，从而实现利润的操控。

4. 利用过渡性科目

（1）调整跨期费用。将一些已实际发生的费用作为长期待摊费用、待处理财产损失、其他应收款等项目入账，而不按相关准则要求计入当期损益。而这些项目不是真实的资产，只是一种虚拟资产，为企业操纵利润提供了便利。公司通过递延待摊，少摊或不摊已发生的费用来虚增利润，以此来达到目的。企业经常人为调节固定资产、无形资产、研发支出的计提依据与比例。固定资产、无形资产折旧及摊销期的延长或缩短均可使当期费用减少或增加。用这种方式可以达到操控利润的目的。

（2）收益性支出费用化。具体做法是混淆资本与费用的界限。例如，借款费用资本化与费用化的问题中，《企业会计准则》明确规定：借款利息支出符合资本化条件的才允许资本化，计入在建工程；不符合资本化条件的，只能计入财务费用，不允许资本化。而有一部分企业则不论何种情况，一律利息资本化。这样，就有利于企业虚增资产、虚增利润，从而美化财务报表。

（3）利用备抵科目调节利润。利用减值准备、坏账准备等调整型科目，可以在一定程度上帮助企业实现利润操控。一些企业的资产投资回报率不高，又面临巨大的利息和减值准备的压力，在巨大的财务压力下，就可能会采取这种方法，不计提或少计提减值准备，实现利润的盈余管理。

5. 隐瞒或不及时披露重大事项

掩饰交易或事实的常见作假手段是对于重大事项（诉讼、委托理财、大股东占用资金、资产重组、关联交易、担保事项等）的隐瞒或不及时披露。

（1）母子公司之间的关联方交易。母子公司之间往往利用不公允的市场价格高买低卖，以此达到操纵利润的目的，从而可以粉饰财务报表。大额关联方交易容易被审计人员发现，小额关联方交易又起不到粉饰报表的作用。因此，公司往往想尽办法、用尽手段使关联方交易成为非关联方交易，以此达到迷惑审计人员的目的。

（2）资产、债务重组。上市公司常常利用其母子公司进行资产或债务重组，将自己的不良资产转让给关联公司，母子公司则将优良资产输送给上市公司，从而达到输血的目的，以使上市公司利润在短期内得到最大限度的提高，业绩有质的飞跃，帮助上市公司完成融资、配股。

6. 财务造假的危害

（1）财务造假扰乱正常运行的市场秩序。账务造假使企业的实际经营成果、财务状况被掩盖，向广大财务报表使用者传递了错误的市场信息，欺骗了广大投资者，使投资者做出错误判断，损害了投资者的利益。同时，微观企业财务信息是国家宏观调控的重要依据，由于会计信息失真，使得有关核算资料不真实，掩盖了某些矛盾，国家宏观调控失去了可靠基础，严重影响了正常的社会经济秩序。

（2）财务造假危害广大中小投资者的利益。财务报表反映了企业的财务状况、经营成果。各个财务指标也是判断企业偿债能力、营运能力、盈利能力、获利能力的重要依据。盈利能力、获利能力是各个中小投资者极为看重的财务指标，因此财务报表是中小投资者进行投资决策的重要依据。财务信息是投资者了解企业经营状况的重要信息来源，也是公司与投资者沟通的桥梁。就财务信息而言，真实、公允应高于一切，它应该准确反映公司的盈利状况。然而，不少上市公司为了达到自身的不良目的，蓄意对会计信息进行操纵，有意掩盖甚至歪曲真实经营业绩，这不仅损害了投资者利益，也阻碍了证券市场的健康发展。

（3）财务造假阻碍注册会计师行业的健康发展。注册会计师行业的内部竞争日益激烈。为了在行业竞争中能够生存下来，注册会计师甚至不惜以财务造假方式帮助客户粉饰财务报表以换取稳定的客源。这样，注册会计师与上市公司勾结在一起，逐渐丧失了独立地位。可想而知，注册会计师行业也会随着财务造假日益猖獗的趋势而扭曲发展。这对注册会计师行业的公平、公正而言是一种极大的挑战。

（4）财务造假无法真实反映盈利状况。虚构的财务数据只是为了达到造假的目的，这些假财务信息给公司正常经营活动带来很大的干扰甚至破坏，使公司失去稳健和可持续发展的基础。

7.4.2　利益侵占

贴片案例

藏格控股：大股东侵占上市公司资金

2019年6月23日，藏格控股股份有限公司（000408.SZ）（以下简称藏格控股）发布公告称，再次确认大股东侵占上市公司资金。此前6月21日发布的公告显示，因涉嫌信息披露违法违规，中国证监会已决定对藏格控股进行立案调查。根据藏格控股的自查，截至6月中旬，其控股公司西藏藏格创业投资集团有限公司（以下简称藏格集团）及其关联方非经营性占用上市公司资金22.04亿元，已归还5032.57万元，余额21.53亿元，占上市公司净资产的比例超过四分之一。而超20亿元的占用款中，尚不包括已被中国证监会质疑的18亿元非标资管计划。藏格控股称，藏格集团及其实控人肖永明主要侵占上市公司贸易款和钾肥货款，将之用于归还借款及利息、支付工程款，以及日常经营支出。此次占款发生时间集中在2018年1月至2019年4月，平均占用期限在一年左右。不过根据早年公告，从借壳尚未完成的2016年1月1日起，控股股东已开始挪用藏格控股资金。

资料来源：整理自财新网2019年6月25日报道《逾20亿元！又一大股东侵占上市公司资金》。

大股东侵占上市公司利益的行为是一种"掏空"行为，即前文提到的"隧道效应"。"掏空"行为会在多方面对社会经济造成极大危害，约翰逊等（Johnson et al., 2000）的研究表明，控制性股东猖狂的"掏空"行为是导致 1997 年亚洲金融危机的重要原因。不仅如此，控制性股东的"掏空"行为还会降低资本市场的配置效率。伯特兰德等（Bertrand et al.，2002）认为，"掏空"行为可能降低整个经济的透明度，歪曲会计收益数据，从而加大外部投资者评价企业财务状况的难度。由此可见，大股东"掏空"行为不仅会损害中小股东和债权人等的利益，还会危及资本市场的正常秩序，甚至败坏整个社会的商业伦理。卢平和（2004）指出，中国上市公司中控制性股东"掏空"上市公司的最常见行为方式包括直接占用上市公司资金、通过关联交易转移上市公司资产以及利用上市公司进行借款担保等。

1. 资金占用

资金占用是指大股东或实际控制人侵占上市公司资金的行为。但"侵占"二字不足以揭示大股东占款行为的样态，根据中国证监会相关法规的规定，大股东占款是指大股东或实际控制人具有下列行为：有偿或无偿地拆借上市公司资金；通过银行提供委托贷款；上市公司委托大股东进行投资活动；上市公司为大股东开具没有真实交易背景的商业承兑汇票；上市公司代大股东偿还债务；上市公司为大股东垫支工资、福利、保险、广告等期间费用；上市公司代为承担成本和其他支出以及中国证监会认定的其他方式；等等。

实际控制人侵占上市公司资金行为会对上市公司经营产生多种恶劣影响：

（1）将部分上市公司推到退市或破产的边缘。

（2）影响证券市场功能与效率的正常发挥。过度的大股东占款危机，很容易扭曲证券市场的资源配置功能与效率功能的正常发挥，部分并购、重组业务常常由于大股东占款和巨额债务而夭折，使证券市场效率大打折扣。

（3）危及股市安全，加大证券市场的系统性风险。

（4）资金被抽走导致上市公司运营困难，资金严重匮乏，企业举步维艰。

（5）损害中小股东和债权人的利益。实际运行中，一旦大股东发生财务危机，通常会将上市公司拖下水，从而将灾难转移到上市公司的中小投资者身上，使他们成为无辜的牺牲品。

（6）加大上市公司的财务风险。上市公司由于存在着应收大股东的巨额款项，导致企业的流动资产结构极不合理，降低了流动资产的流动性，从而极大地削弱了企业的短期偿债能力，导致上市公司资本结构恶化，使上市公司面临不能偿还到期债务的风险。

2. 关联交易

关联交易（connected transaction）是企业关联方之间的交易。根据财政部 2006 年颁布的《企业会计准则第 36 号——关联方披露（2006）》的规定，在企业财务和经营决策中，如果一方控制、共同控制另一方或对另一方施加重大影响，以及两方或两方以上同受一方控制、共同控制或重大影响的，构成关联方。关联交易是公司运作中经常出现而又易于发生不公平结果的交易。关联交易在市场经济条件下广泛存在。从有利的方面讲，交易双方因存在关联关系，可以节约大量商业谈判等方面的交易成本，并可以运用行政力量保证商业合同的优先执行，从而提高交易效率。从不利的方面讲，由于关联交易方可以运用行政力量撮合交易，从而有可能使交易的价格、方式等在非竞争的条件下出现不公正情况，形成对股东或部分股东权益的侵犯，也易导致债权人利益受到损害。在经济活动中，存在着各种各样的关联方关系，也经常发生多种多样的关联方交易。《企业会计准则》中列举了十一种常见的关联交易类型：购买或销售商品、购买其他资产、提供或接受劳务、担保、提供资金、租赁、代理、研究与开发转移、许可协议、代表企业或由企业代表另一方进行债务结算、关键管理人薪酬。

关联交易对公司来说是一柄双刃剑。从长期来看，关联交易产生的后果会对上市公司产生严重不利影响。首先，关联交易可能会增加公司的经营风险，使公司陷入财务困境，有产生坏账的风险。如果和大股东及关联人员进行不等价交易，还会降低公司的利润。其次，影响公司独立经营能力，抗外部风险能力下降。过多的关联交易会降低公司的竞争能力和独立性，使公司过分依赖关联方，尤其是大股东。例如，有的公司原材料采购和产品销售的主要对象都是关联方，其经营自主权受到很多限制。由于公司的独立性差，对关联方依赖较强，导致市场竞争力下降，若关联方陷入经营困境，则公司可能进入低谷。最后，大量关联交易的发生会对公司形象产生负面影响，使潜在客户不愿意与公司进行交易。公司商誉将受到很大损害，不利于公司长远健康发展。

3. 违规担保

公司融资担保本来是一种正常的经济行为，但某些上市公司将担保演变成为一种恶意的"圈钱"手段，这种变相担保极大地损害了债权人、中小投资者的利益，造成一些上市公司业绩大幅滑坡，甚至诉讼事件层出不穷，如 ST 幸福、ST 猴王。近年来，我国不断加大监管力度，使违规担保现象有所收敛。但是，上市公司之间或母子公司之间相互担保，已成为中国资本市场上的普遍现象，是上市公司与投资者冲突的多发地带。

通常来讲，上市公司在社会或业界内的资信要高于非上市公司，比较容易得到包括银行在内的金融机构的认可与信任，从而更容易获得信贷资金的支持。因此，上市公司在控股股东和实际控制人的操控下，经常会出现不顾公司独立法人利益和其他股东利益，为母公司或兄弟公司进行担保的情况。上市公司过多的关联担保在一定程度上会增加自身的财务风险。控股股东还会利用上市公司进行违规担保，把经营风险转移给上市公司，从而给上市公司带来巨大财务风险，使上市公司陷入财务危机而不能自拔。例如，白云山和 ST 啤酒花等由于违规担保致使公司严重亏损，并引发巨大危机。

7.4.3 敌意收购

 贴片案例

宝万股权之争

万科企业股份有限公司（以下简称万科）是中国最大的房地产企业之一。随着中国资本市场的不断发展和完善，上市公司的治理模式也在经历着由"一股独大"到"股权分散"的转变。而万科就是一家典型的"股权分散"公司，其前第一大股东华润持股比例长期偏低，公司管理层也没有掌握控股权。在以王石为代表的管理团队的带领下，万科创造了全国首个年销售额超 1000 亿元的佳绩，同时也打造了人们所熟知的万科文化。然而，2015 年年中至 2017 年，万科和宝能的控制权之争也成为中国 A 股市场历史上规模最大的一场公司并购与反并购攻防战。

（1）控股权争夺。

这场斗争始于一个激进投资者——总部位于中国深圳的宝能集团（拥有宝能地产、前海人寿、钜盛华等多家子公司）——开始悄然买进明星房企万科的股份。经过半年的多次买入，2015 年年底宝能超越原第一大股东华润成为万科第一大股东。万科董事会主席王石认为宝能系信用不够、风险大，明确表示不欢迎宝能系成为第一大股东。宝能集团随后发表声明回应称"尊重规则，相信市场的力量"。为了不让万科轻易落入"野蛮人"之手，王石及其团队希望与深圳地铁集团合作，拟发行股份收购深圳地铁集团所持有的目标公司的全部或部分股权以实现资产重组，并通过停牌方式为自己争取应对时间。

（2）董事会改组。

2016 年 6 月 26 日，宝能系提请罢免王石、郁亮等董事，理由是宝能系认为公司的高层所做出的资产重组提议将损害广大股东的利益。华润一直是万科最大的支持者，可是当万科提出联合深圳地铁集团以抵抗宝能系带来的威胁时，华润却和宝能系站在一起，共同反对万科资产重组及收购资产的计划。这是由于一旦深圳地铁集团已入主万科，将意味着华润和宝能系这两大股东的利润均被摊薄。但针对宝能系改组万科董事会一事，华润持反对态度。此后，万科的主要竞争对手恒大也加入了收购行动，宝能希望联手恒大再次推翻万科现有管理层，包括王石。

（3）股权之争落幕。

2016 年 12 月 2 日，时任中国证监会主席刘士余发表重要讲话，提出资产管理人不应该成为"土豪""妖精"和"害人精"。这番话为举牌的"野蛮人"敲响了警钟。在政府的协调下，2017 年 1 月 12 日，华润股份及其全资子公司中润贸易与深铁集团签署了股份转让协议，拟以协议转让的方式将其合计持有的公司全部 A 股股份（占总股本的 15.31%）转让给深圳地铁集团，深圳地铁集团成为万科第二大股东。2017 年 6 月 9 日，恒大转让 14.07%万科股权于深铁，打破了万宝之争的僵局。此次转让使得深圳地铁集团正式成为万科第一大股东。华润和恒大的退出加速了万科股权之争结束的进程，稳定了万科高级管理层。在深圳地铁集团入主万科之后，万科股价呈现上升态势，这也体现了股民对万科前景向好的信心。值得关注的是，这场股权之争引发了一场关于中国资本市场敌意收购、公司治理、政府在经济中长期角色的全国性公开辩论。

敌意收购（hostile takeover），又称非合意收购或者恶意收购，顾名思义是指并购方在目标公司对收购活动态度不明或者强烈反对的情况下，强行进行货币输入换取可流动股权，进而取得公司控制权。进行敌意收购的收购公司一般被称作"黑衣骑士"。敌意收购存在于目标公司与敌意收购方之间，但产生的影响波及诸多方面，如上市公司中小股东的利益、相关产业链的运行机制、同行业的利益得失，乃至社会财富的走向与分配。通常，敌意收购会对社会各利益相关者产生不良影响。第一，许多敌意收购者都存在投机行为，不是为企业长久发展利益考虑，而是快进快退，扰乱资本市场秩序，造成社会财富转移。第二，从宝能、万科控制权争夺战可以看出，敌意收购方为了能在短时间内聚积大量资金，往往铤而走险，采用万能险、融资融券等高杠杆方式，不仅干扰目标公司尤其是实体工业、优质企业的正常运营，自身还会因为挪用生产资金而陷入僵局，从而给社会带来经济债务。第三，为了争夺公司控制权，敌意收购完成后往往会大规模驱逐优秀职业经理人，使企业陷入混乱或停滞，阻碍企业正常发展，损害中小投资者和员工利益。通过法律、行政法规对敌意收购进行规制，对企业、相关行业、资本市场乃至社会都具有重要的意义。恶意收购主要有两种方法，第一种是狗熊式拥抱（bear hug），第二种是狙击式公开购买。

1. 狗熊式拥抱

它是一种主动的、公开的要约。收购方允诺以高价收购目标公司的股票，董事会出于义务必须把该要约向全体股东公布，而部分股东往往为利益所吸引而向董事会施压要求其接受报价。在协议收购失败后，狗熊式拥抱方法往往会被采用。事实上，对于一家管理部门并不愿意公司被收购的目标公司来说，狗熊式拥抱不失为最有效的一种收购方法。一个 CEO 可以轻而易举地回绝收购公司的要约，但是狗熊式拥抱迫使公司董事会对此进行权衡，因为董事有义务给股东最丰厚的回报，这是股东利益最大化所要求的。所以，与其说狗熊式拥抱是一种恶意收购，不如说它更可以作为一种股东利益的保障并能有效促成收购行为。但是，股东接受恶意收购也不排除其短期行为的可能性，其意志很可能与公司长期发展相违背。目标公司在发展中，人力资源、供销系统以及信用能力等在正常轨道上的运营一旦为股东短期获利动机打破，对企业的经营业绩和发展态势必会有所影响。

2. 狙击式公开购买

它一般指在目标公司经营不善而出现问题或在股市下跌的情况下，收购方既不与目标公司做事先沟通，也没有任何警示，而是直接在市场上展开收购行为。狙击式公开购买包括标购、股票收购及投票委托书收购等形式。所谓标购就是指收购方不直接向目标公司董事会发出收购要约，而是直接以高于该股票市价的报价，向目标公司股东进行招标的收购行为。而股票收购则指收购方先购买目标公司的一定额度内的股票（通常是在国家要求的公告起点内，中国为 5%），然后再考虑是否增持股份以继续收购行为。投票委托书收购是收购目标公司中小股东的投票委托书，获得公司控制权以达到收购的目的。狙击式公开购买最初通常是隐蔽的，在准备得当后才开始向目标公司发难。一般来说，这种手段针对的是公司股权相对分散或公司股价被明显低估的目标公司。

7.4.4 企业高管腐败

企业高管腐败是企业高管滥用权力以攫取私利的现象，包括收受贿赂、接受回扣、挪用资金等。企业高管腐败行为本质上表现为一种权力寻租行为，与企业内部的权力配置紧密相关。阿根亚和博尔腾（Aghion and Boloton，1992）指出，尽管把企业控制权赋予管理者有利于充分发挥他们的专业技能，提升企业决策效率，但也可能诱发企业高管腐败。获得权力的企业高管可能利用其控制权地位攫取私利，如实施关联方交易以转移企业财产、构建商业帝国以满足权力欲望、通过控制董事会谋求超额薪酬、奢靡在职消费，甚至赤裸裸地贪污受贿和侵占企业财产。

根据上述高管腐败定义可知，企业高管腐败行为的产生和持续性需要立足于三个基本条件：①企业高管拥有实施战略决策和配置企业资源的绝对权威；②企业高管具有攫取私利的权力寻租动机；③企业内部权力监管缺失。

公司治理实践中，企业高管腐败存在多条途径和表现形式，有学者根据不同标准对企业高管腐败进行了分类研究。例如，符合规则型和违背规则型、内部腐败和合谋腐败、交易型和非交易型。一般来讲，根据企业高管实施腐败行为的策略特征，把企业高管腐败分为隐性腐败和显性腐败。

隐性腐败指企业高管通过奢靡在职消费、超额薪酬、商业帝国构建等隐蔽途径实现的利益攫取和权力寻租现象；显性腐败则指企业高管为攫取私利而实施明显违反相关法律或监管条例的行为，具体行为包括贪污、受贿、职务侵占、关联交易等。隐性腐败和显性腐败的共同点在于两者本质上均表现为企业高管的权力滥用和权力寻租，均以损害企业价值和投资者利益为代价；两者的差异主要体现在显性腐败触犯了相关法律或监管条例，一旦企业高管腐败行为败露，就将面临司法机关的立案调查并受到法律制裁；相反，隐性腐败虽然也违背了委托代理的基本精神，却并未突破法律监管的底线（见表7-1）。总体而言，作为一种权力寻租活动，无论是隐性腐败还是显性腐败均会对公司治理效率和企业价值产生显著的负面影响。

表 7-1　企业高管腐败类型与途径

腐败类型	途　径	具 体 表 现
隐性腐败	奢靡在职消费	购买高档小汽车、耗费大量资金装修豪华办公室、添置高档办公用品等；利用公款进行高消费娱乐活动、公款旅游；超过规定标准报销差旅费、业务招待费
	超额薪酬	企业高管利用对董事会的控制权或影响力为自己谋求与业绩表现不符的超额薪酬契约
	商业帝国构建	过度投资，构建商业帝国，以形成管理层堑壕效应并满足自己的权力控制欲望
显性腐败	违规资产操作	违反规定对外投资、担保、融资、为他人开信用证；违反规定在国（境）外注册公司、投资参股、购买上市公司股票、购置不动产；挪用公款；违规进行管理层收购
	职务侵占	利用职务上的便利非法占有企业财产
	实施关联交易	利用职务上的便利通过实施关联交易向自己或亲属、朋友控制的其他企业输送利益，造成本企业的利益损失
	贪污受贿	利用职务上的便利贪污公款或收受他人贿赂

7.5　资本市场中非伦理行为动因

7.5.1　经理人信托责任缺失

两权分离是现代公司制的固有特征。在两权分离的情况下，委托代理问题始终存在，信托责任则是缓解代理问题的关键。恪守信托责任是金融法制伦理性规则的核心内容。信托责任指委托人在信任受托人的基础上，将其财产权委托给受托人，受托人对委托人或者受益人有严格按委托人要求管理财产的责任。信托责任是称职的能力和诚信忠诚的责任。现代公司治理系统呈现"股东大会—董事会—经理层"的多重委托代理和权力配置关系。其中，董事会是公司的常设权力机构，代表股东大会行使公司决策权；经理层则受董事会委托行使公司日常经营权并受董事会监督。由于现实中各个治理主体的目标利益不一致和信息不对称，必然引发代理冲突。因此，信托责任涉及的主要问题是如何让董事会成员和职业经理人将股东利益放在第一位，如何全心全意为股东利益考虑，并以此为目标来治理企业。

资本市场发生非伦理行为的重要原因之一就是信托责任缺失。无论是违规担保、违规占用还是一些动机不良的并购，都与董事或经理层的未勤勉尽责脱不了干系。上市公司"掏空"行为折射的是董事信托责任的缺位。当上市公司被揭露存在违规担保、违规占用、不良收购等重大违规行为时，很多董事、独立董事均表示"不知情"，有些干脆辞职走人。董事信托责任的不到位，导致一些公司（包括上市公司）的治理结构一直处在"形似而神不至"的状态。董事会很难摆脱"橡皮图章"的形象，看似完备的董事会、监事会、股东大会等现代企业制度很有可能沦为少数人巧取豪夺的护身符。大部分董事都存在"多一事不如少一事"的心态，大股东或上市公司主要领导决定的事项只要没有明显违反法律规定就举手赞成，不会花时间去深究该决策事项对公司全体股东利益的影响，这种情况下做出的决策很难保证质量。

董事信托责任包括董事勤勉义务和忠实义务，需要董事在处理公司事务时像处理本人事务一样尽心尽职，在专业判断方面需要体现与本人阅历、学识相称的专业素质，在个人利益与公司利益存在冲突时优先考虑公司利益等，这也是董事与股东代表的最大区别。《公司法》第一百七十九条规定，"董事、监事、高级管理人员应当遵守法律、行政法规和公司章程"。第一百八十条第二款规定，董事、监事、高级管理人员对公司负有忠实义务和勤勉义务。第一百八十八条规定，"董事、监事、高级管理人员执行职务违反法律、行政法规或者公司章程的规定，给公司造成损失的，应当承担赔偿责任"。

由于董事信托责任的观念没有普及，证券监管部门和司法部门也没有予以足够的重视，上市公司董事信托责任一直没有有效落实。特别是国内的董事很少有因信托责任不到位承担赔偿的先例，因此董事的忠实、勤勉义务没有被很好履行，也就不能发挥最有效的监督作用，更有甚者，独立董事直接成了"花瓶"的代名词，在董事会和股东大会上往往缄默不语。因此，应当高度重视董事信托责任，让董事信托责任的概念在中国的行政监管部门以及司法部门早日普及；同时，证券监管部门应当集中力量查处一批董事信托责任不到位的违规案件，让董事信托责任早日在中国证券市场落地生根；各级法院应该直接受理上市公司股东对于董事信托责任的诉讼，而不是以证券监管部门的行政处罚为前提；董事责任保险可以部分地转嫁董事信托责任所引发的赔偿，为落实董事信托责任提供支撑，从而合力改善公司治理。

7.5.2　内部治理不完善

世界银行前行长沃尔芬森曾说："对世界经济而言，完善的公司治理和健全的国家治理一样重要。良好的公司治理结构是公司吸引社会资本所必需的。"施莱弗和维什尼（Shleifer and Vishny，1997）在公司治理的经典论述中提出，公司治理是保障融资供给方（投资者）有效收回投资收益的重要制度安排。狭义地讲，公司治理是指为实现资源配置的有效性，股东对公司的经营管理和绩效进行监督、激励、控制和协调的一整套制度安排。广义地讲，公司治理是协调公司所有利益相关者，如投资者、员工、债权人、客户、供应商、社区等权、责、利的一系列制度安排。一般而言，导致公司治理失败的原因可能有以下几个方面。

1. 股权结构失衡

股权结构合理化是构建与完善公司治理结构的基础，它对于公司治理效率有着决定性的作用。股权结构失衡突出表现在国家股所占比重较大和股权高度集中这两方面。

在不合理的股权结构下，一方面，所有者缺位导致严重的"内部人控制"问题，经理层作为公司经营管理的直接参与者，具有明显的内部信息优势。在强烈的利益驱动下，他们可能会凭借信息不对称优势获取私有收益。另一方面，控股大股东可能会利用自己的股权优势地位，直接委派董事会成员甚至直接任命经理层人员，通过各类关联交易侵占上市公司的利益。因此，控股股东常常致使公司的董事会、监事会等机构缺乏独立性，使中小股东权益面临受损，进而增加公司治理失效的风险。

2. 独立董事监督不足

独立董事因具有专业性和独立性，从而被视为防范公司经营风险、缓解企业代理问题的重要内部治理机制。（Fama and Jensen，1983）但一些资本市场中，独立董事在董事会中较少发声质疑，难以对内部经营者形成有效监督和约束。造成这一现象的主要原因包括：

（1）聘任程序不够规范。独立董事被提名人的独立性以及任职资格的审核基本流于形式。我国上市公司的独立董事为董事会提名产生，且大部分独立董事由控股股东或管理层自主提名，存在明显的任人唯亲现象。由于聘任程序的问题，独立董事常听命或受制于大股东。

（2）履职能力有待提高。现阶段上市公司聘请的独立董事主要分为两种：一种是没有接触过公司实务的社会名人；另一种主要是来自科研院校的财经学者、注册会计师以及律师等。有些独立董事常常于多家上市公司兼职，很难保证有足够的时间和精力履行职责，加之实践经验不足，对独立董事职责履行形成了很大制约，由此导致独立董事较少在董事会议上对管理层决策发声质疑，并未有效发挥独立董事的监督作用。（Jensen，1993；唐雪松等，2010）

（3）缺乏有效激励机制。有些上市公司独立董事激励制度比较单一，没有显示出长期性、动态性特点。独立董事整体薪酬较低，且法律惩戒程度较低，致使独立董事认真尽责履职的动机较弱。

3. 机构投资者治理功能弱化

诸多研究发现机构投资者具有"股东积极主义"特征，能够显著改善公司治理水平，提高企业价值。这是由于机构投资者一般持股较多，与个人投资者相比更有动机监督和约束上市公司。具体而言，一方面，机构投资者的积极介入与监督会促使上市公司进行更多的披露，可以有效降低管理层和外部投资者的信息不对称；另一方面，机构投资者在监督和约束上市公司及其控制人上更具专业性，能更好地约束上市公司管理层或实际控制人的"掏空"行为，有效缓解委托代理问题，增加企业价值。

机构投资者参与公司治理程度较小的原因有两点。第一，机构投资者持股较为分散，机构投资者持股比例与第一大股东相比仍处于劣势。因此，机构投资者难以在投票表决中对大股东形成有效制衡。第二，机构投资者参与公司治理的专业化和成本问题。机构投资者擅长资本投资，但是对行业研究并不专业，难以对所投资公司的董事会议案进行分析判断。机构投资者内部也缺少能够有效监督公司管理层、影响董事会的专业人才。因此，机构投资者参与公司治理的能力较小，面对公司代理问题只能被动选择"用脚投票"的方式加以应对。

4. 管理层权力制衡缺失

现代企业的典型特征是所有权和经营权两权分离，管理层拥有企业资源配置权。企业运营过程中，管理层影响或实现股东及董事会决策及意愿的能力不断形成并提升。管理层权力理论认为，高管权力日益增加使其在由股东、供应商、债权人、一般员工组成的联合体中居较高地位，导致董事会和股东很难对高管实施有效约束。

5. 监事会职能弱化

董事会和监事会并存是中国公司治理机制的一个独特特征。《公司法》规定公司设监事会。《公司法》第七十八条规定："监事会行使下列职权：（一）检查公司财务；（二）对董事、高级管理人员执行公司职务的行为进行监督，对违反法律、行政法规、公司章程或者股东会决议的董事、高级管理人员提出罢免的建议；（三）当董事、高级管理人员的行为损害公司的利益时，要求董事、高级管理人员予以纠正；（四）提议召开临时股东会会议，在董事会不履行本法规定的召集和主持股东会会议职责时召集和主持股东会会议；（五）向股东会会议提出提案；（六）依照本法第一百八十九条的规定，对董事、高级管理人员提起诉讼；（七）公司章程规定的其他职权。"

然而，现实中，监事会的处境似乎比较尴尬。从实际效果看，无论是国有企业还是非国有企业，监事会的公司治理功能都是非常有限的。原因显而易见，就非国有企业而言，一方面，公司就是股东的，而董事是股东本身或者股东代表，他们代表了股东的利益，因此并不需要一个特殊的机制去监督董事是否代表了股东的利益；另一方面，代理问题表现为大小股东利益冲突，而大股东控制董事会是公司治理的典型特征，由此决定了内部公司治理机制在约束大股东以及大股东控制的董事会方面基本是无效的。监事会在企业中基本上处于从属地位，难以对董事会产生实质意义上的监督制衡作用。

就国有企业而言，监事会按照其制度设计的初衷，以及国有企业的属性，本有其用武之地。但是目前，在实践中，其独立性和权威性均较弱，其监督难以做到公正客观和有力有效，不利于缓解国有企业经理人与国家大股东，以及与中小股东之间的冲突。首先，在独立性方面，《公司法》规定监事会应当包括股东代表和适当比例的职工代表，其中职工代表的比例不得低于三分之一。而监事的薪酬以及监事会的有关开支均由公司承担。这就意味着对公司的开支有着决定权的董事会在某种程度上与监事会存在利益牵连。同时，监事会履行监督职责的日常工作也需要董事会和经理层的支持与配合才能顺利进行。由此决定了监事会和监事不得不听从董事长或董事会的安排。其次，在权威性方面，现有国有企业监事会的大部分成员都是兼职，并且监事会主席也多由企业的工会主席或纪委书记等兼任，而在一些国有重点大型央企中，董事长的行政级别更高，拥有着巨大的行政和经济资源支配权。与之相比，监事会主席的地位和权威都相差甚远。因此，实践中，监事会的监督作用十分有限。

7.5.3　外部监管效率低

我国实行现代化的资本市场监管体系的时间较短，尽管取得了一定的成绩，但依然面临较多亟须解决的问题。目前我国上市公司外部监管中主要存在以下几个主要问题：

1. 监管体系不健全

对资本市场的监管，我国主要侧重于行政监督力量核查和中介机构审计等方式。其中，政府监督力量具有关键作用——自律组织和社会团体参与度不够，尚未形成有力的监管力量。中介机构的执业模式和盈利模式尚未完全适应我国资本市场发展需要，执业质量参差不齐，执业独立性不够。例如，上市公司协会和证券业协会都受中国证监会或政府有关部门的业务指导和监督管理。其中，证监会为上市公司协会业务主管部门，证券业协会实际上是证监会的执行机构，并不具备独立地位，这也决定了其无法进行有效的监管。政府监管方面，据统计，截至 2023 年 12 月，我国境内有 5000 多家上市公司，政府监管目标较多，存在监管不到位的现象；自律监管方面，中国行业组织发展滞后、独立性差、权力较小，自律监管缺乏；社会监管方面，由于举报的具体要求限制多，激励不到位，难以发挥社会监管的作用。

2. 法律制度不完备

上市公司的外部监管法规是上市公司依法运作的基本规则，同时又是监管者依法监管的依据。目前，我国上市公司监管法规主要是《证券法》和《公司法》。监管法规不完善主要表现为：①新《证券法》出台前，我国资本市场仅有 4 部法律涉及资本市场监管：《中华人民共和国刑法》（以下简称《刑法》）、《证券法》、《公司法》和《中华人民共和国会计法》（以下简称《会计法》）。其中，《刑法》和原《证券法》中对违规的举证要求严格，处罚较轻。原《证券法》对法人的顶格违规罚款金额是 30 万元，对公司的顶格违规罚款金额是 60 万元。与巨额的套利获益相比，这样的处罚力度容易诱发上市公司造假的道德风险和逆向选择；②随着大数据、互联网、云计算、人工智能等新技术在金融领域的应用延伸，以有形金融为主要调节和监管对象的传统金融法律规范受到严峻的冲击和挑战，互联网金融重要领域尚处于法律真空状态；③《公司法》和《会计法》的可操作性较差，导致监管无法有效实施，而证监会层面公示的各类文件内容繁杂，可操作性和统一性也存在不足。

3. 信息披露不充分

信息是资本市场运行的重要基础，资本市场的价格波动是市场上各类信息的综合反应。然而，我国信息披露问题依然严峻。首先，目前对上市公司的信息披露要求仅仅是公开披露财务报表、招股说明书、上市公告书、定期报告和临时报告。这些信息较多是过去的信息，未要求其披露更多的近期和前瞻性的信息，以便各利益相关者充分衡量公司当前与未来的盈利能力。而对与董事、高管相关的重大事项方面的相关信息披露也没有明确要求。其次，信息提前泄露或披露不及时，易引起股票价格异常波动，造成市场恐慌。此外，缺乏统一的信息披露平台，容易滋生和引发谣言，干扰资本市场运行。因此，信息披露制度不充分会导致内幕交易、操纵市场、误导投资者等非伦理行为频发。

7.6 资本市场伦理规范建设

在上市公司非伦理行为频发的现实背景下，我国资本市场相关法规有待完善，金融监管水平也亟待提升，构建资本市场伦理体系已经成为各参与主体的普遍诉求。下面将从建立企业信用体系、加强会计职业道德、完善公司治理机制、积极培育中介组织以及健全资本市场监管五个方面阐述资本市场伦理规范建设的基本思路。

7.6.1 建立企业信用体系

trust（信用、信任、诚信）是资本市场健康发展的基石，也是市场经济活动赖以依存的基础。没有信任，合作行为将难以产生，这可能使得人们不得不生活在一个自给自足的封闭社会中。正如诗人里尔克所言，一旦"灵魂失去了庙宇，雨水会滴在心上"。资本市场中出现的各种金融腐败和上市公司欺诈行为已经严重损坏了金融的灵魂，即诚信的庙宇，对资本市场中各参与主体的信心造成了极大创伤。因此，必须正视资本市场诚信缺失所导致的各种道德风险行为，通过构建上市公司企业信用体系抑制资本市场失信行为。

企业信用体系建设是一项复杂的系统工程。它是指在政府的推动下，通过社会各方的密切配合和信用中介机构的市场化运作，逐步建立和完善适应市场经济发展要求、符合国际标准和我国实际的一系列涉及企业信用的法律法规、评价技术、组织形式以及相应的管理制度。企业信用体系的建设最终应该达到如下目标：①为社会提供充分的、透明的、完整的信用信息产品系列，在规模、质量和类别上满足社会有关各方的需要；②企业的信用意识和信用管理水平不断提高，形成良好的信用秩序和信用环境，让诚实守信者获利，违约失信者失利；③降低交易成本，提高资源配置效率，有力地推动信用交易的扩大和经济的发展。

企业信用体系建设的基本内容主要包括企业信用信息征集、企业信用标识制度确立、企业信用评价技术开发、企业信用信息系统建设、企业信用体系建设、组织机构建立。总体来讲，企业信用体系建设要充分体现政策指引，奖罚并举，逐步树立合规融资、文明投资、妥善监管的资本市场诚信氛围。此外，构建社会"大诚信"网络也应该成为企业信用体系建设的重要步骤，要联合现有社会征信网络，通过市场化手段不断丰富和完善企业信用体系建设。具体而言：

1. 建立企业信用档案

对资本市场中的各参与个体和企业建立信用档案或许不失为一条改善信用状况的有效途径。收集微观个体组织的信用档案，由相关政府监管机构或第三方独立的非营利性机构建立信用信息中心，将诚信情况暴露在公众监督下，通过行业自律、媒体曝光、跨边界惩处等方式对违背诚信的机构和个人予以道德上的谴责和商业上的惩罚，以形成强大的威慑作用，从"人"的环节为资本市场非伦理行为设置有效的隔离带，防范资本市场各种可能出现的伦理缺失行为。让诚信评估和法律法规合二为一，形成高效、合理的诚信评价和应用体系。

2. 设置诚信管理机构

企业要在内部设立诚信建设组织机构，以确保各项诚信制度有效实施。企业中能否设立一个分工明确、各司其职、沟通顺畅的诚信管理机构，将直接关系到企业诚信建设的成效。企业诚信管理机构主要负责企业诚信管理制度的起草和执行、企业诚信文化的宣介和传播、企业信用管理信息系统的搭建、企业员工违背诚信行为的调查和处理、企业诚信危机的媒体公关和危机处理等。企业诚信管理机构要加强与各业务部门之间的沟通协调，以整体推进企业诚信系统建设。一般来说，企业设立诚信管理机构或协调部门，应该遵循以下原则：①结合实际和灵活性原则。企业应当从自身实际情况出发，灵活选择诚信建设组织架构。②集中管理和全员参与原则。企业有必要设立独立于业务部门的综合诚信建设机构，统筹规划和负责企业诚信建设总体事宜。③权责明确原则。④信息畅通原则。⑤高效运行原则。

3. 重视诚信结果考核

如果没有"守信者受保障、失信者受惩罚"的机制，企业信用建设将沦为苍白的、空洞的说教。因此，企业信用体系建设中，必须建立健全有效的激励约束机制，改变"失信者得利、守信者受损"的现状，形成全体员工信用资产保全机制，提高信用资产的收益；形成信用风险控制机制，增大失信者应承担的风险和责任。

在企业诚信体系建设中，只有通过执行制度来实现有序管理，并通过信用考核与评估不断完善制度，才是诚信建设的根本意义所在。考核评估是企业诚信建设过程中不可或缺的重要环节，是对企业诚信建设过程中经验的反复总结，能为后续的不断改进提供重要依据，也是推动企业诚信良性提升的持续动力。企业业务管理部门还要强化对制度执行的监督检查，不断完善监控措施，通过效能监察、联合检查等形式，逐步改善各项诚信建设工作。

4. 打造企业诚信文化

诚信既是一种行为，也是一种道德观念。观念的确立是行为的基础。企业信用建设的根本环节是对诚信文化的传承发扬。这是一项长期而艰巨的任务，必须着眼长远，把诚实守信作为做人、办企业的基本准则，不断培育信用文化，让诚实守信成为企业的核心文化。企业首先要明确诚信的理念内涵，把企业诚信作为企业道德、企业家道德、员工职业道德建设的核心，并纳入企业远景使命、战略目标和企业文化建设过程。企业应不断加强全体员工的诚信素质教育，让企业管理者和下属形成诚信经营理念，并将其融入企业核心价值观中，指导企业的各项具体实施行为。只有在价值观上确立诚信建设的基础地位，才能确保企业各种诚信措施贯彻落实。以诚信为核心价值观的企业文化一旦形成，有利于促成上自领导、下及员工都普遍遵循的道德行为理念和规范。同时，这也有利于企业上下级之间、员工之间建立良好的信任关系，在企业与顾客、消费者之间搭建诚信的桥梁，借由软实力提升企业核心竞争力。

5. 改善社会信用环境

社会信用体系建设包括政府信用、企业信用、公众信用三方面，三方面是相互影响、相互制约的。因此，要为企业信用体系建设创造良好的环境，就必须提高政府的信用意识和信用能力，提高社会公众的信用意识和信用能力。政府信用包括执法效率、执法公正、执法能力等；公众信用又涵盖公众的基本素质、知情权的保障程度、正义感和维护正义的能力等。

7.6.2 加强会计职业道德

1. 会计信息的治理作用

在现代企业制度下，企业经营信息事关企业的发展状态和结果，尤其是企业会计信息的质量，不仅是企业自身评判前期发展过程和经营策略正确与否的重要依据，也会对企业外部投资者等诸多利益相关者的决策产生重大影响。会计信息最重要的目标是帮助信息使用者做出合理决策。因此，高质量的会计信息应该具备两大基本职能。第一，定价职能，即为投资者估值提供有用信息。定价职能主要以资本成本和股票价格的形式反映。高质量的会计信息可以有效缓解公司和外部投资者之间的信息不对称，降低企业外部融资成本。此外，高质量的会计信息可以及时将公司的成长机会反映在股票价格上，进一步吸引新的投资者。第二，治理职能，即通过改善契约和监督功能，缓解契约方之间的信息不对称程度，降低内部管理者的道德风险和逆向选择，有效约束其机会主义行为。具体而言，会计信息主要有以下两方面的治理功能。

1）缓解企业信息不对称

一直以来，信息不对称是引发企业代理冲突的重要原因之一，也是制约外部投资者，特别是中小投资者权益保护的最大障碍。公司治理的实质目的是以投资人和贷款方为主的主要权利主体能够准确把握企业财务信息，以缩小因信息不对称导致的一系列负面效果。而有效的财务会计信息披露有缩短企业内部管理者与外部投资者之间信息获取差异的功效，有利于缓解彼此之间的信息不对称。如此，利益容易受损方便可通过适时的企业信息披露，进行自我政策调整以便降低或避免投资损失。因此，真实的会计信息披露能够有效保护投资者利益。

2）监督企业经营管理

会计信息在企业运营中还发挥着重要的控制作用。首先，会计信息具备一定的约束作用。会计信息通过报表形式披露企业的经济状况，对管理层发挥相应的管控作用。定期的财务信息公布、资金流向公布和经营成绩公布，能够帮助投资方更好地了解企业运营状态，并因此对管理层施加压力，迫使其通过努力工作实现企业盈利最大化。其次，公司治理需要全面、客观的信息分析，而会计信息作为这些信息的重要组成部分，在治理决策中发挥了重要的参考作用。作为价值高且成本较低的信息来源，企业会计信息披露帮助投资人更加清晰地掌握企业真实的财务状况，并通过监督和表决权对管理者施加影响，激励他们更好地为投资者创造价值。由此可见，会计信息一方面指导股东的投资决策，另一方面帮助投资人监督内部经营者，并为经理人业绩评价和公司发展前景预测提供可靠依据。

2. 会计信息的质量要求

会计以原始凭证为依据，以货币为主要计量单位，通过一系列的会计程序，为决策提供有用的信息，并积极参与经营管理决策，提高企业经济效益，服务市场经济。会计信息质量要求是对企业财务会计报告中所提供高质量会计信息的基本规范，是使财务会计报告中所提供会计信息对投资者等使用者决策有用应具备的基本特征，主要包括可靠性、相关性、可理解性、可比性、实质重于形式、重要性、谨慎性和及时性。

（1）可靠性。可靠性要求企业应当以实际发生的交易或者事项为依据进行确认、计量和报告，如实反映符合确认和计量要求的各项会计要素及其他相关信息，保证会计信息真实可靠、内容完整。

（2）相关性。相关性要求企业提供的会计信息应当与投资者等财务报告使用者的经济决策需要相关，有助于投资者等财务报告使用者对企业过去、现在或者未来的情况做出评价或者预测。

（3）可理解性。可理解性要求企业提供的会计信息应当清晰明了，便于投资者等财务报告使用者理解和使用。

（4）可比性。可比性要求企业提供的会计信息应当相互可比。

（5）实质重于形式。这要求企业应当按照交易或者事项的经济实质进行会计确认、计量和报告，不仅仅以交易或者事项的法律形式为依据。

（6）重要性。重要性要求企业提供的会计信息应当反映与企业财务状况、经营成果和现金流量有关的所有重要交易或者事项。

（7）谨慎性。谨慎性要求企业对交易或者事项进行会计确认、计量和报告时应当保持应有的谨慎，不应高估资产或者收益，低估负债或者费用。

（8）及时性。及时性要求企业对于已经发生的交易或者事项，应当及时进行确认、计量和报告，不得提前或者延后。

3. 会计人员职业道德

会计人员是会计信息生成的主要参与者和执行者，其提供的受托服务主要包含会计与财务报告编制、对会计记录以及财务报表的审计、财务预测、税务服务、破产清算、财务规划、财务决策制定、财务管理控制等。职业道德是人们在职业生活中形成和发展的具有较为稳定的习惯和心理特点。会计职业道德是会计人员在工作中正确处理人与人之间、个人与社会利益之间的关系时应遵守的职业行为规范和准则，它体现了社会主义经济利益对会计工作的基本要求，是会计人员在长期实践中形成的。会计人员职业道德缺失会造成一系列不良的经济后果，比如减少国家税收、助长腐败行为、扰乱正常的市场经济秩序、损害投资者利益以及抹黑会计人员职业形象。因此，加强会计人员职业道德建设，提高会计人员的道德素质，对贯彻国家有关政策法令、保护投资者利益、提高企业经济效益均具有十分重要的意义。

具体而言，会计人员职业道德主要包括：

（1）爱岗敬业。爱岗就是会计人员热爱本职工作，安心本职岗位，并为做好本职工作尽心尽力、尽职尽责。敬业是指会计人员对其所从事的会计职业的正确认识和恭敬态度，并用这种严肃恭敬的态度，认真地对待本职工作，将身心与本职工作融为一体。

（2）诚实守信。诚实守信要求会计人员谨慎，信誉至上，不为利益所诱惑，不伪造账目，不弄虚作假，如实反映单位经济业务事项。同时，还应当保守本单位的商业秘密，除法律规定和单位领导人同意外，不得私自向外界提供或者泄露本单位的会计信息。

（3）廉洁自律。廉洁自律要求会计人员必须树立正确的人生观和价值观，严格划分公私界限，做到不贪不占，遵纪守法，清正廉洁。要正确处理会计职业权利与职业义务的关系，增强抵制行业不正之风的能力。

（4）客观公正。客观是指会计人员开展会计工作时，要端正态度，依法办事，实事求是，以客观事实为依据，如实地记录和反映实际经济业务事项，会计核算要准确，记录要可靠，凭证要合法。公正是指会计人员在履行会计职能时，要做到公平公正、不偏不倚，保持应有的独立性，以维护会计主体和社会公众的利益。

（5）坚持准则。坚持准则要求会计人员熟悉财经法律法规和国家统一的会计制度，在处理经济业务过程中，不被主观或他人意志左右，始终坚持按照会计法律法规和国家统一的会计制度的要求进行会计核算，实施会计监督，确保所提供的会计信息真实、完整、维护国家利益、社会公众利益和正常的经济秩序。

（6）提高技能。提高技能要求会计人员通过学习、培训和实践等途径，不断提高会计理论水平、会计实务能力、职业判断能力、自动更新知识的能力、提高会计信息能力、沟通交流能力，增强职业经验。运用所掌握的知识、技能和经验，开展会计工作，履行会计职责，以适应深化会计改革和会计国际化的需要。

（7）参与管理。参与管理要求会计人员在做好本职工作的同时，树立参与管理的意识，努力钻研相关业务，全面熟悉本单位经营活动和业务流程，主动向领导反映经营管理活动中的情况和存在的问题，主动提出合理化建议，协助领导决策，参与经营管理活动，做好领导的参谋。

（8）强化服务。强化服务要求会计人员具有强烈的服务意识、文明的服务态度和优良的服务质量。会计人员必须端正服务态度，做到讲文明、讲礼貌、讲信誉、讲诚实，坚持准则，真实、客观地核算单位的经济业务，努力维护和提升会计职业的良好社会形象。

7.6.3　完善公司治理机制

合理安排上市公司董事会、监事会的人员构成并设计科学的公司治理机制，以制衡控制性股东或管理层的权力，防范违背商业伦理和诚信义务事件的发生。具体从以下四方面进行完善和优化。

1. 优化董事会的结构，完善独立董事制度

现代公司治理的首要任务是提高董事会的治理效率，让董事会充分发挥其应有的作用。董事会在上市公司内部是监督经理层的有力保障，只有董事会充分发挥其应有的作用，才能更好地保护中小股东利益以及防范企业非伦理行为。而独立董事的监督履职作用则是董事会中重要的公司治理力量，因此应对独立董事制度的完善予以重视。

1）完善独立董事独立性的保障机制

从三方面采取措施以保障独立董事的独立性。首先，优化独立董事选聘机制。按照行业、地区建立独立董事花名册并由中证中小投资者服务中心统一管理和委任。这种作法一方面能够强化独立董事的使命感和责任心；另一方面，能够减少独立董事的监督束缚和顾虑，使得独立董事能够真正独立并有效发挥监督职能。其次，扩大独立董事在董事会中所占的比例，使独立董事的数量远远超过董事会中公司内部董事的数量，使其在董事会进行决策的过程中拥有话语权，产生影响力。最后，建立一整套风险规避制度，以规避独立董事在工作中承担的风险。我国上市公司独立董事的独立性难保障的一个重要原因是独立董事担心承担风险，因此，只有以合适的方式加以化解，才能够消除其后顾之忧，保障其执行权力时的独立性。国际上现行的做法中最普遍的是通过购买董事保险对其所承担的风险加以保障。我国也应该采取类似的方法，完善相关保障机制。

2）完善独立董事的日常工作制度

由于我国上市公司的特殊情况，独立董事往往除了在公司担任独立董事职务之外还有自己的本职工作，甚至有的身兼数职，任职于多家公司，这导致独立董事往往无法也没有精力对上市公司的具体情况去深入研究。因此，对于独立董事日常工作的具体流程和标准，须由证监会出台具体的规定加以规范以形成明确的制度。这样有利于独立董事付出更多的时间和精力履行好自身责任。

3）建立独立董事履历公开机制

目前我国上市公司独立董事的履历披露大多处于"消极合规"状态，缺乏对其在职期间工作的具体介绍及相关评价，应要求各上市公司如实披露独立董事的具体履职情况，以及其出席董事会议、对公司重大决策事项做出表决意见以及对公司对外担保发表其独立意见等的具体情况，建立详细的可操作性强的独立董事履历公开机制。

4）完善独立董事的激励及制约机制

对上市公司独立董事的激励主要表现为薪酬激励。公司之间的差异常常造成独立董事薪酬间存在差异。这种差异是由外在环境而非独立董事自身能力决定的，所以这种差异无法起到激励作用。因此，相关部门应该有针对性地出台一整套具有指导意义的薪酬标准，使独立董事的薪酬与公司利益达成一致，以更加有利于独立董事制度的健康发展。

此外，也可借鉴国外常用做法，采取建立声誉机制或者公司股票期权的方式对其进行激励。

2. 改善上市公司监事会的结构，充分发挥监事会的监督作用

监事会存在的目的是对公司董事会以及经理层的具体行为进行监督，保护投资者的利益并防范企业非伦理行为。因此，为保证公司的日常经营和健康运转，保证公司利益相关者的权益不受侵害，需要确保监事会的独立性得以完善，监事会的作用得到有效的发挥。然而，长久以来，我国上市公司的监事会一直未能真正进入监督的角色，未能充分发挥其应有的监督功能，基本上形同虚设。因此，为了充分发挥监事会的监督功能，可以从以下两方面进行制度完善。

1）建立独立监事制度

独立监事制度的建立十分必要。要保证监事会的独立性，须在其中引入与公司利益不相干的独立监事作为其成员，甚至委任为监事会主席，从外部人的角度进行监督，更有利于其职责的执行。同时，为了更有效地实现监督的职能，独立监事应当作为公司常设专门监督机构成员专职担任职务，而不像独立董事那样可以兼职。公司监事的提名应有明确的规定，避免因董事会或管理层提名等引起的"内部人控制"现象。同时，对监事任职资格做出规定，并逐步提高监事的专业素质，最大限度地确保监事会日常监督工作的独立性，杜绝其他干扰其判断的因素。

2）完善监事会成员的制衡及激励机制

为促进监事会成员积极有效地完成其监督职能，需要有针对性地制订相应的激励计划，如股票期权激励。同时，注意强化监事的责任意识，对于其失职行为、造成的影响应给予惩罚或制裁，促使其全力履行自身的职责，充分发挥监督职能。根据《公司法》中的相关规定明确公司监事会制度，还应进一步地对其进行细化，特别是和独立董事的制度加以区分和有机结合。通过细化工作内容，与独立董事制度取长补短，形成一整套完善的监督体系，强化其独立性，强调其存在感。

3. 推进机构投资者参与公司治理

从全球范围看，随着机构投资者在资本市场所占比重逐渐增大，鼓励专业机构投资者参与公司重大决策是公司治理发展的主流趋势。实证研究表明，机构投资者参与公司治理对于提升上市公司治理效果具有积极作用。近年来，我国的机构投资者发展迅速，参与公司治理的程度有所加深，但仍存在一些亟待解决的制度障碍。因此，为了更好地推进机构投资者参与公司治理，可以从以下几方面进行制度完善。

1）发展战略型机构投资者

从公司治理实效的角度出发，应重点发展关注公司高质量发展、与公司长期战略利益一致的战略型机构投资者，为战略投资者发展创造良好的法治与政策环境。如采取措施鼓励社保基金、企业年金、保险公司等长期机构投资者增加对资本市场的持股比重；适当加快引进 QFII 等境外长期机构投资者，增加其投资额度，缩短其审核周期，逐步扩大人民币合格境外机构投资者（RQFII）试点范围和投资力度；着力优化机构投资者发展的外部环境，推出符合长期机构投资者需求的产品和交易方式，对机构投资者的市场准

入、业务模式、费率体系、评价激励等方面采取更加灵活的制度性安排，推动对机构投资者的税收减免、递延纳税等优惠政策，鼓励长期投资。

2）消除机构投资者参与公司治理的制度障碍

虽然近年来出台了一系列鼓励机构投资者参与公司治理的措施，但仍有一些历史遗留的法律和制度性障碍制约着机构投资者参与公司治理。例如，2012年修订的《证券投资基金运作管理办法》维持了原《证券投资基金管理暂行办法》（2004年废止）"双10%"的规定。此外，在股东征集投票、股东大会会议流程、机构投资者内部治理等方面，我国现行法律和制度存在着空白和缺陷，也在一定程度上制约了机构投资者参与公司治理实践。

3）关注机构投资者参与公司治理的关键节点

基于国际经验，董事选任、高管薪酬和并购相关事项是机构投资者关注的主要治理议题，而提案、出席与表决是机构投资者参与公司治理的关键节点。根据《公司法》的规定，单独或合计持有公司3%以上股份的股东，可向股东大会提出临时提案，但实践中机构投资者很少行使这一权力，应充分发挥证券业协会、基金业协会等机构投资者行业协会的作用，通过制定专门的投票表决指引，鼓励会员在上市公司重大事项表决前进行充分的沟通，必要时为机构会员联合推举董事、监事等提供便利条件，鼓励机构投资者之间通过合并计算持股、联合提案的形式积极介入公司治理。

4. 增强企业党组织参与公司治理

党组织参与决策是中国制度情境下改善企业治理水平的重要方式和特色之一。尤其在国有企业中，公司章程增设党建条款、党委参与重大决策已成惯例。2015年6月中共中央印发的《中国共产党党组工作条例（试行）》，对推进党组工作制度化、规范化、程序化发挥了重要作用。党的十九大党章修正案对党组职责作了补充，进一步明确了党组管党治党的政治责任。党中央根据新的形势、任务和要求，对条例予以修订完善。全面贯彻习近平新时代中国特色社会主义思想和党的十九大精神，以党章为根本遵循，充分体现近年来党组工作的理论、实践和制度创新成果，回应党组工作的新情况新问题新要求，实现党组制度的守正创新。值得关注的是，随着我国民营经济发展壮大，众多民营企业也纷纷设立党组织。比如，近年来小米、京东、百度、同程旅行等众多新兴民营互联网公司都相继建立了党委或党支部。根据中央组织部发布的《2016年中国共产党党内统计公报》，全国已有185.5万个非公有制企业建立了党组织，占非公有制企业总数的67.9%。

企业党组织是党在基层经济领域的"神经末梢"，在传递党和国家意志、督促企业遵守国家法律和社会规范、维系社会稳定中发挥了重要的积极作用。企业党组织是除国有股东身份、行政资源配置外，政府引导和规范企业行为的另一个重要通道。钱颖一认为，党组织对国有企业的人事权可以在某种程度上作为制约经理人员权力的一个平衡力量。马连福等研究了国有上市公司党委会和新三会"双向进入、交叉任职"对公司治理效率的影响，发现"双向进入"程度与公司治理水平呈倒U形关系，与董事会效率显著正相关。相关文献还表明，党组织治理可以抑制高管攫取超额薪酬，缩小企业内部薪酬差距，有利于减少并购活动中的国有资产流失。党组织治理显著降低了上市公司的股价崩盘风险。因此，企业应该加强党建工作，通过党建引领企业高质量发展。

7.6.4 积极培育中介组织

中介机构作为资本市场的"看门人"，是资本市场投资经营活动的重要参与主体，其提供的保荐、审计、法律、评估、财务顾问等专业服务共同构成了资本市场建设的重要制度支撑。会计师事务所、律师事务所、证券公司等市场中介组织勤勉、专业、审慎的核查工作可以有效防范各类欺诈行为发生，有力提升信息披露质量。他们的勤勉尽责能确保上市公司质量得以有效提升，这样投资者才能放心、安心地做出投资决策——投资者知情权得到多重保障，才能有效推进资本市场健康发展，防范上市公司非伦理行为发生。

1. 会计师事务所

会计师事务所主要从事以下业务：审查企业会计报表，出具审计报告；验证企业资本，出具验资报告；办理企业合并、分立、清算事宜中的审计业务，出具有关报告；进行基本建设年度财务决算审计；提供代理记账，会计咨询，税务咨询，管理咨询等服务；开展会计培训；法律法规规定的其他业务（企业经营涉及行政许可的，凭许可证经营）。资本市场是以信息披露为核心的市场，财务信息是资本市场中最基础、最重要的信息。高质量财务信息有助于投资者做出正确的投资决策、形成合理的价格预期，更好地发挥市场配置资源的决定性作用，同时有助于及时揭示投资风险，为守住不发生系统性风险的底线创造有利条件，在推动资本市场更好地服务实体经济、防控金融风险、保护投资者合法权益等方面发挥着重要作用。会计师事务所作为独立鉴定机构，承担着资本市场财务信息质量"看门人"的职责，在提高资本市场财务信息质量方面极其重要。因此，会计师事务所须当好"看门人"，勤勉尽责，杜绝违法违规和非伦理行为，提高审计质量。

2. 律师事务所

在资本市场中，律师事务所作为一类重要的证券服务机构，其职责是为证券的发行、上市、交易等证券业务活动制作、出具法律意见书，并对所依据的文件资料内容的真实性、准确性、完整性进行核查和验证。律师在资本市场中发挥了重要的把关作用，在执业过程中，证券律师利用专业法律知识就发行人、上市公司等委托人的日常经营、关联交易、资产权属、重大债权债务关系、重大合同、公司治理等法定事项是否存在重大法律风险发表法律意见在履行职责时，律师应坚守职业准则，主动将不符合条件的委托人拒于资本市场大门之外。

3. 证券公司

资本市场中证券公司主要是从事保荐代理、自营买卖或自营兼代理买卖证券的非银金融机构。证券公司在企业改制上市中承担着设计筹划改制企业股票上市的工作，主要包括：参与企业改制方案设计和制定，对拟发股票的改制企业进行上市辅导，草拟、汇总和报送发行上市的所有申报材料，组织承销上市企业的股票，承担发行上市的组织协调工作。在此过程中，证券公司应当勤勉审慎，确保拟发行股票的企业报送材料的真实性和准确性。

随着我国资本市场全面深化改革的推进，注册制逐步推行。资本市场作为有机整体，势必大幅加强中介机构的法律责任，才能确保中介机构在注册制下发挥最为关键的防线把关功能。证监会要进一步完善中介机构分类监管、差异化发展思路，对好机构加大政策扶持力度，支持其做优做强；对问题机构及其相关责任人，强化责任追究，健全黑名单制度，真正体现奖优罚劣。中介机构既要满足正常的归位尽责，更要注重专业能力提升，强化独立性和话语权，保护其所代表的广大投资者利益，这样才能妥善落实新时代下中介机构的责任。

7.6.5　健全资本市场监管

1. 完善政府监管执法

资本市场伦理规范和企业自律行为不能完全替代资本市场正式制度的监管职能，只能对后者形成有益的补充和促进。若资本市场的制度和法律规范存在重大缺陷，而单纯依靠资本市场的投资习惯、声誉机制等伦理规则来防范参与者的失范行为，其效果必然不尽如人意。随着我国资本市场的快速发展和各种金融创新的涌现，现有制度设计和法律规范已经滞后于资本市场的发展实践，资本市场制度供给不足是导致资本市场各种违法违规行为频发的一个重要原因。制度供给不足造成的弊端只能依靠增加制度供给和改进制度供给质量来不断改善。着眼于长远的、具有道德合理性的、高屋建瓴的顶层监管制度设计是中国资本市场持续健康发展的根本保障。

1）以补短板思路加强制度建设，完善法律基础设施

一是以信息披露和投资者保护制度为核心，完善资本市场法律法规等基础性制度建设，适时修改现行《证券法》中的陈旧条款，推动完善证券期货犯罪的刑事立法，尽早启动《证券交易法》和《投资者保护法》的立法工作，在投资者保护中引入民事责任赔偿制度和股东代表诉讼制度，提高违法违规成本，切实保护投资者利益。二是深化发行上市、并购重组、分红、退市等基础性制度改革，确保 IPO 和退市渠道通畅，不断提升存量上市公司经营质量。三是建立具有中国特色的"吹哨人"制度，明确举报奖励制度，严厉打击内幕交易等违法行为。四是妥善论证新的金融监管政策，在系统防火墙之外建立并推行监管沙盒（regulatory sandbox）制度。

2）以金融科技和问责机制为抓手，加强有效市场监管

一是提升监管科技水平，及时将大数据、云计算、人工智能等金融科技新成果引入监管执法领域，发现市场监管盲点，提升监管针对性，实现实时监管、精准监管。二是对具有混业经营特点的金融产品实施功能监管和穿透式监管，厘清产品底层资产的收益风险属性，加强与国务院金融稳定发展委员会、中国人民银行、中国银行保险监督管理委员会、公安部等相关部门的业务沟通，提升监管执法威慑力，打击监管套利行为，防止金融风险跨行业扩散。三是简化监管流程，减少前置审批事项，强化事中监管与事后监管。四是强化问责机制约束，健全行政决策监督和责任追究制度，严格按照"谁决策、谁负责"的原则，切实加强对行政执法行为的监督。五是加强预期管理，保持监管定力，

尽量避免运动式监管，向市场传递清晰、持续的监管信号，稳定投资者预期，增强资本市场抗风险能力，强化金融体系抗风险能力。

2. 创新市场监督机制

1）卖空机制

2010 年 3 月，我国资本市场开启了融资融券交易制度（尤其是卖空机制），打破了长期以来只能做多不能做空的"单边市"格局。融资融券交易又称保证金交易或证券信用交易，投资者向具有融资融券业务资格的证券公司提供规定数额的担保物，以此借入资金买入目标证券的行为称为融资交易，以此借入目标证券并卖出的行为称为融券交易。其中，融券交易即卖空机制，近年来其作用发挥受到学术界和实务界的共同关注。

卖空机制的实施使得公司负面信息能够及时融入股票价格，增强了公司信息透明度（李春涛等，2017）。与此同时，卖空交易能够向市场参与者传递上市公司"风险"信号，对投资者具有一定的预警作用。现有研究发现，卖空机制对实体企业发挥了公司治理效应。卖空投资者更有能力预见公司财务违规行为以及违规严重程度，因而可以帮助监管者和投资者及早发现财务不当行为（Karpoff and Lou，2010）。我国学者侯青川等（2017）聚焦大股东"掏空"问题，发现卖空机制的实施加大了股价下跌压力，对大股东利益形成威胁，在一定程度上约束了大股东的"掏空"行为，发挥了外部监督作用。而孟庆斌等（2019）则采用部分可观测模型检验了卖空机制对公司违规行为的影响，发现卖空机制不仅抑制了事前公司违规倾向，还提高了事后违规稽查概率。

卖空机制作为资本市场中的一种市场化监督机制，可以有效弥补政府监管不足，遏制企业的非伦理行为。这为监管部门提供了一种改进市场非伦理行为治理效率的新思路。对于普通投资者来说，关注卖空交易也有助于其合理评估公司风险，进而优化其投资决策。因此，监管部门继续适当放开卖空限制、丰富融券来源、降低卖空交易成本、缓解融资与融券严重不平衡问题、推进专业机构投资者参与卖空交易等，可以进一步强化来自资本市场的市场化治理力量，增强投资者利益保护。

2）媒体监督

媒体监督是资本市场中发挥外部公司治理作用的重要方式之一。作为社会信息收集、发布的舆论导向主体，媒体通过开展实地原创性的调查和分析以及传播来自其他信息中介的信息，有助于缓解资本市场中的信息不对称问题。媒体的信息曝光会将上市公司推至公众视野，引发舆论关注，进而对公司行为发挥监督职能。有研究表明，为了赢得社会声誉和获得商业利益，媒体有动机监督公司中存在的治理问题。更有研究直接指出，媒体对问题的揭露，会引起监管部门的重视，进而发挥约束公司不当行为的功能。具体而言，媒体监督的治理作用主要体现在以下两个方面。

其一，媒体监督通过声誉机制发挥公司治理作用。大量国内外研究成果表明，媒体报道会通过影响管理者和董事会成员的声誉来规范他们的行为。这是由于企业经理层和董事会成员良好的声誉能够为他们带来财富和社会地位，而声誉受损会对他们形成严重的市场惩罚，这迫使他们有所忌惮而不敢进行违规操作。Fama 和 Jensen（1983）发现，经理人出于自己未来发展空间的考虑会选择主动维护其声誉。如果经理人在就职期间有负面新闻报道，经理人会自觉对有争议的决策进行规避。也有研究发现，媒体曝光缺乏效率的董事会名单后，公司通常会采取积极措施来提高董事会的决策效率。此外，媒体还通过传递信息和发表评论，对投资者进行舆论引导，影响股票价格变动，进而影响经理层的绩效报酬。

其二，媒体报道对企业非伦理行为具有揭露功能。媒体受众广泛，包括公司股东、外部债权人以及监管机构等。媒体对公司非伦理行为的负面报道和宣传会引起监管部门的及时关注，进而增加公司不当行为的暴露概率。比如，当媒体对公司"掏空"行为进行报道后，会增加上市公司大股东实施"掏空"行为被发现的可能性。为了规避可能面临的诉讼惩罚，公司大股东或管理者会主动减少侵害中小投资者利益的概率。戴克等（Dyck et al., 2008）发现，媒体关注能够增加公司被惩罚的可能性并影响惩罚力度。米勒（Miller, 2006）的研究表明，媒体在揭露公司财务丑闻过程中扮演了积极的监督角色。基于中国场景，国内学者李培功、沈艺峰（2010）也发现，我国媒体主要通过引起上级行政监管机构的介入发挥违规稽查作用。

因此，媒体作为一种市场监督机制，能够及时传播信息并扩大信息的影响力，从而引起公众与监管部门的注意，促使上市公司改善公司治理，保护投资者利益。相比于发达经济体，我国市场经济正处于转型时期，投资者利益保护不仅需要政府行政监管，还需要媒体等外部监督机制发挥替代治理效应。

3）证券分析师监督

分析师因其工作性质，具有信息、人脉和专业能力等方面的优势，定期向特定或不特定投资者出具上市公司研究报告及投资建议，在资本市场扮演着监督上市企业的市场"看门人"角色。随着我国资本市场的不断发展和完善，证券分析师队伍日益庞大，2019年年底，我国证券分析师总人数已达到 3466 人。早在 1976 年，詹森（Jensen）和迈克林（Meckling）指出，在公司所有权和控制权分离的情况下，证券分析师的监管作用能够缓解代理冲突问题。现有大量研究发现，分析师通过信息收集、整理与解读，有效地降低了信息不对称程度，能够抑制盈余管理、财务重述、公司违规等非伦理行为，对公司形成外部治理效应。作为现代资本市场不可或缺的重要组成部分，证券分析师在市场中的监督作用日益凸显。

证券分析师对公司发挥外部监督作用，主要体现在两方面：第一，证券分析师具有较强的专业能力。与普通投资者、董事和经理人相比，证券分析师往往具有金融学、会计学等专业学科背景，能够对企业财务报表等信息进行深入分析和解读，并以研究报告等方式向投资者传递有价值的企业信息。第二，证券分析师对公司的跟踪研究具有长期性。实践中，证券分析师在一段时期往往具有固定的研究对象，他们会定期走访和持续关注部分上市公司。那么，公司管理层的日常经营活动与财务报表的异常情况便能够被证券分析师及时捕捉和发现。由此可见，证券分析师在一定程度降低了企业与外部投资者之间的信息不对称程度，阻止了管理层的机会主义行为，并削弱了管理层利用自身掌握的信息谋取私有收益的能力。

本章关键知识点

委托代理冲突、资本市场伦理、信托责任、投资者利益保护

思考题

1. 资本市场应该遵循的核心伦理准则有哪些?
2. 公司治理实践中导致委托代理冲突的主要原因是什么?
3. 简述资本市场理论规范建设的基本思路。

即测即练

自学自测　　扫描此码

第三篇

社会责任篇

第 8 章

企业社会责任基础理论

本章学习目标

通过本章的学习，学生应该能够：

1. 了解企业社会责任的发展历程及理论基础；
2. 理解企业履行社会责任的主要动因；
3. 掌握企业履行社会责任产生的社会经济后果；
4. 了解企业社会责任信息披露的意义。

引导案例

共享单车押金之"殇"

1. 案例背景

2017 年以来，共享单车行业的竞争日益加剧，部分品牌陷入经营困难，成为"问题平台"，甚至倒闭退出市场。随着共享单车注册用户海量增加，单笔数额很小的押金也会汇聚成上亿元巨款。艾媒咨询数据显示，截至 2017 年 12 月，中国共享单车市场押金存量规模已超过 120 亿元。如此庞大的资金流，却长期处于监管空白地带，如果共享单车运营企业利用押金进行资本运作，一旦出现资金断链、卷钱跑路等情况，必然产生押金难以退还的危机。

在共享单车行业，押金制度是信息不对称、诚信缺失、信用体系不健全的产物。平台企业往往将押金作为解决信用难题的主要手段。2017 年 6 月，成立不足半年的悟空单车和 3Vbike 先后因融资困难和丢失车辆严重等问题宣布停止提供服务；8 月，町町单车停止运营；11 月，酷骑单车、小蓝单车和小鸣单车也先后出现运营困难等问题（表 8-1）。这六家共享单车企业均因资金链断裂陷入经营危机，押金退还出现困难，涉及数百万民众、押金总额达 10 亿元。押金难退问题相继出现，引发社会热议。破产企业无力退还押金，消费者维权困难，引发公众对共享单车押金制度的质疑。

表 8-1　共享单车领域经营困难平台企业

名　　称	成立时间	注册地点	出现经营困难时间
3Vbike	2015.12	北京	2017.06
悟空单车	2016.09	重庆	2017.06
町町单车	2016.11	南京	2017.08
小鸣单车	2016.07	杭州	2017.11
小蓝单车	2016.10	天津	2017.11
酷骑单车	2016.11	北京	2017.11

资料来源：国家信息中心《中国共享经济发展年度报告（2018）》。

2. 共享单车行业退押概况

2017 年，共享单车行业竞争越发激烈，二、三线品牌处境艰难，不少品牌停止运营，用户押金保障饱受质疑。退押困难主要有三类：第一类是用户退押成本高，退押程序烦琐，退押入口难找；第二类是企业由于管理不当或行业竞争加剧导致资金链断裂，使得用户挤兑押金，押金兑付困难带来信用危机，加速企业破产；第三类是企业侵占、挪用押金，平台融资失败，资金链断裂致使无法退还押金（表 8-2）。

表 8-2　共享单车知名品牌退押规则及难点

平　台	退押规则与结果	退押难点
ofo 小黄车	新用户缴纳押金 199 元，提示预计 0～3 个工作日退还，能够及时退押	老用户退押从缴纳 99 元押金变成缴纳 199 元押金。App 退押程序烦琐，退押入口难找
摩拜单车	新用户缴纳押金 299 元，提示押金将返回到充值账户，能够及时退押	押金充值容易，退押入口难找，并且退押程序烦琐，将押金和某些会员权益绑定
哈罗单车	新用户缴纳押金 199 元，提示押金将在 1～7 个工作日内退还	押金充值容易，退押程序烦琐，并且退押入口难找
酷骑单车	2017 年 10 月，酷骑 App 停止更新；要求到北京总部退款。退款办理时间为工作日 9：00—17：00、周六日 10：00—15：00，仅限办理本人及家人账号。办理时需持身份证或户口簿等证件并进行 App 验证；本人确实无法到场者可托直系亲属持账户本人身份证、户口簿、驾照等有效证件代为办理	用户退款时间成本、资金成本高，程序烦琐，需要提交证明材料较多
小蓝单车	未停止运营前，承诺 7 个工作日内退还用户押金；小蓝单车曾发布公告称，用户于 2017 年 10 月 30 日之前申请退款，将于 2017 年 11 月 10 日前退还，最终无果	企业融资失败，资金不足，人去楼空，失去联系，而且并未安排后续退押事宜
小鸣单车	未停止运营前，承诺押金将在 1～7 个工作日内退还，但是自 2017 年下半年起，用户申请退押无果。在广东省消委会的介入下，小鸣单车已成功处理近九成的退押要求，但仍有部分用户的押金没有到账	公司管理瘫痪，停止运营，资金缺口巨大

资料来源：根据网络资料整理。

3. 押金纠纷典型案例——酷骑单车

酷骑单车成立于 2016 年 11 月，企业成长迅速，到次年 6 月，用户数量达到 1400 多万，投放单车超过 140 万辆，涵盖 50 多个城市。同时，酷骑单车以 329.98 万的月活跃用户数排在同行业第四位，与第三位小蓝单车差距不足 50 万人。然而在繁荣景象背后，资金危机开始凸显。2017 年 8 月，全国各地用户开始反映酷骑单车押金难退、客服电话难以接通等问题。同年 9 月，押金退还挤兑问题全面爆发，有用户到北京酷骑总部排队退押金，用户也自发建立酷骑单车微信退费群，酷骑单车押金退还事件陷入恶性循环且不断升级，随后酷骑各地分公司也出现人去楼空、卷款潜逃的情况。

2017 年 12 月 12 日，中国消费者协会发布《致酷骑公司及相关负责人的公开信》，称自 2017 年 8 月下旬以来，酷骑公司因押金、预付资金退还出现严重问题，导致消费者大面积投诉，据不完全统计，全国收到关于酷骑公司的投诉 21 万人次。酷骑公司不仅大量挪用消费者押金，而且对于消费者退还押金诉求采用无人回应、回避问题等不负责任的方式，严重侵害了消费者财产安全权、知情权、选择权、公平交易权等合法权益。中消协公开要求酷骑公司及相关负责人，依法承担企业及个人应负的法律责任：说明押金存管、占用相关情况；配合相关部门取证，做好善后处理；主动回应消费者关切，并公开道歉。

2017 年 12 月 21 日报道称：中消协根据消费者反映的情况和前期调查情况，已向有关公安机关提交刑事举报书，举报酷骑（北京）科技有限公司及其主要负责人涉嫌刑事犯罪，申请公安机关立案侦查。2018 年 3 月 15 日，在中央广播电视总台"3·15"晚会上关于共享单车退押困难问题再次被提及。中消协指出：经调查，70 家共享单车平台有34 家相继停止经营，2017 年共享单车押金退款困难的投诉数量非常惊人，仅对酷骑单车的投诉就超过 21 万人次，所欠押金高达 10 亿元。同小鸣单车类似，酷骑单车声称在民生银行设置的专门账户也被证实是一般存款账户，并未受到银行监控。

思考题：

1. 酷骑单车侵害了哪些利益相关者的权益？理由是什么？
2. 除了案例中提到的押金问题，你觉得共享单车还为社会治理带来了什么难题？
3. 结合案例和个人经历，谈谈在企业经营中应当如何坚守企业社会责任的底线。

8.1　企业社会责任概述

创造利润是否为企业的唯一目标？作为一个经济组织，企业是否应该服务于整个社会？就传统意义而言，企业是指以营利为目的，运用各种生产要素（土地、劳动力、资本、技术和企业家才能等），向市场提供商品或服务，实行自主经营、自负盈亏、独立核算的法人或其他社会经济组织。然而，进入 21 世纪以来，经济利益至上的经营观使得企业为谋取经济收入而忽略社会利益，从而引发了一系列社会问题。随着经济社会的不断发展，仅以盈利为目的的经营观已无法满足社会各界对企业的期望，企业社会责任越来越受到公众重视。

8.1.1　企业社会责任的概念界定

企业社会责任是一种管理概念，即公司可以将社会问题和环境问题纳入其商业运营以及与利益相关者的互动。企业社会责任通常被认为是公司实现经济、环境和社会要求之间平衡的一种方式，需要同时满足股东和利益相关者的期望。

企业社会责任（Corporate Social Responsibility，CSR）概念发源于西方，不同学者对其有不同的定义。随着制度环境与社会环境不断演变，人们对企业社会责任的认识越发深刻，企业社会责任的概念和内涵也随之改变，对于什么是企业社会责任，学术界与实务界有着宽窄不一、重点有别的表述，经历了复杂的发展后，才形成了现代企业社会责任理念。目前，国际上普遍认同的企业社会责任理念是，企业社会责任指企业在创造利润、对股东和员工承担法律责任的同时，还要承担对消费者、社区和环境的责任，企业社会责任要求企业经营活动必须超越将利润作为唯一目标的传统理念，强调在生产经营过程中对人的价值的关注，强调对环境、消费者、社会的贡献。

20世纪20年代以来，随着资本不断扩张，在诸如贫富差距、劳工问题和劳资冲突等一系列社会矛盾频发的背景下，企业社会责任的概念应运而生。大部分学者认为企业社会责任的概念最早由英国学者奥利弗·谢尔顿（Oliver Sheldon）于1923年在美国进行企业管理考察时提出。在其《管理哲学》（*The Philosophy of Management*）一书中，谢尔顿将企业社会责任与公司经营者满足企业内外各种主体需要的责任联系起来，认为企业社会责任包含道德因素。在此基础上，多德（Dodd）认为企业是既有盈利功能，又有社会服务职能的经济机构，并将企业社会责任定义为"在企业利润最大化目标之外所负义务的概括或表述"。然而，企业社会责任概念刚萌芽，接踵而至的经济大萧条及第二次世界大战就冲淡了人们对它的关注。

直至20世纪50年代，霍华德·R. 鲍恩（Howard R. Bowen）指出，企业社会责任是指企业遵从社会目标与价值观，趋近并遵循相关政策，进而开展决策、采取具体行动的义务。这一概念引起了众多企业和利益相关者的关注。他的代表作《商人的社会责任》（*Social Responsibilities of the Businessman*）的出版更是引发了公众对企业社会责任的广泛讨论。不同领域学者对企业社会责任开发了各种各样的定义，但由于所代表的利益不同，并未达成共识。商业人士可能将企业社会责任定义为商业策略，非政府组织活动家可能将其视为"绿色手段"，而政府官员则将其视为自愿性监管。

8.1.2 企业社会责任的内涵演变

20世纪70年代到21世纪初期，实务界及学术界对企业社会责任开展大量且深入的讨论，涌现出大量对于企业社会责任的定义。尽管各界对企业社会责任的概念与内涵并未达成一致意见，但同心圆模型、卡罗尔金字塔模型和三重底线模型受到广泛关注。

1. 同心圆模型

同心圆模型由美国经济发展委员会于1971年提出，它将企业社会责任划分为三个层次（图8-1）。其中，内圈责任是指企业的基本责任，即有效履行为社会提供产品、工作岗位和促使经济增长等经济职能；中圈责任是指企业在履行经济职能时，保持对社会价值观和社会问题的敏感，对其行为引致的社会和环境变化要承担相应责任；外圈责任则包含企业更大范围地解决社会问题和促进社会进步的其他责任，如消除社会贫困、促进社会公平、防止城市衰败等。

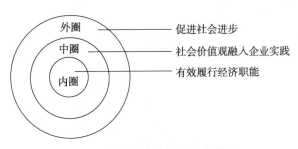

图 8-1　企业社会责任同心圆模型

2. 卡罗尔金字塔模型

卡罗尔金字塔模型由卡罗尔于 1979 年提出。他将企业社会责任定义为在特定时期，社会对企业所寄托的经济、法律、道德和企业自行裁量（慈善）的期望。也即，企业社会责任可以划分为四个层次：经济责任、法律责任、道德责任和慈善责任（图 8-2）。

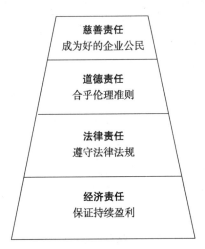

图 8-2　企业社会责任"金字塔"模型

处于金字塔底部的经济责任反映了企业作为营利性经济组织的本质属性，经济责任是企业履行社会责任的基础条件，是一种基本责任。法律责任指企业作为社会的一个组成部分，拥有为社会提供产品和服务的权利，同时要求企业必须遵守法律法规，在法律框架内开展经营活动以实现经济目标。道德责任则要求企业行为应当符合一定的伦理准则和行为规范，企业应当秉持正确、正义和公平的原则开展生产经营活动，不能损害社会利益。最后，慈善责任，也称自行裁量的责任，表明企业是否承担或应承担什么样的社会责任应由企业主动自愿选择，即使没有法律法规的约束，也期望其成为好的企业公民。

3. 三重底线模型

三重底线模型由英国学者约翰·埃尔金顿提出。他认为企业行为要同时满足经济、社会与环境三重底线（图 8-3）。满足三重底线，不仅是计量和披露企业的经济、社会和环境业绩，而且包括一系列的价值观、过程和问题，企业要考虑利益相关方与社会的期望，控制业务活动对社会和环境可能产生的负面影响，追求经济、社会和环境价值的基本平衡。在这一阶段，人们对企业社会责任的概念逐渐有更深刻的认识，认为企业不仅要对股东负责，在追求利益目标的同时还要承担最基本的经济责任、社会责任和环境责任。

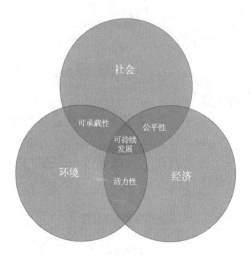

图 8-3　三重底线模型

传统上，企业管理者仅关心经济这条底线，对社会和环境这两条底线关心不够，这种做法既不合乎伦理规范，也不利于企业的可持续发展。因此，三重底线理论认为，只有同时关注这三重底线，才能确保企业可持续发展。

随着经济全球化快速推进，企业社会责任得到更多国际组织的关注。联合国"全球契约"指出，企业履行社会责任应遵循"全球契约"在人权、劳工、环境和反贪污四个方面的十项原则。世界银行则认为，企业社会责任是企业与关键利益相关方的关系、价值观、遵纪守法以及尊重人、社区和环境有关的政策和实践的集合，是企业为提高利益相关方的生活质量而贡献力量的一种承诺。商务社会责任国际协会（Business for Social Responsibility，BSR）对企业社会责任的定义是：企业社会责任是指企业通过尊崇伦理价值和尊重人、社区以及自然环境而取得商业成功。国际标准化组织在 ISO 26000 中提出，企业社会责任是企业对运营的社会和环境影响采取负责任的行为，即行为要符合社会利益和可持续发展要求，以道德行为为基础，遵守法律和政府间契约并全面融入企业的各项活动。

8.1.3　企业社会责任的具体形式

企业社会责任是企业在追求经济利益和股东价值创造过程中对其他利益相关者利益的关注，主要包括对顾客、雇员、社区、供应商、股东、整个社会六个方面的责任和义务。

1. 企业对顾客的义务和责任

（1）顾客是企业应关注的首要对象。

（2）顾客期望的是可靠的产品与服务，公平的价值观念，良好的服务以及真实的广告。

（3）顾客期望不能得到满足，企业的短期利益与长期利益都要受到影响。

（4）公众对企业的态度，在很大程度上受市场空间的制约。

2. 企业对雇员的义务和责任

（1）雇员不仅需要得到公平的报酬，还有更广泛的诉求，如平等的机会、健康的保证、安全的工作场所、财务的安全、个人隐私的保护、言论的自由、生活质量的确保。

（2）企业需要尊重雇员在决策上的参与，并根据全球范围的竞争需要，以及保证企业持续发展的所需利益要求，决定和衡量雇员所得的利益。

3. 企业对社区的义务和责任

（1）公司与其经营相关的社区中生活的人们存在密切相关关系。

（2）人们需要公司关注当地需要和存在的问题。

（3）企业需要在学校教育、交通、健康、娱乐等方面提供支持。

（4）企业也需要对社区解释自己从事的经营活动。

4. 企业对供应商的义务和责任

（1）大公司的供应商一般是中小企业，中小企业要求公平的买卖以及即时付款。

（2）在经济系统中，供应商的生存与发展依赖大公司对待他们的公平程度。

（3）在优势、实力、利益存在明显差距的情况下，大公司对供应商有着义不容辞的责任。

5. 企业对股东的义务和责任

（1）股东是风险投资的提供者，是企业建立与存在的保证。

（2）企业必须遵从任何一种股东责任，只有保证企业的盈利，为股东提供回报，才能鼓励股东进行持续的投资。

（3）企业的任何重要活动，必须充分考虑股东利益。

（4）现在的股东结构与以往的情况有所不同。传统股东更多的是长期的个人投资者；现在的股东更多的是对短期利润感兴趣的、不确定的、短期的机构购买者，这些特征影响了股东对企业的长期发展支持。

（5）尽管短期收益期望会形成压力，企业管理者仍需保持长远的发展观。

6. 企业对整个社会的义务和责任

（1）企业不论是在一个国家经营，还是跨国经营，都必然会对全球范围的人们的生活产生影响。

（2）人们要求企业对国内、国际上人们关心的重要事项与问题做出反应。比如，人们都在关注的全球变暖、环境污染等问题。

（3）对社会承担的责任，首先是充当产品和服务的制造商、雇主、工作机会创造者，并保持社会经济的繁荣。

8.2 企业履行社会责任的理论解释

企业为什么需要履行社会责任？企业社会责任为何受到越来越多的关注？其背后的理论逻辑是什么？目前，学术界对此的解释主要存在三大基础理论：①利益相关者理论。企业发展受益于利益相关者，因而需在各方利益矛盾中寻求共赢之路，企业需要兼顾各利益相关者的利益诉求。②社会契约理论。企业行为受到一系列契约的规制和约束。除了明文规定的显性契约条款外，还存在很多隐性期望，企业存续的合法性根源在于与社会契约期望的吻合。③企业公民理论。现实中企业作为社会公民存在。任何公民都不能将自己的利益凌驾于其他利益相关者的合法利益之上，因此企业必须履行一定的公民义务。

8.2.1 利益相关者理论

从企业应当对谁负责以及应承担什么社会责任的角度看，企业社会责任理论可大致分为股东至上主义（Shareholder Supremacy）和利益相关者主义（Stakeholder Doctrine）两大流派。梳理过去几十年的学术文献，可以发现股东至上主义经历了盛极而衰的发展过程，20世纪80年代之后，股东至上主义不断式微，利益相关者主义强势崛起。

股东至上主义主张企业应当只对股东负责，企业唯一的社会责任就是努力实现利润最大化或股东价值最大化。股东至上主义的基本逻辑是，只有为企业提供股权资本的股东才享有企业的剩余控制权和剩余收益权，才有权以企业"主人"的身份参与企业的重大经营决策和分配决策。因此，企业无须对股东之外的其他利益相关者承担责任。阿道夫·A. 伯尔（Adolf A. Berle）、奥利弗·哈特（Olive Hart）和米尔顿·弗里德曼（Milton Friedman）是股东至上主义的代表性人物。伯尔认为，企业存在的唯一目的在于为股东赚取利润。作为股东的受托人，企业管理层必须只能对股东负责，要求企业的管理层为股东之外的其他利益群体负责，从根本上违背公司法的法律基础，并有可能导致企业失焦，有损股东利益，从长远看也不利于社会整体利益的提升。哈特主要从财产剩余索取权和决策剩余控制权的角度，论证股东至上主义契合权利与义务匹配的产权制度安排。弗里德曼是股东至上主义的最大拥趸者之一，1970年，他在《纽约时报》发表了一篇文章，提出"企业的社会责任是增加利润"，被视为拥戴股东至上主义的檄文。弗里德曼指出，在私有产权和自由市场体制中，企业只有一种社会责任，那就是在社会规则（包括法律法规和道德规范）框架下运用其资源，尽可能多地为股东赚取利润。

股东至上主义加剧了20世纪80年代西方发达国家紧张的劳资关系。以股东价值最大化为名授予企业管理层巨额的股票期权，进一步扩大了贫富差距，片面追求企业利益而罔顾生态环境保护招致社会公众的严厉批评，导致人们对股东至上主义进行深刻反思，最终促使利益相关者主义崛起。可以说，利益相关者主义是在与股东至上主义的论战中产生的。利益相关者主义认为股东至上主义的价值观过于狭隘，过分强调资本雇佣劳动，从根本上否认了股东之外的其他利益相关者特别是人力资本对企业价值创造的重要贡献。利益相关者主义坚称，不论从伦理道德上看，还是从可持续发展上看，企业的管理层除了对股东负有创造价值的受托责任，还应当对其他利益相关者负责。

利益相关者理论是组织管理和商业伦理相互交融的理论。它阐述了组织管理中的道德观和价值观，尤其是与公司社会责任、市场经济和社会契约相关的道德观和价值观。"利益相关者"一词最早在 1960 年由斯坦福研究所提出，但对利益相关者理论展开系统论述的当属 R. 爱德华·弗里曼（R. Edward Freeman）。1984 年，弗里曼出版了具有重大影响的专著《战略管理：利益相关者方法》，将利益相关者定义为任何能够对一个组织的目标实现及其过程施加影响或受其影响的群体或个人，具体包括三类：所有者利益相关者（如股东以及持有股票的董事和经理）、经济依赖性利益相关者（如员工、债权人、供应商、消费者、竞争者、社区等）和社会利益相关者（如政府、媒体、特殊利益集团等）。2010 年，弗里曼等在专著《利益相关者理论：现状与展望》中，将利益相关者简化为主要利益相关者和次要利益相关者两类。

利益相关者主义学派认为，企业是不同相关者的利益集合体，企业管理层应当同时兼顾股东和其他利益相关者的利益诉求，不仅应当对资本的主要提供者（股东）负责，而且还要对其他要素提供者和产品消费者等利益相关者负责。对股东之外的其他利益相关者承担的责任，理应纳入企业管理层的总体受托责任，构成广义上的企业社会责任。履行社会责任，既是企业的道义责任，也是企业吸引和维护战略资源的内在需要，只有股东的资本投入，没有其他利益相关者的要素投入和消费者的倾力支持，企业是不可能以持续经营方式为股东创造价值的。

随着政府对环境监管的加强以及公众对股东至上主义的态度发生变化，利益相关者主义日益成为主流，企业界也被迫改变立场，宣称对企业社会责任予以支持。这可以从"商业圆桌会议"1997 年对股东至上主义的拥抱到 2019 年转向对利益相关者主义的接纳看出端倪。1997 年，"商业圆桌会议"在声明中指出，企业管理层和董事会的首要职责是为股东服务，其他利益相关者的利益只是衍生责任。2019 年 8 月，在"商业圆桌会议"上，200 多家大公司的 CEO 在五项承诺（为客户创造价值，投资于我们的员工，以公平和合乎道德的方式与供应商打交道，支持我们工作的社区，为股东创造长期价值）中却将对股东的责任放在最后，态度转变之大耐人寻味。

8.2.2 社会契约理论

形成于 16—17 世纪的社会契约理论是近代以来具有重大影响的有关国家的学说。它最先被提出来是为了解释国家的形成，即国家是社会契约的产物，并为国家存在的合法性和正当性提供了理论论据。20 世纪 30 年代，有关企业理论的研究中也开始引入社会契约理论的分析框架。1937 年，科斯发表著名论文《企业的性质》，并在其中提出企业契约理论，引领了企业领域契约研究的潮流。直至 20 世纪 80 年代，社会契约理论已经被广泛应用于企业相关问题研究。唐纳森认为企业与社会之间存在一种契约，即社会为企业的发展承担一定责任，企业也需要对给自己提供各种条件的社会承担对应的责任。20 世纪 90 年代，唐纳森和邓菲为更好地解释企业伦理问题，提出了综合的社会契约理论，指出企业存在的合法性依赖于所在社会建立起的社会契约。

社会契约理论认为，企业是社会大家庭中的重要成员，因此企业具备相应的权利与义务。企业能够享受社会为其提供的各种发展条件，同时也必须遵守社会中各种显性或隐性规范的约束。企业与社会之间存在一种契约关系，这种契约既可能是存在于正式制度中的显性契约（如法律条文），也可能是存在于非正式制度中的隐性契约（如文化习俗）。

虽然外部社会环境改变会导致契约内涵发生改变，但是企业合法性始终来源于企业与社会之间的契约关系。企业履行社会责任也可以被视为是社会契约的重要组成部分。企业履行社会责任受到社会法律体系中合法性要求和社会道德体系中伦理性要求的共同作用。因此，企业社会责任不仅包括遵守基础的社会规范和准则（如诚实守信、尊重法律等），也包括对利益相关者（如雇员、供应商、顾客和社区）承担道德责任。

总体而言，基于企业与社会之间的契约关系，社会契约理论强调，企业行为要遵守社会道德与社会规范（如法律制度）的准则约束，企业行为应当符合契约关系中社会各界的期望。

8.2.3　企业公民理论

企业公民（Corporate Citizenship）是国际上盛行的用来表达企业责任的术语，始于20世纪80年代。美国波士顿学院将企业公民定义为：企业公民是指一个公司将社会基本价值和日常商业实践、运作和政策相结合的行为方式。其核心观点是，企业的成功与社会的健康发展密切相关，因此，企业在获取经济利益的时候，要通过各种方式来回报社会。企业公民要素构成有社会责任和道德责任两大类。

英国的企业公民会社认为，企业是社会的一个主要部分；企业是国家的公民之一；企业有权利，也有责任；企业有责任为社会发展作出贡献。

世界经济论坛认为，企业公民包括四个方面：

（1）良好的公司治理和道德价值：主要包括遵守法律、规则和国际标准，防范腐败贿赂，包括道德行为准则问题及商业原则问题。

（2）对人的责任：主要包括员工安全计划、就业机会均等、反对歧视、薪酬公平等。

（3）对环境的责任：主要包括维护环境质量、使用清洁能源、共同应对气候变化和保护生物多样性等。

（4）对社会发展的广义贡献：主要包括传播国际标准、消除贫困、促进技术进步等。

现实中，企业公民发展随企业发展呈现阶段性特征。企业公民的发展可以划分为五个阶段：第一阶段是初级阶段（elementary stage），企业对企业公民知之甚少，高级管理人员与外部利益相关者（尤其是在社会和环境领域）的互动有限，公司通常仅仅基于法律和行业标准来制定政策和生产经营。第二阶段是参与阶段（engaged stage），高层管理者开始利用新视角反思公司在社会中的角色定位，并且公司与利益相关者会进行更广泛的双向沟通。第三阶段是创新阶段（innovative stage），企业会增加与各种利益相关者之间更加开放的双向沟通，以实现高水平的创新和学习。第四阶段是整合阶段（integrated stage），公司采取各项措施将公民身份与企业的商业实践相结合。第五阶段是转变阶段（transformative stage），企业公民行为被视为可持续商业行为，企业会持续关注和投入其中。

企业公民理论的发展，不仅是对企业社会责任的修正，更是从理论到实践的一次超越。波士顿学院企业公民中心关于企业公民状况的研究项目发现，企业公民可以带来好的结果。企业公民并不是"一刀切"，投资于对企业背景和业务目标有益的企业公民活动的公司比那些追求分散的公司更成功。大多数企业高管也认为，遵守员工的健康和保健承诺是最有助于实现业务目标的企业公民意识。

8.3　企业履行社会责任的动机

企业社会责任受到社会各界的广泛关注，企业履行社会责任的动机也成为学术研究的热点问题。学术界从多个角度考察了企业履行社会责任的动机，概括起来主要包括四种动机：利他动机、战略动机、政治动机和管理层自利动机。

8.3.1　利他动机

利他动机理论认为，企业社会责任是企业不求回报、体现良好"公民"形象的利他行为。利他动机认为，企业积极承担社会责任的行为是由社会责任感或利他主义所驱动的。利他行为或亲社会行为通常基于情感共鸣或同情心理而自发产生。企业积极履行社会责任是受到情感激发并试图帮助他人的具体表现。基于这一动机，企业使用社会标准作为采取正确、卓越和公正行动的基础。公司践行社会责任并不是为了实现利润最大化的利益诉求，而是通过实践利他主义的慈善事业以实现帮助他人的目标。因而，利他动机使得企业管理层追求的慈善目标与公司利益或经营业绩并不挂钩。

诚信契约精神是中国现代商帮文化的核心价值观，利他性则是嵌入诚信契约精神的一个重要特征。有研究发现，商帮文化氛围越浓厚的地区，企业的慈善捐赠金额越高。除了商帮文化中的利他精神驱动企业积极履行社会责任外，儒家文化也对企业慈善捐赠发挥重要作用，儒家文化倡导的"仁者爱人""先义后利""天下为公"等伦理价值规范持续引导企业摒弃功利主义，增强家国情怀，积极履行社会责任。

此外，高管团队是企业经营决策的关键人物，高管人员早期经历所塑造或体现的内隐助人倾向、社会责任感会对企业社会责任行为产生积极影响。早期贫困经历会激发高管人员内心的同情心理和关爱行为，促使其倾向于更好地履行企业社会责任。研究表明，有过贫困经历的高管人员更富有同情心，更愿意付出实际行动以回馈社会。这意味着早期经历所带来的内隐助人倾向影响了企业伦理决策。

8.3.2　战略动机

战略动机理论认为，企业积极履行社会责任有利于提高企业战略地位、获取声誉资本等战略性资源，最终促进企业绩效提升。基于这一经济理性原则，有些企业将履行社会责任视为获取战略资源（如品牌声誉等）、提升企业市场竞争力的战略工具。此时，企业履行社会责任，并非完全出于利他动机的道义行为，而是企业在权衡收益与成本之后做出的理性决策。企业社会责任行为和企业利益是相容的，企业承担社会责任的行为对利益相关者如顾客、社区等是有吸引力的，同时也能巩固企业资源基础以增强市场竞争力。简言之，社会责任的战略动机将社会责任履行视为企业实现整体战略目标的一种途径。

作为社会责任的重要组成部分，慈善捐赠不仅能向市场传递企业资金充足、实力雄厚等正面信号，也能为企业树立回馈社会、不求回报的良好公民形象，提升企业声誉。广告宣传是慈善捐赠中最常见的一种经济动机。企业利用慈善捐赠方式可以达到扩大品牌曝光度和提升产品销售量等与广告类似的效果。

当运行状况良好时，企业为强化社会各界对其形象认知进行慈善捐赠，向外界传递企业承担社会责任的积极信号；当运行状况较差时，企业为了转移大众注意力，维护企业声誉而进行慈善捐赠。因此，慈善捐赠通常也被当作一项声誉保护和修复机制，即降低不当行为或负面信息对企业声誉造成的负面影响。有研究发现，越受媒体关注的企业，社会对其期望越高，为了回应社会期许，维护和提升企业声誉，企业慈善捐赠的金额越大。近年来，学者们陆续发现社会责任被企业视为转移大众注意力的工具，进而以此掩饰企业非伦理行为。企业经常运用慈善捐款来掩盖或者转移公众对其不当行为或内在社会责任缺失的关注，降低其声誉损失。比如，有研究发现，中国家族企业环境不当行为与企业慈善捐赠成正比，一些企业采取慈善行动将公众注意力从对环境有害行为中转移出来。此外，当企业存在违规行为时也会加大慈善捐赠投入，积极展现自己履行社会责任的姿态。个别企业一边违规，一边进行慈善捐赠，将社会责任活动作为转移大众注意力和掩盖违规行为的工具。

8.3.3　政治动机

政治动机理论认为，积极参与社会责任活动是企业同政府部门或官员构建良好关系的有效途径，并借此寻求政府庇护，获取政府政策支持或财政补贴等。一般而言，政府会给为当地经济发展做出贡献的企业提供税收、财政等方面的支持。因此，企业也会积极履行社会责任，如稳定吸纳就业、注重环境保护、维系社区关系等，以维系良好的政企关系。

各国政府掌握着大量关键资源的配置权。企业为了获取相关资源（如行业准入、银行贷款、财政补贴、税收减免）就必须同政府建立并维系良好关系。一系列研究表明，具有政治关联的企业能获得更多的贷款，享受更优惠的税率，更容易进入高壁垒行业，即使陷入经营困境也更可能获得政府援助，尤其是在社会经济转型的新兴市场中，大多数关键资源的配置权仍控制在各级政府手中，企业能否同政府建立和巩固关系并从中获取稀缺资源是影响企业竞争力和持续发展的重要因素。因此，企业有动机通过积极履行社会责任的方式帮助政府缓解部分社会问题以维系良好的政企关系。企业想要从政府手中获取资源，并享受政治关系带来的收益，必然需要承担一定的政治成本，如积极履行社会责任。

作为企业履行社会责任的重要方式，慈善捐赠因更能凸显企业价值准则、在公众中树立良好社会责任形象而被广泛采用。慈善捐赠也是企业高管建立和维持政治关联的重要手段。对政府而言，当自然灾害发生后，为了维护社会稳定，及时高效的社会救援是最为紧迫的社会任务和政治任务。对企业而言，积极开展慈善捐赠活动、参与救灾活动，能够构建和维护与政府之间的政治关联。

8.3.4　管理层自利动机

管理层自利动机，即企业管理者通过履行社会责任达到塑造其社会形象和提升社会地位等目的。委托代理理论指出，在现代企业所有权和管理权分离的情况下，委托人（企业的所有者）和代理人（企业的管理者）之间存在严重的代理成本。代理人有动机动用组织资源追求自身利益和满足个人需要，最终损害股东权益。管理层对企业的各项决策具有重要影响，企业伦理决策也不例外。通过调动企业资源履行社会责任，管理层能够获得非货币化私人利益，比如媒体曝光机会、良好社会形象和声誉资本积累等。基于这一理论框架，有学者指出企业积极履行社会责任，尤其是企业参与慈善事业，可能会成为管理层攫取私利而非实现股东利益最大化的工具或手段。因此，企业社会责任被视为企业高管以牺牲股东利益为代价来提升其自我形象、社会地位和个人声誉的途径或手段。

实务界和学术界高度关注社会责任的管理者自利动机。商业利益并不是企业社会责任决策的唯一驱动力，企业社会责任履行可能会受到管理层自利动机的影响。这意味着管理者为提升个人声誉可能倾向于对社会责任进行过度投资，造成企业资源浪费。此时，企业社会责任是企业代理成本的具体体现。既然企业社会责任是企业内部代理问题的体现，是管理层攫取私利的工具，那么企业积极履行社会责任的正面消息对于股东而言就是坏消息。也有研究发现，企业社会责任与股价崩盘风险之间存在显著正向关系，即企业社会责任绩效越好，企业股价崩盘风险越大。这主要是因为企业社会责任被管理层作为隐藏坏消息和转移投资者注意力的工具，从而加剧信息不对称、强化坏消息隐藏的程度，最终增加股价崩盘风险。此外，在管理层自利动机驱动下，社会责任信息披露也可能成为掩饰管理层绩效不佳或回避失德行为的一种工具。

8.4　影响企业社会责任绩效的因素

8.4.1　制度因素

1. 法律环境

企业并非是孤立存在的，它总是处于动态变化的外部制度环境之中。制度环境是促发或改变企业决策的重要因素，企业社会责任活动也不例外。法律法规是企业所面临的重要外部制度，其对社会责任的影响效应不容忽视。企业履行社会责任，部分原因是为满足法律法规要求所做出的反应。例如，遵守《劳动合同法》，保障员工权益；遵照国家或地方污染排放标准，维护生态环境；遵守商业道德，规避恶意竞争。法律环境不够完善一方面体现在立法不够健全上，如消费者权益保护、员工权益保障和生态环境保护方面的具体法案不够完善，导致对企业应该对利益相关者负有何种责任的界定不够清晰。

完善的法律环境有利于提高企业社会责任履行的最低标准，提升企业社会责任绩效。另一方面法律环境不完善也体现在法律执行不到位上，比如我国在消费者权益保护、劳工权益保护、污染防治等方面都对企业提出了相应要求，但是有时法律执行和监管不到位，导致企业社会责任绩效较低。总体而言，相对于法律环境落后的国家和地区，法律环境较为完善的国家和地区，企业社会责任履行质量也普遍更好。

2. 市场化进程

作为一种重要的外部制度因素，市场化进程在很大程度上影响微观企业的经济行为，企业社会责任也不例外。在市场化程度较高的地区，法律对于投资者保护程度较强，政府干预较弱，因而利益相关者对于企业在产品质量、员工保护、环境保护等方面责任承担情况的监督更加有效，能促进企业积极履行社会责任。相反，当企业处于法律保护较弱、政府干预较强等市场化程度较低的地区时，企业在产品质量和环境污染等方面社会责任履行不佳的成本较低，负面信号在市场中难以及时传播和反映，企业更易做出不负责任的行为。此外，市场化进程提供了良好的制度环境以支持企业发展，如有利于降低交易成本和信息不对称，促使企业更加有效地监督管理层和配置企业的资源。总体而言，地区市场化程度越高，外部制度环境越好，企业受到的监督越强，就越能够提升企业社会责任绩效。

3. 媒体监督

现代社会中，电视、网络、报刊等信息传播媒介充斥着人们的生活。作为信息收集与信息传播的中介，媒体成为人们日常生活中密不可分的重要组成部分。随着互联网迅速普及和各种新兴媒体迅猛发展，媒体对社会责任方面信息的报道更是极大影响了企业社会责任策略。作为企业利益相关者，媒体关注不仅能够直接影响企业承担社会责任，同时还能通过有选择性的报道对利益相关者关于企业社会责任表现的感知产生影响。首先，媒体会积极宣扬和褒奖企业履行社会责任的行为，如慈善捐赠、节能减排、精准扶贫等积极举措，有益于提升企业形象。同时，媒体也会积极挖掘和曝光企业不负责任的行为，如偷税漏税、财务舞弊、污染环境等消极伦理行为。企业利益相关者主要从媒体报道中获取各种信息，因此媒体在社会公众了解和评判企业中扮演着重要角色。因此，作为外部监督者，媒体通过发挥其信息收集和信息传播功能，及时报道企业积极履行社会责任的行为和曝光企业的不负责任行为，是促进企业社会责任绩效提升的重要引擎。

4. 社会文化

除了正式制度外，文化风俗等非正式制度对企业社会责任的影响也不容忽视。要理解处于经济转型期的中国的种种问题，不能局限于外国借鉴和改良而来的正式制度，更应重视历史进程中逐步演化且影响深远的非正式制度。信任是影响国家经济增长和社会进步的重要社会资本。社会信任有利于促进企业社会责任的履行，即社会信任程度越高的地区，企业社会责任履行得越好。一方面，社会信任所蕴含的社会规范会塑造企业管理层诚实守信的价值观念，引导企业在日常经营中遵纪守法，切实维护利益相关者的权益。另一方面，社会规范理论指出，理性决策者会遵循那些受到大部分人认可的社会规范，当企业不遵守社会信任这一规范时，企业便会受到来自社会的惩罚。

对中国社会而言，儒家思想是影响最为广泛和深远的传统文化符号。例如，儒家的"仁爱"思想会引导企业对弱势群体给予更多的关注和帮扶；受儒家"先义后利"思想熏陶，企业会在追求经济利益过程中遵循基本的道义担当；儒家文化蕴含的"君子以义为利""博施于民而能济众"等人本思想可能会对企业在雇用策略选择上产生深远影响，其倡导的"仁、义、礼、信"价值规范均有利于提高员工雇用质量。

8.4.2　市场因素

1. 产品市场竞争

产品市场竞争会加重企业的融资约束，使企业更加谨慎地进行资源配置。一方面，公司资源是有限的，对于社会责任的投入会限制企业可动用的资源。在产品市场竞争激烈的情况下，企业将资源投入社会责任活动中可能会将自身置于不利地位，不利于企业利润最大化。同时，随着产品市场竞争强化，企业利润空间逐渐变小，使企业社会责任的投资能力受到局限。另一方面，面对严格的融资约束，企业有动机通过积极承担社会责任塑造良好形象和构建与利益相关者的关系，以缓解当前面临的融资困境。社会责任活动能够帮助企业吸引成本较低的资本，降低企业融资成本，缓解融资约束，使得企业在激烈的市场竞争中脱颖而出。此外，积极参与社会责任也能有效提升消费者对于企业的认知和好感，为企业带来一定的广告效应。参与社会责任活动所建立的优良声誉能够向消费者市场传递"好企业"的信号，吸引更多的顾客购买自己的产品，从而在市场竞争中获取竞争优势。

2. 资本市场监督

资本市场是上市公司的直接监管者，对于企业社会责任战略具有重大影响。深交所和上交所为规范企业社会责任信息披露，接连发布《深圳证券交易所上市公司社会责任指引》和《上海证券交易所上市公司环境信息披露指引》。两份指引文件大力倡导企业积极参与社会责任活动，并对上市公司环境信息披露做出详细说明，推进了上市公司社会责任信息披露。

对于广大上市公司而言，为了塑造良好企业形象和谋求长远发展，会积极响应资本市场监管者关于社会责任行动及信息披露的倡议，促进企业社会责任履行。自两份指引文件发布以来，中国上市公司社会责任报告发布的数量激增，这也直接表明了资本市场监管力量对于企业社会责任行为的塑造和影响。

8.4.3　企业因素

1. 企业规模

作为开展社会责任活动的主体，企业自身特征对社会责任表现的影响不容忽视。现实世界中，企业的规模各异，企业参与社会责任的水平也各有不同，企业规模是影响企业社会责任承担的重要因素。通常来说，企业社会责任水平随着企业规模的增大而提高。

我们可以按照规模大小将企业分为大型企业、中型企业和小型企业。企业规模越大，受到的社会关注越高，企业社会可见度越高，社会对其履行社会责任的期许也越高，倒逼企业积极履行社会责任。同时，大企业拥有更加充足的资源，能够持续参与到履行社会责任活动中。但对中小企业而言，更为紧迫的是确保在市场中生存下来，因此必须谨慎配置企业资源，将资源投入能够为企业带来直接价值的地方。

2. 企业资本结构

企业资金不仅来自股东，也来源于银行贷款。因此，不仅股东会关心企业发展，银行作为债权人也会密切关注企业动向。企业资本结构可以用企业杠杆率来衡量，负债率越高，表明企业从银行获取的贷款占比越大，银行也就更关心企业所面临的风险和还本付息能力。在代理成本框架下，企业负债率越高，企业破产风险就越大。而企业履行社会责任往往需要投入各种资源，会进一步限制企业的可用资源。因此，当负债率较高时，企业行为受到债权人的约束会更强，企业现金流会受到限制，导致投入履行社会责任活动中的资源较少。

总体而言，企业对社会责任的投入是有成本的，企业负债率越高，企业风险越大。作为债权人，银行的目标并不是企业价值最大化，而是企业能够正常经营并保证按时还本付息。因此。当企业风险增大时，债权人会限制企业对社会责任的投资。

3. 产权性质

企业产权性质不同，会导致企业决策逻辑存在差异。对于国有企业而言，其目标不仅仅是实现国有资产的保值增值，往往还承担着促进经济增长、吸纳地方就业、维护社会稳定等公共治理目标。尤其是当出现重大自然灾害时，国有企业需要响应政府号召，在第一时间勇挑重担，积极承担社会责任。

对于民营企业而言，首要目标是实现股东利益最大化。企业社会责任投资可能被视为高管为提升经理人市场声誉的一种代理成本体现。投资者或者大股东会监督管理层的行为，限制企业社会责任投资。同时，社会责任投资所带来的回报具有一定的周期性，且不容易被观察到，所以民营企业对于社会责任投资的动机相对较弱。

4. 公司治理

公司治理在促进企业积极履行社会责任中扮演着重要角色。在股权结构方面，企业经营战略和决策都会受到控股股东或大股东的影响。因此，股权结构对企业社会责任承担具有重要影响。一般来讲，高管持股比例越高，企业社会责任承担情况可能越差。虽然高管持股可以缓解代理问题，但是高管在做出经营决策时会考虑自身利益，为了达到短期利益最大化，会减少社会责任投资，因为社会责任投资所带来的回报具有一定的周期性且充满不确定性。同时，机构投资者持股比例越高，企业社会责任承担情况往往越好。机构投资者往往是战略投资者，他们倾向于长期持有公司股票，也更加关心企业的前景和持续性发展。企业社会责任投资可以树立良好的企业形象，与利益相关者构建良好的关系，因而，机构投资者会支持企业社会责任投资决策。

一般而言，董事会规模大，董事的知识经验和专业经历不同，可以更加科学合理地做出企业决策，也能更加有效地协调利益相关者，提升企业社会责任绩效。但是董事会规模过大，也会造成沟通、协调成本上升，容易导致董事"搭便车"行为，不能有效监督管理层行为，从而降低企业社会责任绩效。此外，董事会成员结构（如性别、经历、专业背景等）、董事长/总经理两职合一和独立董事比例等都在公司治理中发挥着独特的作用，也会对企业社会责任产生影响。

8.4.4 个体因素

1. 管理者个体特质

近年来，管理者个体特质对于企业社会责任的影响引发了学术界和实务界的广泛关注。企业管理者，尤其是董事长和CEO，是影响企业战略决策的重要力量。管理者个体认知对企业如何开展社会责任活动具有重大影响。

高阶梯队理论认为，企业战略选择和行动策略是高管思维模式和价值认知的映射。虽然管理者个体的价值认知难以观测，但它却是高管个体可观测人口统计特征变量（如性别、年龄、教育背景等）的函数。比如，大量研究表明，相较于男性管理者，女性管理者的伦理准则和社会责任意识更强。因此，女性担任领导的企业的社会责任绩效相对更好。与年老管理者相比，年轻管理者更注重个人成长，倾向于追求短期利益，降低社会责任投资。不过，随着管理者接近退休年龄，企业也可能会更少关注社会问题和较少参与社会责任活动。此外，管理者任期越长，企业社会责任表现越差。管理者教育经历对其思维模式和价值观念也会产生深刻影响。拥有人文社会科学学位的管理者，受到更多倡导社会责任的教育，促使他们成为管理者后更有意愿改善企业社会责任。管理者自恋、自大、过度自信等心理特征也对企业履行社会责任产生影响。有研究表明，管理者自大显著抑制了企业社会责任行为，促进了企业不负责任行为；过度自信使得管理者高估社会责任决策的收益，低估其风险，从而提升企业社会责任投资。崇尚物质主义的管理者对他人的关注较少，对其行为会如何影响社区和环境不太敏感，因此会抑制企业社会责任绩效。

2. 管理者早期经历

随着研究的深入，不单聚焦于管理者人口特征或心理特征，学者逐渐关注管理者个人经历，尤其是早期生活经历对企业社会责任的影响。青少年时期是塑造人格和价值取向的重要时期，这一期间的重大事件（如贫困经历、遭遇自然灾害经历、从军经历、海外留学经历等）会对青少年的思维方式和价值观念产生重大影响，继而影响其管理风格和决策行为。

高阶梯队理论强调，企业决策行为在很大程度上映射了企业家个体认知与价值偏好，而企业家价值认知系统则明显受到成长环境和文化土壤的塑造。烙印理论（Imprinting Theory）也认为，管理者的早期成长经历和受到的文化熏陶会在价值认知系统中留存鲜明的烙印，并将持续影响个体和组织行为。有研究表明，拥有海外经历的管理者受到海外文化熏陶，塑造了较强的社会责任意识，有助于促进本土企业的社会责任表现。管理者早期的贫困经历通过影响其同情心理和激发关爱行为，促使企业更好地承担社会责任。具有从军经历的管理者更多地采用保守的财务政策并表现出积极的伦理取向。此外，具有学术经历的管理者由于受到职业工作环境的影响及社会公众对其社会角色的期待，形成了高尚的道德观及较强的社会责任感，从而提高了企业慈善捐赠水平。

8.5　企业社会责任信息披露

8.5.1　企业社会责任信息披露的内涵

1. 社会责任信息披露的定义

信息披露制度又称信息公开制度，是指将企业经营信息全面、及时、准确地予以公开，供市场理性地判断证券投资价值，以维护股东或债权人合法权益的法律制度。信息披露制度包含强制性信息披露制度和自愿性信息披露制度。社会责任信息披露是为了满足企业利益相关方的信息需求，披露企业对包括员工、债权人、客户、消费者及社区在内的利益相关者共同利益的关注，促进社会经济可持续发展所采取的各项措施。通过社会责任信息披露，企业的利益相关方能够清楚地了解企业在社会责任履行方面的情况，同时企业也能够在反馈中得知如何改善企业社会责任履行，从而更好地满足利益相关方的要求。鼓励或强制企业披露相关的社会责任报告，有利于强化企业社会责任履行和提高企业综合竞争力。

2. 社会责任信息披露的原则与内容

全球报告倡议组织（GRI）明确提出，为保证企业披露社会责任报告的质量水平，报告编制应遵循如下原则：平衡原则、可比性原则、准确性原则、时间性原则、透明度原则和可靠性原则。

平衡原则要求在企业社会责任报告中，既应该涉及积极部分，也应该涉及消极部分，社会责任报告应能够真实、全面地反映企业社会责任履行的实际情况。可比性原则指出在编制社会责任报告过程中，对问题和信息的选择、编辑和报告应当采取一致的方式，使利益相关者能够分析对比不同年度的企业社会责任表现。准确性原则要求企业所发布的社会责任报告应当详细准确，不能无端夸大和忽略部分内容。时间性原则是指企业应该在特定的时间段内编制社会责任报告并予以披露。透明度原则即社会责任报告的内容应简洁明了，有助于利益相关方快速获取和掌握关键信息。可靠性原则强调报告所涉及的各种流程（包含信息收集与记录、信息的编撰与分析和披露流程）应当符合一定的规范，能够达到相关部门的审核与监管要求。

企业社会责任信息披露内容应该结合企业本身所处的行业和发展阶段进行编撰，但至少应该包括三个方面的内容：企业为促进经济可持续发展的付出、企业为促进社会可持续发展实施的工作、企业在促进生态可持续发展方面做出的努力。具体而言，经济可持续发展方面包括如何为员工营造更好的工作氛围及提供对未来的保障，如何通过提供更好的产品和服务为客户创造价值等。促进社会可持续发展方面包括如何把好产品质量关；如何为所在社区发展提供支持等。促进生态可持续发展方面包括怎样降低企业生产经营对周围环境的影响，为社区居民营造良好环境做了哪些努力等。

8.5.2　企业社会责任信息披露的必要性

企业积极开展社会责任信息披露，能够满足政府规制和社会规范的需要，为企业赢取合法性地位。企业社会责任信息披露分为强制性披露与自愿性披露两部分。政府机构制定的有关企业社会责任信息披露的制度和规定是推动社会责任信息披露的重要动力，政府在信息披露中扮演引导者角色。

在中国，深交所和上交所接连发布《深圳证券交易所上市公司社会责任指引》和《上海证券交易所上市公司环境信息披露指引》，引导企业积极履行社会责任并规范社会责任信息披露。同时，社会舆论包括媒体、社会公众所形成的社会压力是企业进行社会责任信息披露的重要驱动力。假若企业做出对社会不负责任的行为，如生产、销售假冒伪劣产品，生产过程中污染环境等，经过媒体曝光或公众投诉后，企业声誉和形象将大受影响。在社会大环境中，企业必须遵守政府机构或监管部门所制定的政策法规，满足信息披露相关要求。同时，企业也必须遵从社会公众要求企业遵守的社会责任规范，这是企业立足于社会和赢得合法性地位的根本。

企业社会责任信息披露有利于利益相关者获取信息，用以督促企业更好地履行社会责任。当企业不公开披露社会责任报告时，利益相关者难以知晓企业社会责任行动的具体信息，难以对企业社会责任活动进行监督，这也导致企业逐渐降低社会责任投资。建立社会责任信息披露机制后，为了向利益相关者传递企业积极履行社会责任的良好形象、提升企业声誉，企业会更积极地参与社会责任活动并强化社会责任投资。同时，获取社会责任信息也有利于利益相关者做出相关决策。比如，消费者更倾向于选择具有社会责任感的企业提供的产品或服务；雇员掌握公司员工保障和福利计划后，更能激发集体荣誉感和工作积极性。

8.5.3　企业社会责任信息披露的作用

1. 改善企业业绩，提升企业价值

随着社会责任理念的兴起，披露企业社会责任内容已成为企业经营中不可或缺的工作之一，也是企业提升市场竞争力和品牌影响力的重要方式。企业通过积极参与社会责任活动，开展社会责任投资并及时披露相关信息，塑造积极正面的企业形象，有利于吸引更多消费者，促进财富增长。

企业披露的社会责任信息是消费者了解企业履行社会责任实际情况的有效途径。企业披露社会责任报告的行为，表明了企业承担社会责任的意愿、能力和结果，也影响了消费者对于企业形象的感知及对企业产品的购买意愿。消费者往往愿意为那些进行社会责任信息披露且社会责任绩效表现较好的企业的产品支付更高的价格，以鼓励企业的社会责任行为。同时对那些社会责任表现差的企业的产品给出更低价格。企业通过披露社会责任报告将社会责任行为信息传递给消费者，强化目标消费者对企业产品的购买、推荐意愿以及他们对品牌的忠诚度，有利于提升企业财务绩效和促进企业可持续发展。

2. 降低信息不对称，缓解融资约束

企业陷入融资约束困境的重要原因是信息不对称。企业管理层参与日常经营活动，拥有更多相关信息，其他利益相关者掌握信息较少，两者之间存在严重的信息不对称。信息是决策者进行决策的基础，没有充足的信息就难以做出高质量决策。企业只有通过积极披露社会责任信息，才能够为利益相关方提供更多决策信息，也能与利益相关者构建更好的关系。

企业社会责任报告中信息含量越高，越能够降低企业与利益相关者的信息不对称程度，便于利益相关者更全面、详细地了解企业履行社会责任的有关信息，降低融资风险。同时，企业社会责任报告中所披露的信息能够为企业树立良好的正面形象，并通过社交网络传递给更多潜在投资者，为企业吸引更多具有社会责任偏好的投资者。相关研究表明，相较于未披露社会责任信息的企业，披露社会责任信息的企业获得的银行贷款利率更低、金额更大。而在披露社会责任信息的企业中，社会责任信息披露得越充分，企业所获得的银行贷款优惠力度越大。

8.6　企业履行社会责任的后果

8.6.1　企业履行社会责任的经济成本

企业积极履行社会责任必然会承担相应的社会责任成本。企业社会责任成本是指企业在经营期间因为直接或间接承担社会责任所耗费的社会资源，主要包含人力资源成本、消费者责任成本、资源耗损成本、环境保护成本、社会公益成本和其他成本。

1. 人力资源成本

员工既是企业的核心资源，也是重要利益相关者。企业必须承担对雇员的社会责任，与此相关的支出包括雇员劳动报酬、相关培训费用、企业为保证雇员安全的开销以及积极改善与员工的关系所产生的支出。

2. 消费者责任成本

消费者是企业产品的使用者，也是企业收入的贡献者。企业为维护消费者权益需要承担产品售前售后责任并发生相关费用，比如产品售后服务费、退货或返修费用。

3. 资源耗损成本

资源耗损成本是因企业需要对资源进行开采和使用，向资源所有者支付的资源使用费。企业社会责任也包括对自然资源的责任，要适度开采自然资源，克制使用自然资源，并对相关资源拥有者支付费用。

4. 环境保护成本

对工业企业尤其是重污染企业而言，生产过程中必不可少地会产生废气、废水和废渣，这些都会破坏周遭环境。因此，企业为了防止或减轻环境污染会发生各种费用，同时为了改善和恢复环境也要花费治理费用。

5. 社会公益成本

当地社区以及整个社会是企业所处外部环境的重要部分，企业应当积极承担对它们的

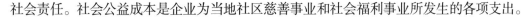

社会责任。社会公益成本是企业为当地社区慈善事业和社会福利事业所发生的各项支出。

6. 其他成本

除了上面涉及的利益相关者以及为其支付的成本，企业还需要支付为承担对政府、供应商、债权人等利益相关者的社会责任所消耗的资源成本。

8.6.2 企业履行社会责任的商业价值

1. 提升品牌形象

积极参与社会责任活动的企业能够获得顾客对其产品和品牌的更高评价，有助于提升品牌形象和改善品牌认知态度。积极正面的社会责任信息在一定程度上影响消费者的购买意愿和推荐意愿，从而为企业创造更大的市场价值。与之相对，不负责任行为也会对企业品牌形象造成巨大损伤。

在全球化的今天，企业要从本土走向世界舞台，需要建立良好的品牌形象。企业社会责任是国际化企业提升品牌形象的重要途径。由于不同国家的消费者与企业之间存在较大的信息不对称，企业需要通过在当地积极参与社会责任活动，提升当地消费者对品牌的认可、信任和品牌形象认知。例如，星巴克积极参与了"地球 1 小时"、慈善捐赠等社会责任活动，并通过这些社会责任活动不断提升星巴克在中国市场的品牌影响力。

2. 增强雇主吸引力

优秀人才是推进企业长远发展的核心引擎。面对宏观环境的不确定性和激烈的行业竞争，吸引和留住优秀人才是企业提高核心竞争力的根源。积极履行社会责任有利于企业实现这一目标，企业社会责任绩效越好，越有利于吸引更多的高素质人才。

社会责任能提升组织吸引力，增强求职者到企业工作的意愿。企业通过在招聘手册和宣讲平台披露对社会问题的关注、对环境问题的重视、对员工成长的关怀、对产品质量的投入等社会责任信息，以对潜在雇员产生吸引力。求职者在寻求一份工作时，也是在寻求获得社会认同的组织，并期待成为其中一员，因此更加青睐社会责任绩效更好的企业。此外，良好的社会责任实践也能强化雇员对企业的认同，降低离职意愿。雇员倾向于在拥有积极价值观和正面形象的企业工作。良好的社会责任实践能够体现出企业的价值观和公民形象，有助于满足员工的自我定义需求。

3. 实现融资便利

资金是促进企业持续发展的动力，融资在企业经营发展中占据着十分重要的地位。但是由于资源稀缺性和信息不透明，企业往往面临严重的融资约束。企业履行社会责任能够向金融市场传递积极信号、提升企业声誉，进而缓解融资约束。

一方面，企业社会责任表现得越好，其权益资本的融资成本越低。投资者往往认为对社会不负责任的企业具有较高的风险水平。例如，一家企业对产品安全性投资较少导致销售不安全的产品，将会增加诉讼风险。同时，具有社会意识的投资者不愿投资社会责任绩效差的企业，除非那些企业提供更高的投资回报。因此，相对于社会责任表现不佳的企业，社会责任绩效优良的企业所面临的权益资本融资成本明显更低。另一方面，积极履行社会责任也能有效降低银行贷款成本。在银行与企业之间存在一定程度的信息不对称时，良好的企业社会责任表现能够让银行做出有利于企业的信贷决策。当银行感知到企业风险降低时，也会提供更具吸引力的贷款条件，降低企业贷款成本。

4. 获得政府认同

企业积极履行社会责任，不仅是为了满足市场期望，也是为了满足政府对企业的预期，获取政府认同，从而构建良好的政企关系。尤其在新兴市场经济体中，许多重要资源的配置权掌握在政府手中，企业往往需要同政府搞好关系，获得政府认可，才能获取相关资源，提升企业竞争优势。企业通过积极响应政府号召，发挥在稳定就业市场、促进经济增长、保护生态环境等方面的积极作用，有助于企业从政府获取更多便利资源，如银行贷款便利、优惠税率、行业准入、政府补助等。总体而言，企业通过积极响应政府号召和自愿履行社会责任，有利于获得政府认同和政策支持。

8.6.3 企业履行社会责任的社会价值

企业积极履行社会责任能够助推社会经济发展。企业是经济社会的微观主体。企业通过依法合规经营，将企业自身发展与地区经济增长相融合。同时，企业依法向国家缴纳税款，为政府基础设施建设和社会事业发展提供资金支持。企业积极履行社会责任也能够降低对环境的负面影响，有效保护环境。企业是环境污染的制造者，应该承担相应责任，勇做环境治理的主力军。企业一方面要采用清洁的生产方式，降低污水和废气的排放量，不断降低对环境的负面影响；另一方面，要通过产业转型升级和绿色创新，从源头减少生产经营活动中的资源损耗和环境污染。

坚持绿色发展是企业履行社会责任的重要方式。企业实现绿色战略应注意五个结合：第一，企业利润与社会、环境效益相结合，寻求整合的商业解决方案。第二，企业社会责任理念与商业机制相结合。第三，企业发展与自然生态、社会发展相结合。第四，技术创新、商业模式创新与社会创新相结合。第五，企业创新与价值链的变革相结合，政府、企业相结合。

企业不是一个独立的个体，企业是社会的企业，置身于社会环境，需要为营造美好的社会付出努力。美好的社会环境也更能促进企业高质量发展。总体而言，企业积极履行社会责任将有助于提升人民的幸福感和获得感，构建一个更加美好的社会。

本章关键知识点

企业社会责任、利益相关者理论、企业社会责任信息披露

思考题

1. 企业履行社会责任的主要动因有哪些？
2. 你认为企业履行社会责任会带来哪些结果？

即测即练

自学自测  扫描此码

第 9 章

中国企业社会责任实践

◇ 本章学习目标

通过本章的学习，学生应该能够：

1. 了解企业社会责任指导标准；
2. 学习中国企业社会责任演进历程；
3. 认识中国企业社会责任发展现状；
4. 理解新时代中国企业社会责任要求。

◇ 引导案例

广汽扶贫：走出特色的精准扶贫之路

广东省清远连州市地处萌渚岭南麓，西、北、东三面环山，均为丘陵地带，小北江从南面蜿蜒而过。连州"三面据险，一水环抱"，有"连万山为一山，连众水为一水"的美誉。受制于地理环境，连州曾是广东最穷的贫困县之一。截至 2017 年年底，连州拥有省级相对贫困村 66 个，相对贫困户 8617 户，相对贫困人口 18475 人尚未脱离贫困线。

过去，连州市的村民祖祖辈辈种植水稻、玉米、花生、黄豆"四大样"，奉行"各过各的，谁也不管谁"的原则，最后导致产量不高、规模不大、收入惨淡。入村便可见破旧的泥砖房、泥泞的道路，随意丢弃的生活垃圾。为了生计，年轻人纷纷背井离乡，留下孤寡老人与年幼的孩童。由于缺少幼儿园、小学，不少孩子只能到连州市里或镇里上学，甚至许多学前适龄儿童只能待在家。

广汽集团的到来为这里的人们带来了希望和曙光。2016 年广东省提出"三年攻坚、两年巩固，到 2020 年如期完成脱贫攻坚任务"的总目标。广汽集团积极响应政府号召，奋勇当先，力争在脱贫攻坚战中贡献自己的力量，深耕公益慈善事业，推动精准扶贫。广汽集团定点帮扶对象为广东省清远连州市九陂镇联一村、白石村和四联村 3 个贫困村。经过不懈努力，目前这 3 个贫困村基础设施建设基本完善，贫困户收入稳定增加，生产生活环境大大改善。

为深入了解贫困村的真实情况并制定精准扶贫方案，广汽集团扶贫工作队刚进村便展开深入调研，发现不少村党支部有组织，没力量，不少规定的党内政治生活并没有维持，基层党组织建设弱化。基层党组织是党在社会基层组织中的战斗堡垒。习近平总书记曾强调，越是进行脱贫攻坚战，越是要加强和改善党的领导。通过抓好党建促进脱贫，是贫困地区脱贫致富的一条重要经验。

广汽集团决定建立村干部分片包干制度，切实把党组织服务覆盖到每个村民，做到扶贫政策、措施、信息"三到户"，矛盾调解和事项办理"不出村"。为进一步改善贫困村党支部建设工作，广汽集团扶贫工作队亲自挂点，以"两学一做"为切入点，利用晚上空余时间召集党员干部开展组织生活学习，对3个村共47个党支部展开了学习教育，倾听党员心声，增强党员凝聚力。经过多番努力，广汽集团扶贫工作队在帮扶当地建设、完善党建阵地38个，组织各基层党组织党员、干部到贫困村开展帮扶工作，累计参与量近10000人次。通过党支部这个纽带，广汽集团"大扶贫"工作格局逐步显现。经过一系列"一对一"党建活动后，帮扶村基层党组织的力量显著提升，党员先锋模范作用逐渐彰显。

要想富先修路，为推动贫困村脱贫致富，广汽集团与村党支部通力协作，致力改善村容村貌。在拆除破旧泥砖房动员会上，有些村的党员干部带头主动清拆了自家的泥砖房，村民拆房积极性一下高涨起来。杨屋村村支部党员自发配置垃圾桶，张贴宣传标语，实行村屋垃圾"门前三包"责任制。如今，杨屋村的垃圾堆放整齐了，村容村貌改善了。村民纷纷感叹：从来没想过村子容貌能发生如此大的改变。位于九陂河边的车田村，下雨时经常水漫村道，给当地百姓带来极大困扰。广汽集团下属党支部知晓情况后迅速展开行动，共筹集帮扶资金2万余元，购买排水管道材料，通过与村党组织对接协作，终于解决了村民道路积水问题，切实让人们感受到了扶贫的力度与温度。

为帮助贫困村村民增收致富，广汽集团大力帮扶贫困村民种植有机无公害连州菜心，并建立种植基地和电商平台，打造了农产品产销精准扶贫的新样板。2017年5月，连州市祺连农产品有限公司正式投入生产。广汽丰田、广汽乘用车、达康公司、广汽商贸、广汽零部件等都与加工厂签订了合作协议。腐竹厂投产以来累计销售总额约2484万元，为贫困户增收120万元，为贫困村分红80万元。广汽集团借鉴在汽车领域中总结的现代化生产、渠道销售管理经验，将其移植到产业扶贫、消费扶贫当中，定点帮扶效果明显。

广汽集团"消费扶贫"经验可简单总结为三种模式——饭堂订单拉动模式、会员个体消费模式、市场批量运作模式——解决消费扶贫末端出路难题。首先，推广"以购代捐""以购代销"等消费扶贫模式，大力倡导集团企业员工食堂采购帮扶村种植的有机无公害连州菜心。其次，建立电商平台，打通农产品线上线下融合销售渠道，邀请专家向村民传授电商运营经验，将帮扶村的土特产通过网络进行展示和销售，提升帮扶村农产品知名度。此前，祺连农产品有限公司与广百集团旗下的广百超市签署合作协议，借助广百超市特色农副产品销售活动，开展祺连公司腐竹产品推广活动。

虽然贫困户的生活水平得到极大改善，但学前适龄儿童教育问题仍迫在眉睫。联一村是广汽集团帮扶连州的三个村中交通最不便利的贫困村，村里小孩需到连州市里或镇上的幼儿园上学，甚至学前适龄儿童只能辍学在家。扶贫先扶智，针对这一情况，广汽集团在 2017 年投资 130 万元在联一村新建了一所幼儿园——达康幼儿园。这家幼儿园拥有铺着崭新防滑垫的小操场，可折叠的收纳木质小床，硬件齐全的多功能室，全视频监控的安全食堂……为学前儿童提供了一个快乐、健康的学习和成长环境。此外，为解决学费昂贵村民难以承担的问题，广汽集团减免了贫困户孩子每学期 1800 元的保教费。

在广汽集团的不懈努力下，南岭群山之间，一座座产业兴旺、生态宜居、乡风文明、治理有效、生活富裕的社会主义新农村雏形初现，共建共治共享的社会治理新格局正在粤北乡间成形。

思考题：

1. 广汽集团通过参与精准扶贫履行社会责任过程中做了哪些创新性的探索实践？
2. 党组织在企业履行社会责任过程中能够发挥何种积极作用？

我国经济发展已迈入新阶段，这也为中国企业社会责任履行提出了新要求。中国企业需要重新审视自身的时代角色和责任担当。随着全球一体化和国际化进程的加剧，越来越多的中国企业开始"走出去"。中国企业的社会责任事业也被赋予全球视野与社会共识，全球商业实践与企业社会责任发展趋势的融合更加紧密。

9.1 企业社会责任指导标准

20 世纪 80 年代以来，随着经济全球化进程的加速，跨国公司不仅将市场经济发展模式推向世界各地，也将劳资矛盾的种子播向全球。在经济全球化浪潮中，跨国公司运用资本力量，将生产线转移至劳动成本低廉的发展中国家，建立起"国际品牌—采购代理—供应商工厂—产品"的全球供应链，在实现各国经济发展共赢的同时，也引发了严重的负面社会影响。欠发达地区为分享经济全球化的发展红利，获得国际资本青睐，在经济政策与劳动力成本方面展开了"探底竞争"，员工劳动权益遭受巨大迫害。"反血汗工厂"运动的爆发迫使跨国公司必须重视社会责任并相继开始制定生产守则，这些生产守则通过全球供应链迅速传至世界各地，全球企业社会责任革命拉开了帷幕。但由于企业内部生产守则在内容、实施及监督等方面都有着巨大的局限性，企业社会责任实践亟待外部监督。不少西方发达国家、非政府组织、国际组织开始探寻并制定企业社会责任指导标准以规范企业经营行为。

9.1.1 SA8000

1. SA8000 产生的背景

社会责任标准（Social Accountability 8000，简称 SA8000）是 1997 年由总部设在美国的社会责任国际组织发起，联合欧美跨国公司和其他国际组织，基于《国际劳工组织章程》、联合国《儿童权利公约》、《世界人权宣言》和国家法律而制定的全球首个道德规范国际标准。其使命在于促进工人的人权，消除血汗工厂。

SA8000 既是人文社会发展自然推动的产物，也是国际竞争格局失衡的产物。随着社会生产力的快速发展，生活日渐富足，人们开始意识到劳工保护的重要性。自冷战结束后，世界经济、政治格局发生了巨大变革，新兴国家加大工业建设投入以追逐发达国家的发展步伐。为遏制发展中国家抢占国际贸易市场，部分发达国家开始谋求构筑非关税贸易壁垒等途径。

从全球范围来说，自 18 世纪英国完成第一次工业革命，现代意义上的企业便开始苗壮发展。企业社会责任思想的萌芽迫使企业主尽可能高效支配资源并为消费者提供合格产品。进入 19 世纪后，英国经历两次工业革命的洗礼，社会生产力飞速发展，诞生了大量企业。此时的人们受"社会达尔文主义"思潮影响，对企业报以负面态度，企业为追求利益最大化和卓越竞争力往往对供应商、员工等利益主体极尽盘剥，劳动阶层利益得不到保障。现代企业社会责任的蓬勃发展主要由两种社会力量驱动。第一种是反对资本全球化的劳工运动。劳资冲突加剧和劳工地位下降促使国际劳工组织要求企业必须推行和实施国际劳工标准以保护劳动者权益。第二种是 SA8000 的推行。发展中国家积极投入工业建设，因其拥有廉价劳动力的优势，所生产产品往往物美价廉，从而对发达国家的消费市场和就业市场造成了巨大冲击。欧美发达国家企图通过国际贸易与社会条款挂钩，以削弱发展中国家的比较优势，实施贸易保护和非关税壁垒。

2. SA8000 的核心内涵

SA8000 标准适用于全球各地，任何行业、任何规模的企业都可通过规定流程申请 SA8000 认证。SA8000 于 2001 年、2004 年、2008 年和 2014 年进行了修订。条款规定了认证公司及其上游供应链在以下方面应遵守的要求：①童工；②强迫性或强制性劳动；③健康安全的工作场所；④结社自由和集体谈判权；⑤歧视雇员；⑥惩戒性措施；⑦工作时间；⑧工作报酬；⑨管理体系。

SA8000 的最大特征在于，它是第一个可用于第三方认证的社会责任国际标准，旨在促进和改善全世界工人的劳动权利。目前该认证被认为是企业社会责任领域最重要的认证之一，影响十分广泛。其规定的社会责任规则虽然构成了贸易壁垒，但从发展角度来看也是企业参与国际竞争的优势资源。SA8000 建立了企业与利益相关者直接接触的渠道，指导企业切实考虑利益相关者权益诉求，鼓励企业与利益相关者合作以实现长期利润增长。

然而，SA8000 并不是没有缺点。它的主要问题在于：①仅代表西方规范，没有考虑发展中国家的利益相关者诉求；②缺乏透明度，报告不公开；③要求过于模糊且认证费用昂贵。每个公司认证的投资额为 20000～40000 美元，这增加了小规模企业的成本压力。

3. SA8000 的影响

1）规范企业尊重人权

SA8000 促使企业制定符合人权条例的经营管理制度，保护劳工基本权益，支持跨国公司终止与提供恶劣工作条件的分包商的合作关系。由于全球化进程导致产业链重新定位，大量工业制造从发达国家转移至成本更为低廉、立法更为薄弱的发展中国家，不再参与生产的发达国家跨国公司不需要执行 SA8000 标准，但可以要求供应商或分包商实施 SA8000 标准，进而将企业社会责任标准的影响扩散至发展中国家，从而提升发展中国家在人权、工作条件等方面的监管力度。

2）增强利益相关者的信任

SA8000 关注利益相关者的诉求，强调供应商与行业协会等利益相关者对企业的意义。它降低了与侵犯人权相关的风险。由于企业需要确保供应链上的每一环节均符合 SA8000 的要求，遵守该标准的社会影响将扩散至整个供应链。因此，在企业实际经营决策过程中，每个通过 SA8000 认证的公司都会根据标准完成情况评估，选择供应商。推行 SA8000 标准提高了供应链关键环节的可追溯性，有助于协调企业间的信息不对称问题和降低交易成本。

3）提升全球员工福利水平

SA8000 提升了发达国家与发展中国家的员工福利水平，提高了员工培训水平，降低了员工离职率，企业生产率得以上升。它还减少了童工聘用率，缓解了员工性别歧视。SA8000 鼓励员工结社自由、集体谈判，推动了人权和民主改革。

9.1.2 联合国"全球契约"

1. 联合国"全球契约"产生的背景

联合国"全球契约"（global compact）是在经济全球化的背景下提出的，强调的是企业社会责任。过去几十年，伴随着科技的迅速发展，世界经济格局也发生了深刻的变化。全球化的进程，为世界经济的发展带来机遇，也带来了挑战。经济全球化在加快世界经济发展、促进国与国之间经济技术合作的同时，其负面影响也日趋严重。南北差距、贫富悬殊、失业、自然资源破坏、生态环境恶化等严重的社会问题，正引起各国关注和不安，各种非政府组织掀起一个又一个抗议浪潮。

正是在这样的背景下，联合国前秘书长科菲·安南提出了"全球契约"计划，动员工商界成为解决方案的组成部分，呼吁工商界以自主的行为，遵守商业道德，尊重人权、劳工标准和环境方面的国际公认的原则，通过负责的、富有创造性的企业表率，建立一个推动经济可持续发展和社会效益共同提高的全球机制，从而给世界市场以人道的面貌。

1995 年召开的世界社会发展首脑会议上，时任联合国秘书长科菲·安南提出"社会规则""全球契约"的设想。1999 年 1 月在达沃斯世界经济论坛年会上，安南提出"全球契约"计划，并于 2000 年 7 月在联合国总部正式启动。"全球契约"计划号召企业遵守在人权、劳工标准、环境及反贪污方面的十项基本原则。安南向全世界企业领导呼吁，遵守有共同价值的标准，实施一整套必要的社会规则，即"全球契约"。"全球契约"使得各企业与联合国各机构、国际劳工组织、非政府组织以及其他有关各方结成合作伙伴关系，建立一个更加广泛和平等的世界市场。"全球契约"的目的是动员全世界的跨国公司直接参与减少全球化负面影响的行动，推进全球化朝积极的方向发展。

安南的建议不仅得到发达国家和国际工会组织的坚决支持，而且取得了企业界和国际雇主组织的积极响应。一些大型跨国集团开始行动起来，倡导承担社会责任，与工会组织签订实施以基本劳工标准为核心内容的全面协议，开展社会认证活动。

2. 联合国"全球契约"的核心内涵

联合国"全球契约"是一项基于企业承诺的自愿倡议，旨在实施普遍的可持续性原则，推进可持续发展等目标，呼吁世界各地的企业将其战略和业务与人权、劳工、环境和反腐败领域的十项普遍原则相协调。具体内容包括：

1）人权方面

原则1：企业应该尊重和维护国际公认的各项人权。

原则2：绝不参与任何漠视与践踏人权的行为。

2）劳工标准方面

原则3：企业应该维护结社自由，承认劳资集体谈判的权利。

原则4：彻底消除各种形式的强制性劳动。

原则5：消除童工。

原则6：杜绝任何在用工与行业方面的歧视行为。

3）环境方面

原则7：企业应对环境挑战，未雨绸缪。

原则8：主动增加对环保所承担的责任。

原则9：鼓励无害环境技术的发展与推广。

4）反贪污方面

原则10：企业应该反对各种形式的贪污，包括敲诈、勒索和行贿受贿。

全球契约组织不是一个监管机构，而是一个自愿对话和学习的平台，是世界上最大的企业责任倡议。同意"全球契约"的企业需要做出明确的支持声明，并且要在年度报告或其他公开文件中提及企业将"全球契约"内化到经营活动中所取得的进展，还必须向"全球契约"网站提交对报告的简要说明。

成功执行"全球契约"各项原则的关键因素包括：将这些原则视为企业战略和业务不可或缺的一部分；企业领导层的明确承诺；在整个组织中将承诺传达到高级管理人员和全体雇员，以确保这些原则得到广泛支持；可衡量的目标和通报进展的透明体制；学习和适应的意愿和能力；致力于实际行动；坦诚地与企业的利益攸关方接触和对话。

3. 联合国"全球契约"的影响

联合国"全球契约"的提出，为企业成为对社会负责的公司，参与经济全球化条件下国际事务提供了一个机会。同时，也是企业扩大国际知名度、建立国际联系、寻找商业机会的一个机遇。

企业参与"全球契约"获得的好处包括：①体现作为负责任公民的表率；②与有共识的企业及组织交流经验，相互学习；③与其他企业、政府组织、劳工组织、非政府组织及国际组织建立合作关系；④与联合国各机构，包括国际劳工组织、联合国人权事务高级专员办公室、联合国环境计划署、联合国发展计划署等建立合作伙伴关系；⑤通过实施一系列管理计划与措施将公司发展视野扩大到社会范畴，从而使商业机会最大化；⑥参与旨在寻找解决世界重大问题的方法的对话。

麦肯锡公司调查发现，"全球契约"并没有促使更多企业开始制定企业社会责任战略，而是在现有企业社会责任战略方面发挥了促进和加速作用。企业加入"全球契约"，为可持续发展努力，旨在成为一个好企业公民，从而区别于其他企业并改善企业形象。也有研究表明，所有企业都认同，这一身份对其可持续发展的努力生产了重要影响。

9.1.3　ISO26000 社会责任指南

1. ISO26000 产生的背景

随着社会经济发展与科技进步，人们意识到社会责任对于人类生存发展的重要性。市场竞争日益激烈、商业环境愈加复杂，许多跨国公司都制定了各自的社会责任准则。与此同时，许多区域、国家甚至全球工业组织和非政府组织也制定了不同的守则。由于条款不一致，企业必须耗费大量人力、物力、财力以校验企业行为是否符合相关规定，这大大增加了企业运营成本，严重损害企业承担社会责任的热情。因此，ISO26000 的发展和制定，既是社会责任运动自身发展的必然结果，也是各利益相关者和谐共处、实现可持续发展的现实要求。

ISO26000 旨在为所有企业提供社会责任方面的一般指导。2002 年，国际标准化组织理事会决定成立一个"涉及所有利益相关者的高级战略咨询小组"，以解决制定企业社会责任标准的问题，这是 ISO 标准的第一次萌芽。为了回应非政府组织是否会将企业社会责任标准作为问责工具的担忧，战略咨询小组（SAG）曾建议删除"企业"一词，以扩大该标准的范围，并界定其可能影响的组织类型。最终，SAG 建议将该标准作为指导性文件而不是作为可认证或符合性评估依据的文件。

在 2004 年 6 月的一次高级管理会议上，国际标准化组织召集了其历史上最大的工作组会议（355 名专家、35 个组织和 72 名国家代表），着手制定标准指南，六个不同利益相关者团体（工业、政府、劳工、消费者、非政府组织和社会服务组织）参加了此次会议。SAG 面临的一个关键挑战是让不同国家和行业组织都适用该标准。为此，对各利益相关者、组织和国家的观点都必须加以考虑，相互协商、妥协。该标准的制定历时 5 年，共召开了 8 次工作组全体会议，并增加了委员会会议和磋商环节。因此，ISO26000 兼顾了发达国家与发展中国家的实际情况与需要，并广泛听取和吸纳各国专家的意见与建议。2010 年 11 月 1 日，国际标准化组织在瑞士日内瓦国际会议中心举办了社会责任指南标准（ISO26000）的发布仪式，标志着该标准正式出台。

2. ISO26000 的核心内涵

ISO26000 从项目伊始，就因为其富有争议的主题、广泛的参与人员、包罗万象的内容等，具有鲜明的特点。

1）用社会责任（SR）代替企业社会责任（CSR），统一概念

社会责任的定义是整个 ISO26000 中最为重要的定语，而 ISO 用 SR 代替 CSR，就使得以往只针对企业的指南扩展到适用于所有类型的组织。原则确定的七项主题——组织管理、人权、劳工实践、环境、公平运营、消费者权益、社区参与和发展同样都适用于公共部门，所以把 CSR 推广到 SR 是顺理成章的事情。

2）不是管理体系，不能用于第三方认证

ISO26000 的总则中强调，ISO26000 只是社会责任"指南"，不是管理体系，不能用于第三方认证，不能作为规定和合同使用，从而与质量管理体系标准（ISO9001）和环境

管理体系标准（ISO14000）显著不同。任何提供认证或者声明取得认证都是对ISO26000意图和目的的误读。因为ISO26000并不"要求"组织做什么，所以任何认证都不能表明遵守了这一标准。

3）提供了社会责任融入组织的可操作性建议和工具

指南的一个重要章节是探讨社会责任融入组织的方法，并给出了具体的可操作性建议。指南的附录一也给出了自愿性的倡议和社会责任工具，从而使组织的社会责任意愿转变为行动。指南致力于促进组织的可持续发展，使组织意识到守法是任何组织的基本职责和社会责任的核心部分，但是鼓励组织超越遵守法律的基本义务。指南促进了社会责任领域的共识，同时补充其他社会责任相关的工具和先例，而并非取代以前的成果。

4）差异性原则

ISO26000总则中指出，应用指南时，明智的组织应该考虑社会、环境、法律、文化、政治及组织的多样性，同时在和国际规范保持一致的前提下，考虑不同经济环境的差异性。

总体而言，ISO26000是国际标准化组织在广泛联合了包括联合国相关机构、GRI等在内的国际相关权威机构的前提下，充分发挥各会员国的技术和经验优势制定开发的一个内容体系全面的国际社会责任标准。ISO26000明确社会责任领域需要遵循的关键原则包括：

（1）强调遵守法律法规，强调组织应当愿意并完全遵守该组织及其活动所应遵守的所有法律和法规，尊重国际公认的法律文件。

（2）强调对利益相关方的关注。

（3）高度关注透明度。

（4）对可持续发展的关注。

（5）强调对人权和多样性的关注。

3. ISO26000 的影响

ISO26000国际标准进一步扩大了全球企业社会责任运动的影响，实施该标准的企业向市场释放积极承担社会责任的信号，有助于吸引更多客户、投资者关注，赢得良好口碑。此外，当供应链中的某一企业执行ISO26000标准时，为降低社会风险，它往往也会要求供应链上的其他环节履行社会责任，从而与上下游企业建立良好伙伴关系，构建可持续竞争力。而发展中国家的企业为应对廉价劳动力成本优势的丧失，不得不进行产业升级，增加产品附加值以获得更高的利润，从而有助于提升企业国际竞争力。

此外，虽然ISO26000是一份指导性文件，不是可认证的管理标准，但跨国公司往往将是否遵守 ISO26000 国际标准作为评判和选择合作伙伴的重要标准之一。一旦ISO26000 成为组织间默认的"认证标准"，它将可能形成新的贸易壁垒，严重减弱企业社会责任制度尚待完善的发展中国家贸易行业的竞争力。

9.1.4　中国企业社会责任标准

为了与国际企业社会责任标准接轨并基于本土特色规范企业社会责任行动，中国政府和经济组织也在积极寻求建立自己的标准和认证体系。

1. CSC9000T

CSC9000T 即中国纺织企业社会责任管理体系（China Social Compliance 9000 for Textile & Apparel Industry），是基于中国相关法律法规和有关国际公约及国际惯例上的、符合中国国情的社会责任管理体系。对管理体系、劳动合同、童工、强迫或强制劳动、工作时间、薪酬和福利、工会组织和集体谈判权、歧视、骚扰与虐待、职业健康与安全共 10 个要素进行考核和评估。它是由中国纺织工业协会倡导并发起的面向全国纺织企业推行的一套社会责任管理建设体系，核心在于通过推广、引导企业实施这一体系，帮助企业规范管理行为，建立工会组织，健全员工劳动合同，建立和谐的劳资关系，促进企业尽到应尽的社会责任。此外，这也是我国第一次在产业领域推行行业社会责任行为准则。

2.《中国工业企业及工业协会社会责任指南》

《中国工业企业及工业协会社会责任指南》是中国工经联与中国煤炭、中国机械、中国钢铁、中国石化、中国轻工、中国纺织、中国建材、中国有色金属、中国电力、中国矿业共 11 家工业行业协会于 2008 年 4 月联合发布的中国工业企业社会责任指南。该指南在要求工业企业自律的前提下，还要求建立工业协会社会责任体系，包括社会责任的工作机构、职责任务、管理制度，形成履行自身社会责任和推动企业履行社会责任相协调的组织管理体系等。

3. 社会责任系列国家标准

2015 年 6 月 2 日，国家质检总局和国家标准委联合发布了社会责任系列国家标准，包括《社会责任指南》《社会责任报告编写指南》《社会责任绩效分类指引》。该标准以 ISO26000 为基础编制，是我国社会责任领域第一份国家层面的标准性文件，其基本理念和内容均根据我国实际情况进行了调整。该标准的发布具有重大意义，将统一各类组织对社会责任的认识和理解，改变国内依据不同标准履行社会责任的混乱局面，为组织履行社会责任提供系统、全面的指导，将对提升国内社会责任水平起到重要作用。

9.2 中国企业社会责任的发展与演进

近年来，企业社会责任在世界范围内受到重视，是实现可持续发展的良好途径。自 2004 年以来，企业社会责任已成为中国学术界和政策论坛上的一个突出问题。而现阶段，中国政府正通过"以人为本""科学发展观""建设和谐社会""乡村振兴"等方针来推行企业社会责任，因此，企业社会责任无疑会变得越来越重要，经济组织和企业的可持续发展日渐必要。企业社会责任建设工作在中国近十几年的发展，大致经历了理念构建阶段、形成共识阶段，现处于纵深发展阶段。中国企业社会责任取得巨大进步离不开企业的广泛参与、政府的强力推动与非政府组织的有效协调。

9.2.1 理念构建阶段（1978—2006 年）

1978—2006 年，我国企业社会责任建设工作处于理念构建阶段。这一阶段确定了企业社会责任履责主体，形成了基本法律环境，企业社会责任活动蓬勃兴起。

1984 年，中共十三届三中全会形成《中共中央关于经济体制改革的决定》，开始全面改革原有的计划经济体制，让企业成为独立的商品生产者和经营者。1986 年《中华人民共和国外资企业法》（已废止）、1988 年《中华人民共和国中外合作经营企业法》（已废止）、1988 年《中华人民共和国私营企业暂行条例》（已废止）以及 1994 年《中华人民共和国公司法》等法律，确立了多种经济成分作为经营主体的法律地位，确定了企业履行社会责任的法律主体。与之相适应，国家出台了一系列法律以规范企业行为，形成了企业履行社会责任的法律基础和底线。

在这一阶段，企业法人地位和法律环境仍处于不断形成和逐步完善过程中，企业主要履行以法律责任为基础的经济责任，部分企业开始承担扶贫和捐赠等社会责任，其标志包括 1989 年启动的希望工程、1994 年成立的中国慈善总会、1995 年成立的中国光彩事业促进会。2002 年中国共产党第十六次全国代表大会召开，中央政府提出坚持以人为本，树立全面、协调、可持续的科学发展观，促进经济、社会和人的全面发展。由此，企业社会责任也找到了本土化的依据。2005 年 9 月 7 日在中欧企业社会责任北京国际论坛上，以海尔、长安、红豆等为代表的 10 家中国企业发布了履行社会责任的北京宣言，倡议企业履行社会责任，提高责任竞争力，贡献和谐社会建设。

9.2.2　形成共识阶段（2006—2012 年）

2006 年 1 月 1 日，修订实施的《中华人民共和国公司法》总则中明确规定企业要"承担社会责任"。自此，中国企业社会责任发展的新起点出现，2006 年也被喻为"中国企业社会责任新纪元年"。法律明确了对企业社会责任的要求和态度，推动企业社会责任得到各界普遍认同。

2006 年 3 月，时任国务院总理温家宝对国家电网公司发布的中央企业首份社会责任报告做出充分肯定。2006 年 10 月，《中共中央关于构建社会主义和谐社会若干重大问题的决定》发布，明确提出要增强包括企业在内的公民和各种组织的社会责任。在此阶段，中国全程参加了 ISO26000 社会责任国际标准的制定，并在 2010 年对该标准投了赞成票。2008 年 1 月，国资委发布《关于中央企业履行社会责任的指导意见》，要求中央企业按照 8 个方面内容履行社会责任。国家标准委、人力资源和社会保障部、全国总工会、环境保护部（现为生态环境部）等部委和相关部门分别从企业员工责任和环境责任等方面开展专题研究，指导企业实践。

在这一阶段，企业对社会责任的认识逐渐深入。越来越多的企业认同积极履行社会责任能够改善企业与外部社会之间的关系，提升企业管理水平，增强企业竞争力，促进企业可持续发展。

9.2.3　纵深发展阶段（2012 年至今）

以 2012 年为新起点，社会责任正在重塑企业管理理念和实践方式，中国企业社会责任发展开启深入探索社会责任管理的新阶段。

2012 年，国资委明确提出中央企业要加强社会责任管理，并采取了一系列举措推进企业履行社会责任。2014 年，中共十八届四中全会审议通过的《中共中央关于全面推进依法治国若干重大问题的决定》提出"加强企业社会责任立法"，反映出企业社会责任风险亟待通过系统的社会责任管理加以控制。2017 年，习近平总书记明确提出，新时代的企业要做贯彻新理念的企业，做生态文明建设的先锋企业，做解决民生问题的生力军企业。2020 年 7 月 21 日，习近平总书记在京主持召开企业家座谈会并发表重要讲话时指出，企业家要充分发扬企业家精神，在爱国、创新、诚信、社会责任和国际视野等方面不断提升自己。

除了加强国内企业社会责任建设，国家也颁布了一系列制度鼓励国内企业在"走出去"过程中重视社会责任，提升企业国际竞争力。2018 年，国家发展改革委颁布《企业境外投资管理办法》，明确提出"倡导投资主体创新境外投资方式、坚持诚信经营原则、避免不当竞争行为、保障员工合法权益、尊重当地公序良俗、履行必要社会责任、注重生态环境保护、树立中国投资者良好形象"。

9.3 中国企业社会责任履行现状与特征

9.3.1 企业社会责任意识不断增强

近年来，中国企业对社会责任理念的认知逐渐深化，越来越多的企业意识到应对社会负责并积极承担社会责任。这既得益于全球企业社会责任运动浪潮的积极影响，也离不开我国政府大力推进企业社会责任的倡议和举措。我国逐步将企业社会责任和包容式发展纳入全面深化改革大局，企业社会责任实践也飞速发展。如图 9-1 所示，2009—2020 年中国企业 300 强的社会责任发展指数逐年增长。其中，2019 年社会责任发展指数受评价方式调整的影响略有下降。

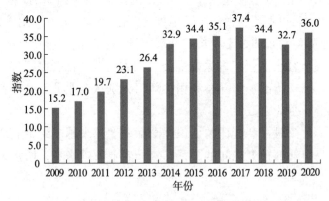

图 9-1 2009—2020 年中国企业 300 强的社会责任发展指数

除了积极履行社会责任，改革开放 40 多年来，我国逐步健全完善了社会主义市场经济体制，经济高速蓬勃发展，企业不断发展壮大。随着全球企业社会责任运动不断演化，我国企业社会责任认知也在不断加深，企业履行社会责任的积极性逐渐增强，越来越多的企业主动披露社会责任报告，把社会责任建设作为企业转型升级、提升市场竞争力和社会影响力的内生动力。

根据 Wind 资讯，2007—2019 年我国 A 股上市公司社会责任报告披露数量已经累计超过 7000 份（图 9-2），并且其数量逐年递增，这说明企业社会责任报告披露越来越受到企业重视，企业履行社会责任的积极性不断提高。

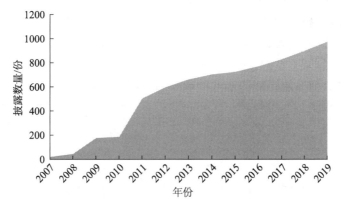

图 9-2　2007—2019 年我国 A 股上市公司社会责任报告披露数量

9.3.2　国有企业引领社会责任实践

虽然履行社会责任是社会对所有企业的共同要求，但由于产权属性、社会位势和公众期望等方面的差异，不同类型企业社会责任履行质量存在差异。国有企业作为国民经济发展的中坚力量，除了追求经济效益，在承担社会责任方面也更加积极。近年来，国有企业普遍率先垂范，自觉承担社会责任，在实现企业自身长足发展的同时也为社会做出了重要贡献。企业规模越大，责任也越大。如图 9-3 所示，2009—2020 年国有企业社会责任发展指数连续 12 年领先于民营企业与外资企业。国有企业 100 强的各项责任议题指数都大幅领先于民营企业 100 强和外资企业 100 强。

图 9-3　2009—2020 年国有企业社会责任发展指数年度变化

9.3.3　党建指导民营企业社会责任

2019 年 4 月 6 日起施行的《中国共产党党组工作条例》，强调在国家机关、人民团体、经济组织、文化组织、社会组织和其他组织中设立党组织，是确保党的理论路线和方针政策得到贯彻落实的重要途径。

非公有制经济组织中党的基层组织职能为"贯彻党的方针政策，引导和监督企业遵守国家的法律法规，领导工会、共青团等群众组织，团结凝聚职工群众，维护各方的合法权益，促进企业健康发展"。这表明，民营企业党组织的根本使命在于传递党的方针政策，督促企业兼顾利益相关者诉求，注重社会和谐稳定等公共治理价值的实现。有研究指出，民营企业公司治理过程中，基层党组织应当秉承"所有者、经营者、利益相关者共同治理"理念，使党组织成为企业治理框架中不可或缺的、具有独特协调与整合功能的主体。中共中央组织部也强调，民营企业的党组织应该大力宣传党的路线方针政策，维护职工合法权益，积极推进企业先进文化建设，通过党组织和党员创先争优推动企业发展。

作为中国共产党在经济领域的"神经末梢"，企业党组织在各级党委与民营企业之间搭建了一个正式的组织桥梁，有利于将党的执政理念和公共治理价值诉求（如就业稳定、环境保护、员工权益保障、企业社会责任等）更直接地传递至企业和嵌入企业经营决策过程中。一系列研究也发现，我国企业党组织在推动企业社会责任履行方面发挥了积极作用。党组织建设有利于向民营企业内部传递和嵌入党和政府倡导的公共治理价值，引导企业主动调整和实现经济利益和公共价值相互融合的多元治理目标，进而改善企业社会责任绩效。

扩展阅读 9.1 《国务院办公厅关于深入开展消费扶贫助力打赢脱贫攻坚战的指导意见》

此外，工商联作为党和政府联系非公有制经济活动主体的桥梁、政府管理与服务非公有制经济的好助手，也积极推动企业勇担社会责任。2018 年，工商联首次发布《中国民营企业社会责任报告》，目前仍在建立健全民营企业社会责任激励和约束机制，加大对企业履行社会责任的政策支持力度，不断优化企业承担社会责任的政策环境。工商联目前正在建立和完善民营企业社会责任工作推进机制，建立民营企业社会责任示范基地，培育打造民营企业履行社会责任的标杆样板。

9.3.4　企业社会责任履行形式不断创新

改革开放 40 多年来，企业不仅推动着市场经济发展，还是社会责任实践的主要力量之一。越来越多的企业不但接受了需要履行社会责任的理念，还逐步将履行企业社会责任由慈善捐赠层面实施以担当责任扩展到企业战略部署层面。2019 年 1 月 4 日，《国务院办公厅关于深入开展消费扶贫助力打赢脱贫攻坚战的指导意见》发布，旨在动员企业等社会力量参与消费扶贫。在多项政策推动下，国有企业积极投入对口扶贫工作中，同时设立了贫困地区产业投资基金。民营企业开展了"万企帮万村"行动，部分民企甚至实施了包县扶贫战略。

9.4　新时代的企业社会责任

中国特色社会主义进入新时代，我国社会的主要矛盾已经转化为人民日益增长的美好生活需要和不平衡不充分的发展之间的矛盾。恰逢中华民族伟大复兴战略全局和世界百年未有之大变局交汇期，我国发展的内外环境正发生深刻变化，这为企业履行社会责任提出了新期望。

同时，21世纪以来科技发展突飞猛进。智能化和数字化技术革命在深度改变人类生产、生活方式的同时，也衍生出复杂多样的伦理风险，对我国企业社会责任履行提出了新挑战。中央全面深化改革委员会第九次会议审议通过的《国家科技伦理委员会组建方案》明确指出："科技伦理是科技活动必须遵守的价值准则"，并强调："推动构建覆盖全面、导向明确、规范有序、协调一致的科技伦理治理体系"。

扩展阅读9.2　《决胜全面建成小康社会　夺取新时代中国特色社会主义伟大胜利》

此外，自媒体时代人们可以通过网络平台自由发表对产品、服务的看法，用户、投资者与合作伙伴对企业管理活动的参与度不断加深，信息透明度大大提升，企业面临着愈加严格的舆论环境。这也给我国企业社会责任履行带来了新压力。

9.4.1　创新发展，培育内生增长动力

我国经济发展已迈入新时代，经济发展从高速增长转向高质量发展。高质量发展既需要中央层面的顶层设计，更需要微观基础。作为市场主体的企业是实现中国经济高质量发展的生力军。只有广大企业将自身发展和国家战略有机融合，坚持创新驱动发展，加速推动产业转型升级，积极培育内生增长动力，才能夯实高质量发展的微观基础。

2020年10月29日，党的十九届五中全会审议通过《中共中央关于制定国民经济和社会发展第十四个五年规划和二〇三五年远景目标的建议》，指出"强化企业创新主体地位，促进各类创新要素向企业集聚"。在创新驱动发展战略引领下，中国企业的创新主体地位正在不断凸显，应当继续加大创新投入力度，持续提升创新产出，努力增强创新成效，为推动高质量发展提供强大动力。创新驱动引领时代发展变革，是推动新旧动能转换、培育新动能的必要途径和重要支撑，也是塑造发展优势、推动高质量发展的核心。

经历了新冠疫情和国际产业链震荡的冲击，中国企业勇担社会责任，以互联网企业为代表的经济新动力逆势增强，新投资新消费带动作用显著。中国企业应以科技创新为引领，促进数字技术与实体经济深度融合，把握数字化、网络化、智能化方向，推动制造业、服务业、农业等产业数字化，利用互联网新技术对传统产业进行全方位、全链条的改造，提高全要素生产率，发挥科学技术对经济发展的放大、叠加、倍增作用，助推高质量发展。

9.4.2 协调发展，构建和谐稳定环境

当前我国发展仍存在不平衡、不协调的问题，区域发展不均衡，城乡发展差距大，协调是持续健康发展的内在要求，只有增强协调性才能使我国经济社会发展行稳致远。为实现协调发展，企业必须构建和谐的劳动关系，它是促进企业和谐、社会稳定的必然要求，也是企业履行社会责任的重要内容。

员工作为企业的重要利益相关者，与企业经营过程息息相关。当前劳动关系主体及其利益诉求越来越多元化。企业组织形式、管理模式及用工方式等发生深刻变化，员工结构及其价值理念、事业追求等也发生了新变化，这都给企业劳动关系管理协调带来了新挑战。在新形势下，企业对劳动关系的认识须发生深刻转变，牢记"劳动关系也是生产力"的理念，持续推进和谐雇佣关系管理。员工友好型待遇（employee-friendly treatment）是近年来劳动金融学领域的热门话题。员工友好型待遇一般被定义为企业分配大量资源和做出有利安排以促进员工福利的友好型实践。比如，谷歌与微软企业，除了支付有竞争力的工资外，还向员工提供丰富的培训机会、免费的膳食与营养指导、慷慨的带薪休假计划以及工作大楼内的健身和娱乐设施等福利。当企业自身实现持续盈利时，企业应积极通过投资行为、就业机会创造、供应链合作等商业行为参与脱贫攻坚、乡村振兴等事业，为缩小区域和城乡贫富差距贡献力量。

9.4.3 绿色发展，助力碳达峰碳中和

改革开放以来，我国经济进入快速发展时期，但也出现了严峻的环境问题，如空气污染、资源枯竭等。习近平总书记指出："我们既要绿水青山，也要金山银山。宁要绿水青山，不要金山银山，而且绿水青山就是金山银山。"要按照绿色发展理念，树立大局观、长远观、整体观，坚持保护优先，坚持节约资源和保护环境的基本国策，把生态文明建设融入经济建设、政治建设、文化建设、社会建设各方面和全过程，建设美丽中国，努力开创社会主义生态文明新时代。绿色发展是以效率、和谐、持续为目标的经济增长和社会发展方式。习近平总书记曾说："生态保护，功在当代，利在千秋。"贯彻绿色发展理念有助于改善我国生态环境，推动经济可持续发展。

在第十五届联合国大会一般性辩论、联合国生物多样性峰会、金砖国家领导人第十二次会晤、气候雄心峰会及2020中央经济工作会议上，习近平总书记多次提出，中国二氧化碳排放力争于2030年前达到峰值，努力争取2060年前实现碳中和。这要求我们在经济增长和能源需求增加的同时，持续削减煤炭发电，大力发展风电、太阳能发电、水电、核电等非化石能源，实现清洁能源代替火力发电。在微观层面，企业必须加快产业低碳转型，促进服务业发展，强化节能管理，加强重点领域节能减排，优化能源消费结构，开展各领域低碳试点和行动。

生态文明建设是中华民族永续发展的根本大计，保护生态环境就是保护生产力，企业是改善生态环境的责任主体，也是良好生态环境的受益者。为积极贯彻国家绿色发展理念，企业应踊跃转变经营方式，坚持绿色制造，实施清洁生产，创新环保科技，将绿色发展理念根植于经营理念，积极提升资源分配效率，追求绿色循环低碳发展，助力污

染防治攻坚战，努力实现经济社会发展与生态环境保护协同共进。

9.4.4　开放发展，共建人类命运共同体

当今世界经济缓慢复苏，保护主义、单边主义抬头，国家间贸易摩擦加剧。开放带来进步，合作达成共赢，企业家应怀有开放共享、兼容并包之心，加快融入国际社会并谋求新机遇。积极履行社会责任是中国企业落实开放发展理念，实现"走出去""融进去"的必经之路。

我国倡导"一带一路"建设，深化对外开放新格局，需要"走出去"的企业通过履行社会责任，带动贸易畅通，民心相通，夯实"一带一路"根基。中国企业在跨国贸易过程中，要秉承诚信经营原则，积极开展有利于改善东道国民生的项目合作，强化多方沟通，争取当地社会的广泛理解和支持，积极通过公益慈善活动以寻求与所在国社会的良性互动，塑造企业负责任的良好形象。

9.4.5　共享发展，推进社会共同富裕

在全面建设社会主义现代化国家的新征程中，共同富裕被摆在更加重要的位置。党的十九届五中全会明确提出到 2035 年"全体人民共同富裕取得更为明显的实质性进展"的目标。企业是推动共同富裕的微观主体，对内可提升初次分配中劳动报酬比重，对外可通过志愿帮扶、慈善捐赠等社会公益形式助力第三次分配。利益相关者理论指出，企业是股东、客户、员工、供应商与政府等各利益相关者所构成的一系列关系的集合。企业的价值由包括政府、股东、债权人、客户供应商、高管和员工、社区等在内的全部利益相关者共同创造，这些利益相关者理应共同分享企业高质量发展的成果。因此，价值共享是企业实现高质量发展的最终目标追求，即企业在实现高质量发展过程中应承担更多的社会责任，不仅创造经济效益，而且创造社会效益，体现企业创造价值的正外部性。

在中国的治理经验中，企业直接提供公共物品与福利已经十分常见。无论是国有企业，还是乡镇企业、社办企业，各种不同所有制形态的经济组织，除了缴纳国家税收，还经常承担地区福利责任，如保障就业、兴办学校、修建公路、融资借贷，乃至调解纠纷等。在一些资源型乡镇，村企一体现象也非常普遍。

习近平总书记强调："共同富裕是社会主义的本质要求，是中国式现代化的重要特征，要坚持以人民为中心的发展思想，在高质量发展中促进共同富裕。"例如，在多年来积极履行社会责任的基础上，2021 年腾讯公司分两次共投入 1000 亿元，助力"共同富裕"，在更大范围内实现价值共享。实际上，近年来，伴随着我国经济社会的不断发展进步，无论是国有企业还是非国有企业，无论是大企业还是小型初创企业，像腾讯公司这样以价值共享为目标追求进而实现高质量发展的公司难以胜数，而且今后会越来越多。

9.5　弘扬企业家精神——推动企业高质量发展

改革开放以来，一大批优秀企业家登上历史舞台，带领中国企业发展壮大，推动中国经济破浪前行，在创造物质财富的同时，也涵养企业家精神不断成长成熟。党和国家

始终高度重视弘扬企业家精神，习近平总书记强调："市场活力来自于人，特别是来自于企业家，来自于企业家精神。"新时代新起点，为实现中华民族伟大复兴，面对纷繁复杂的国际环境，更需要企业领导者大力弘扬新时代的企业家精神，不忘创业初心，牢记兴企使命，托举起引领高质量发展的时代重任。

9.5.1 企业家精神的核心内涵

企业家是经济活动的重要主体，企业家精神是推动企业长足发展的重要内在动力。企业家在社会经济生活中发挥了重要作用，企业家精神是企业家作为一个特殊群体发挥其社会作用所必备的共同特征，是其价值取向、知识体系和素质能力的集中体现。

企业家是开拓者，将科技发明引入经济生活，创造产业新领域，提升社会物质生活水平；企业家是创新者，带领企业不断进行技术创新和管理创新，提高资源配置效率，为社会生产提供新的动力；企业家是服务者，服务好客户是企业生存的根本，企业生产是社会物质文化需求得以满足的核心渠道；企业家是合作者，在重大决策及其实施过程中，企业家整合内外部资源，团结所有力量，实现企业跨越式成长，推动社会进步；企业家是学习者，在残酷的商业竞争环境中，企业家带领整个企业持续学习、全员学习、团队学习和终身学习，从而促进了整个社会理念、知识和技术的传播，加速了整个社会进步。

企业家精神的核心内涵究竟是什么？不同学者对企业家精神都有着不同的定义（表 9-1）。

表 9-1　不同学者对企业家精神的定义

学　者	企业家精神的定义
熊彼特（1934）	企业家精神就是做别人没做过的事或是以别人没用过的方式做事的组合。企业家精神就是一种不断创新的精神，是社会发展的策动力量
桑巴特（1958）	企业家精神是一种不可遏制的、动态的力量，是一种世界性的追求和积极的精神，包括重视核算、注意效益
柯兹纳（1973）	企业家精神就是抢先抓住新的机会的能力。识别并抓住机会可以"矫正"市场，把市场带回平衡状态
夏莫和克里斯曼（1999）	企业家精神包括组织创建、重组或是组织内部或外部的变革行为

一些知名企业家也阐释了各自对企业家群体特征和企业家精神的理解。其中，海尔前总裁张瑞敏认为"在互联网时代，企业家精神绝不是以企业家个人能力为标准，更重要的是看他能不能培养出更多的企业家，能不能孵化出更多的企业家精神"。微软公司联合创始人鲍默尔指出："企业家（不管是否身兼管理者身份）的工作是找到新思想并付诸实践；他们不能允许事情变得墨守成规；对他们而言，今天的业务绝不是明天最好的。"万科创始人王石则强调："企业家精神即为冒险精神、坚持精神、责任精神。"中国平安保险集团董事长马明哲指出："企业家取得一时的成功，可能是靠运气，取得长时期持续的成功，内心往往有着非常强烈的欲望。一个成功的企业家内心深处，一定有某种强烈程度超过常人的极大热情在支配、驱使着他。企业的创业面临的挑战和压力是巨大的，

有时会是孤独、无助的，只有当他的欲望大大超过了对压力和挑战的恐惧时，他才会有持续的动力和源源不断的创造力。"

9.5.2 企业家精神的核心维度

2017 年 10 月 14 日，《中共中央 国务院关于营造企业家健康成长环境弘扬优秀企业家精神更好发挥企业家作用的意见》发布。这是中央首次发文明确企业家精神的地位和价值，强调要营造依法保护企业家合法权益的法治环境，营造促进企业家公平竞争诚信经营的市场环境，营造尊重和激励企业家干事创业的社会氛围。它用 36 个字对新时代企业家精神进行了详细阐述：爱国敬业、遵纪守法、艰苦奋斗、创新发展、专注品质、追求卓越、履行责任、勇于担当、服务社会。习近平总书记明确提出要大力弘扬企业家精神，企业家要带领企业战胜当前的困难，走向更辉煌的未来，就要在爱国、创新、诚信、社会责任和国际视野等方面不断提升自己，努力成为新时代构建新发展格局、建设现代化经济体系、推动高质量发展的生力军。

图 9-4 企业家精神的核心内涵

企业家精神的核心内涵包括使命、创新、执着、诚信、责任（图 9-4），具体内容如下。

1. 企业家精神的本质——使命

在当代企业家精神里，爱国敬业、敢于担当、服务社会等关键词蕴含着为国为民的崇高使命感。在贸易保护主义抬头、世界经济低迷乏力、全球市场萎缩的外部环境下，我国正加快构建形成以国内大循环为主体、国内国际双循环相互促进的新发展格局，这离不开企业家群体的积极参与和相向而行。企业家要将企业发展融入实现中华民族伟大复兴的伟大实践中来，顺应时代发展，勇于拼搏进取，为积累社会财富、创造就业岗位、促进经济社会发展、增强综合国力做出贡献。2020 年 7 月 21 日企业家座谈会上，习近平总书记就曾以张謇为榜样，勉励企业家主动为国担当、为国分忧，正所谓"利于国者爱之，害于国者恶之"。

2. 企业家精神的灵魂——创新

改革开放以来，我国社会经济发展取得了举世瞩目的成就，GDP 规模跃居全球第二，一大批有竞争力的企业不断崛起。《财富》杂志发布的全球 500 强榜单中，中国大陆地区企业数量逐年增加。2020 年有 133 家（中国大陆地区有 124 家）中国企业赫然在列（首次超过美国的 123 家）。但也要看到，中国上榜企业主要集中在提供资金、能源、原材料等生产要素的企业，主要以规模取胜，创新能力还存在明显不足。

在全球竞争格局下，创新是企业高质量发展的第一驱动力，只有创新才能保证企业具有核心竞争力，才能保证企业向价值链上游跃升。从国内环境看，中国经济增长动力从要素、投资驱动转变为创新驱动，对企业来说，资源环境约束趋紧，人口红利边际递减，要想在市场竞争中始终保持优势，就不能再走依靠初级生产要素的老路，而是要依靠创新来获得超额收益、高附加值。从国际形势看，逆全球化、单边主义、保护主义思潮暗流涌动，一些核心技术的国外垄断与封锁对我国重要行业和关键领域的企业发展提出了挑战。唯有广大企业家和企业经营者增强创新意识，尽早培养自主研发能力，才能摆脱他人掣肘，才能使企业具备国际竞争力和应对全球环境变化的抗风险能力，从而实现高质量发展。

3. 企业家精神的保障——执着

谈及德国经济，人们往往会想到西门子、大众等享誉世界的知名品牌。但在《财富》杂志评选的全球 500 强企业中，来自德国的企业只有 29 家。支撑起德国经济脊梁的，是大量中小企业。德国 99% 的企业都是中小企业，这些雇用人数不超过 500 人的企业，对德国经济的贡献率高达 56%，创造了约 60% 的就业。更重要的是，这些中小企业的产品有很多在全球市场都居于领先地位，有"隐形冠军"的美誉。

何为隐形冠军？"隐形冠军"概念的提出者、德国著名管理学者赫尔曼·西蒙教授认为，隐形冠军指的是业内排名世界市场前三，年收入少于 50 亿美元，公众知名度较低，近乎隐形的企业。隐形冠军是一种新类型的企业，企业规模为中小型企业，业务规模稳居世界前列，业务范围辐射全球，它们并非仅专注国内市场的典型小型企业，而是开展全球业务。面对全球化的竞争压力，面对日益个性化的消费者群体，一家企业唯有通过提供好的产品才有可能鹤立鸡群，赢得客户，而这需要极大的专注，且近于偏执。这是"隐形冠军"得以成功的一个关键。它们克服了多元化的诱惑，非常注意限制企业的业务范围，把自己的市场界定得很窄，力图在一个具体的产品或业务上形成绝对的竞争优势。

2021 年 7 月，工业和信息化部公布了第三批 2930 家专精特新"小巨人"企业名单，至此我国已培育三批共计 4762 家专精特新"小巨人"企业，多项专精特新支持政策也接力出台。面对激烈的市场竞争，企业只有提供更好的产品才有可能赢得客户。而这需要极大的专注。想成为隐形冠军，必须发挥极致精神和执着行动，秉承长期视野，专注在一个领域，把产品和服务做出绝对的比较优势。英特尔原总裁格鲁夫有句名言："只有偏执狂才能生存。"这意味着在遵循摩尔定律的信息时代，只有坚持不懈，以夸父追日般的执着，咬定青山不放松，才能稳操胜券。

4. 企业家精神的基石——诚信

诚信是企业家的立身之本。中国企业家调查系统发布的《转型时期的企业家精神：特征、影响因素与对策建议——2019·中国企业家成长与发展专题调查报告》显示，"诚信"最能反映当前我国企业家精神的内涵，营造全社会诚信环境对于弘扬企业家精神至关重要。

企业家在修炼领导艺术的所有原则中，诚信是绝对不能妥协的原则。市场经济是法治经济，更是信用经济、诚信经济，没有诚信的商业社会，将充满极大的道德风险，显著提升交易成本，造成社会资源的巨大浪费。凡勃伦（Veblen）在其名著《企业论》（*The Theory of Business Enterprise*）中指出："有远见的企业家非常重视包括诚信在内的商誉。"诺贝尔经济学奖得主弗利曼更是明确指出："企业家只有一个责任，就是在符合游戏规则下，运用生产资源从事利润的活动。亦即须从事公开和自由的竞争，不能有欺瞒和诈欺。"可见。诚信是企业家永远的名片，也是企业持续成功的基石。

5. 企业家精神的光芒——责任

企业家区别于普通商人的关键在于，他们不仅是社会财富的创造者，更怀揣对国家、民族和社会的崇高使命感与强烈责任感，积极推动国家经济发展和社会进步。改革开放以来，一大批有胆识、勇创新的企业家茁壮成长，形成了具有鲜明时代特征、民族特色、世界水准的中国企业家队伍。他们怀着对国家、对民族的崇高使命感和强烈责任感，把企业发展同国家繁荣、民族兴盛、人民幸福紧密结合在一起，主动为国担当、为国分忧，顺应时代发展，勇于拼搏进取，为积累社会财富、创造就业岗位、促进经济社会发展、增强综合国力做出了重要贡献，在波澜壮阔的历史画卷中写下了企业家精神的华彩篇章。

企业家是生产要素的组织者、使用者和支配者，承担着推进中国经济发展的天职。优秀企业家和企业家精神，是改革创新、推动经济增长的重要因素。当前，民营企业家作为先富起来的一批人，富裕之后该如何？这就给企业家提出了"要自律、要报恩、要共富"的新时代责任。因此，企业家无论走多远，都要心怀理想和责任担当，主动为国担当、为国分忧。总之，企业家的担当精神，首要责任是要把企业发展好，再就是履行好关爱员工、奉献社会、回报国家的社会责任。

9.5.3 新时代的企业家精神

近年来，除了最常见的捐款行善之外，企业也越来越多地承担了各类新型的社会与治理责任，比如环境保护、雇员权益保护、产品责任、技术伦理、扶贫救助、舆情监控以及公共政策倡导等。在许多案例中，企业都通过创新产品和服务，做到了经营行为和公益行为的有机结合。而当企业战略与公益动机有机结合时，私营公司也可以推动公共部门的政策创新，推动公共部门的流程再造与组织重构。

1. 主动为国担当，做有家国情怀的企业家

爱国主义是中国企业家的光荣传统。在优秀企业家的领导下，企业发展与国家兴荣紧密相连。新时代的企业家需要具有家国情怀，敢于迎接新的机遇和挑战。政府要加强社会主义核心价值观的宣传教育，培养有理想、有信念、敢担当的企业家，大力弘扬优秀企业家的爱国主义精神、突出贡献和光荣事迹，唤醒和增强企业家群体的爱国情怀。

2. 秉持创新引领，做有开拓精神的企业家

创新是引领发展的第一动力。抓创新就是抓发展，谋创新就是谋未来。长期以来，中国经济高速发展主要依赖丰富的自然资源和大量劳动力所带来的人口红利。但随着我国经济发展进入高质量发展阶段，传统的资源优势不足以维持高速发展，必须转变发展方式，坚持创新引领发展。改革创新必然带来风险和挑战，风险越大，面对挑战需要的勇气就越大。因此，落实创新发展，企业家必须拿出敢为善成的闯劲，发扬创新发展的拓荒牛精神。

3. 坚持诚信守法，做有底线思维的企业家

在社会主义市场经济体制下，企业家必须遵守道德准则，诚实守信，遵守法律。诚实是中华民族的传统美德和公司实现可持续经营的基础。伪造、假劣产品只能在短期内欺骗消费者，但从长远来看，毫无疑问消费者将会对企业失去信心，企业品牌评级和声誉价值遭到极大损害，最终损害长远利益。为保障企业可持续发展，企业家要坚持诚信守法，绝不突破经营底线。

4. 勇担社会责任，做有社会价值的企业家

习近平总书记说过："社会是企业家施展才华的舞台。只有真诚回报社会、切实履行社会责任的企业家，才能真正得到社会认可，才是符合时代要求的企业家。"企业家不仅要承担经济责任和法律责任，还肩负着重要的社会责任与道德责任。企业本身存在于社会中，在经营过程中利用社会资源制造产品、提供服务的同时，也带来了环境破坏、劳工权益损害等诸多社会问题，理应对社会做出适当回馈，勇担社会责任，如"万企帮万村"行动、"万企兴万村"乡村振兴行动。企业家作为企业经营的决策者，应该勇担社会责任，发挥以头拱地的拼劲，在追求个人财富收入增长的同时，努力实现自身的社会价值。

5. 把握时代大势，做有全球视野的企业家

在经济全球化的背景下，国际形势发生了重大变化，国家之间贸易往来频繁，关系日益紧密。中国企业纷纷采取"走出去"战略，与国际市场广泛接触，世界级企业数量显著增加，中国企业在国际舞台上的地位也逐渐提高，拥有了更多的话语权。我国正逢百年未有之大变局，作为商业领袖的企业家是企业经营的领头羊，应把握时代大势，开放国际视野，同时也要熟悉国际规则，注意防范风险。尤其是近年来"逆全球主义"甚嚣尘上，企业家应坚定信心，做好打硬仗的准备，从变局中把握机遇，坚持走高质量发展道路。

本章关键知识点

中国企业社会责任发展历程、新时代的企业社会责任、企业家精神

思考题

1. 你认为党建引领在推动企业履行社会责任方面发挥了哪些独特作用？
2. 新时代的企业社会责任内涵及关键维度有哪些？

即测即练

自学自测　　扫描此码

第 10 章

社会创业与社会企业

通过本章的学习，学生应该能够：

1. 理解社会创业和社会企业的内涵及特征；
2. 了解商业企业、公益组织与社会企业的异同；
3. 掌握社会企业家的定义及分类；
4. 了解社会企业发展面临的机遇与挑战。

引导案例

当年轻的社会企业遇上更年轻的摩拜单车

2017 年，作为首届"中国社会企业奖"发起方，中国社会企业与社会投资论坛希望用这样一个奖项去"表彰和鼓励以创新的商业模式，大规模、系统化解决中国现阶段面临的主要社会问题的企业"。同时，该论坛也希望通过组织评选，让更多人和更多主流企业了解什么是社会企业。

这是一次有益的尝试。从 2016 年 12 月开始报名到 2017 年 1 月报名结束，该论坛共收到 183 份申请。3 月初，经过各方专家评委独立打分，以"中和农信""绿康医院"为代表的 21 家企业入围 6 项行业大奖。在入围名单中，有一家企业引起了各方关注，围绕它是否为社会企业，是否有资格入围此次评选的争论逐渐从公益圈扩散。这家企业就是摩拜单车。

"社会企业有三个底线，即社会目标、环境目标和财务可持续目标，如果从这三个底线来看，摩拜单车是一个非常优秀的社会企业。"北京大学政府管理学院副教授、公民社会研究中心执行主任、这次评奖的标准制定委员会成员袁瑞军。她表示，"摩拜单车不是经典定义里的社会企业，但还是有一些社会属性，在规模化解决社会问题这一块做得不错。从社会动员和传播导向来讲，大奖评选可以采取广义的定义。"美国宾夕法尼亚大学副教授郭超不赞同这一观点。他认为，"社会企业有一个很关键的标准是它需要解决市场和政府双重失灵的问题，而共享单车这个领域，市场不仅没有失灵，还很活跃。从这个角度讲，摩拜单车还远不是一家社会企业"。

摩拜单车到底是不是社会企业？它有没有资格获得"中国社会企业奖"？围绕这两个核心问题，有更多的疑问被公众提出——摩拜单车是否应该先照顾投资者利益，尔后再谈公益？摩拜单车在解决了"最后一公里"这个社会问题后，是否又制造了新的社会问题？摩拜单车在减少碳排放的同时，它大量投入生产单车的过程本身是否又从另一个层面增加了碳排放并导致了资源浪费？如果摩拜单车是社会企业，那么与摩拜单车拥有共同属性的其他共享单车企业，是否便天然拥有了社会企业属性？

摩拜单车对"社会企业"的身份跃跃欲试。在"社会企业"尚未形成统一认识的时候，质疑与掌声并存，似乎显得合乎情理。

思考题：
1. 你认为摩拜单车是否为社会企业？
2. 社会企业应该具备哪些典型特征？

10.1　社会创业与社会企业的兴起

对于大多数中国人而言，"社会企业"这个名词是非常陌生的。其实早在 1978 年，英国人弗里尔·斯普雷克利（Freer Spreckley）就正式提出"社会企业"这一名词。全球最大的社会企业家资助网"阿育王"的创始人比尔·德雷顿（Bill Drayton），于 20 世纪 70 年代首次定义了"社会企业家"概念。

通常认为，社会企业发端于 1844 年的英国工业小镇罗奇代尔。一些穷困的工人集资成立"罗奇代尔公平先锋合作社"。他们不追求扩大利润，专门为社员提供质量有保证且价格公道的食品。这在后来被公认为世界上第一家社会企业。

18 世纪末，英国正处于工业革命的鼎盛期。一方面，资产阶级财富极度膨胀；另一方面，劳动人民惨遭剥削，工人和资本家之间的矛盾加剧。对被压迫者充满同情且满怀理想主义热情的欧文，决定在自己位于新拉纳克村的工厂进行改变社会不合理状况的试验。他希望这样的改革既有利于工厂主，又有利于工人。

欧文进驻新拉纳克村之初，村里有很多小商小贩，卖的产品质量一般，价格却十分昂贵，不少村民因此负债累累。为了提高工人生活水平，欧文开办了一家商店，出售物美价廉的商品。煤炭、衣服、日用品、蔬菜和肉都可以在这里买到。很快，村民不再入不敷出，商店也有盈利，剩余的利润被用来支持村里的学校建设。

1844 年，欧文的理念被英国兰开夏郡的工人借鉴，"罗奇代尔公平先锋合作社"出现在兰开夏郡罗奇代尔小镇的蛤蟆巷。该社倡导工人以自助、互助的方式共同购买生活必需品，被誉为"世界上第一家合作社"，也成了英国乃至全球社会企业的发源地。

罗奇代尔公平先锋合作社的目标设定是：不追求扩大利润，专门为社员提供质量有保证又价格公道的食品。运营模式是罗奇代尔 28 名工人联合起来，每人出资一英镑，联合运营，财产为工人们共同所有，男女平等且一人一票，成立民主选举管理委员会。利润分享方式为：股本享受固定利率，按照社员购买的商品量进行利润分红，划出一定比例的利润用于提升社员文化教育水平，定期向社员公开财务报表及资产负债表等。

1937 年，国际合作联盟将罗奇代尔公平先锋合作社的章程和记录归纳为七个方面的内容：①门户开放（入社自由）；②民主管理；③按交易额分配盈余；④股本利息应受限制；⑤对政治和宗教中立；⑥现金交易；⑦促进社员教育。另外还附加了四项：①只对社员交易；②社员入社自愿；③按时价或市价交易；④创立不可分的社有财产。

罗奇代尔公平先锋合作社模式不反对贸易和资本。相反，通过包容这些经济手段，它希望同时满足教育和公平分配的社会目的。罗奇代尔的社会实践激发了英国乃至全球的合作社运动和社会企业运动。在罗奇代尔这样的合作社模式里，所有财产不可分，生产资料为社会共同所有。股本享受固定利润即是对"重新建立劳动者个人所有制"的尝试。

"罗奇代尔公平先锋合作社"自创立就设定了明确的目标，并将之写入合作社章程的第一章。其中，目标的第一项就是开设一家商店，专门为社员提供质量有保证且价格公道的食品。

20 世纪 70 年代，欧洲遭遇了经济大衰退，失业率高居不下，公共政策转而开始与非营利部门进行协力，不同于传统非营利部门形式的新组织悄悄兴起。新组织在福利系统的转换、创造就业机会、社会凝聚力与创造社会资本、地方发展及社会文化等方面做出了巨大贡献，逐步成为保证社会可持续发展的重要角色。

随着"社会企业"标签在 20 世纪 80 年代和 90 年代的日益流行，世界各地的企业家越来越多地用这个词来形容自己的努力。与此同时，为了应对不断变化的经济状况，各组织和企业家经历了一段试验期。在孟加拉国，格莱珉银行是由诺贝尔奖和平获得者穆罕默德·尤努斯创建的微型金融机构，是社会企业的先驱。同样，玻利维亚商业微型金融机构 BancoSol 和 Los Andes 也是南美早期的先驱。在埃及，社会企业 SEKEM 因其在生物动力农业方面所做的工作而获得广泛认可，其社会使命是将 70 公顷埃及沙漠转化为生产性农田。

1995 年，比利时政府通过了《社会目的企业法》，清晰地界定了商业企业转型成为社会目的企业的条件，任何商业企业如果符合以下七点，就可以申请成为社会目的企业，享有政府补助。

（1）企业合伙人同意不以追求利益或仅追求有限的利润。

（2）企业必须界定明确的社会目标，且该目标不得让企业伙伴牟取任何间接利益。

（3）企业保留盈余的政策必须能反映其社会目标。

（4）企业必须提出特定的年度报告，指出将如何达成福利目标，包括投资消费的资讯、运作成本及员工薪资。

（5）必须承诺任何员工若工作年满一年，就可以成为企业合伙人。

（6）任何员工一旦离职，便丧失合伙人地位。

（7）企业若经过清算，剩余分配必须符合企业的福利目标，而在实务上，则将清算结余赠予其他社会目的企业。

2004 年，英国政府通过了《公司（审计、调查和社区企业）法令》。该法令增设了一种新的公司类别，即社区利益公司，为社会企业提供了一种独特且易于识别的法律身份，明确了其并不属于传统的慈善组织，并必须遵循一定的监管。2004 年，英国有 15000 个社会企业，占英国企业总数的 1.2%，它们聘用了 45 万名员工，另有 30 万名志愿者。

随着时间推移，社会企业越来越受到包括媒体、政府和投资者在内的各类行动者的关注。"社会企业"一词在大众媒体中引起了极大反响。新闻出版业中关于社会企业的文章数量猛增。如今，从金融中介到食品加工和软件开发等，社会企业在越来越多的领域出现。

扩展阅读 10.1 格莱珉银行

在 2007 年 12 月香港特区政府首次举办的"香港社会企业高峰会"上，时任香港特首曾荫权指出"社会企业的特征即通过企业家的思维，利用商业策略实现社会目标"。近年来上海、深圳等地也开始出现了地区实验性的社会企业孵化园，地方政府勇敢地迈出了探索的第一步。

10.2 社会创业的内涵及特征

21 世纪个人主义的盛行以及财富分配不平等的加剧，使大量社会不稳定、不和谐因素冒头，这种现象的背后是资本主义通过控制知识产权和稀缺资源以谋求利润最大化。此外，新一轮技术进步加剧了生产率提高与人们福利水平之间的脱节。这些严重的现实困境清楚地表明传统资本主义已经走到了尽头，传统资本主义的发展理念导致的现实困境促使人们寻求未来的出路。同样，传统企业发展的外部性引致的市场失灵，呼吁从更广泛和更长期的视角审视经济发展的逻辑。

21 世纪创业的新方向必然是为那 99% 的人们创造工作机会，为他们创造值得期待的未来，而社会创业很好地填补了这一市场空白。社会创业观，跳出了传统资本主义和市场经济的狭隘的利润最大化和价值最大化的藩篱，从强调为股东创造价值到强调为社会创业价值，重视为利益相关者负责，是对传统资本主义的扬弃。

10.2.1 社会创业的定义

 贴片案例

缺陷农产品（Imperfect Produce）

在美国加利福尼亚州有一家缺陷农产品（Imperfect Produce）公司，专门打包销售农场里生产的奇形怪状、长相丑陋的水果和蔬菜。其创始人本·西蒙（Ben Simon）还是马里兰大学的一名学生的时候就注意到，在美国至少有 20% 的水果和蔬菜由于形状达不到超市要求而一生产出来就被当作垃圾丢掉。于是在 2015 年本成立了这家叫作缺陷农产品的公司，通过将加利福尼亚州一些农场的"不合格产品"集中起来，并且根据每个订购者的不同要求将蔬菜和水果的数量和品种进行搭配和包装，最终将这些长相丑陋却新鲜美味的蔬菜和水果递送到消费者家里。由于这些本来要被当作垃圾丢掉的农产品成本比较低廉，所以最终价格要比普通超市的价格低 30%左右。这样一来，缺陷农产品公司不仅减少了农场处理和填埋这些"不合格"农产品可能造成的环境污染，同时为生产这些产品的农场主带来了额外利润；消费者也因为这些产品价格低廉，销售环节缩短而从中获益。正如其创始人所宣称的，通过购买缺陷农产品，我们建立了一套更加可持续化、更加有效的食物系统，减少了食物浪费，同时提供了有价值的工作岗位，从而让这个世界变得更美好。

资料来源：杨晓明，施永川.改变世界的社会创业[J].清华管理评论，2019 年 Z1 期.

社会创业研究先驱格雷戈里·迪斯（Gregory Dees）针对社会创业价值内涵提出的"连续光谱"观点具有高度共识性。他认为，社会创业处于纯粹的慈善和纯粹的商业组织之间，具有经济与社会双重身份，在实践中基于内外部环境条件的变化动态调整价值重点，但始终以价值创造而非价值捕捉为导向和终极目标。根据格雷戈里·迪斯的定义，社会创业指的是一个社会创业家为社会的改变承担以下责任。

（1）以创造和延续社会价值为使命。

（2）孜孜不倦地追寻任何对实现这个使命有帮助的机会。

（3）致力于不断的创新、适应和学习。

（4）勇于探索，不会受手头有限的资源所限制。

（5）对于所服务的群体以及可能的结果具有高度责任感。

社会创业是指在非营利组织、商业或政府部门内部或多部门联动进行的创新性的创造社会价值的活动，旨在通过减少负外部性和通过整合社会和企业家精神来创造积极的外部性以创造生产者剩余。

不同学者从不同角度对社会创业的内涵进行了界定，但是这些不同的定义具有共同之处。综合而言，可以将社会创业定义为以社会目标为创业活动的首要使命，通过有效地整合资源，兼顾社会价值和商业价值的活动。

10.2.2　社会创业的过程

"创新经济学之父"约瑟夫·熊彼特在 1934 年提出："创业，首先要有创建个人王国的意愿，尽管这不一定是必需的；其次，要有一种征服的欲望，即战斗的冲动，为了证明自己比其他人强大，为了寻求成功，不在意成功带来的结果，而在乎成功的过程。在此意义上，经济上的活动和体育运动相似……经济上的最终收益只是次要的，或者说其价值主要在于成功的标志和胜利的象征；最后，要能在创新、胜任某项工作或是运用自己能力和智慧的过程中体会到愉悦感……这些人寻找困难，为了改变而改变，在创业中自得其乐。"

创业过程可以划分为五个步骤。

1. 机会识别

创业始于对价值创造机会的识别。比如，创业者可以从技术创新、消费者偏好变化、公共政策变化、未解决的社会问题或未被满足的社会需求中辨识创业机会。

2. 概念开发

只有把机会转变为商业概念才有可能创造价值。比如，技术创新或消费者偏好的变化为新产品和新服务提供了新的应用场景或新市场。

3. 资源获取

有了清晰的商业概念后，创业者需要确定所需的资金、信息、人力资源和社会网络等企业生存和发展所需的各种资源。

4. 创业启动和成长

有了相应的创业资源后，创业者启动创业项目，生产、销售产品或服务，获取利润，为企业的生存和持续成长奠定资源和市场基础。

5. 创业成功、失败和退出（社会目标实现）

创业退出是指创业者在实现利益最大化后离开初创企业，退出可能意味着企业上市，或将企业出售，或清理企业资产，或传给继承人。

社会创业同样遵循上述过程，所不同的是社会创业在实现特定的社会目标后，可能自行关闭，也可能寻找新的创造社会价值的机会，或者与其他社会创业企业整合，进入新的社会创业领域。

10.2.3 社会创业与商业创业

近几年，社会创业或具有内在社会目的的创业活动持续增加。除了非营利部门之外，其他形式的社会创业也蓬勃发展。社会创业活动的繁荣使得商业创业和社会创业之间的比较分析变得更为迫切。奥斯汀（Austin）、史蒂文森（Stevenson）和简·卫-斯格林恩（Jane Wei-Skillern）从以下四个维度对社会创业与商业创业进行了比较。

1. 市场失灵

市场失灵即商业市场力量不能满足社会需要。这通常是由于那些需要服务的人无法支付费用造成的。对于社会创业和商业创业而言，市场失灵将创造不同的创业机会。

2. 创业使命

社会创业的根本目的是为公共利益创造社会价值，而商业创业的目的则是有利可图的经营，从而获得私人利益。使命差异是社会创业和商业创业之间的一个基本区别特征，这种特征体现在企业管理和人员动机等多个领域。

3. 资源动员

对非营利组织产生的盈利的非分配限制，以及基于营利性或混合型社会企业的内在社会目的，限制了社会创业者进入与商业创业者相同的资本市场。此外，社会企业的风险性往往使相关人员难以如同在商业市场上那样获得满意的补偿。因此，人力和财务资源动员成为社会创业和商业创业间的差异，这种差异也导致在财务和人力资源管理方面的基本方式不同。

4. 绩效评估

社会企业的社会目标对业绩衡量提出了更大的挑战。商业企业家可以依靠相对有形和可量化的业绩衡量标准，如财务指标、市场份额、客户满意度和产品质量等。但社会创业组织由于对各种金融和非金融利益攸关方负责，导致管理这些关系更具复杂性。衡量社会变化难度很大，因为社会变化是不可量化的、多因果关系的、动态变化的，所创造的社会影响和感知存在差异。社会影响的绩效评估是一个根本的差异性因素，使得问责方和利益攸关方的关系变得更加复杂。

10.2.4　社会影响力投资

1. 社会影响力投资的内涵

任何一段创业过程都离不开资金和技术的支持，社会创业也不例外。与社会创业对应的社会影响力投资，正是社会创业成功的先决条件之一。

社会影响力投资也称"公益创投"或"社会投资"，是 2007 年洛克菲勒基金会最先提出的一种投资类型。社会影响力投资中的"影响力"英文是 impact，直译为"冲击、影响"之意，之前将其译为"社会效应投资"，也译为"社会效益投资"。

社会影响力投资的最主要目的在于创造有利于社会环境的正面效应，并高效解决社会问题，但也不排除传统意义上的财务回报收益。衡量其收益时不仅仅有传统财务上的投资回报率等指标，还应包含该投资所带来的可测量的社会正效用，即社会影响力。

摩根大通和洛克菲勒基金会在 2010 年的合作研究报告《影响力投资：一种新兴的投资类别》中，首次提出社会影响力投资区别于其他投资类别，并将其界定为一种区别于传统投资方式的新兴投资类别。该报告进一步指出影响力投资不仅可以创造利于解决社会问题的正效应，而且能带来财务上的回报，这必然会引起传统投资界和慈善界的共同关注。

摩立特学院从两个不同侧重角度对社会影响力投资进行了分类，并给出了相应的定义。

一个是侧重于财务回报的社会影响力投资。此类社会影响力投资是基于可预期的财务回报并且能够带来可测量的利于社会环境正面效应的投资形式。预期的财务回报为首要投资决策考虑要素，因此回报率的要求也相对较高，一般接近或略高于市场投资回报率。

另一个是侧重于社会价值的社会影响力投资。此类社会影响力投资是以追求可测量的社会环境、社会影响力与传统投资面效应为主要目的，并兼具投资财务回报性质的投资形式。预期的财务回报为次要投资决策考虑要素，因此回报率的要求也相对较低，一般能够接受回报率低于市场投资回报率。

之所以从不同侧重角度将社会影响力投资进行分类，是因为鉴于目前投资界不同机构对于社会影响力投资这一新兴投资类别的认识存在细微差别，然而这种差别产生的根源是影响力投资所蕴含的来自慈善公益和金融投资的双重构成要素。比如，作为市场化的金融产品，财务收益肯定是重要的指标；而作为慈善资本的投资，投资者可以接受负的财务回报，并将其视作免息贷款或者慈善捐赠。

社会影响力投资在一定程度上改善了政府和公益机构的局限性，将私人和商业资本引入解决经济社会发展过程中那些根深蒂固的社会问题之中，为推动经济与社会发展营造积极的社会环境。目前，国际社会对社会影响力投资尚无统一定义，根据通行的观念，社会影响力投资是指一种能够兼顾社会效益和经济效益的投资方式，即在取得投资回报的同时，也对社会产生正面影响。其核心就是用商业手段解决社会问题。

《中国社会企业与社会投资行业扫描调研报告（2019）》指出，社会影响力投资是通过提供和使用资金，产生积极社会影响力和一定财务回报的做法，它具有两个基本特征：一是强调社会影响力优先，这与强调财务回报优先的商业投资具有本质区别；二是在一定程度上具有财务回报的预期，这与只强调社会影响力的慈善捐赠也有所不同。社会投资是介于商业投资和慈善捐赠之间的一种创新方式。

2. 社会影响力投资与传统投资的差异

社会企业的发展离不开资金支持与能力建设，而社会影响力投资在中国的兴起为社会企业发展提供了重要的资金支持与良好的发展环境。社会影响力投资与传统投资的差异体现在哪些方面？

（1）投资目的。与传统投资相比，社会影响力投资不仅以一定的财务回报为目的，同时也以投资所产生的社会影响为目的，即投资者除了获得收益，也在一定程度上参与了慈善事业，对特定社会问题的缓解作出了贡献。影响力投资所带有的双重投资目的是与慈善捐助和传统投资的本质区别，也是其特色和差异优势。通过上述比较与描述，可以看出社会影响力投资位于强调社会价值的慈善捐助和强调经济价值的商业投资两个极端的中间层，而社会影响力投资是两个极端的过渡。

（2）经济后果。与非营利、公共部门等慈善资本只关注社会效应，商业资本重点关注经济效应不同，无论是摩根大通的 BOP 业务，还是尤努斯的格莱珉银行，其与社会影响力投资的相关业务都体现出了经济、社会、环境、人文价值的共创共享，带来了区域经济持续繁荣与社会发展持续提升的良好局面。这无疑为我国当前大力推进乡村振兴和共同富裕的战略背景下，充分发挥市场主体作用，实现价值共创提供了新的思路。

社会影响力投资与传统投资的具体比较如表 10-1 所示。

表 10-1　社会影响力投资与传统投资的具体比较

比较维度	社会影响力投资	传 统 投 资
定义	特定经济主体为了创造有利于社会的正面效应，并高效解决社会问题，不排除传统意义上的财务回报收益	特定经济主体为了在未来可预见的时期内获得收益或是资金增值，在一定时期内向一定领域投放足够数额的资金或实物的货币等价物的经济行为
投资目的	兼顾经济价值与社会影响	强调经济价值
经济后果	兼具社会效应与经济效应	侧重经济效应

10.2.5　社会导向下的创业活动

创业不应该仅仅是一个商业活动，还是一个促进社会变革和推动社会进步的过程。

因此，要让创业活动超越传统的、纯粹的经济意义。社会企业和可持续创业代表着21世纪创业的新趋势。社会导向下的创业活动，需要具有同理心的前瞻性领导力。社会也需要发现和培养符合社会价值创造需要的领导者，建立领导力新模式，让领导者能够具有同理心、正念和诚心。

因此，未来的企业组织需要具备 SMART 特征，即平衡社会、环境与经济关系的可持续（sustainability），符合各方利益相关群体根本诉求的意义性（meanings），利于产业与社会变革的适应性（adaptability），无条件地做正确事情的责任性（responsibility），以及通过坚持战略目标来持续创建显著声誉和社会资本的可信赖性（trustworthiness）。

社会导向下的创新创业活动，需要加强基于系统化思维的生态建设和文化培育。社会企业的建立与可持续创业的发展是一个过程，需要支持性的环境与生态，而这种生态系统包括人才、市场、政策、资金、文化和基础条件等多个方面。历史文化及其所影响的人才理念以及市场偏好都在其中扮演了重要角色。我们需要重新审视自己的社会环境与文化生态，为后人建立历史悠久的符号与导向，坚持用长期视角培育优秀传统。

社会导向下的创新创业活动，需要每个人都从我做起。社会需要具有利他动机的企业，更需要具有仁爱之心的个人，这也是推动社会企业运动和可持续发展生态建设的重要组成部分，是创业重新定向成功的基础条件。虽然并非每个人都有机会成为社会企业家，但是作为一个个体也可以为营造社会企业与可持续发展的生态贡献一分力量。

10.3　社会企业的内涵及特征

越来越多的商业创业者不再满足于单纯的经济回报，而是希望通过商业手段解决社会问题，提升自我社会价值。同时，越来越多的公益组织也试图摆脱对传统公益慈善捐赠的依赖，谋求可持续的财务来源。在此背景下，社会企业应运而生，并掀起了一波社会创业热潮。简单来说，社会企业就是用商业手段达成公益目的的商业组织。

为什么在当今社会存在商业企业和公益组织的情形下还需要社会企业呢？其原因主要体现在如下几个方面：

第一，市场存在缺陷。市场机制天然存在很多局限性，很多问题完全靠市场是解决不了的。大家在市场中都追求高利润，容易忽略那些不能带来高回报的社会需求。因此，社会问题的彻底解决需要新的办法。

第二，政府不能解决所有问题。政府资源有限，靠收税只能处理一定范围内的事情。同时，政府工作重心的辐射范围有限，靠政府解决所有的社会问题也不现实。

第三，非政府组织（Non-Governmental Organizations，NGO）解决问题的能力及范围有限。非政府组织大部分都是慈善组织，慈善组织需要不断地由捐助者捐钱，依靠外部持续输血才能维持运营，这就导致了 NGO 解决问题的局限性。

政府、NGO、企业解决不了的问题，需要新的方式来解决。社会企业就在这样的背景下生根发芽。社会企业家开始涌现，社会创投跃跃欲试，地方政府开始尝试社会企业的孵化，媒体也开始呼唤社会企业家精神。经过多年沉淀，一批优秀的社会创业者、社会投资者逐步涌现。

10.3.1 社会企业的定义

1. 学术界对社会企业的定义

社会企业是一个新兴事物，迄今尚不存在统一的定义。社会企业既不是典型的慈善机构，也不是典型的企业。相反，社会企业是这两类组织的结合。社会企业的主要目标是为社会使命的受益者提供社会价值，其主要收入来源是商业利润，依靠市场方式而不是捐赠或赠款来维持自身运营并扩大规模。社会企业是混合企业的典型代表，是介于营利企业与非营利组织之间的崭新的企业形态。一些学者将社会企业视为融合社会目标与经济目标，兼具社会性和营利性的组织，是一种受混合价值创造动机驱动的处于非营利组织与逐利企业连续体之间的组织。

相较于国外自 20 世纪 70 年代开始的社会企业研究，国内对社会企业的研究起步较晚。胥思齐认为，社会企业是一类把社会使命与盈利目的均置于经营核心的组织，此类组织的经营活动一方面高度依赖政府、非营利机构和企业的支持，另一方面跨越了多个由不同"游戏规则"指导的场域，需要满足各方利益相关者对组织实践的矛盾诉求。李健等指出，从实用主义角度来说，运用商业手段实现社会使命是对社会企业的宽泛界定。社会企业具有多种法律实体形式，既可以是非营利组织，也可以采取营利组织、互助会、合作社或公私合作伙伴关系等形式，还可以是公共部门实体下的附属机构。

总之，关于社会企业，虽然统一的定义尚未出现，但大多数学者都认为社会企业是将社会福利和商业目标纳入组织经营核心，以创造社会价值为商业动机，以产生全部或部分收入来维持其运营的组织。所谓社会价值，是指组织和个人通过物质和精神成果的创造，通过创新的方式，为全体社会成员带来的共同利益。

2. 监管机构对社会企业的界定

作为一种新型组织形式，社会企业的出现势必为政府监管与治理带来新的问题。由于政治经济环境的差异，不同国家、政府组织和行业组织等监管机构在对社会企业进行界定时，也存在不同标准（表 10-2）。

表 10-2　不同监管机构对社会企业的界定

主　体	定　义
意大利政府	社会企业符合以下条件：必须是私人组织；必须以一种企业家方式生产社会所需的商品和服务；为了公共利益运行，而且不是为了盈利
欧洲委员会	社会企业介于传统私人领域和公共领域之间。社会企业的主要特征是社会目标与私人领域企业家精神的结合。社会企业关注他们的业务，同时把盈余再投入实现更大社会、社区目标的事务中
社会企业联盟	社会企业是为了公共利益目标的企业。社会企业使用商业的手段、市场的力量，推进社会、环境和人类的正义目标。社会企业直接应对严峻的社会需求，通过提供产品、服务或雇用弱势群体，服务公共利益。社会企业的商业活动是收入推动的。公共利益是社会企业的首要目标，植根在组织的 DNA 之中

10.3.2 社会企业的特征

比较早地从学术上界定"社会企业"概念的是 1996 年成立的欧洲社会企业学会

（EMES），它致力于欧洲社会企业的研究，在推动欧盟成员国社会企业发展中发挥了重要作用。EMES 认为，社会企业涵盖那些在各个国家中拥有不同名称，但同时具有企业战略和社会目的的共同特征的实体。更为准确地说，社会企业是对公共产品和服务生产的补充，它追求一定程度的自负盈亏，主要目标是支持被社会排挤的社会群体，而不是为股东创造利润，所得利润将为此目的被重新投入社会企业发展中去。

EMES 从三个维度来界定社会企业的标准：

（1）经济维度：持续生产商品或提供服务；有经济风险；有最低数量的领薪工人；

（2）社会维度：分红受限制；明确的公益目标；

（3）治理维度：由公民群体发起；高度的自主性；不基于资本所有权的决策权力；参与性，将受活动影响的人纳入其中。

欧洲对社会企业的界定中，还包括英国贸工部对社会企业的定义，称社会企业是具有某些社会目标的企业，按照组织的社会目标，将盈利再投放到业务本身或所在社区，而不是为股东赚取最大利润。这个定义概括了社会企业的三个特点：商业活动、社会目的、利润用于社会目标再投资。

2011 年，欧洲委员会社会企业倡议阐明了现有的被广泛接受的社会企业的定义。该定义包括三个关键维度：创业、社会以及管理。从创业维度来说，企业需要有持续的经济活动；社会维度表明，社会企业中必须有主要的且明确的社会目标；管理维度表明，社会企业需要有维持企业社会目标的机制。

归纳起来，社会企业具有三大主要特征：

（1）具有清晰明确的社会使命。这也是使得社会企业区别于商业企业的主要界定条件；社会企业需要广泛调动社会资源，以解决社会问题为目的，有明确的社会使命和社会目的，不以为股东创造利润为首要目的。

（2）必须依靠商业活动，自己创造收入和利润以持续经营。社会企业必须持续生产商品或提供服务，这与非营利组织依靠资助或捐款来维持运营迥然不同。社会企业的商业活动应当是企业重要的利润来源。

（3）特别的利润分配方式。社会企业既是企业，便有机会取得利润，但利润如何处理，有很多不同的看法。多个国家对社会企业设定分红标准的根本用意在于防止企业追求利润最大化而忽视了其社会使命。

10.3.3 社会企业的分类

社会企业的分类，具有多种划分维度。在社会企业混合了公益逻辑与盈利逻辑的共识基础上，学者们基于各自研究领域提出了多种社会企业分类框架。

奥尔特（Alter）根据社会项目与商业活动的整合度，将社会企业分为嵌入型社会企业、整合型社会企业和互补型社会企业。在嵌入型社会企业中，社会项目和商业活动一体化并嵌入组织实践，员工或消费者既是提供服务的目标群体，也是社会福利的受益者。在整合型社会企业中，社会项目和商业活动重叠并形成一定程度的协同效应，存在员工与消费者以外的提供服务的目标群体和社会福利的受益者。在互补型社会企业中，社会项目与商业活动分离且仅存在财务关系，提供服务的目标群体一般不是社会福利的受益者。

桑托斯等（Santos et al.）从社会价值溢出水平、客户与受益者重叠程度两个维度将社会企业分为市场混合体、交融混合体、桥接混合体和耦合混合体四类（表 10-3）。市场混合体的社会使命受益人即付费客户，社会价值无须额外干预自然溢出。交融混合体的付费客户亦是受益人，社会价值需额外干预有条件溢出。桥接混合体创造的社会价值自然溢出，但需桥接非同一群体的客户与受益人的诉求和资源。耦合混合体既要匹配不统一的客户与受益人的需求，又要通过明确的干预促进社会价值溢出。

表 10-3　社会企业分类（一）

分类维度	客户即受益人	客户非受益人
价值自然溢出	市场混合体 例如，为底层群体提供能源或医疗等基础服务的企业	桥接混合体 例如，为残疾人提供就业机会的社会企业
价值有条件溢出	交融混合体 例如，公益性小额信贷企业	耦合混合体 例如，工作整合型社会企业

从社会创新的角度对社会企业进行分类，主要分为就业型社会企业和创业型社会企业（表 10-4）。就业型社会企业以吸纳社会就业为目的，为特定人群提供职业培训，提高工作技能。这一点与社会企业旨在解决社会问题的目标和自身社会性特质高度吻合，也是就业型社会企业的主要宗旨。创业型社会企业与社会创新紧密相关。创业型社会企业能够解放观念、突破束缚、改善和创新生态系统，成为可以带来财富增长、新资源增加的社会资本。

表 10-4　社会企业分类（二）

区别	就业型社会企业	创业型社会企业
定义	社会+经济	社会+经济+创新
商业模型	大部分是传统商业	偏向新商业模式
市场	基本维持现状	开拓新市场
特质	通过雇用对边缘人群授权	侧重社会创新

10.3.4　中国社会企业的发展

近年来，与社会企业相关的成员组织、孵化器、研讨会议不断出现。在媒体倡导、基金会能力建设以及企业和资本的协同孵化下，我国的社会企业领域开始萌芽。归纳起来，我国社会企业呈现如下特点。

首先，部分社会企业由非政府组织（Non-Government Organizations，NGO）转型而来。NGO 对社会企业的使命认同以及自身财务困境带来的转型压力，导致 NGO 向社会企业主动转型。由 NGO 转型的社会企业，通常服务于传统的扶贫和弱势人群领域，和原有服务领域一脉相承。由 NGO 转型社会企业最大的挑战是机构内部缺乏商业运营的经验、人才和构架。NGO 文化与商业企业文化也有很大区别。因此，有相当一部分 NGO 转型并不成功。

其次，部分社会企业成立之初并未将自己归到"社会企业"之下，但其企业宗旨中有明确的社会价值导向。例如，国际志工（Green Leaders Adventure Ltd.，简称 GLA）的创始人以前并不知晓社会企业这个概念，其商业模式是通过组织青少年训练营到贫困国家参与义工项目，从而培养青少年的慈悲心和社会责任感。这显然是一个具有社会企业潜力的企业。这类型企业的创始人通常具有一定的商业运营经验，没有条条框框的限制，思维更具创意性。

再次，部分社会企业利润分配模式不清。国际上界定社会企业的一个重要指标就是利润分配。就我国的情况而言，如果社会企业注册形式是民办非企业单位，按照国家规定是不能分红的。但如果社会企业的注册形式是工商注册，就结果而言很少有企业或者机构对利润分配有明确规定。这可能是由于很多社会企业还在起步阶段，或者因为服务对象支付能力有限或本身运营成本较高而没有盈利，因此企业还没有为利润分配做太多考虑。

最后，绝大多数社会企业规模较小。目前很少有年营业额超过 100 万元的社会企业。这主要是因为社会企业还处于发展初期，多数社会企业成立不超过三年。同时，企业资金有限、经验不足、盈利模式还需要被印证。很多由 NGO 转型的社会企业都需要通过捐赠、政府购买销售等多元化收入模式才能维持财务平衡。

10.4　社会企业的演化进程

百森商学院海迪·内克（Heidi M. Neck）教授与坎迪达·布拉什（Candida Brush）、帕特丽夏·格林（Elaine Allen）等依据企业使命和产生的实际作用，将世界上所有企业划分为四类：传统企业、社会企业、社会结果性企业以及非营利组织（图10-1）。

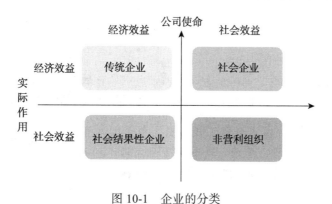

图 10-1　企业的分类

第一类：传统企业。这类企业就是我们身边以营利为主要目的的商业企业，其日常运营以股东或者所有者利益最大化为目的。

第二类：社会企业。其主要目标是解决社会问题并且产生利润。

第三类：社会结果性企业。这种类型的企业虽然和传统企业一样也是以营利为目的，可是它们对整个市场造成的影响却是社会性的。

第四类：非营利组织。这些非营利组织分为两类，一类通过销售产品和服务产生收入，另一类则通过筹集慈善基金来维持日常运营。

10.4.1　商业企业、公益组织与社会企业的特征比较

商业企业、公益组织与社会企业存在许多相同点与不同点，我们可以从目标设定、收入来源、制度逻辑、利润分配四个维度来比较这三类组织的主要特征。

1. 目标设定

社会使命是社会企业的主要目标，或者社会使命与盈利同等重要。对于营利企业来说，企业目标是股东利益最大化和企业价值最大化。非营利组织则特别追求慈善目的。

从公司治理角度来看，传统商业公司的目的是为所有者或股东创造价值。尽管他们可能会考虑非金融利益，但根据营利性公司法和惯例，通常希望实现股东财富最大化。相比之下，慈善组织的目的是为公共价值而不是私人利益服务。这些组织的问责制以保护社会使命为中心。社会企业的成功是根据向社会使命的进展来定义的。然而，由于缺乏共同的社会绩效衡量标准或基准，以及在各个组织之间比较社会绩效的普遍困难，因此确保社会使命的问责制变得复杂。

2. 收入来源

商业企业和社会企业的收入都来自商业活动，而公益组织的收入则来自慈善捐款或者政府补贴。公益组织从社会合法性和社会善意中受益，这些社会合法性和社会善意吸引了赠款、捐款、志愿者、公益专业人士和其他免费或廉价的资源。

3. 制度逻辑

社会企业并不把社会目标或财务目标添加到其主要活动中，社会企业往往从一开始就作为同时追求社会和财务目标的组织而成立。因此，它是一种混合型组织，它结合了不同的制度逻辑，即市场逻辑和社会福利逻辑，核心活动融合了经济原则和社会原则。

4. 利润分配

社会企业能不能分红是一个具有争议的话题。例如，某地区规定，由政府出资创办的社会企业，所有利润需留在企业使用。由私人出资创办又没有申请任何政府资助的社会企业，理论上所有利润可由股东自行决定如何分配，但大部分都会自我设定一个上限（最普遍的是三分之一）。然而，若完全不准分红，那么股东投进的资金便和捐款没有分别。

10.4.2　商业企业、公益组织向社会企业的演化

商业企业、公益组织向社会企业的演化是缓慢和渐进的。为了实现可持续平衡，商业企业、公益组织以及混合型企业需要与创造社会和经济价值的目标相一致的资源。混合型组织需要在法律地位、专业培训和资本融资方面进行创新，这样它就不需要在社会

目标和经济目标之间进行不断的权衡。

　　传统的非营利组织追求完全的社会可持续性，致力于社会价值创造；而传统的纯营利性企业追求完全的经济可持续性，主要目标集中于经济价值创造。随着社会发展，非营利组织也开始参与创收活动，追求一定的经济回报以满足自身运营需求；而纯营利性企业也开始注重社会责任履行，以满足社会大众的预期。近年来，在原有发展基础之上，社会企业与社会负责型企业逐渐开始涌现。社会责任型企业开始更多地追求社会责任，以追求社会目标促进经济目标实现。社会企业则将社会价值与经济价值创造作为组织的双重使命，通过商业操作支持社会项目（图 10-2）。

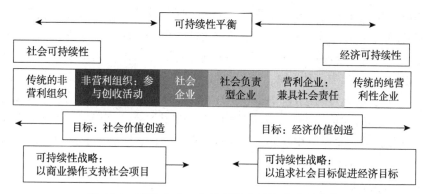

图 10-2　商业企业、公益组织向社会企业的演化

　　将公益组织转化为社会企业需要在三个不同领域开展工作，即引入商业收入战略、创建专业化的组织形式、使社会–商业模式合法化。

　　1. 引入商业收入战略

　　在传统非营利组织中纳入商业流程涉及商业战略的引入。制度创业者执行两种类型的制度工作。第一类是建立商业创收机制。一方面，引入新的逐利商业行为；另一方面，为现有的社会产品/服务产品开发新的盈利模式。第二类是与营利性组织建立商业伙伴关系。这反映了传统非营利组织与营利组织之间的跨部门联盟。在这些关系中，传统非营利组织可以从营利组织获得资金支持。

　　2. 创建专业化的组织形式

　　制度创业者需要创建一个专业化的组织形式，以应对新发展的商业做法。通过制度创业的理论视角，第一种类型涉及构建与商业企业类似的工作流程和支持结构。制度创业者应该对现有的制度安排进行三项重大变革。第一，制度创业者可以通过建立专业部门和制定相关的操作指南来引导员工的行为和行动走向专业化。第二，通过协调不同职能部门的活动，制度创业者能够开展新的实践，避免慈善和商业活动之间的潜在冲突。第三，组织文化被描述为人们对组织的价值观和信念的基本假设，这些价值观和信念赋予组织成员以意义并指导行为。

　　3. 使社会–商业模式合法化

　　制度创业者承担两种类型的制度工作，为新出现的社会企业提供合法的社会–商业模式。第一类制度工作是倡导以业务为导向的战略方向，旨在解决利益相关方对商业收入战略的关注。第二类制度工作的重点是维护社会组织地位。这种类型的制度工作有助于引导利益相关者关注创建专业化组织的问题。

10.4.3 社会企业的混合属性特征及其影响

混合型组织被定义为允许两种或多种类别价值并存的结构和实践。因此，混合型组织应至少借鉴两种不同的部门范式、逻辑和价值体系。比利斯（Billis，2010）提出了私营组织、公共部门组织和非营利部门类别的组织模型。私营组织在市场力量的引导下实现财务回报最大化，由股东拥有并按照持股规模进行管理。公共部门组织的特点是以公共利益和集体选择原则为指导，由公民和国家拥有并通过税收获得资源。最后，非营利部门追求社会和环境目标，由成员拥有、由私人选举的代表管理，工作人员由雇员和志愿者组成并从会费、捐款和遗产中产生收入。与上述分类特征不符的组织形式称为混合型组织。

社会企业追求财务可持续性和社会目的的双重使命，不完全符合私营组织、公共部门组织或非营利部门的传统类别。它跨越了私营组织、公共部门组织和非营利部门的边界，跨越了制度领域，面临着相互冲突的制度逻辑。因此，社会企业是典型的混合型组织。

1. 社会企业的混合属性与双重使命

1）双重目标权衡

为追求财务可持续性和社会目标，社会企业需要创造足够的收入来投资于商业活动，同时保持对社会项目的投资，以创造社会价值并推动社会变革。这一挑战要求社会企业在获取资源以建立和保持竞争优势，与利用资源跟利益相关者群体互动之间取得平衡。虽然经济目标和社会目标之间的权衡已经得到承认，但另一种观点认为，社会价值创造可能与经济成果的成功实现密切相关，甚至不可或缺（Wilson and Post，2013），而经济成果的成功实现又会产生财务资源，用于实现其社会使命。

2）创新战略要求

为了创造社会价值，社会企业制定了创新战略、新的资源配置模式和新型治理结构。社会企业的战略创新能力经常被断言并被归结为管理多个利益相关者的需求、以新的方式整合资源以满足社会需求、建立社会资本，以及寻找新的方式来推动社会变革。社会企业的创新性也与资源限制联系在一起，而资源限制又为新市场、产品和服务创造了机会。奥斯汀等（Austin et al.）提出，商业企业的创新通常侧重于新产品和服务的创造，而社会企业的社会使命则更多的是对现有产品或服务进行重新配置，为弱势群体创造社会价值。此外，创新的要求并不是普遍适用的，许多社会企业通过提供久经考验的服务来实现可持续性。

3）使命漂移风险

社会企业过于积极追求双重使命的说法有些片面。追求双重使命也有可能导致社会企业使命漂移，即牺牲社会企业的社会目标来实现财务可持续性。当对社会目标的追求与优先考虑财务目标的理性发生冲突时，就会产生管理上的紧张关系。组织使命从社会导向往商业导向的转变也会影响利益相关者对社会企业合法性的认识。

4）合作伙伴关系管理

在实现双重使命的过程中，同行业和跨行业的合作伙伴关系已成为社会企业战略管理的重要主题。社会企业的混合性增加了管理流程的复杂性，因为每个伙伴都在寻求最大限度地实现其组织目标的回报，通过利用伙伴的资源互补性，预期的结果是两个伙伴都能从中获益。伙伴关系可能涉及社会企业或合作伙伴的供应链和分销链中各组织之间的商业关系，即一种纵向联盟形式，也可能与任何一个合作伙伴的社会使命的实现有关。戴维斯和莱亚尔斯（Davies and Ryals，2010）认为，在社会企业发展过程中，合作伙伴类型会发生变化——在创业前和社会企业创建的早期阶段，会招募有共同目标的"家庭成员"，随着社会企业规模和影响力的扩大，会通过增加新的更远的"网络合作伙伴"来获得新资源。

2. 社会企业混合属性与金融资源获取

虽然将商业活动和社会目标结合在一个组织中看起来很矛盾，但通过跨越分类界限，组织可以展现更大的灵活性，并获得更多资源。与关键利益相关群体（如慈善家、社会活动家、客户和志愿者）的紧密关系都可以被用来获取资本。社会企业以组织印象管理的形式运用其双重使命，通过构建营销传播叙事满足不同利益相关群体的期望，寻求并实现合法性。同时，社会企业的混合性被赋予了灵活性，使其从商业来源和慈善来源双重渠道获得融资合法化。由于大多数社会企业既不是纯粹商业性的，也不完全依赖慈善事业，它们可以利用双重使命从融资者那里获得优惠条件。社会企业创造经济和社会价值的双重使命也实现了从道德消费者那里获得商业收入的机会和提供公共服务的合同。

当然，社会企业的混合属性也可能阻碍金融资源获取。社会企业的混合属性提供了更广泛的资源来源途径，但它也是混乱的根源。混合型组织从定义上来说是矛盾、争议和冲突的场所。难以分类的组织在合法性缺失方面处于劣势，这反过来阻碍了资源获取，并增加了社会企业经营的失败概率。因此，社会企业需要努力平衡混合性对获取金融资源的积极和消极影响。

社会企业混合属性也影响投资回报的数量和速度。虽然社会企业的财务回报低于私营组织，但投资者能够接受负差，以换取社会投资回报。社会企业产生社会回报的周期较长，需要投资者有耐心，并关注长期变化。社会投资基金在金融领域的相对新颖性，意味着可利用的金融资本量少于传统资本市场。

3. 社会企业混合属性与组织治理

1）员工非货币激励

大多数社会企业规模较小，资源有限，没有足够的财务资源向员工支付市场价格。因此，社会企业主要依靠非货币激励措施激励员工。双重使命中的社会价值有助于社会企业领导者招募并动员员工、志愿者和支持者。企业和社会使命的结合经常被认为是一种激励力量，它为员工提供了工作满意度的内在回报，并有助于产生社区影响。

2）志愿者团体管理

志愿者是社会企业的重要资源，特别是在技能短缺的情况下。为了创造一个员工和志愿者共同工作的和谐环境，企业需要找到有效战略来管理这些不同利益相关者群体的需求。更为关键的是，与受薪员工被期望和要求遵守管理制度不同，志愿者若不认同组织的战略方向，可以自由退出劳动。此外，相较于只有员工的社会企业，员工和志愿者共同服务的社会企业员工流失率更高。因此，在招募和依靠志愿者的努力之前，需要仔细评估志愿者的成本和激励优势。

3）内部社会责任投资

由于注重外部社会影响，一些社会企业忽视了对内部社会责任的投资，特别是对自身员工的投资。社会企业混合性也模糊了客户和受益利益相关者的区别，进而影响经营问题。比如，中间劳动力市场社会企业的商业模式是雇用和培训长期失业者，使他们获得稳定的就业。对于这些社会企业来说，混合性体现在员工占据客户和员工的双重角色，利用资源帮助员工（作为客户）进行个人发展和提升员工（作为代理人）的工作绩效。

4）对社会企业家的要求

社会企业家如何通过社会企业的双重使命来缓解个人主义取向和集体主义责任感之间的紧张关系，是较为棘手的问题。这也对社会企业家的个人技能与个人价值提出了更高的要求。显而易见的是，对社会企业活动兴趣的增长造成了对具有适当技能领导者供不应求的局面。

5）董事会治理压力

社会企业的董事会高度多样化，治理结构各不相同。与私营企业的受托人相比，社会企业的董事会成员很少有报酬。薪酬限制可能会对社会企业招募兼具商业技能和社会使命的受托人产生负面影响。社会企业双重使命意味着不同利益相关群体对社会企业的绩效有突出但不同的诉求，这又增加了合适的治理结构和问责程序的复杂性。社会企业双重使命意味着董事会成员同时面临着实现财务可持续性、创造社会价值以及与一系列不同利益相关者群体建立密切关系的压力。

综合上述内容，社会企业的混合属性特征及其影响可以归纳为表 10-5 中内容。

表 10-5　社会企业的混合属性特征及其影响

	挑　战	紧张关系	权　衡	管理策略
双重使命	实现商业目标和社会价值； 管理多个利益相关者需求和维持合法性； 与具有不同逻辑的合作伙伴建立关系	客户需求和其他利益相关者需求之间存在冲突； 不同群体对优先事项的分歧； 确保不偏离多个目标的实现	为获取经济价值而牺牲社会价值的创造； 故意不追求利润最大化	把社会使命作为战略指导力量； 寻找社会价值，创造实现盈利能力和竞争优势的最佳条件
金融资源获取	社会企业可能不被主流金融机构视为可行的客户； 控制金融资源的人对社会企业和社会价值缺乏了解	劳动收入与其他收入的相对重要性； 获得不同收入来源所涉及的道德问题； 不同利益相关者之间的期望和要求相互矛盾； 由于财政资源不足而在财政拮据的情况下运作	针对不同客户群体的双重定价策略； 劝说投资者接受较低和较慢的回报，以换取社会价值创造	通过瞄准产生盈余的收入来源进行交叉补贴，以便将盈余再投资于社会使命； 利用商业和慈善双重来源的金融资本组合； 从社会投资者那里获得低于市场价格的资金； 鼓励投资的新法律形式

续表

	挑　战	紧张关系	权　衡	管理策略
组织治理	有限的财政资源限制了社会企业的薪金和工资；技能短缺，缺乏将社会目标和商业目标结合起来的能力；吸引和留住具有适当技能的志愿者	管理员工和志愿者的积极性和奖励问题；志愿者被认为不具备提供服务的某些领域的技能和经验；遴选董事会成员的过程，以提供社会和商业专长的平衡	在支付较高工资与实现社会使命之间取得平衡；招聘志愿者与员工流失率高的问题；较高的社会企业薪金降低了社会企业对捐助方、志愿者和其他利益相关者吸引力	平衡员工和董事会成员的社会使命和商业技能；使用非金钱措施激励和奖励员工、志愿者和受托人；对受托人和其他利益攸关方进行社会和商业培训

10.5 社会企业家

10.5.1 社会企业家的定义

社会企业的发展离不开社会企业家的积极推动。社会企业家就是最能创造社会价值、增进社会福祉、推动社会进步的一群人。美国学者戴维·伯恩斯坦（David Bornstein）在《如何改变世界》（*How to Change the World*）一书中将社会企业家定义为"受理想驱动，有创造力、质疑现状、开拓新机遇、拒绝放弃，致力于构建一个理想世界的人"。《社会企业论纲》指出，存在这样一类企业家，他们致力于把经济资源转移到对社会更有裨益的领域，这些企业家被称为社会企业家。

扩展阅读 10.4　中国第一位社会企业家——张謇

社会企业家肩负社会责任，运用商业眼光看待和解决社会问题，实现社会理想。社会企业家不以营利为唯一目的，以推动社会变化作为企业成效评估的基础，在盈利的同时更加注重解决社会问题。这一特征也将社会企业家与一般企业家明确区分开来。社会企业家善于利用未被利用的社会资源解决社会需求，创造新产品、新服务来解决社会问题，善于挖掘所服务地区人群的潜力来改变这些人的生活状况。

10.5.2 社会企业家的分类

社会企业家一般被分为三种类型：社会工匠、社会建构者和社会工程师。尽管他们对解决社会问题有着共同的热情，但他们在发现社会需求（即搜索过程）、寻求社会机会以及影响更广泛的社会体系方面存在明显差异。

1. 社会工匠（Social Bricoleur）

哈耶克提出，创业机会只能在本土区域内被发现并采取行动。这意味着外部参与者通常缺乏识别和评估潜在机会所必需的相关知识。这种知识通常是隐性的，严重限制了局外人的机会识别。这一特点导致很难在个人或跨组织之间转移知识，做出明智且直观的机会判断。与哈耶克信息不对称的前提一致，成功的社会工匠需要对当地环境条件和可用资源都有深入了解。我们将发现当地机会并利用当地资源采取行动的社会企业家称为社会工匠。

社会工匠履行重要职能。没有社会工匠，许多无法识别的社会需求难以被解决。虽然他们所制订的解决方案的实施范围有限，但有助于缓解严重的区域社会问题。因此，社会工匠使社会更接近帕森斯所说的存在社会和平与秩序的理想"社会平衡"。由于本地的默许知识，社会工匠在发现本土社会需求方面具有独特优势。他们利用自己的动机、专业知识和个人资源来创造和增加社会财富。尽管不像其他企业家那样备受称赞，但社会工匠在全球范围内发挥着重要作用。

遗憾的是，研究人员很难找到社会工匠，因为他们的行动通常局限于特定范围。社会工匠并不强调解决更大范围的需求，那些支持强调可持续发展的社会企业家的组织无法赞许这类社会企业家的贡献。

2. 社会建构者（Social Constructionist）

柯兹纳认为，机会不一定来自企业家特定的自有知识，有可能来自他们对机会的察觉，他们通过开发产品、商品和服务把握这些机会。通过创新手段，企业家满足现有供应商尚未意识到的客户需求，并成功从中获利。尽管传统企业家通过快速识别和利用市场机会来获取利润，但社会建构者识别和追求的需求通常都聚焦在社会财富创造上。填补社会系统结构中的漏洞是社会构建者的重要功能。因此，我们将履行这些职能的社会企业家称为社会建构者。社会建构者能够解决传统企业、非政府组织和政府机构未能充分解决的社会需求。

社会建构者具有以下特征：建立组织以适应他们寻求解决社会需求的规模和范围。在某些情况下，有效的组织响应可能很小，但在许多情况下，反应范围可能是区域性的、国家层面的甚至是全球性的。与小规模地为当地社会问题提供解决方案的社会工匠相比，社会建构者通过规划和开发形式化与系统化的可扩展解决方案来满足日益增长的需求，或者通过转移到新的不断变化的社会环境中寻求解决更广泛的社会问题的方法。这些企业家的优势并非源于本地知识，其独特能力是发现并寻求机会，并通过创建和重新配置货物与服务的过程来创造社会财富。

3. 社会工程师（Social Engineer）

有时迫在眉睫的社会需求无法在现有体制内得到解决。这些机构可能不够完善，或者根深蒂固的政府和商界精英可能会阻挠旨在带来改革的行动。我们将解决这些复杂问题的企业家称为社会工程师。社会工程师能够发现社会中的系统性问题，并通过革命性的方法解决它们。

社会工程师在社会领域引领变化，是推动社会变革的强大力量。其作用类似于熊彼特所强调的企业家在商界的作用。社会工程师是创新和变革的主要推动者，带来创造性变革浪潮，摧毁陈旧的社会系统与结构，使之被更新和被更合适的系统、结构和过程所取代。通过打破现行占主导地位的制度体系，并运用更具社会效率的制度取而代之，社会工程师对社会发展和进步的影响是深远的。考虑到其针对的问题的"系统性"性质，社会工程师通常聚焦国家层面、跨国性或全球性的社会问题。他们的广度和规模，以及可能面临的合法性缺陷，要求社会工程师利用民众支持来完成其使命。因此，他们采取行动的能力取决于是否有能力积累足够的政治资本，以汇集必要资源并取得合法性。

三类社会企业家的比较如表 10-6 所示。

表 10-6　三类社会企业家的比较

类　　　型	社 会 工 匠	社会建构者	社会工程师
任务	感知机会并采取行动，以满足本土社会需求，他们使用特有知识和资源来解决区域社会问题	建立并运营替代结构，提供满足政府、机构和企业无法满足的社会需求的商品和服务	建立新的、更有效的社会体系，当现有体系不适合解决重大社会需求时，用以取代它们
活动规模范围	规模小且局部，通常具有偶发性	规模从小到大。范围从本土到国际，旨在制度化解决持续存在的社会问题	可以从国家甚至国际范围，为他们的创业活动寻求建立并挑战现有秩序的社会结构
社会必要性	关于社会需求和解决这些需求的知识能力非常分散。许多社会需求从远处看是不可分辨的或容易被误解的，需要当地机构去发现和解决	法律法规、政治上的可接受性、效率低下或缺乏，将妨碍政府和商业组织有效地满足许多重要的社会需求	在现有的社会结构中，有些社会需求是无法改善的。根深蒂固的既得利益者可能阻挠解决社会问题的行动
社会意义	他们的行动在一定程度上有助于维护社会和谐	他们修补了撕裂的社会结构，在现有更广泛的社会结构中解决了尖锐的社会问题，有助于维持社会和谐	他们试图拆散现有的社会结构，用新的社会结构取而代之。面对根深蒂固的既得利益者，社会工程师代表社会变革的重要力量

10.5.3　社会企业家与商业企业家的区别

社会企业家与商业企业家主要存在如下区别。

1. 创业动机

社会企业家主要是由伦理驱动的，其动机具有道义上的责任。社会企业家更关注社会价值的创造，而商业企业家则更多地受经济目标的驱动。社会企业家对盈利能力和金融财富的重视程度，不管从长期来看还是从短期来看都不如商业企业家，解决社会问题才是社会企业家最看重的东西。

2. 合法性感知

"道德批准"或创业合法化可以通过以下三项标准来衡量：①社会大多数人都认为社会创业是一个理想的职业选择；②那些成功开创新业务的人在社会中的地位较高且广受尊重；③媒体舆论经常报道成功开创新事业的企业家的励志案例。在"创业作为良好的职业选择"以及"成功创业能带来媒体关注"两个方面，社会创业家和商业企业家并没有本质差别。但社会企业家比非创业者和商业企业家更加认同社会创业成功可以带来社会地位和广泛尊重。

3. 自我认知

相比于商业企业家，社会企业家更有可能结识其他企业家，拓展自己的社交网络。社会企业家和商业企业家都不如非创业者那样害怕失败。

4. 职业承诺

年轻的社会企业很可能是全职经营的，而相对比较成熟的社会企业最有可能是兼职经营的。当创业处于成熟阶段时，社会企业家投入的时间比起步阶段更少，而商业创业者则不同。

 贴片案例

阿育王网站

比尔·德雷顿（Bill Drayton）于 1943 年出生于美国纽约，离开美国环保署助理署长的职位后，他建立了"阿育王"（Ashoka）——以"创投"为概念协助全世界各地社会企业家创业，被《美国新闻与世界报道》评为"2005 年美国 25 位最佳领导人之一"。

阿育王成立于 1980 年 6 月 3 日，是一个国际组织，通过将个体社会企业家加入阿育王组织来发扬社会企业家精神。他们的使命是"塑造一个全球性企业家有竞争力的公民部门：一个允许社会企业家茁壮成长并使世界公民能够思考并充当变革者的行动"。如今已经在亚洲、非洲、美洲与中欧的 70 多个国家和地区运作，援助了 2000 多位社会企业家，对他们直接资助将近 4000 万美元，分析他们的策略，提供专业服务。

比尔说："真正的社会企业家从孩提时代就已经知道，他们来到这个世界就是要改变一些事情的……他们真正沉迷于那种理想，会毫不含糊地为它奉献 10~20 年时间。这是一群不屈不挠、拥有创造力的个体，他们怀着无法动摇的动力。要解决社会问题，就不能没有这些人。"

10.5.4　社会企业家引领社会变革

社会企业家积极采取行动，致力于实现一个美好的社会。为了实现真正的改变，他们必须让人们认同他们的事业，并在日常生活中付诸行动。当必须说服目标群体其行为是错误的且应该改变时，获得目标群体的关注和认同尤其重要。对于目标群体来说，这种改变通常是不舒服的和困难的。

社会企业家为了实现自己的事业，要求潜在支持者直面他们错误的行为方式时，很可能引起潜在支持者的内疚心理。防卫、否认和攻击是对强烈内疚感的自然反应。如果潜在支持者必须改变行为来实施这个事业，那么对过去行为进行自我批判似乎是必要的。在大多数情况下，人们都不会愉快地接受变化。

为了解决这个问题，社会企业家需要运用视觉图像和文本交互作用来实现其目标。情感符号化手段模型刻画了社会企业家如何使用所谓的情感符号化工作和视觉图像唤起公众强烈的道德冲击的负面情绪，有针对性地呼吁人们关注社会问题。在公共互动中，他们将强烈的情绪转化为情感能量，从而促进公众实施社会企业的事业。

巴伯拉-托马斯等（Barbera-Tomas et al.）构建了一个多模态（即包括语言和视觉元素）情感转化过程，将视觉图像引发的道德冲击转化为情感能量，包括能量唤醒、认同和道德情感。情感能量为事业推进提供了动力。社会企业家使用情感符号化手段，包括使用视觉和文字引发道德冲击，进而引发负面情绪，然后将这些情绪转化为实施的情感能量。情感转变过程需要将目标参与者与事业、集体身份以及社会企业家联系起来。情感符号使用多种方式的交互影响情感，进而影响目标参与者共同参与社会企业家的事业。

社会企业家情感符号化手段的作用过程可以表述如下（图10-3）。

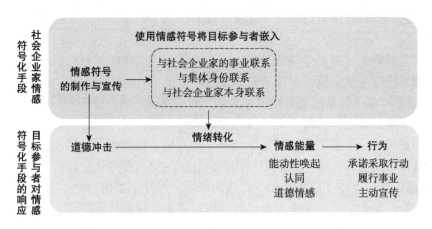

图10-3 社会企业家情感符号化手段的作用过程

1. 情感符号化手段引起道德冲击：情感符号的产生与扩散

一个强大的视觉符号有助于向支持者传达他们的想法。"我们需要一个让我们心碎的形象。"道德冲击是对突发事件的强烈情绪反应，有时会导致对道德原则的重新思考。社会企业家传播的符号促使目标参与者受到道德冲击。然后，企业家利用情感符号化手段，试图将目标参与者嵌入社会运动，促进目标参与者的情绪转化为情感能量。

2. 情感符号化手段促进情感转化：将目标参与者嵌入社会运动

在制作和传播一个符号之后，社会企业家通过情感符号化手段的三种活动将目标参与者嵌入社会运动中：与社会企业家的事业联系、与集体身份联系、与社会企业家本身联系。

（1）与社会企业家的事业联系。为了将目标参与者与社会企业家的事业联系起来，社会企业家使用了锚定和责任制。在多模态符号学中，言语和视觉模式之间的锚定是指一个过程，即"语言标题可以缩小图像内容的范围，使其更加具体"。同样，情感符号化手段中的锚定通过使用符号（以及它所唤起的道德冲击）和言语交互影响，让目标参与者了解社会企业家的事业。

（2）与集体身份联系。情感符号引发的道德冲击有时包括强烈的绝望。目标参与者自我效能感受到削弱，与集体身份的联系也被用来减轻其心理负担。将目标行动者与集体身份联系起来，促进集体行动的团结和希望。促进团结有助于使目标参与者摆脱由情感符号引起的道德冲击和与问题有关的内疚，从而有助于将目标参与者的消极情绪转化为积极情绪。

（3）与社会企业家本身联系。除了与事业和集体身份相联系，社会企业家还致力于将目标行动者与社会企业家本身相联系，利用情感符号确立社会企业的合法性以及社会企业家影响力。社会企业家需要合法性和影响力，以说服目标参与者付诸行动。因为在与潜在社会运动支持者的互动中很少有正式的权威，情感符号有助于建立社会企业家作为社会运动领袖的影响力。社会企业家将目标参与者与他们自己联系在一起。

3. 将道德冲击转化为目标参与者的情感能量

将情感符号所引发的道德冲击转化为持久的情感能量，是社会企业家情感符号化手段的最终目标。情感能量对情绪符号化手段反应的三个要素是：能动性唤起、认同和道德情感。

（1）能动性唤起。能动性唤醒是指，一个人渴望行动和能够行动的感觉。目标参与者在接触到情感符号化手段后表现出精力唤醒。

（2）认同。"群体"是被能量唤醒"激活"和"兴奋"的重要部分。认同集体是情感能量的一个要素。通过情感符号化手段产生的情感能量涉及对社会企业家事业的认同。

（3）道德情感。情感能量包括道德情感，或与做正确或错误事情相关的情感。这些情感都反映在行为主体的内化选择中。社会企业家的情感符号化手段所创造的道德"镜子"，帮助目标参与者在"道德冲击"后找出原因，专注于做出行动。

情感能量在互动中积累并注入情感符号中，随着时间推移而持续。能动性唤起、认同和道德情感共同构成了社会企业家在情感符号化手段中所体验到的情感能量。与情感符号相关的情感能量推动了社会企业家事业的开展。

4. 目标参与者情感能量促进社会企业家事业

所有情感符号化手段旨在管理目标参与者的情绪和情感能量，以促进社会企业家事业的发展。目标参与者推动社会企业家事业有三种形式：承诺采取行动，履行事业和主动宣传。

（1）承诺采取行动。人们在接触情感符号化手段后，会做出反应，表达行动意向。因此，最初的情绪冲击被转化为情感能量，以激励目标参与者承诺采取行动。

（2）履行事业。由于情感符号，人们不仅承诺采取行动，而且还采取行动履行社会企业事业，目标参与者一点一点地改变自己的行为。目标参与者承认自己是这项事业的执行者，并被社会企业家与这项事业联系在一起。

（3）主动宣传。在某些情况下，目标参与者不仅承诺采取行动履行社会企业家的事业，还通过传播情感符号向其他人进行宣传。

10.6 社会企业发展面临的机会与挑战

10.6.1 社会企业发展面临的机会

作为一种新型社会组织创新模式，社会企业兼具商业的高效、专业、灵活特征，同时以承担和解决社会问题为目标，能够有效参与到社会治理进程中，为和谐社会建设提供富有活力的创新方案，因此在社会治理领域发挥着日益重要的作用。由于独特的价值，社会企业也逐步引起政府、学界和社会的普遍关注。越来越多具有社会企业家精神的创业家投身于教育、环保、公平贸易、扶贫济困等实践领域，承担和解决复杂的社会问题。同时，学术界、媒体界和社会资本对社会企业的关注也日益增加，纷纷举办国际化、高规格、形式多样的社会企业论坛，推动探索社会企业的本土化之路。

社会企业相比社会组织，有着更强的独立性与市场思维，能借助更灵活的商业手段解决问题；而相比普通企业，又更具社会责任意识和公共服务精神。社会企业作为一种为解决社会问题而存在的新型组织，在提供公共服务、推动社会发展等方面具有重要的积极意义，创造性地弥补了政府作用发挥不到位以及传统社会公益组织固化、单一的缺陷。由于比社会组织更具独立获取、运用资源的能力，社会企业也被称为经济上自给自足的非营利组织。有着"第四部门"之称的社会企业，在整合政府、市场和社会资源方面具有独特优势，能在坚持使命导向的同时保持财务可持续发展。

同时，社会企业通常围绕某一个社会问题而展开，涉及环境、教育、救助、安全、就业等方面，提出了包容性治理新举措。作为一种致力于解决社会问题的新组织形式，社会企业承担了社会变革和发展的多种功能，在解决社会问题、创新社会资本、促进社会参与合作等方面为更多人提供了实现自我价值的机会，增加了社会的创新性、融合性和社会活力。

再者，社会企业通过多种方式开展商业活动，显示出极大的创造力、适应力，甚至在某些指标上超过了中小企业。兼具经济、社会、环保等多方面效益的社会企业一旦形成规模，会带来指数爆炸般的社会影响力。社会企业本身的价值和在各个领域的不俗表现，也会激发出更多的社会创造力，在促进就业、缩小城乡差距、提供公共服务、推进乡村振兴等领域产生乘数效应，带动整个社会的进步和发展。

当今中国流行的商业大潮，使得社会企业比传统的公益机构，无论是在前景还是在模式上都更具吸引力。纵观历史的发展，年轻人永远是变革的积极参与者和推动者。社会企业的涌现，也为年轻人实现自我价值、促进社会进步提供了新的选择。例如，近年来越来越多的返乡大学生选择了社会企业的方式建设家乡。

10.6.2 社会企业发展面临的挑战

尽管社会企业具有创造社会价值和经济价值的潜力，但它们在商业和慈善部门的制度领域之间走了一条细线。相对于现有组织形式，这种不同寻常的定位使社会企业面临独特的外部压力和内部压力。商业业务和慈善之间的紧张关系，既表现在管理与外部组织环境的关系上，又表现在企业内部管理组织的身份认同、资源分配和决策方面。

由于制度化形式在合法性和资源授予中所起的作用，将商业和慈善结合作为核心的社会企业面临外部环境的挑战。合法性授予符合机构化期望的组织。社会企业不适合单一的既定形式，因此面临着建立合法性的挑战。因此，除了所有新型组织在获得资源提供者的关注和认可方面面临的挑战，由于违反了既定的商业和慈善类别的界限，社会企业面临进一步的挑战。

商业和慈善形式的结合还体现在社会企业在满足商业和社会福利目标的活动之间分配有限的资源。一项对雇用无家可归者出售目录商品的社会企业的研究发现，财务资源不足以在为组织员工提供培训和服务的同时满足客户需求，这种情况最终导致了社会企业的失败。形式的组合也可能导致注意力资源分配紧张。在一家墨西哥社会企业中，该企业不仅收容、培训和教育流浪儿童，还生产农产品。因此，在如何处理这样的权衡取舍方面存在分歧，可能会导致组织成员之间的顽固冲突和决策瘫痪。

社会企业仍面临法律制度滞后于实践发展的整体局面。作为一种新兴的组织形式，社会企业尚未取得明确的法律地位，缺乏相应的立法和监管机制，因此面临着诸多发展问题。随着实践领域日趋活跃和中外合作逐步加深，有关立法建设的呼吁不断加强，有必要从立法体系、相关政策配套等方面对社会企业的发展进行整体研究。

社会企业还面临着不同的组织挑战，包括商业活动和社会使命活动之间的资源分配权衡。新的社会企业难以调和组织成员之间的文化差异，特别是它们对组织的社会活动和商业活动的相对定位。社会企业面临的一个关键挑战是解决这些紧张局势，并在财务和社会目标之间找到富有成效的平衡。

10.7 社会创业与乡村振兴

10.7.1 乡村振兴的时代意义

乡村振兴战略是习近平总书记于 2017 年 10 月 18 日在党的十九大报告中提出的战略。党的十九大报告指出，农业农村农民问题是关系国计民生的根本性问题，必须始终把解决好"三农"问题作为全党工作的重中之重，实施乡村振兴战略。

由中共中央、国务院印发的《乡村振兴战略规划（2018—2022 年）》指出，乡村是具有自然、社会、经济特征的地域综合体，兼具生产、生活、生态、文化等多重功能，与城镇互促互进、共生共存，共同构成人类活动的主要空间。乡村兴则国家兴，乡村衰则国家衰。我国人民日益增长的美好生活需要和不平衡不充分的发展之间的矛盾在乡村最为突出，我国社会主义仍然处于并将长期处于社会主义初级阶段的特征很大程度上表现在乡村。全面建成小康社会和全面建设社会主义现代化强国，最艰巨最繁重的任务在农村，最广泛最深厚的基础在农村，最大的潜力和后劲也在农村。实施乡村振兴战略，是解决新时代我国社会主要矛盾、实现"两个一百年"奋斗目标和中华民族伟大复兴中国梦的必然要求，具有重大现实意义和深远历史意义。

实施乡村振兴战略是建设现代化经济体系的重要基础。农业是国民经济的基础，农村经济是现代化经济体系的重要组成部分。乡村振兴，产业兴旺是重点。实施乡村振兴战略，深化农业供给侧结构性改革，构建现代农业产业体系、生产体系、经营体系，实现农村第一、二、三产业深度融合发展，有利于推动农业从增产导向转向提质导向，增强我国农业创新力和竞争力，为建设现代化经济体系奠定坚实基础。

实施乡村振兴战略是建设美丽中国的关键举措。农业是生态产品的重要供给者，乡村是生态涵养的主体区，生态是乡村最大的发展优势。乡村振兴，生态宜居是关键。实施乡村振兴战略，统筹山水林田湖草系统治理，加快推行乡村绿色发展方式，加强农村人居环境整治，有利于构建人与自然和谐共生的乡村发展新格局，实现百姓富、生态美的统一。

实施乡村振兴战略是传承中华优秀传统文化的有效途径。中华文明根植于农耕文化，乡村是中华文明的基本载体。乡村振兴，乡风文明是保障。实施乡村振兴战略，深入挖掘农耕文化蕴含的优秀思想观念、人文精神、道德规范，结合时代要求在保护、传承的基础上创造性转化、创新性发展，有利于在新时代焕发出乡风文明的新气象，进一步丰富和传承中华优秀传统文化。

实施乡村振兴战略是健全现代社会治理格局的固本之策。社会治理的基础在基层，薄弱环节在乡村。乡村振兴，治理有效是基础。实施乡村振兴战略，加强农村基层基础工作，健全乡村治理体系，确保广大农民安居乐业、农村社会安定有序，有利于打造共建共治共享的现代社会治理格局，推进国家治理体系和治理能力现代化。

实施乡村振兴战略是实现全体人民共同富裕的必然选择。农业强不强、农村美不美、农民富不富，关乎亿万农民的获得感、幸福感、安全感，关乎全面建成小康社会全局。乡村振兴，生活富裕是根本。实施乡村振兴战略，不断拓宽农民增收渠道，全面改善农村生产生活条件，促进社会公平正义，有利于增进农民福祉，让亿万农民走上共同富裕的道路，汇聚起建设社会主义现代化强国的磅礴力量。

10.7.2　社会创业如何助力乡村振兴

作为一种全新的创业理念，社会创业是对市场失灵、政府失灵、志愿失灵而造成全球社会问题的一种理性回应，代表了一种解决社会问题的全新范式，能够平衡外来援助与内生发展、经济发展与社会环境的关系，已被国际经验证明是解决乡村发展问题的有效手段。

1. 社会创业者通过心理赋能引导乡村价值发现

机会识别或构建是创业的基础。只是在中国乡村的社会创业过程中，更多地体现为社会机会的识别，因为我国乡村实际上存在着大量的机会，尤其是进入新时代以来，随着乡村定位的转变，大量的生产、生态、生活、社会和文化等方面的新机会开始出现于乡村。但由于我国乡村社会长久以来形成的文化传统和一整套工业时代的知识体系、思维方式和基本假设，导致乡村发展存在一种惯例，在这种乡村惯例的束缚下，新的乡村机会一直难以被识别，乡村价值难以被发现。要想实现乡村价值发现，就必然要引入新的文化、信念和思维，打破惯例。社会创业者在社会使命驱动下，能够通过心理赋能帮助乡村打破惯例。

首先，社会创业者能够成为打破乡村惯例的带头人。惯例的打破往往首先依赖特定主体发挥的带头人作用。由于乡村商业机会缺乏、专业技术人才以及有效劳动力流失、乡村经济呈现弱质性特点，共同降低了商业企业家、商业性金融机构以及商业企业进入农村地区的可能性。此外，即使政府部门和公益部门追求社会机会，由于资源限制，他们更倾向于将资源投放到结果不确定性较低的社会机会中。然而，由社会使命驱动的社会创业者，寻求的是未被其他角色满足的社会机会。因此，社会创业者能够成为打破乡村惯例的带头人。

其次，社会创业者能够通过心理赋能引入新的文化、信念和思维。解决广泛、复杂的社会问题的最佳方式，是让潜在的受益人和利益相关者参与其中，共同解决问题。这就要求社会创业者在识别社会机会的同时，进行广泛的社会动员，让相关群体都能识别该社会机会。社会创业者社会动员本质上就是心理赋能。在这一过程中，社会创业者通过引入新的文化、信念和思维，改变村民传统认知和信念，增强村民主动性，从而打破乡村原有惯例。

2. 社会创业者通过结构赋能和能力赋能推动乡村价值共创

乡村价值创造受到内生动力不足和外部基础薄弱的双重约束。其中，乡村内生动力不足来源于发展思路的缺乏和资源的短缺，外部基础薄弱表现为产业凋敝和公共设施条件差。在社会机会开发过程中，社会创业者一方面可以通过社会创新和社会资源动员为乡村提供发展思路和资源，解决乡村内生动力不足的问题，帮助村民形成共同开发机会的能力，实现共同创造乡村价值，另一方面可以通过社会建设弥补乡村基础薄弱的问题，为乡村价值共创提供基础保障。因此，在这一过程中，社会创业者的社会创新和社会资源动员起到了能力赋能的作用，社会创业者的社会建设则起到了结构赋能的作用。

3. 社会创业者通过结构赋能实现乡村价值平衡与共享

机会的实现意味着价值的获取，然而不同于商业创业中由创业者占有主要价值，社会创业通过建立三重底线机制来实现乡村价值的平衡与共享。社会创业具有"社会、生态、经济"三重底线，即社会创业同时追求社会价值、生态价值和经济价值的获取，这是贯穿社会机会识别和开发过程中的目标，也是保障社会创业机会实现的机制。三重底线机制创造了一种价值分配结构，保障了乡村价值的平衡与共享，正式起到了结构赋能的作用。

 贴片案例

扎鲁特旗玛拉沁艾力养牛专业合作社

玛拉沁艾力养牛专业合作社位于内蒙古自治区扎鲁特旗巴彦塔拉苏木东萨拉嘎查，全村土地总面积 11.4 万亩，有 234 户 1072 人。2013 年，全村村民以现金、耕地和牛入股，创建合作社。截至 2018 年年底，合作社总资产达到 6000 万元，人均收入达 1.58 万元，77 户建档立卡贫困户全部脱贫。东萨拉嘎查如何从一个贫困村一跃成为远近闻名的明星村？玛拉沁艾力养牛专业合作社如何实现村内资源要素整合，让农牧民做出理性选择，并将选择变为行动和能力？

以社会动员为村民进行心理赋能。玛拉沁艾力，蒙古语意为牧民之家。2012 年，面对草场超载严重、疫病防治困难、市场应对能力薄弱等问题，东萨拉嘎查党支部书记吴云波带领村两委，根据草场面积较大、农牧业相结合的特点，将现有土地资源、牲畜资源和人力资源整合起来，分工协作，团结村民像一家人一样"抱团致富"，成立了玛拉沁艾力养牛专业合作社。当时，让牧户自愿以草场、牲畜和现金等入股合作社是最大的难题。为此，一方面，创业者先用自家的钱创业，干成了再让老百姓入股分享收益；另一方面，村里的党员干部、合作社理事耐心地开展社会动员，赢得了村民的信任，最后 90% 以上的牧户都参加了合作社。

以社会创新进行结构赋能和能力赋能。社会创新一般表现为开发全新的产品和服务、建立新的组织模式、开展新的实践。概言之，结构赋能就是资源变资产、农民变股东、股东变工人的"三变"制度设计。

资源变资产。玛拉沁艾力养牛专业合作社发行 3 种类型的股份：A 股为原始股，其中土地入股为 520 元/亩、牛入股平均为 7500 元/头；B 股为项目资金分摊到全村每个成员，2016 年到 2017 年，合作社将 90 万元扶贫专项资金分摊给建档立卡贫困户，每户以 2 头牛入股合作社，合作社每年扣除饲养费用给每户分 2 头牛犊；C 股为增发股，限期 3 年，最低红利为 15%。通过资源变资产，合作社构建起现代牧业产业体系，即养牛专业合作社、草饲料供应基地、牛肉食品有限公司、旅游发展有限责任公司四大基地，每个基地都有农牧民的股份，现在原始入股的 1 头牛已增至 8 头。

农民变股东。合作社建立了组织机构和规章制度，股民成员大会下设股民代表大会、监事会、理事会，其中，理事会下设理事长、总经理，分别管理相关事务和生产基地。建立定期例会制度，在议事、决策中坚持民主、公开、透明。"联股联心"，牧民基于对自有资产收益的关注，从参与者变为乡村建设的积极维护者。

股东变工人。合作社通过第一、二、三产业融合发展，吸纳股东再就业。合作社开办的食品加工厂、牛肉直销店和旅游餐饮公司，直接吸纳了 68 人就业，其中有 12 名大学毕业生。合作社采取松散合作方式，为牧民提供饲料和技术，牧民养的牛达到质量标准后，由合作社统一收购。同时，建立农牧民培训机制，培养一支高素质农牧民队伍，形成了"办一个合作社、带动一个产业、兴一方经济、富一方百姓"的发展格局。

以社会建设保障乡村价值共创共享。合作社把追求社会价值、生态价值和经济价值贯穿整个发展过程。

创建养牛品牌。把打造绿色生态品牌作为乡村"造血"的根本路径。坚持"有多少牛，做多大市场"，每年只出栏 3000 头牛，保证分割的牛肉以每斤 30 元至 40 元的品牌价格销售。采用先进生产工艺，加工牛肉干、奶豆腐、奶皮子等 9 个系列产品，在浙江宁波、山东烟台等地开设牛肉直销店。

以品牌建设带动创业。采取"党支部+合作社+基地+农户"模式，让周边村牧民共享"玛拉沁艾力"品牌，吸纳更多牧户参与乡村创业。

保护农牧民的股份利益。合作社保证牧民股份占绝大多数，而不是盲目接受社会投资，把合作社建设成工商资本的企业，发挥好工商资本的作用。

坚持生态宜居理念。合作社引导农牧民从生产、加工、运输、销售、消费各个环节中获得利润，实现了从粗放饲养向科学饲养的产业结构转型。

重视社会效益，为乡村振兴夯实物质基础。合作社资助村里举办那达慕、祭敖包、赛马等活动，组织开展党建、孝老爱亲等活动，促进邻里和睦、民族团结。

资料来源：孙峤. 社会创业赋能民族地区乡村振兴[N]. 中国民族报，2020-06-17.

实践证明，社会创业能够有效满足农牧民的需求，通过心理赋能、结构赋能和能力赋能来帮助农牧民发现乡村价值，实现价值共创和共享，进而推动农牧民生产生活方式变革、乡村基层治理机制创新。民族地区发展乡村社会创业的配套性政策如下。

重视培育和发展乡村社会创业者。调查发现，民族地区乡村并不缺少能人和合作社，而是缺少带领村民共同致富的新主体和社会企业家。不同于商业创业者关注于价值占有，社会创业者关注的是价值创造，具有明确的社会使命感，最终目标是解决乡村社会问题，满足农牧民需要。例如，吴云波和 11 位理事创建合作社，为的是实现全村"抱团致富"目标，其社会使命赢得了农牧民的信任。社会创业者如果违背社会使命与承诺，就会失去利益相关者的支持。所以，首先要重视培育乡村社会企业家群体，将乡村产业带头人、能人、返乡大学生、职业经理纳入社会企业家群体培育计划，充分利用国家农村教育培训机构平台，有目的、有计划、系统性地培育社会企业家群体，使他们成为乡村发展的带头人。

培育具有社会创业属性的农民合作社。农民合作社是一种典型的社会企业，也是民族地区亟待发展的本土化社会企业。调查发现，民族地区乡村农民合作社虽然数量迅速增长，但是质量有待提升。玛拉沁艾力养牛专业合作社的经验表明，依托村党支部开展的社会创业，能够更好地发挥村两委在双层经营制度中"统"的优势，助推"三权促三变"的股份制改革进程，确保赋能目标的实现。主要表现在：以股份制方式让村民参与到生产、分配环节中来，形成共同开发机会的能力；建立现代农业产业体系、生产体系、经营体系和社会服务体系，激发村民干事创业的积极性；承接国家项目、外部投资，将外部资源有效嵌入乡村发展体系中，较好地平衡外来援助与内生发展的关系。因此，要以社会创业的标准，即以商业经济为手段、以科学治理为结构、以社会效益为目的，来指导培育农民合作社。要选出优秀的合作社作为扶持对象，为其提供低息贷款等优惠政策，使其成为带领农牧民共同创业的社会企业。

提高农村基层党组织的治理水平和治理能力。赋能的目的在于实现农民的主体利益，评价的基本标准是农民利益是否得到有效保障、农民幸福指数是否提升。许多乡村都采用股份合作社模式，但股份合作社不只是一场单纯的经济制度改革，更重要的是实现农牧民生产生活方式变革和农村基层治理机制创新。玛拉沁艾力养牛专业合作社采取村两委主导的村社综合合作社模式，将社会创业的经济优势与基层党支部的组织制度优势有机结合起来，使合作社成为加强基层治理和促进新集体经济发展的有力抓手。主要体现在秉持"携手、合作、共赢"的经营理念，以技术共享、市场共享、品牌共享的包容性发展机制，保证农牧民的参与权、决策权、监督权和受益权；以乡土文化重建、敬老扶贫、乡村善治、生态保护等公共服务，提升村民的幸福感；以基层党组织建设和社会影响力评价机制，保持村民的持续获得感。可以说，以发展乡村社会创业为抓手，提升基层党组织的治理水平和治理能力，拓展村两委的经济功能、社会功能、文化功能、生态功能，建设由村两委主导的综合合作社，是乡村新集体经济道路的一种有益探索。

本章关键知识点

社会创业、创新创业的重新定向、社会企业、社会企业家、社会变革

思考题

1. 你认为，商业企业与社会企业有何本质上的不同？
2. 社会企业在实现美好社会过程中扮演了何种角色，承担了哪些功能？

即测即练

扩展阅读 10.5 残友集团——用商业策略解决社会问题

自学自测　扫描此码

第四篇

伦理战略篇

第 11 章

数字化时代的伦理挑战

◇ **本章学习目标**

通过本章的学习，学生应该能够：
1. 理解数字化时代面临的伦理挑战；
2. 明确科技向善的基本内涵及意义；
3. 掌握应对科技伦理挑战的基本策略。

◇ **引导案例**

脸书数据泄露

2018 年 3 月，国际知名互联网社交平台脸书（Facebook）陷入史上最大规模数据泄露丑闻。脸书以其功能性强、数据用户庞大、市场先驱性等特点，受到广大互联网用户的青睐，在全球社交媒体中处于领头羊位置。正因如此，其庞大的用户数据的泄露引起了全球范围媒体、公众的广泛关注与质疑，同时也引发了信息时代下互联网用户对于自身数据安全的新一轮思考。

事件最早源于英国《观察者报》的报道：一家名为"剑桥分析"（Cambridge Analytica）的数据分析公司获取了脸书近 5000 万条用户信息（随后被指出实为 8700 万条），疑似与全球科学研究公司 GSR 共同对脸书众多用户进行性格测试，并且利用上述数据幕后影响了 2016 年美国总统大选。对此，剑桥分析公司通过推特等其他媒体陆续发布信息，表示公司获取脸书数据时遵循其相关规定，系合法获取，并且在发现 GSR 采取不当操作后进行了数据删除，也没有使用脸书数据参与 2016 年美国大选。同年 5 月，剑桥分析公司宣布停运。

相较于剑桥分析公司的"昙花一现"，脸书面临着更加曲折的命运。尽管滥用数据的主体并非脸书，但作为数据来源以及数据提供者的脸书遭受了更大的负面影响。脸书总裁因此被美国国会质询；泄密事件导致大量用户发起删除脸书运动；同年 9 月，脸书又因计算机网络受黑客恶意攻击，3000 万条用户数据再遭泄露。与此同时，各方媒体报道梳理出的事件皆指向脸书涉及政治领域，使得脸书很长一段时间都处于舆论的风口浪尖。对此，脸书也声明表示将对所有曾经使用过用户信息的程序和平台进行审核，通知用户可能造成的影响并严格限制开发者使用用户数据，终止与多家大数据企业的合作。最终，美国联邦贸易委员会（Federal Trade Commisson，FTC）和脸书于 2019 年 7 月达成和解协议。脸书以违反与 FTC 签署的 20 年用户隐私协议，认罚 50 亿美元，这场数据安全闹剧就此落幕。

11.1　数字经济时代已经来临

近年来，互联网、大数据、云计算、人工智能、区块链等技术加速创新，日益融入经济社会发展各领域，数字经济发展速度之快、辐射范围之广、影响程度之深前所未有，数字经济正在成为重组全球要素资源，重塑全球经济结构，改变全球竞争格局的关键力量。

近年来，以人工智能、区块链、云计算和大数据为代表的新一代信息技术迅猛发展，引发了新一轮技术革命和产业革命，数字经济正在成为重组全球要素资源、重塑全球经济结构和改变全球竞争格局的关键力量。农业经济和工业经济以土地、劳动力、资本为关键生产要素，数字经济则以数据为关键生产要素。党的十九届四中全会首次增列数据作为一种新型生产要素，党的十九届五中全会进一步提出建设数字中国的目标，强调要坚持创新驱动数字化发展，打造具有国际竞争力的数字产业集群。

数字经济已经成为推动我国经济高质量发展的强大新动能。研究表明，数字化程度每提高 10%，人均 GDP 将增长 0.5%～0.62%。得益于庞大的用户规模和完善的基础设施，我国数字经济增加值不断增长，2019 年较 2005 年规模增长了 13.7 倍，年均复合增长率达 20.6%，高于同期我国 GDP 年均复合增长率 7.8 个百分点。2021 年，我国数字经济规模为 45.5 万亿元，占 GDP 比重达 39.8%，排名世界第二，在新冠疫情带来的全球经济下行压力下仍保持了 9.7%的增速。我国"十四五"规划和 2035 年远景目标纲要都明确指出要"打造数字经济新优势"，强调"充分发挥海量数据和丰富应用场景优势，促进数字技术与实体经济深度融合，赋能传统产业转型升级，催生新产业新业态新模式"。

数字技术是一种用"比特"表示信息的技术。它降低了数据存储、计算和传输的成本。数据技术应用于经济领域，推动商业活动发生革命性改变。目前，数字经济的商业模式进入成熟阶段，今后还会出现超大规模的"数商"，更有企业将未来发展定位在"数据公司"。同时，包括海尔、美的在内的一些传统领域龙头企业也在加快数字化、智能化转型。数字技术表现在经济层面最为显著的特征便是经济成本的变化：更低的搜寻成本、更低的复制成本、更低的运输成本、更低的追踪成本、更低的验证成本（见表 11-1）。

成本的大幅下降深度影响和改变了标准经济活动的运作模式。具体来讲：第一，在数字化环境中，搜寻成本更低，从而扩大了搜寻的潜在范围和质量，大大提升了交易效率。第二，数字产品可以零成本复制，因此它们通常是非竞争性的，这催生了数字产品非竞争性的特征，使得生产者与消费者能够"共享"数字产品的好处。第三，数字产品和信息的运输成本接近于零，地理距离的作用被削弱，平台等线上经济体涌现。第四，数字技术使追踪行为变得容易，数据隐私和滥用成为潜在问题。第五，数字验证可以更容易地验证处于数字经济中的任何个人、公司或组织的声誉和可信度。

表 11-1　数字技术导致的经济成本变化

成 本 变 化	技 术 原 因
更低的搜寻成本	扩大信息搜寻范围和质量
更低的复制成本	催生数字产品的非竞争性
更低的运输成本	削弱地理距离
更低的追踪成本	简化追踪行为
更低的验证成本	验证声誉和可信度

数字经济在为转型发展注入强劲活力的同时，也对传统市场格局造成冲击。伴随着成本降低对数字生产关系带来的变化，市场机制在某些环节上显得相对滞后，暴露出难以适应数字经济发展的问题。由于市场和政府尚未共同为新经济树规立矩，监管缺位和制度建设滞后使得平台企业可以免费使用部分公共资源，一些新型业务及其盈利模式游离于市场规范、商业法律和税收体系之外。这虽然在特定时期内有助于数字经济落地生根，快速繁荣，巩固提升数字经济拉动转型升级的作用，但也会延长数字经济的"替代效应"，甚至会加重新型财富积累的"灰度"和"原罪"。跨境电商、互联网金融、共享经济、移动支付等新模式新业态已经在不同程度上出现了这种问题。

因此，面对数字化浪潮的高速推进，企业在享受数字技术带来的生产效率提升、创新迭代加快等红利的同时，也需要高度关注数字技术应用过程中存在的伦理问题。例如，数据搜寻范围的增加引致了数据隐私被侵犯的风险，复制成本的低廉使得版权岌岌可危，而较低的追踪成本与验证成本则使得垄断与歧视等不公平行为成为可能。这也成为数字时代引发人文危机的一个缩影。

11.2　数字经济时代的伦理挑战

数字技术已发展到从强化自然到替代自然的程度，人类的大脑算法也正在逐步被各种智能化的理性计算替代，甚至人类也可能成为技术产品控制的对象。当地球上既有的伦理文明、价值体系无法跟上技术演进的脚步时，人类的基本尊严就会受到空前的挑战。"数字伦理冲突"最大的推力来自巨大的商业利益驱动。利用技术的指数发展特征连接大众，提供廉价且容易上瘾的移动设备，可能是有史以来最大的生意。数据已然成为新的"石油"，从大数据和网络社会中挖掘资源的公司，正在迅速成为新一代的"埃克森美孚石油公司"，迫不及待地要为大众提供新"鸦片"。

由于数据的多样性和复杂性，如何妥善利用数据成为数字时代的严峻课题。习近平总书记在网络安全和信息化工作座谈会上指出："古往今来，很多技术都是'双刃剑'，一方面可以造福社会、造福人民，另一方面也可以被一些人用来损害社会公共利益和民众利益。"当前，以 5G、人工智能、区块链、大数据等信息技术为代表的新一轮科技革命和产业变革加速推进，成为推动经济社会发展的主要动能。数字技术的广泛应用，在不断改变人们生活和交往方式的同时，也深刻影响着人们的行为方式和思考方式以及价值观念和道德观念，为隐私安全带来了潜在风险。例如，个人信息和数据泄露带来个人隐私保护风险，算法推荐加剧"信息茧房"，人工智能技术带来伦理安全风险等。

未来学家戈尔德·莱昂哈德在《人机冲突：人类与智能世界如何共处》中将人类的这种处境形容为："我们正处在天堂与地狱的混合体中，这被称为天狱（Hell Ven）。"信息技术遵从的"摩尔定律"指数发展的速度已经扩展到很多领域，但人类道德、伦理文化和社会治理体系却并没有相应的指数化增长。人工智能等数字技术的发展速度更是高于摩尔定律，这种反差和冲突将越来越大，并导致不同领域都出现了亟待解决的数字伦理问题。

11.2.1 数据隐私问题

随着信息技术快速发展，海量数据不断生成、沉淀，成为新型生产要素。如果说土地是农业时代的原材料，钢铁是工业时代的原材料，那么数据就是信息时代的原材料，数据已经成为数字经济时代的关键要素。英国《经济学人》杂志这样评论数据："对本世纪来说，数据就像上个世纪的石油一样是增长和变革的动力。数据的流动创造新的基础设施、新商业、新垄断、新政治，以及更关键的新经济。"由此可见，"数据"成为价值的重要来源，掌握和利用数据的能力成为未来决定企业竞争优势的关键因素。

数据作为平台企业的关键生产要素，排他性地占有大量数据也是平台的核心竞争力之一。问题是，很多数据涉及个人隐私。这些敏感、隐私数据应该归谁所有？谁才有充分的处置权？一旦隐私数据泄露，谁应该承担责任？应当承担何种责任？这些问题都亟待有明确的法律或者监管规定。从近期曝出的多起侵犯公民隐私的主体来看，不只有平台巨头，也有小型平台企业；不只有企业，也有个人（如某地不幸感染新冠病毒女子的隐私信息被泄露），甚至还有地方公权力部门（如某地文明码）。

数据隐私是指个人要求确保他们的数据不会被其他个人或组织自动获取与滥用。换言之，个人隐私数据在没有得到本人同意和许可的情况下不得向他人泄露。隐私不仅是个人的要求，也是团体、组织和机构的要求，即"任何个人、团体或机构有权决定何时、如何以及在多大程度上将自己的数据传递给他人"。随着数字时代的来临，社交网络和交互式通信打破了传统的社会交互规范。"私人"和"公共"之间的界限变得越来越模糊，私人行为和公共行为被数字媒体模糊化了。

定义数字隐私的边界是相当重要的。如果数据隐私缺乏明确的界定，加之数据隐私自身的工具性价值，技术组织就有充足的动机并热衷于通过网络终端、浏览记录和用户在不知情情况下的盲目授权等途径公开或秘密地搜集数据，并对数据进行二次乃至多次分析发现其潜藏价值。这种掠夺式的数据挖掘，涉及潜在的信息滥用与未经授权风险。数据可能超出个体控制范围成为组织间交易的"商品"。我们日常生活中所使用的移动互联网社交媒体推广、购物喜好分析、交通出行，以及音频、视频软件等功能均建立在数据挖掘与分析的基础上，而这些便利互联功能的背后，也暗含数据隐私危机。这可能导致保密性与人际信任被破坏、身份被盗引发经济损失，甚至失去对私人信息的掌控。

贴片案例

2012 年 11 月，继 Windows 8 推出的 IE 10 浏览器默认开启 DNT（do not track）功能后，谷歌发布的 Chrome 新版浏览器中也加入了此功能，并带动其他浏览器的陆续跟进。DNT 功能实质上属于一种隐私保护协议，用户可以通过此协议禁止网站搜集自己在互联网上的隐私踪迹。各大浏览器纷纷将此功能开启默认后，意味着大部分网站所依靠的用户数据来源就此被中断，后续数据挖掘的个性化服务也相应停止。事实上，这一问题可以依靠用户主体的知情权来实现，DNT 功能正是基于这一概念，然而大部分用户默认设置的使用习惯使得信息产生了不对称，原本接受数据挖掘的用户不能再使用相应服务。除此之外，即使是在主体授权下使用个人数据的组织，有时也不能保证应用语境的完整性，许多数据在收集时并未用作其他用途，但最终却产生了创新性的用途，在这个过程中用户不知不觉便失去了控制自身数据的权力。

2016 年 7 月，法国数据保护监管机构 CNIL 向微软发出警告函，指责微软利用 Windows 10 系统搜集了过多的用户数据，并且在未获得用户同意的情况下跟踪了用户浏览行为。同时，微软并没有采取令人满意的措施来保证用户数据的安全性和保密性，没有遵守欧盟"安全港"法规。因为它在未经用户允许的情况下就将用户数据保存到了用户所在国家之外的服务器上，并且在未经用户允许的情况下默认开启了很多数据追踪功能。

现实中，大多数用户极易"被动"地接受用户协议，有意识或无意识地将个人社会关系、生活经历、家庭情况、兴趣爱好、财务状况、特殊经历等信息编辑在常用的社交软件或服务型软件中。这很容易导致个人数据隐私权被侵犯，主要表现在：①软件运营商利用许可权违规获取、使用用户个人信息。②通过数据挖掘分析消费倾向，不断推送定制化的销售广告，影响消费倾向甚至干扰正常生活。例如，谷歌公司和手机淘宝，在用户未授权或不知情的情况下，获取用户的购物浏览记录，分析用户购物趋势和消费意向，进而为其量身投递广告。③导致身份泄露。一些原本不危害个人隐私的数据，通过挖掘计算关联出个人敏感隐私，暴露个人隐私，泄露身份信息，进而衍生网络诈骗、人肉搜索等问题，对生命财产安全造成侵害。

11.2.2　数据安全问题

数据安全是指通过采取必要措施，确保数据处于有效保护和合法利用的状态，以及具备保障持续安全状态的能力。广义地说，主要是根据数据在经济社会发展中的重要程度，以及一旦遭到篡改、破坏、泄露或者非法获取、非法利用，对国家安全、公共利益或者个人、组织合法权益造成的危害程度，确定数据安全定义。狭义地说，数据安全一方面是数据本身及数据处理活动的安全性，主要包括数据本身的保密性、完整性和可用性，以及围绕数据处理活动的收集、存储、使用、加工、传输、提供、公开等环节的安全性。另一方面是数据支撑环境以及防护措施的安全，主要包括数据载体、防护设备、加密解密算法等主动防护措施。

大数据环境下，数据生命周期增加了共享、交易等环节。数据流动是"常态"，数据的静止存储才是"非常态"，多环节的信息隐性留存，导致数据流转追踪难、控制难。同时，技术发展催生出新型的网络攻击手段，使得传统安全技术不足以防护。数据泄露似乎成了"常态"。IBM Security 和波耐蒙研究所（Ponemon Institute）发布的《2018 年数据泄露成本分析报告》显示，数据泄露的平均成本从 2017 年的 362 万美元上升到 386 万美元，平均每条失窃记录的成本从 141 美元上升到 148 美元，数据泄露的成本和数量都在持续攀升。

除了数据泄露，数据安全问题还包括潜在的信息失真、诈骗与伪造，知识产权保护被削弱，社会信任体系被破坏等。大数据同时涵盖了互联网中虚假和存在错误的数据，使得其面临着严重的可信度问题，且在产生和传播过程中存在被非法修改甚至被伪造的风险，极易导致信息失真。此外，由于庞杂的信息输出，数字化时代的人们逐渐接受了一种对拥有价值的"悲观看法"，即拥有东西不再像过去那样重要。互联网上的信息并不被视为属于必须尊重其知识产权的要素；相反，它被看作供人无条件分享和自由使用的东西。在此情况下，个人所产生数据的删除权、存储权、使用权、知情权等本属于个人自主控制的权利，很多情况下却难以得到充分保障。

移动互联网产品的接入更使得信息产品的易复制、易传播性与网络的隐蔽性和开放性成倍扩张。信息搜寻功能使得这些知识产权在某种程度上成为"唾手可得"的资源，知识产权保护难度激增，监管与执法成本变得高昂。未经许可擅自转载、下载或复制著作人的软件、数据、文字、图像或音乐作品，并将其投入商用进行谋利等行为难以控制。越发恶劣的知识产权保护环境使得企业纷纷采取极端措施。例如，国内移动音乐软件的版权割据现象，造成了极大的社会福利损失。

根据本章引导案例"脸书数据泄露"，我们能对数字时代下的数据安全问题进行多种角度剖析。首先，脸书作为用户信息的管理者和利用者，是负有最大安全责任的一方。它是隐私信息的直接来源，是信息安全与保护工作的主体，这也是脸书深陷数据泄露事件后遭多方谴责的主要原因。不仅仅是脸书，大批科学技术企业都将信息管理重心偏向开发与利用，而忽视更基础的安全储存与管理职能。其次，数据滥用的始作俑者剑桥分析公司非法获取、使用信息数据，从而影响经济、政治和社会运行的行为，也严重违背了企业应当遵守的商业准则。此外，数字时代的隐私安全伦理问题尚待有效的法律监管予以规范，仅靠道德伦理的隐性鞭策远远不够。

11.2.3　智能依赖问题

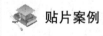 **贴片案例**

科技竞速困境——特斯拉无人驾驶技术安全问题

按照美国的标准，无人驾驶技术分为 5 个级别。目前市场上在售的量产车型大部分为 L2 级（帮助驾驶员减轻驾驶工作）。特斯拉所配备的车辆自动行驶、手机操控行驶功能尚处于 L3 级（车辆具备足够信赖的自动驾驶能力，但关键时刻驾驶员仍然对车辆具有操控权），同时还存在有待提升的地方。例如，对于路面以及复杂交通环境下的自动驾驶改善。特斯拉创始人马斯克表示将不断研发完善自动驾驶技术并实时推送给客户。但相继在中国和美国发生的无人驾驶事故，给自动驾驶的研究进程再次蒙上阴影，也带来了相关部门的监管、问责以及不良的社会舆论导向。L4级（驾驶员对车辆不具有操控权力，仅需输入目的地或导航资料便能完成整个旅程）无人驾驶技术的研发周期也再次加长。

互联网发展三十余年，为人类社会带来高效、趣味与便利，但一些前所未有的问题开始浮现：信息爆炸让人们焦虑不安，网络互动挤占亲密关系的空间，技术与人的关系界定变得复杂不明，老年人被新技术抛在身后等。技术成为重要元素，给个人生活与社会发展带来全新景观，而这些变化在人工智能爆发后更加显著，初显端倪的"智能依赖"问题值得高度关注。

越来越模糊的人机边界与充盈着数字技术的现代生活模式，使得人工智能未来在社会结构中的角色亟须符合道德伦理的界定。技术进步演化出的流程化、简单化生活方式对个体能力的退化也不容忽视。大数据与智能设备在减轻生活压力的同时，正在不断削弱人类独具的创造力、记忆力以及思考能力等，使得人类逐渐放弃自身的重要优势和创造热情。

智能化带来社会效率与价值提升的同时还带来了人类思想的过度退化，使得人类沦为依赖人工智能的"圈养生物"。科技正在影响我们记忆的内容，并引发人类对于自身能力与直觉的怀疑，使人类成为数字精神分裂、数字肥胖、数字综合征的受害者。尤其是人类一旦进入数字肥胖这种状态，再想回归之前的生活模式就很难。我们可能终将被一个巨大的机器操作系统支配，这个操作系统不断地提高自我学习，并把输出反馈给我们，直到它不再需要我们贡献的输入。届时，我们的价值将低于我们创造的训练的技术。

根据人工智能实力强弱，现有研究与实践将其分为三大类型。

（1）弱人工智能：主要指专精单方面能力的人工智能，例如，战胜世界围棋冠军的人工智能 AlphaGo 以及自动驾驶技术。目前已经实现的大部分技术都属于弱人工智能。

（2）强人工智能：被认为是具有真正能推理和解决问题的智能机器。这样的机器将被认为是有知觉和自我意识的。它可以独立思考问题并制订解决问题的最优方案，有自己的价值观和世界观体系，有和生物一样的各种本能。

（3）超人工智能：尼克·波斯特洛姆从全脑仿真、生物认知、人机交互以及网络和组织等路径分析，将超人工智能定义为全面超越人类智慧的存在。

面对人工智能发展过程中可能出现的"工具理性"及其构成的新型"人-机"关系，学术界存在三种立场与观点。

1）传统派

以冯·诺依曼、图灵、德雷福斯、塞尔为代表的传统派认为，人类始终处于支配地位，人工智能永远不可能超越人类智能。这种观点认为人工智能技术只是手段与工具，不会具备完整的价值判断能力。因此，化解人工智能伦理困境的重点在于应用该技术的组织和个体的道德伦理水平，以及应用后果的善恶评价。

2）谨慎派

霍金、比尔·盖茨、马斯克等人持有更为谨慎的态度。谨慎派认为，人类应当敬畏人工智能的发展。如果机器真正产生自我思维与意识，将对人类社会构成严重威胁。当前人工智能发展仍处于初级阶段，无法保证其会符合人类设定的道德标准。因此，必须明确弱、强、超人工智能的界定并加强相关关系和交互策略的研究。

3）乐观派

乐观派则认为，未来人工智能肯定会超越人类智能。乐观派以西蒙斯、库兹韦尔、马克拉姆等提出的"物理符号系统假说""奇点理论""蓝脑计划"等为代表。"控制论之父"维纳在《人有人的用处：控制论和社会》(*The Human use of Human Beings: Cybernetics and Society*)中谈及自动化技术和智能机器时认为："人工智能的发展趋势将是在所有层面上取代人类，而非只是用机器能源和力量取代人类的能源和力量。这种作用方式将对我们的生活产生极其深远的影响。"

"人–机"关系仍是人工智能技术发展中不可回避的重大问题。由于人工智能本身的复杂性，以及未来发展的不确定性，导致人工智能责任的明确归属变得更为困难和模糊，如何防范人工智能可能带来的风险也就变得越发困难，甚至会出现无法追责的伦理缺席现象。理想的人工智能发展路径应符合四个特征，即可知、可控、可用、可靠。具体而言，"可知"是希望人工智能的算法能够变得清晰透明、可以解释。"可控"是希望避免人工智能危害人类个人或整体的利益，进一步厘定人工智能所做决定的责任承担者。"可用"是希望人工智能可以让全人类共用共享技术红利，避免因技术鸿沟带来更多社会不公平。"可靠"是希望人工智能能够更高效修复自身漏洞，真正实现数据和产品的安全、稳定与可靠。

因此，必须构建一种新的伦理约束机制，实现对人工智能从前端、中端到末端全覆盖的有效伦理风险防范机制。具体来讲，人工智能伦理风险防范框架应该包括如下部分。

责任1：人工智能设计者动机（善、中性、恶）的伦理风险需要通过具有强制性的法律规制和政策手段来遏制，从而在动机上防范潜在伦理风险的发生。

责任2：人工智能使用者需要为自己的使用和控制过程承担相应的伦理责任。

责任3：社会成员作为受众，具有监督人工智能使用的间接责任。虽然个体责任和能力较弱，但是由于公众数量庞大，无数微小的努力汇聚起来就会形成强大的伦理风险防范力量。

责任2与责任3的激活需要利用科技伦理文化的规训作用，在高科技时代没有人是旁观者，只有实现伦理责任的全覆盖，高科技的伦理风险才能够被最大限度地遏制。

11.2.4 垄断与不正当竞争问题

在网络效应和轻资产等因素的共同作用下，数字经济极易出现"赢者通吃"的市场格局，产生严重的数据垄断。当前，几乎所有的互联网公司都在以相当"野蛮"的方式，进行数据资源的"跑马圈地"。平台型企业成为数据的掠夺者，伴随着业务边界的拓展，当产业链试图相互打通或实现数据共享时，势必遭遇行业巨头凭借技术和策略壁垒开展的阻击，由此带来的利益纠葛不可避免。

1）巨头化：数字技术改变企业边界

平台企业给公众留下的最深刻印象莫过于巨头化。苹果、微软、亚马逊、谷歌、脸书等美国平台企业位于美股市值前列，阿里巴巴、腾讯、美团等中国平台企业位于港股市值前列。对于巨物，心理学上有种现象叫"巨物恐惧症"，是指即便巨物没有伤害自己，人们内心也难免对其有所畏惧。在美国南北战争后的镀金时代，巨头对于公众不只是心理上的威慑，也侵犯了消费者、中小生产者等广大群体的实际利益，最终使美国社会出现了持续的反垄断运动，促成了1890年《谢尔曼法》的出台。

从经济学的角度看，平台企业普遍巨头化实际上是企业边界的不断扩张。要回答这样一种扩张是否合理，新制度经济学的分析框架能给我们一些有益的启示。科斯作为新制度经济学的开创者，在1937年具有里程碑意义的论文中提出：企业是一种通过行政指令来配置资源的机制，市场则是一种通过价格信号来配置资源的机制，两种资源配置方式都有各自的交易成本，企业的边界取决于两种交易成本的比较。从交易成本角度看，平台企业巨头化是数字技术带来的两种效应的共同结果，即双边市场规模的扩大和平台企业边界的扩大。

考虑到绝大多数传统企业的边界都建立在数字技术广泛使用之前，这意味着伴随着数字技术的逐步渗透，各领域使用市场机制的成本都存在下降的可能性。从定性角度看，这意味着传统企业的边界在数字经济时代都存在缩小的压力。比如，由于数字技术带来市场机制使用成本的下降，传统出租车企业边界存在缩小压力的同时，滴滴、优步（Uber）等组织出租车市场交易的新型平台企业边界却不断扩张，甚至出现了市场企业化或者说企业市场化的倾向。

数字技术的出现带来了两个重要的变化：一方面，数据本身的非竞争性意味着数字产品的复制成本几乎为零。另一方面，云计算、大数据、物联网、移动互联网等数字技术极大降低了数字产品的搜寻、生产、运输、跟踪和识别等交易成本，极大拓展了双边市场的边界。与传统的双边市场相比，数字经济时代的平台经济规模更大，平台节点间的互动不确定性较大，对于交易的实时性要求通常更高，因此对争端的解决效率要求更高。这种组织模式需要通过市场企业化的模式来实现，以满足对实时性与效率的需求。而从企业角度来看，市场企业化即转换成了企业市场化与巨头化。

2）平台垄断与不正当竞争

数字平台作为数据流量入口，既需要依赖科技将数据要素最大限度地聚合、转化和利用，同时也要防止大型数字平台限制市场竞争。数字平台对市场竞争的影响较实体产业更加广泛、迅速。数据集中在大型数字平台导致市场缺乏有效竞争。潜在市场进入者无法获得充足的数据，降低了其市场进入意愿，无法实际发挥竞争效能。

扩展阅读 11.1　互联网插足：各大电商垄断社区团购

数字平台作为数字经济时代的新组织，本质上是流量入口的数据集合体，它以数据生产要素为核心，通过各类算法设计与操作创造多元动态的市场价值，驱动了平台、数据、算法三维结构的市场竞争新格局。近年来，亚马逊、苹果、脸书、谷歌、微软等大型数字平台频频接受世界主要国家的反垄断调查和处罚。在我国，"今日头条与腾讯大战""阿里巴巴实施二选一行为涉嫌垄断""斗鱼虎牙合并""携程大数据杀熟""微信断开飞书链接"等热点案件均昭示着，数字经济领域的竞争正在演变为平台间的竞争。

数字平台利用数据汇集和算法技术，将数据分析用于竞争策略，强化市场影响或优势地位，整合数据、算法等各种生产要素，将其市场力量延伸到横向、纵向甚至混合市场。比如，我国近年来的平台竞争形式由数据孤岛向数据群岛转型，目前已经形成以腾讯、阿里巴巴、字节跳动为主的三大平台派系。数据生态系统涵盖多边市场参与者，提供多元产品，销售数字平台、科技产品及科技设备，向平台上的应用程序开发商或广告商收费，同时与其他平台合作，通过连接移动设备和其他数字平台吸引用户、收集数据，以此强化服务黏性。

数字平台作为中介连接了双边市场的用户群。用户在数据市场上利用多个平台以满足相同或类似的服务，直接制约了数字平台滥用市场力量。随着数据不断集中，社会依赖超级平台连接。数字平台通过线上线下要素和资源的集聚，凭借数字技术和商业模式创新成为生态系统，对海量数据进行收集、整理、分析和反馈的循环，对同行业与跨行业进行联合或集中，实现实质性控制。各类组织形式之间的竞争关系以及数据潜在的生产力具有天然的垄断倾向。

数字平台滥用市场力量最具代表性的案件是欧盟连续三年对谷歌进行反垄断处罚。谷歌已具备相当高的市场份额，通过混合经营相互连接、限制开放必要数据、流量垄断、策略性合并等，勾勒出数字平台利用数据实施限制竞争行为的基本轮廓。我国2021年发布的《关于平台经济领域的反垄断指南》第三章"滥用市场支配地位"中第十七条"差别待遇"明确提出：具有市场支配地位的平台经济领域经营者，可能滥用市场支配地位，无正当理由对交易条件相同的交易相对人实施差别待遇，排除、限制市场竞争。

> **贴片案例**
>
> 谷歌在搜索结果中优先展示自己的产品来打击竞争对手；亚马逊利用其作为最大在线零售商的优势，阻碍潜在竞争对手；苹果垄断了iPhone和iPad应用市场，从应用开发者的销售中抽取过多佣金；脸书为了维持和扩大垄断地位，时常采取收购竞争对手，甚至通过抄袭产品的方式扼杀竞争对手；国内滴滴出行独占出租车市场后，衍生的顺风车项目涉及软社交功能，造成社会恶性事件，甚至引发了传统安全威胁。

3）数字平台垄断的后果

就平台企业而言，由于数字技术造成了平台企业边界的极大扩大，高度的范围经济、规模经济、网络经济，以及前所未有的大规模客户节点的存在，大大加剧了平台内部人和外部人的信息不对称，进而为平台企业从事机会主义非伦理行为提供了更为广阔的空间。为了让数字平台在反垄断法中得到有效规制，需要在价格竞争之外加入其他非传统的反垄断考量因素，重构既有的反垄断法分析框架，体系化规制数据市场的竞争损害行为，以求贴近数据市场竞争的全貌。

欧盟2020年12月15日公布的《数字服务法案》（Digital Service Act，DSA）和《数

字市场法》（Digital Market Act，DMA），均旨在遏制大型数字平台的垄断行为。我国平台经济领域的反垄断法治建设也在积极应对，例如《中华人民共和国电子商务法》创造性地引入了滥用市场支配地位和相对优势地位条款；国家市场监管总局在 2019 年发布的《禁止滥用市场支配地位行为暂行规定》以及在 2020 年发布的《〈中华人民共和国反垄断法〉修订草案》和《网络交易监督管理办法（征求意见稿）》中，增设对数字平台市场支配地位认定依据的规定，并进一步对平台、数据、算法元素制订了具体条款，回应平台经济对反垄断分析框架和权衡因素带来的挑战。2021 年 2 月 7 日，国务院反垄断委员会正式印发了《关于平台经济领域的反垄断指南》，明确提出了保护市场公平竞争、依法科学高效监管、激发创新创造活力、维护各方合法利益四条基本原则。

（1）垄断市场减少社会福利。

在垄断市场中，商品价格高于边际成本，使得生产要素效用没有得到最大限度的发挥，导致资源浪费。相对于其他类型市场而言，垄断企业无法以最低成本进行持续生产，导致社会效用的极大缺失，平台企业近乎"零边际成本"特征进一步加深了社会效用的缺失。此外，垄断带来的一系列公平、安全以及隐私等问题，都不同程度地导致了社会福利缺失。

（2）垄断阻碍科技创新。

扩展阅读 11.2　电商平台"二选一"

经济学研究表明，企业创新与企业规模呈倒 U 形关系（图 11-1），企业创新与市场竞争的程度之间呈倒 U 形关系。一开始，垄断企业以"熊彼得效应"作为渠道对企业创新产生积极作用，即企业对市场的垄断所获得的超额利润为企业创新提供资金支持，从而增强企业大规模投入研发资金的能力。但是超过临界点之后，企业往往面临"创新悖论"，即如果企业不创新，需求将萎缩，市场地位将瓦解；但如果企业持续创新，一旦创新成果具有颠覆性，企业可能由于在传统时代过于成功而出现路径依赖，因而无法充分发挥颠覆性成果的价值。加之革命性创新成果通过论文、专利、产品乃至科研人员等载体外溢，最终被市场广泛应用，企业市场地位最终被自身创新所瓦解。此时，大企业更倾向于垄断市场，缺乏竞争的市场导致创新激励不足够，创新从而被阻碍。

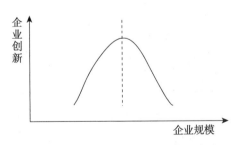

图 11-1　企业创新与企业规模的关系

因此，掌握海量数据和用户资源的平台企业需要对社会的期许做出积极回应，在建立一定市场规模后适时转换增长动力，顺应新时代高质量发展的目标导向。平台企业的资本力量、数据优势应实时转化为创新成果以提升社会福利，引领社会发展，而不是肆意在既定市场开展商业扩张和利益收割。

11.2.5　算法歧视问题

算法是一种相对客观的数学表达，其本质是一系列指令，难以转化为人类社会中的通用语言。算法是数字平台汇集、分析和利用数据强化市场力量的基础。数据则是算法的依托，本身具有客观中立性，但人为设计的算法不可避免地隐含偏见。例如，算法通过大数据可以计算、预测出个人未来的身体状况等隐私信息，保险公司可以通过大数据预测个人未来的身体情况及患有重大疾病的可能性来决定是否为其提供保险；银行通过大数据预测出个人未来的偿还能力，评价个人信用等级并评估自身可获收益来决定是否提供贷款。

算法基于过去不同市场的定价，搭配机器学习技术准确评估市场需求，从而对不同特征的客户实现个性化定价。据此，数字平台调整价格和利润的比例，即时回应当前市场情况，识别并预测最大化的利润。在平台经济中，算法协助平台调整价格，使得"维持转售价格、掠夺性定价、针对进入者快速做出反制策略"等传统市场中出现的垄断行为更容易付诸实践。

人工智能与互联网产品离不开数据与算法规则的支持。人类的价值观和道德规范难以纳入数字系统，且算法设计涉及技术人员的主观判断，他们在编译算法程序时的道德动机需要被证明。这使得算法可能继承了人类决策者的种种偏见，也就难以保证算法决策倾向是绝对公平的。同时，数据的有效性、准确性也会影响算法决策和预测的准确性。基于历史和现实的事实数据生成和执行的算法规则，随着数据范围的扩大，其中的小失误或者歧视容易形成"自我实现的歧视性反馈循环"。并且，由于技术壁垒、机器学习算法的"黑箱"属性、政策限制而产生的不透明性，我们难以通过技术手段在其自主系统中探究是否存在歧视。

Mittelstadt 等基于六种关注因素提出的"算法伦理地图"显示，算法的使用会造成与伦理紧密相关的三种"认知关注"与两种"规范关注"。具体如图 11-2 所示。

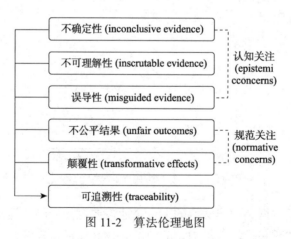

图 11-2　算法伦理地图

（1）不确定性：当算法使用推理统计学或机器学习技术处理数据并从中得出结论时，

它们会不可避免地产生不确定性结果，造成统计计算上不确定性的表征和量化。

（2）不可理解性：算法所带来的输出结果有时是无法被人类代理者所理解的。

（3）误导性：算法受限于其所有的数据和程序类型，意味着"输出永远不能超过输入"。因此，观察者需要鉴别过程的中立性与数据间联系的真伪。

（4）不公平结果：针对不同对象而产生的数据结果会有失公平。

（5）颠覆性：算法可能使得我们将世界概念化，从而影响社会结构与组织。

（6）可追溯性：上述五类关注所导致的算法活动损害很难调试（即检测损害并找到其原因），且很难直接确定谁应该对所造成的损害负责。

算法折射出了人类社会中意识到的和没被意识到的偏见。随着算法决策深度浸润到人类社会生活的方方面面，算法歧视在更广阔领域以更加隐蔽的形式呈现，可能引发就业、交易、理财等诸多领域不公平的差别对待，影响社会的公平正义。

11.2.6　数字鸿沟问题

"数字鸿沟"概念起源于 1999 年美国国家远程通信和信息管理局发表的一篇题为《在网络中落伍：定义数字鸿沟》的报告。彼时发达国家率先普及了互联网乃至后续的智能手机等新媒介。因此，早期的数字鸿沟主要指接入互联网的问题——有的人能上网，有的人则不能。由于社会经济发展与结构类型的差异，不同地区与主体对数据信息的开发、掌控和使用程度存在明显的差距和"马太效应"。信息红利分配不公问题加剧了群体差异和社会矛盾。在许多发展中国家，用户使用互联网的能力仍较低。落后地区的识字率、IT 水平、语言等都将成为使用互联网的客观障碍。宗教、文化和社会经济状况所导致的数字不平等持续地创造新的数字鸿沟。

数字鸿沟主要体现在对以互联网为代表的新数字媒体接触和使用状况的四种差异，可以用 ABCD 来概括。

A（access）：指人们在互联网接触和使用方面的基础设施、软硬件设备条件上的差异。这也是数字鸿沟早期的表现。

B（basicsil）：指使用互联网处理信息的基本知识和技能的差异。例如，低学历者使用互联网的基础功能较多，高学历者则会使用更加复杂和高级的应用功能，他们通过网络搜寻信息并借助信息工具完成复杂任务等。

C（content）：指互联网内容的特点、信息的服务对象、话语体系的取向等更适合哪些群体。有些人的数字技能匮乏，有些人则充分掌握相关技能。数字技能主要指操控硬件和软件的能力。主流观点认为，受教育程度影响了个体数字技能水平。性别和年龄等因素也可能与数字技能有关。比如，相比于年轻人，老年人更加欠缺数字技能；而与男性相比，女性的数字技能一般更加薄弱。

D（desire）：指上网的意愿、动机、目的和信息寻求模式的差异。有些人对科技产物缺乏兴趣，不喜欢使用电脑、智能手机等联网设备。还有些人缺少效能感，认为自己难以掌握眼花缭乱的功能，进而在使用数字产品时感到焦虑，进一步降低了使用意愿。

现阶段，我国的数字鸿沟问题主要体现在城乡差距与年龄差距上。城乡地区信息技术基础设施水平存在割裂。比如，2020 年年末我国城镇地区互联网普及率接近 80%，而农村地区则不及 60%。在 4 亿多个非网民群体中，农村地区占 62.7%。截至 2020 年 6 月，60 岁以上的网民群体占比仅为 10.3%。由于经济水平与受教育程度的限制，缺乏适合老龄化的信息技术的阻碍以及生理、心理认知衰老的影响，老年群体成为"信息贫困者"，深受数字鸿沟影响，逐渐被数字社会隔离和排斥。

数字鸿沟在一定程度上也折射出"经济鸿沟"或"知识鸿沟"。数字鸿沟实际上表现为创造财富能力的差距。在互联网时代，市场格外强调信息搜索、信息交换和信息处理能力。所谓"知识鸿沟"就是一方面闲置大量劳动力，另一方面闲置劳动力却因知识储备不足而无法被吸收到最具价值创造潜力的新经济活动中。因此，数字鸿沟的弥合，对个人、企业和社会都任重道远。

贴片案例

2020 年 11 月，国内接连出现了"94 岁的老人为激活社保卡，被子女抬着在银行柜机前进行人脸识别""华西医院全面取消线下非急诊门诊挂号窗口"以及"老人冒雨缴纳社保，被拒收现金"等老年群体的数字鸿沟现象，引发热议。同月，国务院办公厅印发《关于切实解决老年人运用智能技术困难的实施方案》，就进一步推动解决老年人在运用智能技术方面遇到的困难，坚持传统服务方式与智能化服务创新并行，为老年人提供更周全、更贴心、更直接的便利化服务做出部署，聚焦老年人日常生活涉及的出行、就医、消费、文娱、办事等七类高频事项和服务场景提出了具体举措。

11.3　数字经济时代的伦理应对

数字化浪潮正在重塑社会生产生活面貌。企业在利用数字技术进行转型升级、创新商业模式的同时，必须识别和管理数字技术应用过程中可能存在的伦理风险，从而使数字技术真正成为增进人类福祉、促进经济社会可持续发展的有力工具。

政府要规范数字经济发展，坚持促进发展和监管规范两手抓、两手都要硬，在发展中规范，在规范中发展。要健全市场准入制度、公平竞争审查制度、公平竞争监管制度，建立全方位、多层次、立体化监管体系，实现事前事中事后全链条全领域监管。要纠正和规范发展过程中损害群众利益、妨碍公平竞争的行为和做法，防止平台垄断和资本无序扩张，依法查处垄断和不正当竞争行为。要保护平台从业人员和消费者合法权益。要加强税收监管和税务稽查。要完善数字经济治理体系，健全法律法规和政策制度，完善体制机制，提高我国数字经济治理体系和治理能力的现代化水平。

从经济学的角度看，由于强大的负外部性，伦理问题已经成为数字时代最严重的一个"公地悲剧"。面对人类空前的人文危机，首当其冲的是需要组建适应数字时代的伦理委员会等组织，比如，中国于 2019 年 7 月正式组建了国家科技伦理委员会。但更关键的是需要让道德融入人类智能化的发展过程，与指数化增长的技术同步进化。必须考虑数字技术应具备的伦理准则，包括发明者或创建者精心或无意嵌入机器中的准则，以及机器可能随时间推移自主学习和进化形成的准则。人性亘古不变。伦理作为人类长期进化来的一种管理人性的机制，如何在人–机冲突中演进以解决这些重大问题，恐怕还得回到对人性的探究和伦理学本身。所以，与其说是数字时代的人文危机，倒不如说是伦理学承载着新的关于人类命运的使命。

11.3.1 倡导科技向善

引导案例

以技术制约"技术"——王者荣耀限制未成年游戏行为

2020 年 12 月腾讯游戏出台新规，以《王者荣耀》为试点扩大人脸识别使用范围，针对性地解决"孩子冒用家长身份信息绕过平台监管"的问题。同时，实名认证为 60 岁及以上的用户，自然月消费超过 1000 元（包含待支付金额）时，每笔支付需人脸识别验证通过才可继续后续流程。

社会对于科技公司保护未成年人的呼吁日发强烈。从 2017 年开始，腾讯游戏率先构建了"事前—事中—事后"涵盖未成年人游戏行为的成长守护平台，协助家长直接管理未成年子女的游戏时间、游戏消费，限制实名未成年用户的游戏时间，对疑似未成年人的非理性消费进行主动提醒等。考虑到家长与孩子经常共用手机设备，在新的阶段，腾讯游戏会在游戏登录和支付环节两种场景中发起人脸识别验证。在游戏登录环节，对疑似由未成年人操作的成年人账号，在其登录游戏时即要求进行人脸识别验证，与公安权威平台数据比对。拒绝或未通过验证的用户，将被纳入未成年人防沉迷监管。在充值支付环节，当疑似由未成年人操作的成年人账号月充值大于 400 元时，或用户出现异常充值行为（如短时间充值金额激增等）时，即会被要求进行人脸识别验证。拒绝或未通过验证的用户，无法继续充值。

此外，腾讯还与高校、专家和第三方机构合作，发起了 DN.A 计划（Digital Natives Action）。这个未成年人网络素养教育项目，通过线上与线下结合的形式，推动网络素养教育的普及。线上推出工具包、小程序、公众号、音频视频课程等，输出课程及其他内容；线下开展 DN.A 公开课并同步线上直播，与地方教育系统、青少年宫及第三方公益机构合作，推进家校合一网络素养教育实验和针对留守儿童与农村地区的网络素养专题支教，包括师资培训等。不仅是腾讯，网易、畅游、米哈游等游戏网娱公司都相应推出了未成年人保护机制，旨在通过技术化手段，帮助实现对未成年人网络活动的管理与未成年人保护。

除了游戏厂商，硬件厂商也在贡献自己的一分力量。2018 年 11 月，腾讯与三星、华为、vivo、OPPO、小米达成合作，尝试打通软硬件的壁垒，将守护平台的能力延伸到更多移动终端。

"科技向善，以人为本。"科技公司在处理各自领域面临的伦理问题时已经开辟了一条新道路。国家创新驱动发展战略、数字中国建设、数字时代的商业竞争都离不开科技伦理。科技是一个工具，好人用得好是好事情，反之若坏人拿高科技作恶则会引发巨大危害。比如，现实中有些企业利用科技手段和人性弱点为自己谋利。这虽然谈不上触犯法律，却是一种不善良。因此，科技企业和技术工程师必须坚守科技伦理，秉承以人为本的理念，引导和规范科技向善。只有这样才能促使科技活动朝着更有利于人类的方向发展，真正符合"数字幸福感"（digital wellbeing）的理念。

1. 科技向善的内涵

技术本身是中性的，究竟用向何处、怎么使用，完全取决于人。正如大数据可以挖掘信息、优化服务，也可被不良商家用来"杀熟"谋利，监控设备可以保障安全、杜绝犯罪，也会被不法分子用来侵犯隐私；直播平台可以传道授业、交流学习，也有可能传播恶俗、污染视听……让科技真正地为人所用，归根结底需要有正确的价值追求作为引领。因此，整个科技产业需要树立"科技向善"发展观，即通过技术资源为人类社会可持续发展创造福祉。唯有科技向善，才能更好地助力人类可持续发展。这一理念与联合国倡导的可持续发展议程遥相呼应。2015年9月，联合国大会第七十届会议通过《2030年可持续发展议程》。该议程涵盖了17项可持续发展目标。作为深刻影响未来的战略性科技，人工智能在这17个领域如何作为，决定了这一科技能否真正向善。

人类进步是科技推动的。科技本身有大善的一面：节约时间，提高效率，增进人们对世界的理解，提高人们的生活质量。从这个角度上说，所有的科技产品本质上都是一种善。但企业组织受到利益驱动，当善和利益产生冲突时，科技就会被利益驱动。何为科技向善？一言以蔽之：科技要兼具工具理性与价值理性，以真善美为旨归，缓解数字化社会的阵痛，给复杂社会提供更好的系统性解决方案。正如"科技向善"口号的提出者保罗·米勒所说："……希望确保技术公司专注于回馈世界，而不仅仅是占领我们的屏幕时间。"科学技术的发展必须有利于更好地增进人类的福祉，尤其是新技术研发既能够推动产业变革和经济发展，又能够"让社会更加美好"，实现可持续发展。

技术始终是一个工具，背后一定有其他东西支撑。技术带来的问题，最后一定要由技术来解决，因为技术本身就是规则体系。把技术规则体系纳入由法律、伦理所构建的社会规则体系，就是科技向善的过程。一个好的产品、好的技术，一定会受到法律、人类伦理等社会规则的约束。当科技突破这一切的时候，即便在技术标准上有再好的表现，也不是一个好的产品，因为产品最终是为人类服务的。因此，科技向善具体体现在产品研发、商业模式、市场规制和社会协同等诸多方面，持续引导和规范科技创新行为。

2. 科技向善的体现形式

"善"实际上是一个哲学概念。古代希腊的哲学家，像苏格拉底、柏拉图、亚里士多德，他们哲学讨论的核心就是善，善就是好的。从科学技术的角度来说，科学技术怎么带给人们一种好的生活，能够让人生活得好，这就是向善的含义。科技向善应该表现在以下四个层面。

第一个层面是功用层面，就是实际用处。科学技术可以在功用层面上给人类生活的各个领域带来进步、效率和舒适，能够提高人们的物质生活水平。功用层面还包括科学技术对人类文化的功用价值，比如利用现代科技来保护文物。

第二个层面是社会层面，就是公平正义。如何让科技发展成果让社会各阶层得到比较平等的享受，也就是"科技共惠"概念，所有人都能够体验和享受到科技发展的切实好处。比如当前互联网上的知识共享，知识共享和知识产权保护如何兼顾，实际上也涉及公平正义问题。

第三个层面是伦理层面，就是尊重基本的伦理价值。伦理层面就是在科技发展过程中怎样不损害，尊重人类最基本的伦理价值，比如生命的价值、人性的价值、家庭、爱情。再如现代生命科学中的代孕母亲、基因工程、克隆工程等其实都是对人类伦理价值的一种挑战。

第四个层面是精神层面。人不但有物质需求，还有精神需求。在科技发展过程中，科技肯定能促进物质进步，与此同时，怎样提高人类精神生活的品质？这个问题其实科技本身不能解决，必须使科技和人文融合才能解决。

11.3.2　嵌入伦理基因

数字科技作为全球性技术，伦理风险具有全球性属性，整体性伦理精神是时代要求。技术发展的过程已对现有伦理准则构成挑战，未来可能会产生更多的未知新伦理问题，内含的技术和社会双重属性及其矛盾将会越来越突出。面对未来发展的不确定性，我们需要超越狭隘的技术向度和利益局限，加强对科技伦理的重视程度，通过预警性思考、广泛的社会参与和多学科评估来充分讨论可能存在的风险和危害，制定出切实可行的指导方针和伦理准则来引导、规范新技术研发应用，以更好地应对前沿领域技术应用可能引发的社会治理危机。科技伦理应是数字技术的应有之义。

不断拓展的互联网，已经对产业发展、经济结构、社会生活和国际格局产生深刻影响。当前互联网发展跃升到全面渗透、跨界融合的新阶段，数字技术深度改造生产函数并不断创造新业态，为各国带来新的发展机遇。科技向善是人类命运共同体的内在要求，世界各国要共同维护基础设施的安全可靠，坚持科技伦理，打击网络不法行为，真正保护公平竞争和推动创新，合理界定数字产权，克服"鲍莫尔病"和"数字鸿沟"，实现包容性增长。社会各主体需要在广泛使用技术的社会中建立"共同体"意识，以"开放共同体舒缓新发展技术领域中社会公众、科技与行业产业之间复杂而又紧张的关系"，有效治理技术伦理风险。

1. 伦理是嵌入科技发展的基因

科技伦理作为科技创新活动中人与社会、人与自然和人与人关系的思想与行为准则，是社会实践与历史进程的产物，也是科技活动必须遵守的价值准则。科技伦理与科学发展的相关矛盾从科学诞生的那一刻就已开始，人类追求认识世界背后的客观真理、追求科技进步带来的便利，但科技的发展带来了各种各样的、超越已有实践经验的新型道德伦理问题，这些问题反过来对科技的发展起着或积极或消极的作用，二者在相互制约、相互促进中推动人类社会向前发展。

对于科技行业和科技企业而言，科技伦理已是"必选项"和"必答题"。科技伦理被写入了党的十九届四中全会通过的《中共中央关于坚持和完善中国特色社会主义制度、推进国家治理体系和治理能力现代化若干重大问题的决定》和《中华人民共和国国民经济和社会发展第十四个五年规划和2035年远景目标纲要》，上升到了国家顶层政策设计层面。在监管层面，互联网监管聚焦人工智能算法应用，算法滥用、算法推荐的治理被提上日程，《中华人民共和国数据安全法》要求数据活动和数据新技术应当"符合社会公德和伦理"。

科技伦理是科技活动必须遵守的价值准则，科技公司需要践行科技伦理。2021 年 5 月，在旷视科技 IPO 过程中，上交所首次对科技伦理进行了问询，要求旷视科技披露公司在人工智能伦理方面的组织架构、核心原则、内部控制及执行情况。2021 年 7 月 28 日，科技部发布《关于加强科技伦理治理的指导意见（征求意见稿）》，明确了伦理先行、敏捷治理等基本要求，并提出了五项科技伦理原则，同时要求企业根据实际情况建立科技伦理（审查）委员会，并要求"从事生命科学、医学、人工智能等科技活动的机构，研究内容涉及科技伦理敏感领域的，应设立科技伦理（审查）委员会"，对科技人员加强科技伦理培训。《深圳经济特区人工智能产业促进条例（草案）》要求人工智能企业"设立伦理风险岗位""履行伦理审查和风险评估职责"。许多科技公司也纷纷设立科技伦理组织，以加强对科技伦理的研究和监管。

2. 以伦理服务连接伦理需求与科技实践

信息技术伦理学者斯皮内洛早在 1999 年就提出了将无害性作为信息技术伦理原则之一。数字技术的应用、创新和研发必须以促进人类的幸福和提高人类生活的质量为最终目的。目前最主要的伦理问题诱因为：①技术辐射的不同主体以自身利益最大化为原则，忽视其他集体福利；②各主体道德素质水平不均衡，助长技术滥用；③行业伦理规范不一，尚待具有影响力和代表性的龙头企业建立行业规范及其"隐式"法则，保障行业可持续性。

AI 领域必须坚持三大特性——可信的（trustworthy）、负责任的（responsible）和以人为本的（human-centric）。当前，许多科技公司都在探索将伦理原则转化为实践的机制、做法、工具等，让人工智能原则操作化、落地化，真正融入、嵌入人工智能研发流程与业务应用。这些机制包括伦理审查委员会、伦理标准与认证、关于算法透明和伦理检查的最佳实践做法、技术工具等。

技术研发者和使用者对伦理领域的重视程度也越发浓厚，一种新生的实践理论呼之欲出：伦理即服务（ethics as a service）。2021 年，杰西卡·莫利等（Jessica Morley et al.）学者在其学术论文《伦理即服务：AI 伦理的程序化运作》（*Ethics as a Service: a pragmatic operationalization of AI Ethics*）中提出了"伦理即服务"概念。简言之，"伦理即服务"旨在运用科技工具或其他方式将抽象的伦理原则转化为具体的服务措施，以数字化服务工具的方式将伦理需求嵌入数字产品与服务的全生命周期，从而推动科技伦理的实践和落地。

尽管前景十分美好，但人类还未真正实现将科技伦理嵌入技术服务。其中，伦理标准的抽象性、不确定性以及多样性，是制约伦理转化为服务工具的首要因素。作为伦理框架的众多要素，伦理原则涉足领域广泛，其标准涵盖了透明、公平、责任、隐私、信任、安全等内容。但在实践中，这些标准可能会随着不同国家的文化、风俗、习惯而不相一致，导致科技伦理从概念转化为实践存在着较大的理论难题，需要通过国家立法和行业标准的"软硬治理"，消除由概念带来的模糊性和不可执行性，在抽象原则和技术工具之间建立起沟通桥梁。

 贴片案例

　　开发伦理工具是提供伦理服务的基础，也是让抽象的伦理原则操作化的重要方式。为此，谷歌、微软、IBM 等头部科技公司开始积极研发伦理工具，越来越多的初创公司也开始投身于 AI 伦理市场，AI 伦理开启了由框架到工具、由工具到服务的产业化道路。

　　例如，在算法模型安全领域，微软发布了一项名为 Counterfit 的对抗性技术开源化项目，旨在帮助开发人员测试 AI 系统和机器学习的安全性问题，以确保 AI 业务的稳健性、安全性以及可靠性；IBM 依托其 Watson OpenScale 平台，通过 IBM 云和 IBM 云私人服务提供伦理服务，帮助企业在达到充分透明度、实现可解释性与公平性的情况下大规模运行和操作自动化 AI 系统；谷歌则在谷歌云上规划 AI 伦理服务化的计划，以帮助客户发现和修复其人工智能系统中的道德问题，相关服务可能包括检测算法歧视、制订 AI 项目的伦理指南、对客户的 AI 系统进行审计等。

　　除了头部科技公司开发 AI 伦理工具、提供相关 AI 伦理服务外，国外 AI 产业也开始出现以专门提供伦理服务为主要业务的初创公司。该类初创公司并不关注人工智能技术研发，而是为了帮助从事 AI 技术研发应用的 AI 企业应对其 AI 系统中的潜在伦理问题。AI 伦理创业公司的出现，可以弥补 AI 产业化中缺失的伦理一环，助力可信、负责任 AI 的发展。Parity AI、Fiddler、Arthur 等小有名气的初创公司纷纷专注于不同伦理领域的技术支持和服务，旨在为其他科技公司提供更具专业和效益的伦理服务。AI 伦理服务不仅可以帮助 AI 企业建立负责任的人工智能系统，还可以为该类企业现有的人工智能业务提供道德指导，从而促进整个 AI 产业更好地思考、应对伦理问题，确保科技向善。

　　3. 以"伦理嵌入设计"的理念及实践实现技术与伦理之间的有效互动

　　科技企业需要构建自身的技术设计约束机制，谨防自身跨越伦理鸿沟。技术自由化程度越高，就越需要道德标准。鉴于数字化时代技术的自主性能力，在设计阶段让其采纳、学习并遵循所服务的社会和团体的规范和价值至关重要。一方面是合乎伦理的技术设计。研发者需要识别特定领域的道德规范价值，将其纳入技术系统，同时评估有效性。将客户与企业的产品服务建立在一定信任程度的基础上，最大化地符合道德规范并为社会创造价值。另一方面则是需要相关人员遵守有益性、无害性、公正性、多样性、透明性的基本伦理准则，必要时还需纳入针对企业内部的监管与惩戒体系。

　　科技伦理治理需要满足"伦理先行，敏捷治理"的基本要求。伦理如何先行？科技公司需要伦理委员会、技术工具、伦理培训等多管齐下，也需要创新治理方式。在这方面，可以借鉴互联网领域的一个成熟概念：隐私嵌入设计（privacy by design，PbD）。PbD具有很好的实践基础，可以为人工智能等领域科技伦理治理提供有益借鉴。在 PbD 理念与实践的基础上，人工智能产业需要拥抱"伦理嵌入设计"（ethics by design，EbD）这一全新理念，并推动这一理念在人工智能实践中的落地。

近年来，伦理工具和 AI 伦理服务的兴起也丰富了"伦理嵌入设计"的理念和实践路径。在某种程度上，这也是产业界开始推动负责任的创新，以技术方式解决技术带来的问题。随着提供伦理服务的初创公司不断涌现，伦理服务开始走向成熟化、精细化、规模化，加速科技伦理治理由原则到框架再到实践的进程，帮助科技伦理在更多使用场景和产业范围落地。

11.3.3　守护诚信准则

在数字时代，各种算法和人工智能应用于数据的生产过程中。数据生成过程不透明、结果不确定，导致人们对数据和分析系统诚信度的忧虑。诚信不仅与一个企业的品牌、产品、服务和人员息息相关，更与这些因素背后的数据和分析密不可分。传统上，诚信由组织成员的行为和决策构建。而在人机并行工作时代，诚信离不开可信赖的机器、算法和分析。建立诚信需要未雨绸缪，做好对数据和分析系统的管控。

诚信是决定一个组织成败的关键。在高速发展的数字时代，多年经营的诚信形象可能因数据系统事故而在瞬间毁于一旦。数据外泄、数据不当使用都会侵蚀公司的诚信，因此，监管者有必要建立一个有效的治理机制以守卫数字时代的企业诚信。

诚信主要包括四个要素：品质、效率、完备、弹性。上述四个要素在数据和分析系统中的具体诚信维度如表 11-2 所示。

表 11-2　数据和分析系统中的具体诚信维度

品质	数据、工具和方法的质量；数据和分析系统的能力
效率	模型和流程的准确度以及效用
完备	数据和分析系统的合规性、保密政策和妥善使用
弹性	数据和分析系统的安全和管控

然而，在人机并行工作时代，人们对数据和分析系统普遍缺乏信任。很多公司同时运行两套系统，一套由人来管理，另一套由机器来管理，以此来检验机器系统的可靠性。随着数据分析逐渐成为企业经营不可或缺的组成部分，管理机器和管理员工变得同等重要，机器管控成为组织管控的核心工作之一，这样才能利用数据分析创造更多价值。

具体来讲，企业可以围绕以下五个方面建立和完善数据分析系统诚信机制。

（1）建立组织防护制度和标准。

（2）改进数据分析系统可信度。

（3）改善算法和分析的透明度。

（4）颁布数据科学家职业准则。

（5）强化内部和外部审计职能。

在数据时代，可信赖的分析系统是一个关键的竞争优势，而守卫数据时代的诚信需要一个战略的、整合的、分布式的数据管控框架。这样的框架包含八个要素：①组织结构和职能设置；②立法和准则；③人员和文化；④战略和目标；⑤过程控制；⑥数据管理；⑦技术支持；⑧管控生态系统。

最后，每个组织应结合自身特点设计最适合自己的管控制度，不能拘泥于标准化的流程和方法。

11.3.4　实现科技善治

 贴片案例

　　2016年，美国将"理解并解决人工智能的道德、法律和社会影响"列入国家人工智能战略，同时对人工智能从业者和学生加强道德伦理教育，并成立相应的管理机构，该机构负责跨部门协调人工智能的研究和发展、提出技术和政策建议、监督各部门的人工智能技术研发，以进一步促进公平与正义。同年，英国也探讨了人工智能所带来的一系列潜在的伦理和法律挑战，尝试寻找能够实现社会经济效益最大化的途径，指出应建立人工智能委员会来应对机器人技术带来的对社会、伦理和法律的影响。日本也制定了机器人应用部署问题的管理方针，包括建立中心数据基地来存储机器人对于人类造成伤害的事故报告。

坚持科技向善理念必须全面实现从科技管理向科技善治的转变。科技善治是政府与社会对科技创新活动的合作治理，是市场决定性作用与政府更好作用的完美结合。科技善治要求完善科技治理体系，强化科技治理能力，提升科技治理效率，加快形成国际一流的创新生态。科技向善的创新生态更具包容性、自组织性、共生力。当科技向善成为创新的价值追求时，创新生态系统就可以实现动态平衡，这是一流创新生态得以稳定和健康发展的重要保障。当前，围绕抢占制高点的科技竞争空前激烈，科技创新在广度、深度、速度、精度上都呈现加速跃升的趋势。为打好关键核心技术攻坚战，掌握科技竞争的主动权，必须全面实现科技管理向科技善治的实质性和根本性转变。

一是坚持主体多元化，实现善者治理。科技治理主体是多元的，多部门、跨层级的合作治理是"常态"。我们要刷新关于社会运行、社会秩序和社会治理的认知，顺应中国社会的数字化、网络化和平台化，尽快实现社会规则的建立从精英共识迈向大众共识，社会秩序的建立从权威管制迈向多主体共治，社会福利的供给从依赖独角兽到迈向生态繁荣，进而建立一个人们充分互信的、社会福利最大化的数字社会。

二是坚持服务至上，实现善意治理。科技治理的本质是服务创新，科技创新为民众创造更加充分的高质量公共物品，实现社会公共福祉的最大化，最终达到科技向善的目的。善意治理要求政府机构首先要转变理念和作风。对科技企业来说，企业科技创新要更有温情，要将社会责任融入产品和服务创新之中。

三是坚持公开透明，实现善意治理。在科技治理过程中，政府不是包揽一切，也不是单项施恩和权力压制，而是与创新主体之间建立起基于契约和责任的合作关系。这种合作是透明的，是建立在信息公开基础之上的"意志达成"和"集体行动"。

制定和完善法律法规，加大政府监管力度。由于现有的法律已经无法完全解决数字技术产生的新伦理问题，因此，需要制定、完善新的法律法规使之与数字时代相匹配，以推动数据要素规范高效有序流通，加大特殊领域，如信贷、就业、教育和司法等领域的立法、技术和伦理规范建设，在满足公平正义和经济效率的前提下，保护市场竞争秩序。只有由国家和政府部门为数字技术的发展提供政策保证和法律监督，才能够保证伦理监管落到实处。

要实现科技善治，科技伦理建设至关重要。只有进一步加强科技伦理对科技活动的引导和规范，才能促使科技活动朝着更加有利于人类和人类社会的方向发展。比如，用大数据技术可以更好地做用户画像、更好地做精准推送，但是如果用这个技术做大数据杀熟，或者过度收集用户资料，更甚者制造信息茧房，操纵用户心理，这是不可取的，这些都是数字化技术发展带来的副作用。企业一定要认识到自己的社会责任，如果只是一味单纯地从产品效果、商业回报去考虑问题，那就违背了科技向善的基本原则。科技企业是数字技术的主要提供者、分配者，更是与公众社会、经济、文化生活息息相关的主体。企业应当积极履行社会责任，及时披露其信息处理服务和客户安全特性来限制潜在的道德风险，真正做到以下几点。

（1）伦理先行。推动科技发展要将伦理要求贯穿科学研究、技术开发等科技活动全过程，覆盖科技创新的各个领域。

（2）敏捷治理。加强科技伦理的风险预警与跟踪研判，及时动态调整治理方式和伦理规范，快速、灵活应对科技创新带来的伦理挑战。

（3）立足国情。立足中国科技发展的历史阶段及社会文化特点，遵循科技创新规律，建立健全符合中国国情的科技伦理体系。

（4）开放合作。建立多方参与、协同共治的合作机制，凝聚共识，形成合力。坚持开放发展理念，积极推进全球科技伦理治理，贡献中国智慧和中国方案。明确增进人类福祉、尊重生命权利、坚持公平公正、合理控制风险、保持公开透明的科技伦理原则。

当科技走入黑暗的角落时，人性是照亮黑暗的蜡烛。当商业利益和向善发生冲突时，企业解决问题时的思考和行动如果还能是正面的，才能被定义为"科技向善"。善是公共性的，科技向善短期内可能没有回报，也不应该先考虑回报，而要考虑公共责任。人与科技的友好相处要靠价值的坚守与向善的情怀。人心温暖，技术就不会冰冷。

本章关键知识点

数字经济、科技伦理、科技向善

思考题

1. 在数字时代，伦理挑战的核心是技术因素还是伦理因素？
2. 科技向善的基本逻辑与实现路径是什么？

即测即练

自学自测  扫描此码

第 12 章

伦理战略与企业合法性

本章学习目标

通过本章的学习，学生应该能够：

1. 明晰组织合法性的概念、维度及重要性；
2. 了解企业组织合法性的判断；
3. 了解企业组织合法性的来源以及影响；
4. 掌握组织获取合法性的应对战略。

引导案例

企业合法性危机

2010 年谷歌公司退出中国内地市场和 2013 年苹果公司中国维修保修问题都曾引起了全球热议。

谷歌中国（Google.cn）成立于 2006 年 4 月。当时谷歌中国发表声明，中国版搜索引擎会遵守中国相关互联网法律，对搜索结果进行过滤审查。在退出事件之前，谷歌中国处于舆论争议之中。同时，2009 年谷歌中国的营收为 3.5 亿美元，仅占中国搜索市场营收总额的 32.8%。谷歌大部分营收来自国际业务，2009 年谷歌全球营收为 240 亿美元，谷歌中国业务仅占营收总额的 1.46%。

2010 年 1 月 12 日，谷歌中国在官方博客发表一篇题为《新的中国策略》（*A New Approach to China*）的声明，称公司将考虑取消谷歌中国的内容审查。1 月 14 日，中国外交部发言人姜瑜在例行记者招待会上进行回应，阐明了中国政府的观点。1 月 15 日，纽约《新闻周刊》采访了谷歌中国首席执行官埃里克·施密特（Eric Schmidt）。他在采访中透露，他们正在与中国政府就谷歌中国的去留问题进行商讨。3 月 22 日，谷歌中国总部发表声明称：不再审查谷歌中国的搜索结果，并将访问谷歌中国的内地用户导向未经审查的谷歌香港服务器。3 月 23 日凌晨，国务院新闻办网络局负责人凌晨就谷歌搜索服务退出中国内地市场发表谈话。最终，谷歌以挑战中国网络审查制度的方式来选择对抗色彩明显的退出战略。

受热议的另一家公司是 2021 年《财富》世界 500 强位居第六的美国高科技公司——

苹果公司（Apple Inc.），苹果公司由史蒂夫·乔布斯、斯蒂夫·沃兹尼亚克和罗恩·韦恩在1976年4月1日创立，在高科技企业中以创新而闻名。随着2007年1月iPhone手机上市，中国成为苹果公司继美国之外的第二大市场，2011年和2012年的营收分别为130亿美元和227.97亿美元（苹果全球相应年份的营收为459.98亿美元和786.92亿美元，苹果中国所占比例分别为28.26%和28.97%）。

2013年3月15日，中央广播电视总台"3·15"晚会曝光苹果公司涉嫌售后服务"中外双重标准"。3月27日，中国国家质检总局公开表示，苹果的做法已违反《微型计算机商品修理更换退货责任规定》和《移动电话商品修理更换退货责任规定》。若不及时改正，将由执法部门按照有关法律法规予以严肃处理。中国工商总局表示要查处违法行为。中国消费者协会于3月29日发表公开信表示，苹果对问题敷衍塞责，劝苹果改正问题，应向中国消费者真诚道歉。4月1日，苹果首席执行官蒂姆·库克向中国消费者道歉，同时宣布实施新的产品维修保修政策，挽回其在中国的合法性地位。

在经营实践中，跨国公司需要面对不同于母国的东道国制度环境，如政治、经济、文化、风俗习惯等，这些都会影响跨国公司组织正当性的构建和维持。然而，相似的制度压力导致了不同的组织反应——谷歌以挑战中国网络审查制度的方式来选择对抗色彩明显的退出战略，苹果则以维修保修政策的让步满足制度要求而执行了妥协战略。谷歌和苹果的比较案例显示，当组织处于争议事件中，它就面临着一定程度的正当性危机，需要组织做出行为调整或向受众做出合理解释，以构建（或修复）组织合法性地位。

思考题：

1. 如何理解合法性地位对组织存续和发展的影响？

2. 面临东道国相似制度压力的谷歌和苹果分别采取了何种战略选择？其经济后果有什么差异？

12.1　组织合法性的内涵界定

12.1.1　组织合法性的内涵

"合法性"（legitimacy）概念源于社会学研究，原意中包含了合法的、法定的和正当的、正确的两层含义。合法性最早由韦伯引入，其与政治制度、统治、社会权威等命题密切相关，它在提高组织运行效率的同时形成了一个约束人们行为的"铁笼"。在20世纪七八十年代，新制度主义学派进一步阐释了合法性的概念，并将其应用到组织管理领域。在新制度理论范畴里，合法性不仅是对社会现有标准与正式法律的遵从，还体现了对社会价值体系的遵从，有着深刻的制度嵌入含义。

1. 动态过程视角

基于动态过程视角，合法性是对组织行为的一种约束。但这是一种动态约束，随着组织的适应而变化、社会价值观的变化而变化。

2. 利益相关者视角

基于利益相关者视角，合法性是利益相关者对组织的支持和认可的状态，即组织各项行为符合利益相关者的预期。

3. 制度视角

制度理论认为，合法性是社会构建出来的规范和行为准则。组织是环境的一部分，需要通过遵守社会规范、采取符合社会期待的行动等方式获得合法性，进而缓解外部压力，以维系生存与发展。

4. 战略视角

战略视角的合法性更加强调组织能动性。组织能够通过积极的战略手段，主动影响或改变外部利益相关者对组织合法性的认知，他们将合法性视为企业的一种资源，这种资源能为企业撬动其他资源，影响企业战略选择和绩效。

5. 社会系统视角

合法性是在社会结构体系内的规范、价值观、信仰和定义框架下，人们对实体活动的适当性、恰当性和合意性的一般感知或设想。

制度视角和战略视角对组织合法性解释的差异体现在两个方面：第一，制度视角认为，效率逻辑是有条件的，组织资源的选择和使用嵌入制度环境之中，必须符合社会标准和判断；战略视角则强调企业通过最优化资源选择和配置获取独特竞争优势。第二，制度视角更强调"限制"，认为合法性是组织生存的前提，组织必须遵从社会和制度规范，才能降低不确定性风险的冲击；战略视角则强调"赋能"，认为合法性高的组织拥有资源优势，更有能力采取创新性行为，以保持竞争优势。

合法性是一个广义的与社会情境相融合的概念，它使组织的机构和活动符合社会的价值、规范。

12.1.2　组织合法性的维度

迪马吉奥和鲍威尔（DiMaggio and Powell，1983）发表在《美国社会学评论》上的文章《牢笼回顾：组织领域的制度同构与集体理性》奠定了组织合法性维度的研究基础。虽然作者没有直接划分合法性的维度，但讨论了制度同构（isomorphism），并将同构机制分为三类：

（1）强制性同构：源于政治影响力和合法性问题的强制性同构；

（2）模仿性同构：源于对不确定性进行合乎公认反应的模仿性同构；

（3）规范性同构：源于专业化标准的规范性同构。

其后，许多学者对合法性的维度进行界定。目前得到广泛认可并被普遍采用的是斯科特（Scott，1995）、萨奇曼（Suchman，1995）的划分方式。

1. 早期合法性维度

实用合法性是基于个人利益角度，不仅包括利益交换或直接利益影响，还包括行为合法性，即消费者自身对组织价值观、行为等因素的偏好。实用合法性包含交易合法性、影响合法性和属性合法性。

道德合法性是对组织及其行动规范性的评价，与社会文化、社会传统等相契合，即组织的行为、特征或形式与所处的社会环境中信念和文化价值观的一致程度或适配度。道德合法性包含结果合法性、过程合法性以及结构合法性。

认知合法性被视为较高层次的合法性，源于更高层面、被社会所广泛持有的信仰。企业及其行为不仅与人们所掌握的认知信息相契合，因而被普遍接受，而且能够改变现有的模式、标准或规范。

2. 后期合法性维度

社会合法性是指企业行为活动与既有社会规则或期望的一致性。它反映的是企业活动能否被广为所知并接受，其目标对象包括公共利益群体、当地社区或顾客群体等。

关系合法性是指某个企业成为伙伴的可能性或价值，反映的是企业是否愿意或值得成为合格伙伴，其目标对象包括顾客、供应商等各利益相关体或其他相关关系。

投资合法性是指企业参与某项投资活动的价值，反映的是企业在资本市场上的行为价值，目标对象包括董事会成员、公司高管和股东等。

市场合法性是指企业在特定市场中开展业务的权力或资质，反映的是企业能否选择服从既有规范，其目标对象包括政府、供应商、顾客等。

联盟合法性是指企业战略联盟的有效性或合适度，反映的是企业建立联盟网络的合意性，其目标重点是母子公司间的合作。

在制度转型背景下，政治战略和市场战略对于企业发展都至关重要，因此组织合法性还可分为政治合法性与市场合法性。其中，政治合法性的评价主体是政府，拥有政治合法性表明企业遵守了政府设置的相关法律、规章、标准，实现了政府对企业的特定要求，并获得了政府认可。市场合法性的评价主体是众多的市场参与者（供货商、零售商、伙伴企业、顾客、行业协会等）。拥有市场合法性表明企业遵守了市场上各方共享的行为规范，获得了市场参与者认可。

上述合法性的不同类别反映出合法性的多重作用机制。组织对合法性的类型选择往往取决于组织目标设定与发展环境。

12.1.3 组织合法性的测度

组织合法性作为一种宝贵资源，对企业产生重要的影响。然而，目前对于组织合法性的测度方法没有形成统一标准。现有学者大多根据自身研究需要，结合合法性定义自行开发测度量表。回顾以往文献，常见的测量指标有种群密度、资格认证竞赛、媒体曝光频率。

1. 种群密度

组织生存需要和外界保持资源的交换，只有当组织掌握的资源足够充足，有相当议价能力时才会聚集更多的利益相关方。即种群密度越高（组织规模越大、数量越多），组织合法性也就越高。

2. 资格认证竞赛

由于现代组织的复杂性，利益相关者难以准确判断组织合法性，需要依赖第三方权威机构进行资格认证，以达到评价合法性的目的。例如，在"资格认证竞赛"过程中组织合法性就可以根据组织是否取得了认证相应编码为"1"或"0"。

3. 媒体曝光频率

类似地，代表大众意见的媒体报道频率及公开的组织排名也能达到衡量合法性的目的。并且，大众媒体在反映合法性的同时也可以塑造合法性。

以上三种测量指标是在合法性实证研究中较为常见的，但是每种测度指标都有些片面，不能综合反映合法性的三个维度，更不能反映三个维度之间的关系。

 贴片案例

辛格等（Singh et al., 1986）研究了加拿大多伦多地区的社会志愿者服务组织（Voluntary Social Service Organization）的合法性。由于这类组织产出较低，在计量其组织效能和判断组织合法性方面面临很多困难。因此，他们采用了社会标准——组织外部的公众认可水平——来评估组织效能和合法性，具体使用时又将这个标准细化为三个指标：大都市多伦多社区目录的列入、加拿大税务局进行的慈善注册号码的发放、组织创立时的董事会规模。

为了测量企业合法性，他们进行了以下工作：首先，社区目录是大都市地区可接受服务的权威性参考源，经常有客户或中介机构前来咨询，所以先设置两个虚拟变量："列入"和"移除"。当组织被列入目录时，将虚拟变量"列入"设置为1，如果未列入则将其设置为0。当组织从目录中被移除，则设置虚拟变量"移除"值为1；而那些在目录中持续保留的组织，其虚拟变量"移除"值则为0。这些虚拟变量的变化则被用来表示组织合法性状态。

其次，慈善注册号码是经过对慈善机构真实性的严格审查后发放的。有了这样一个号码，除了表明有加拿大税务局的非营利组织许可外，还表明其所获捐款具有减免税收资格。与上述社区目录的列入相类似，作者也用了两个虚拟变量来表示慈善注册号码的取得与失去。

最后，由于授予董事会的董事资格是组织获取组织外部利益相关者的支持和资源、发展组织间承诺以获取外部环境中其他组织支持的重要途径，所以采用组织创立时的董事会规模度量组织合法性。新组织创立时董事会规模越大，说明该组织所获得的社会支持水平越高，也就更有利于新组织度过不稳定的新创期，降低组织死亡率。

他们最终发现，被大都市多伦多社区目录列入、获得慈善登记号码，以及组织创立时拥有较大规模的董事会，这些因素都显著降低了组织的死亡率。

12.2 组织合法性判断

迄今为止，学者们主要从三条路径来开展对组织合法性的探讨：制度路径、战略路径和评价者路径。12.1 节主要基于前两种路径对组织合法性进行了界定，本节则主要从评价者路径进行阐述。评价者路径是组织合法性研究的新动向和新视角，该路径的核心概念为合法性判断，即评价者围绕特定组织是否具有合法性所进行的自我判断。

12.2.1　组织合法性判断的内涵

组织合法性包括个体层次的合法性和集体层次的合法性。个体层次的合法性（individual-level legitimacy）是指个体观察者关于"某个组织在多大程度上对于其社会情景来说是合理的"的自我判断。集体层次的合法性（collective-level legitimacy）是指群体观察者们关于"某个组织对于其社会情景来说是合理的"的知觉在多大程度上达成普遍一致。其中，个体层次合法性也称微观层次合法性，集体层次合法性也称宏观层次合法性。

合法性判断，有时也称正当性判断，是指个体层次的合法性，即单个观察者对某个组织是否合法的判断。一个组织在社会中是合法的，但不可能被社会中所有个体观察者都视为正当的。基于这个角度，个体层次的合法性判断可以不同于组织拥有的集体层次有效性。集体层次的有效性也可能会对个体层次的合法性判断产生影响。

合法性判断理论涉及几个关键术语，即判断模式、组织有效性线索、评价视角和判断流程。在阐述了合法性判断的内涵之后，本节将介绍合法性判断的判断模式、有效性线索以及合法性判断的评价视角，对这三个术语的理解有助于我们更好地理解合法性判断的流程。

12.2.2　组织合法性判断的模式

合法性判断的模式意指评价者在合法性判断形成过程中使用的认知加工模式。评价者通常采取两种认知加工模式来进行合法性判断，即被动模式和主动模式，其中主动模式又称评价模式。

1. 被动模式

所谓被动模式，是指评价者在进行组织合法性判断时消极地接受制度环境关于组织合法性的评判，而不是积极主动地对组织进行合法性评价，或者说，制度层面的组织有效地左右了评价者关于组织的合法性判断。

主动模式和被动模式在使用信息资源、认知努力程度等方面都有所不同。在合法性判断过程中，不同认知加工模式所使用的信息输入是不同的。如果采用主动模式来进行信息加工，知觉信息源来自评价者对被评价组织的行为和特征的观察。如果采用被动模式进行信息加工，知觉信息源主要来自组织有效性线索。

其中，组织有效性线索主要包括以下几个方面。

1）周围环境中其他评价者关于该组织是否具有合法性的公意

当多个评价者就某组织表达出类似的合法性判断，这个一致性观点就代表一种公意，这个公意就是评价者对组织进行合法性判断所依赖的有效性线索之一。或者说，当评价者观察到周围其他评价者普遍认为某组织是合法或不合法的，该评价者也会认为该组织是合法的或不合法的。

2）该组织的行为与社会文化期望保持一致的程度

在一个稳定的制度环境里面，存在着各种各样制度化的社会规范，这些社会规范得到了广大公众的认可或默认。于是，组织的行为与这些社会规范的相符程度就代表了组织拥有集体层面有效性的程度。或者说，当评价者知觉到某组织的行为符合这些制度化的社会规范或者文化期望时，那么评价者就会认为该组织具有合法性，反之，则认为该组织是不合法的。因此，组织的行为与社会文化期望的相符程度也是评价者进行合法性判断所依赖的有效性线索之一。

3）媒体、司法机关和政府等判断验证机构关于该组织的合法性判决

判断验证机构，如媒体、政府和司法系统等，也逐渐演变成了组织有效性的关键源泉。媒体行业中记者或专家关于组织是否合法的论断，政府机构中立法者或行政人员对组织的批准和授权，司法系统中法官对组织是否合法的裁决等，这些都提供了一种重要的有效性线索引导评价者的未来判断和行为。以上几个方面的有效性线索可以使评价者产生关于该组织的有效性信念，也就是组织是否在宏观层面具有有效性的知觉，正是这个有效性信念充当了评价者采用被动模式对组织进行合法性判断时的信息输入。

在主动模式中，评价者努力地构造关于一个组织的总体合法性评价。然而，在被动模式中，评价者不进行努力的信息加工来形成合法性判断，而是要么使用制度场域中的有效性线索作为认知捷径来达成合法性判断，要么被动地假定那些遵守文化期望的组织具有合法性，要么兼而有之。例如，某个组织获得了权威方的批准或许可，这里的批准或许可就是一个有效性线索，评价者观察到这个线索后，便不再进行认知加工来对该组织进行主动评价，而是直接得出该组织具有合法性的结论。尽管该组织的行为不一定符合评价者的自我利益，但符合社会的文化期望，评价者也会把组织的行为视为理所当然而赋予合法性于该组织。因此，在合法性判断过程的被动模式中，效度线索或单接受效应驱动评价者形成总体合法性判断。

2. 主动模式

所谓主动模式，是指评价者在进行组织合法性判断时没有受到组织有效性的影响（或者说制度层面的组织有效性还未形成），而是主动积极地对组织进行实实在在的评价。

在合法性判断中，如果评价者采用主动模式进行认知加工，对组织进行实实在在的评价，此时，便涉及评价视角选择问题。合法性判断的视角也称为合法性判断的基础，或者合法性判断的关切点，意指评价者判断某个组织是否具有合法性的出发点。

关于合法性判断的视角，社会心理学家主要提出三个视角：工具性视角、关系性视角以及道德性视角。

1）工具性视角

如果一个组织"因为有助于评价者达到自我定义的目标和结果"而被评价者视为具有合法性，那么评价者就是基于工具性视角进行合法性判断。

2）关系性视角

如果一个组织"因为能肯定评价者的社会身份，支持他们的自我价值（self-worth）

感，确保他们的尊严得以维护，并得到与他们资格相称的回报"而被评价者视为具有合法性，那么评价者就是基于关系性视角进行合法性判断。

3）道德性视角

如果一个组织因为"拥有与评价者保持一致的道德和伦理价值观"而被评价者视为具有合法性，那么评价者就是基于道德性视角进行合法性判断。

合法性判断的以上三个视角具有显著区别，按照马斯洛的需求层次理论，工具性视角意味着评价者基于自我物质利益需求来评价组织的合法性，关注点是组织对自我低层次需要的满足程度；关系性视角意味着评价者基于自我精神价值需求来评价组织的合法性，关注点是组织对自我高层次需要的满足程度；道德性视角意味着评价者基于一种"亲社会逻辑"来评价组织的合法性，关注点是组织对社会福利（评价者的社会建构价值观体系所定义的社会福利）的促进程度。工具性视角属于自利导向（self-interested orientation），然而道德性视角属于利他导向（other-interested orientation）。需要注意的是，合法性判断的三个视角不是相互排斥的，评价者可以同时在三个视角上对组织进行合法性评价，也可以在三个视角的子集上对组织进行合法性评价。

12.2.3　组织合法性判断的流程

组织合法性判断的流程是指个体评价者对特定组织进行合法性评价的过程。合法性判断开始于评价者意识到对组织进行合法性判断的需要，然后评价者选择合适的判断模式，收集关于组织特征的信息，对这些信息进行可靠性评价后产生一个判断，然后把这个判断作为自己与组织进行互动的基础。合法性判断流程是个三阶段循环程序，包括判断形成阶段、判断使用阶段和判断再评估阶段，具体进行组织合法性判断的流程如图 12-1 所示。

评价者开始进行合法性判断时，首先在场域中搜寻组织有效性线索，如果存在有效性线索，则通常会选择被动模式进行认知加工，根据有效性线索的提示直接做出合法性判断；如果不存在有效性线索，则会采取主动模式进行认知加工，选取某种评价视角对组织进行评价，从而形成合法性判断。不论是采取主动模式还是被动模式，合法性判断一旦形成就进入使用阶段，从而影响评价者针对组织的态度和行为（即支持组织或反对组织）。而且，在合法性判断的使用过程中出现的认知同化效应会巩固和强化初始形成的合法性判断，除非评价者的精神报警系统被激发，使得评价者重新审视原先形成的合法性判断，对组织的合法性再次进行评价，从而进入合法性再评价阶段。合法性再评价过程中，评价者往往选择主动模式而非被动模式进行认知加工，从而开启另一个合法性判断循环。

1. 判断形成阶段

在判断形成阶段，评价者通过主动模式或被动模式达成一个初步的合法性判断。在这个阶段中，评价者将面临两个选择，即判断模式选择和判断视角选择。

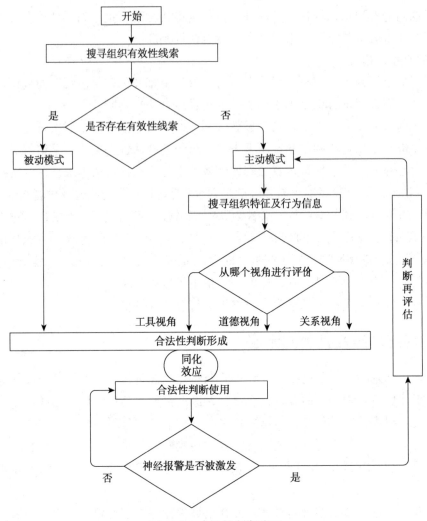

图 12-1　合法性判断流程

　　根据认知经济学（cognitive economy）原理，人们在认知加工时通常寻求用最少的认知努力来获得最多的信息，并在认知过程中使用大量的认知捷径和启发，当信息收集和加工成本很高时，人们更愿意从其他人那里借用判断而不是自己去做判断。因此，评价者在对组织进行合法性判断时，首要的事情不是对组织进行评价，而是在制度环境中收集与组织有效性相关的线索。如果环境中存在有效性线索，评价者将采用被动模式进行合法性判断，根据有效性线索的启示直接形成合法性判断。也就是说，如果制度环境认为组织是合法的，评价者也认为组织是合法的，如果制度环境认为组织是不合法的，评价者也会认为组织是不合法的。然而，如果环境中不存在有效性线索，评价者将不得不采用主动模式对组织进行合法性判断。以上为评价者所经历的第一个选择，即判断模式选择。

　　如果评价者选择使用主动模式来进行信息加工，评价者将努力搜寻与组织特征及行为相关的信息，并选择相应的评价视角来对组织进行合法性评价，从而形成合法性判断。

评价者可以采用的视角包括三种，即工具视角、关系视角和道德视角，评价者可以选择其中一个视角来进行评价，也可以同时选择几个视角来进行评价。以上为评价者所经历的第二个选择，即判断视角选择。总之，在判断形成阶段，评价者通过主动模式或者被动模式达成一个初步的合法性判断，这个初步的合法性判断一旦形成就进入使用阶段。

2. 判断使用阶段

在判断使用阶段，组织不再被评价，上阶段形成的初步合法性判断将作为一种轴心认知来引导评价者的行为。一方面，如果组织被视为合法的，它将受到评价者的支持，想改变它的企图将被抵制；另一方面，如果组织被视为不合法的，人们积极寻求改变它。因此在使用阶段，评价者不再关注合法性判断的形成，而是采用动机性推理的加工方式，吸收源源不断的信息和刺激来遵守和支持先前形成的合法性判断。也就是说，初步合法性判断就像锚似的引导评价者对有关合法性的新经验进行解释，以至于新信息被视为与初始合法性判断是一致的。这就是发生在判断使用阶段中的认知同化效应，这个同化效应使初步形成的合法性判断在评价者头脑中变得坚不可摧，对评价者行为的影响力也越来越强。

认知同化过程或者确认过程因两个原因而发生。首先，认知同化过程帮助评价者管理社会环境的不确定性。如果每一个有关合法性的新经验都要求个体去再一次评价已经存在的合法性判断，大量组织的合法性将不断受到质疑，使用最初的合法性判断来引导评价者对新信息的解释能确保这种无能为力的犹豫和不确定性将被最小化。其次，认知同化过程最小化了必须分配给合法性判断的认知能量。如果不停地对组织的合法性进行评价，就要求评价者为取得组织不合法的证据而反复监控组织的活动，这种高强度的监控需要太多的注意力和认知能量，使得个体不能从事其他判断任务或活动，因此，作为使用阶段典型特征的认知同化过程减少了评价者进行合法性判断所需的认知资源。

3. 判断再评估阶段

尽管在判断使用阶段存在认知同化效应，但评价者最初形成的合法性判断不可能一劳永逸地存在，也不可能一直指导评价者的行为。认知同化效应之所以存在，主要是因为评价者具有认知惰性。然而，当评价者的神经警报系统被激发的时候，评价者将从事努力的和反思的信息加工，对先前形成的合法性判断进行重新审视，这时就进入了判断再评估阶段。其中，能够激发评价者的心理警报并促使评价者从认知同化过程中走出来的触发器有两类：外在触发器和内在触发器。

1）外在触发器。

外在触发器指能激发评价者心理警报的外部环境或制度等，主要指制度场域中的突变事件和制度矛盾。制度矛盾指不同制度逻辑之间的矛盾，而制度逻辑是指存在于制度场域中的潜在假设，这些潜在假设塑造人们看待和思考社会世界的方法。制度理论家认为，个体往往同时嵌于多重制度场域之中，不同制度场域拥有其相应的制度逻辑，如果这些制度逻辑是相互冲突和矛盾的，就容易引导个体质疑现存制度安排的合法性。因此，如果不同制度场域之间的制度逻辑产生了矛盾，就会激发评价者的心理警报，提醒评价者重新审视先前形成的合法性判断。

2）内在触发器

内在触发器是指评价者内部一些特性激发心理警报。比如，评价者的自反性特质。自反性意指评价者从事有意识地反思制度安排的能力。为了能对现有制度安排进行反思，评价者必须使自己与现有制度安排保持距离。有学者认为，具有某种特殊人格特质的评价者更可能倾向于从事这种类型的反思，这些评价者拥有进行反思行为的倾向或动机，正是这些倾向或动机作为心理警报的内在激发器，促使评价者从使用阶段过渡到再评价阶段，而不需要外在的突变或制度矛盾的存在。

制度场域中的突变事件和制度矛盾属于外在触发器，评价者所拥有的反思性特质属于内在触发器。不过，进入判断再评估阶段并不一定意味着初始合法性判断本身将被修订，也可能是评价者重新评估这个判断后认为它不需要被修订。判断再评估阶段的关键特征是，评价者受到激励去积极重新考虑已经存在的合法性判断，因此，在再评估阶段，信息加工的主动模式起主导作用，评价者积极尝试沿着工具性、关系性或道德性视角去评价组织的合法性，再次形成一个合法性判断，从而进入下一个循环。

12.3　组织合法性来源

合法性是一种"泛化"的集体感知。虽然合法性是由个人主观判断构成的，却在集体层面被聚合，它反映了一个组织获得的集体认可程度。当人们说一个组织拥有合法性时，其实就已经断言，大多数观察者作为一个整体是接受他们所知觉到的组织行为模式的，尽管人群中有个别人持保留意见。总体而言，组织合法性来源可分为以下几类：国家机构、公众舆论、媒体报道、利益集团和个体组织。

12.3.1　国家机构

早期研究发现，合法性主要来源于国家层面。国家或政府有权管理一个组织，并赋予组织合法性。国家政策方针往往在一定程度上体现了该国的社会价值。企业与国家的理念和制度趋同常常意味着其与人们的价值观一致，进而容易获得合法性。即使是在新自由主义放松管制时代，这些国家行为体在赋予合法性方面仍然很重要。大多数组织由一些国家机构进行例行评估，比如银行由监管机构评估。

12.3.2　公众舆论

反映社会价值观的公众舆论也是合法性的主要来源。组织合法性是由社会所建构的，公众舆论在设定、维持社会价值观的标准方面起着重要的作用。从社会行动者角度来看，合法的组织是价值观及行为与社会行动者的价值观和对行动的期望一致的组织，即与公众舆论相一致。此时，公众接受或认可组织，认为组织的手段和目的是有效的、合理的。

12.3.3 媒体报道

由于媒体报道和公众舆论之间的紧密联系，媒体也成为重要的合法性来源。组织合法性是社会建构的、受到媒体影响并反映社会群体的共享信念。获得媒体支持也意味着合法实体行为与社会群体的共享信念相符，组织被公众所接受。当一个组织的活动是非法的，媒体则会报道、评论和攻击这些行为。在如今的数字媒体时代，即使是知名企业，社交媒体上的一条负面推文经过舆情发酵，也可能导致合法性危机。

12.3.4 利益集团

社会运动和利益集团对公众舆论和政府政策产生重要影响，也是合法性的重要来源之一。他们积极倡导某些主题，使其合法化，也强烈反对一些事项或行为，使其不合法。比如，关注环境保护的国际环境组织，他们的言论被大众所接受，其倡议也常出现在社交媒体上，并对监管机构、法院或立法者裁决产生重要影响。

12.3.5 个体组织

企业合法性被评估时，人们通常将个体组织视为被动的受众。但事实上，他们也是"主动的信息处理器"。基于这一观点，有学者提出企业合法性被评估时，个体组织也能够作为合法性来源，在可能影响组织合法性的争议性事件中，使用口头陈述或解释来避免被指责，或者获得赞誉。此时，个体组织主动发声为获得合法性提供了支持。

12.4 企业合法性管理策略

根据组织合法性面临的主要挑战，萨奇曼（Suchman，1995）将企业合法性管理分为三大阶段，即获取合法性、维持合法性和修复合法性。

1. 获取合法性

获取合法性是指组织在开始一种新的活动，特别是在社会秩序中几乎没有其他先例的活动时，组织往往面临着艰巨的任务，即如何赢得大众的接受和认可。

2. 维持合法性

维持合法性是指新进入企业获得合法性后，为维持原有合法性所采取的系列措施。

3. 修复合法性

修复合法性是指当组织合法性受到质疑时，需要采取相应措施重新修复合法性。

12.4.1 制度视角的合法性策略

组织提高合法性水平的过程称为合法化。企业为获得、修复与提升组织合法性的一系列举措称为合法化战略。根据企业面临外部制度压力时顺从程度的高低，可以将合法化策略依次界定为顺从策略、妥协策略、回避策略、反抗策略和操纵策略。具体如表 12-1 所示。

表 12-1　制度视角的合法性策略

策　　略	战　术	例　　子
顺从策略	习惯	无意识地遵守无形的、约定俗成的准则
	模仿	有意无意地模仿组织制度
	遵守	有意识地遵守规则规范
妥协策略	平衡	平衡多个部门的预期（即组织试图在多个利益相关者和内部利益之间实现平衡）
	安抚	安抚和容纳制度要素
	协商谈判	与政府机构谈判，彼此达成一致
回避策略	隐藏	对（与制度）不一致处进行伪装
	缓冲	放宽制度隶属（即组织试图通过降低技术活动与外界的接触，进而减少外界的技术检查、审查或评估）
	逃避	改变目标、活动或领域
反抗策略	摒除	忽视制度准则与价值
	挑战	对规则以及要求发出公开抗议
	抨击	对制度压力来源进行抨击
操纵策略	选举	灌输有影响力的内容
	影响	塑造价值与标准
	控制	控制制度内容和进程

1. 顺从策略

这是制度理论家比较强调的应对策略。他们认为，通过采取顺从策略，能较快获得合法性以及社会支持，因为组织行为与大环境要求保持一致时，才能使其免受公共舆论。

2. 妥协策略

组织经常面临制度冲突。制度期望与内部组织的效率或目标之间常常不一致。在这种情况下，组织可能试图平衡、安抚外部成员或与之协商谈判。在这种策略下，组织表现出部分反抗，但反抗程度较小，且在制度要求范围内。比如，政府要求某企业走环境友好型发展道路，并指定企业使用某种昂贵的环保机器设备，最终企业同意但要求政府给予一定补贴。

3. 回避策略

回避策略即组织通过隐藏其与制度的不一致性，以缓冲制度压力或逃离制度的规则与期望。采用这种策略的组织往往试图隐藏自己，并防止自身受到需强制遵守的制度影响。相比妥协策略，回避策略下的组织反抗程度更大。

4. 反抗策略

反抗策略是对制度采取积极的抵抗策略。在这一策略下，组织会更积极地偏离规则、规范或社会期望。例如，加拿大环境局曾发布企业关于遵守特定水污染标准的指令，一些制造商试图挑战环境局的监管要求。制造商认为，这些指令不合理，企业污染行为是无可指责的。

5. 操纵策略

面对制度压力时，操纵策略最能体现主观能动性。操纵策略是指组织有目的地拉拢、影响或控制制度压力和评估结果。

12.4.2　战略视角的合法性策略

战略学者认为，企业可采取两种方式主动获取合法性：①适应外部环境，改变自己；②立足自身，改变外部环境。无论哪种方式，均旨在实现企业自身与所嵌入社会环境之间的统一。萨奇曼根据企业经营过程中面临的三类合法化挑战，总结出三种合法化策略：依从型合法化、选择型合法化和操纵型合法化。因此，在传统合法化战略视角下，合法化主要有四种策略路径：依从型合法化、选择型合法化、操纵型合法化以及创造型合法化（表12-2）。

扩展阅读 12.1　支付宝如何通过多样化的合法化战略逐步建立合法地位

表 12-2　战略视角下的合法化策略类型

	依从型合法化	选择型合法化	操纵型合法化	创造型合法化
获得合法性	√			√
维持合法性		√		
修复合法性			√	

1. 依从型合法化

企业行为及活动的开展严格遵循现有制度、文化规范和认知方式的要求，绝不超出环境已有的认知框架，通过服从规则获得合法性。

2. 选择型合法化

企业针对自身特点与优势，有意识地选择适合自身发展的制度区域和环境范畴来加以适应，从而维持相关领域内的合法性。

3. 操纵型合法化

企业在制度要素不太明晰或不太完善的环境中，积极建立自身成长所需的支撑基础，通过积极推动环境改变或制度完善来修复合法性。

4. 创造型合法化

企业完全针对自身发展的需求，创造性地建立新的认知框架、制度模式和环境要素，最终获得合法性。

12.4.3　印象管理视角的合法性策略

相对于企业改变组织目标、管理结构、行动实践以适应外部环境等实质性行为而言，印象管理（impression management）是指企业通过发挥企业所从事活动的象征意义表明自己的行为符合社会规范、价值观和信仰，进而获得合法性。印象管理理论家认为，人们可以通过积极扮演角色、展示社会关系以及在形象威胁事件发生后提供口头解释来管

扩展阅读 12.2 淘宝网用以构建实用及道德合法性的理念

理合法性。针对新创企业的象征性行为，佐特和休伊（Zott and Huy，2007）提出了传递创业者信誉、传递专业化组织、传递组织成就和传递利益相关者关系质量四种使企业获得合法性的行为。

组织话语实现社会构建的基本途径之一是对相关事物、实践和现象进行框架化。因此，框架分析构成有效的话语分析视角，受到较为广泛的认可与运用。本福德和斯诺（Benford and Snow，2000）指出，框架不仅与话语过程密切相关，而且可以视作与话语过程紧密相连的印象管理过程，包括发挥、延伸、桥接与转变四个过程。具体如表 12-3 所示。

表 12-3 话语框架印象管理策略与合法化的关系

	发挥	延伸	桥接	转变
获得合法性	√			
维持合法性	√	√		
修复合法性			√	√

1. 发挥

发挥是指通过话语对相关的价值观或信念进行澄清、修饰、增强及美化。

2. 延伸

延伸是指通过话语扩大某框架下的基本问题、考量或利益点，以诉诸更广泛的潜在受众。

3. 桥接

桥接是指通过话语将观念一致、结构不同的框架连接为统一信息。

4. 转变

转变是指通过话语改变旧有的观念和理解，并产生新的意义，从而获得合法性。

12.5 伦理行动策略与企业合法性

12.5.1 企业合法性的重要性

合法性之所以很重要，是因为它能对组织产生巨大影响。大多数利益相关者会避开有争议的组织，尽量不与存在合法性挑战或争议的实体交易。企业获得合法性说明它获得了利益相关者或制度主体的认可，相应地可以得到他们所拥有的对企业发展至关重要的资源。

1. 合法性对行业发展的影响

组织合法性要求企业的生产经营行为符合政府部门、市场监管等机构的规章规则与标准，使整个行业经营更为规范。因而，对非正当经营起到一定的约束作用。

马尔塔等（Marta et al.，2020）基于 2008 年国际金融危机后西班牙和英国零售银行（主要向消费者和小企业提供服务的银行）的两个代表性案例，提出行业利益者联盟结合企业、政府和其他利益相关者所产生的合法化压力，使零售银行业发展更加合规。合法化压力会减少零售银行业不良现象的发生，比如金融产品销售不当、拒绝向中小企业贷款、丧失抵押品赎回权和关闭零售网点等，有利于塑造零售银行全行业的社会责任。

2. 合法性对跨国投资的影响

当企业进行跨国投资时，东道国政府对于企业能否顺利开展业务具有重要影响。因而，获得东道国政府支持是十分重要的。同时，当跨国企业与东道国的文化环境相匹配、企业行为符合社会大众的心理认知和预期时，会促进企业获得东道国的合法性。

杨亚平和杨姣（2020）按照新制度理论将合法性划分为规制合法性、规范合法性和认知合法性，并运用 2005—2016 年中国跨国企业 2571 个对外直接投资样本实证发现，企业获取的规制合法性、规范合法性和认知合法性越高，对外直接投资就越可能成功。详细原因如表 12-4 所示。

表 12-4　组织合法性对企业跨国投资的影响

规制合法性	规制支柱是政府为了建立稳定、透明和有秩序的社会体系而颁布的各组织必须遵守的法律法规和政策。规制支柱强调遵守规章制度而获取合法性。依据明文规定的法律法规和政策要求建立的组织才具备合法性。一般来说，东道国对于外资企业的管制主要体现在政府权力机关的管制上，政府权威对于顺利开展业务具有重要影响；同时跨国企业要想保持市场地位，东道国政府的支持是必要的。因此，获取管制合法性是跨国企业对外直接投资成功的关键。跨国企业进入东道国市场时，与东道国之间的正式/非正式制度差异会造成外来者劣势。通过获取管制合法性，减少东道国市场中的政策风险并克服外来者劣势，从而获得当地政府的支持和利益相关者的认可与信赖
规范合法性	规范支柱是被社会普遍接受的价值观、风俗以及信仰。当跨国企业与东道国的文化环境相匹配时，才能获得规范合法性。但随着文化距离加大，会增加东道国外部受众对跨国企业识别、理解、接受与认可的难度。同时，文化距离也阻碍了跨国公司对东道国规范的评估与内部化，导致管理实践难以与东道国相适应，从而增加了在东道国环境中面临的不确定性因素
认知合法性	认知支柱是指企业行为要符合社会大众的普遍心理认知和预期，这种认知和预期引导人们制定决策和做出选择。跨国企业对外投资决策受到决策者已有认知的影响，而这往往来自其对现实世界的理解和感悟。于是，过往投资经历会为企业投资决策提供有意义的借鉴，这种前期经验知识显著降低了企业面临的不确定性。随着跨国企业积累更多的投资经验，当再次面临同类决策时决策者能够比较容易地将最终决策方案锁定在合法性较高的选择中

3. 合法性对企业成长的影响

企业成长依赖外部环境的支持。合法性地位的强化能够为企业成长奠定稳定的环境。郭海等（2018）立足于中国经济转型背景，基于资源管理理论和制度逻辑理论，探索了组织合法性与企业成长的关系，发现组织合法性对企业成长具有"双刃剑"效应。他们基于制度逻辑将合法性分为政治合法性和市场合法性，并认为政治合法性会削弱企业的产品创新，但是能帮助企业实现市场扩张；市场合法性则对企业的产品创新和市场扩张均有促进作用。

12.5.2　企业伦理行动的合法性价值

合法性是企业存续和发展的制度基础。企业合法性的获取和维系在很大程度上取决于经营过程中企业是否对利益相关者的合理诉求予以积极回应，从而获得他们的肯定和认可。由于外部制度环境和竞争力量的动态变化，特定企业为获取所需的合法性而采取社会责任行动时，必须随着同行业其他企业的社会责任行为而改变。企业需要根据制度环境的变化，通过不断地主动调整对各类利益相关者承担的社会责任来动态地获取合法性。

扩展阅读 12.3　非市场化战略为优步铺出一条合法化之路

一般而言，企业所面临的竞争环境包括市场环境与非市场环境。当企业面临不利的非市场环境时，应积极主动地对其进行影响，以获取预期的市场机会，并对企业合法性进行有效的维护、修复。非市场化策略是企业积极主动地应对和影响非市场环境，进而构建和拓展企业生存空间的战略行动，是企业与利益相关者以获取资源或化解危机为目的，共同寻求合作共赢的行为。企业实施非市场化策略的目的在于创造有利的竞争环境，如获得政府支持以降低政策壁垒，通过改善市场环境增强行业竞争力，拓展企业生存与发展空间。

最常见的三类非市场化策略类型有企业政治策略、企业伦理行动策略及社会公众与媒体策略。非市场化策略与企业合法化的关系如表 12-5 所示。

表 12-5　非市场化策略与企业合法化的关系

	企业政治策略	企业伦理行动策略	社会公众与媒体策略
获得合法性			√
维持合法性	√	√	√
修复合法性	√	√	√

1. 企业政治策略

希尔曼和希特（Hillman and Hitt，1999）将企业为谋求有利市场环境而主动参与制定"游戏规则"或影响政府政策、法规制定进程的策略称为企业政治策略。这类策略行动是企业通过接近和发展与政府（官员）的特殊关系以获取特定资源、得到特别庇护或免除麻烦的做法和行为。比如，企业可能通过参与规则制定、构建政治关联或游说政府官员等方式影响政策法规的制订，为企业谋求有利的政策环境。又如，企业热衷邀请所在地区的领导人视察以向外界传递积极信号。通过实施政治策略，企业更容易获得政府订单、融资便利、税收优惠、政府奖项等诸多便利，也能够借助政府官员的认可和支持强化合法性地位。

2. 企业伦理行动策略

企业通过伦理实践积极履行社会责任，回馈社会，可以树立良好的公众形象，提高企业社会地位，达到经济绩效、社会绩效和环境绩效的三重统一。企业伦理行动策略主要表现为慈善公益策略、消费者权益保护策略、员工权益保护策略和环境保护策略等。企业践行伦理行动有助于得到政府、社会公众等外部利益主体的肯定和规范性评价，提升企业合法性地位。利益相关者支持不仅是因为企业提供了物质利益交换，还因为企业对更大范围的利益诉求做出了响应，企业的价值认知与行动和其价值观与期望一致。

3. 社会公众与媒体策略

新闻媒体是非市场力量的重要信息来源，它可以提醒公众、活动家、行政官员和利益相关者群体关注企业发展中的非市场问题。因此，企业有必要把媒体作为非市场化战略的一部分。社会公众与媒体策略的主要任务是引导媒体与利益相关者及公众相互交流，以此提升企业形象和社会影响力，从而帮助企业获得合法性。比如，企业通过邀请外部利益相关者，如政府官员、战略合作伙伴、行业组织等来企业参观，并借由新闻媒介向外界宣传展示企业经营战略、管理模式等，从而得到利益相关者的认可和支持。通过参观考察企业，利益相关者对企业战略和内部管理等的正面评价、宣传报道等有助于提升企业的认知合法性。

本章关键知识点

组织合法性、合法性来源、合法性管理、企业伦理行动策略

思考题

1. 组织合法性的内涵是什么？组织合法性为何重要？
2. 企业可以通过哪些策略破解自身面临的合法性难题？

即测即练

第 13 章

企业伦理管理系统塑造

◆ **本章学习目标**

通过本章的学习，学生应该能够：

1. 了解企业非伦理行为的关键诱因；
2. 知悉企业伦理系统崩溃的基本信号；
3. 掌握企业伦理管理系统构建的基本思路。

◆ **引导案例**

魏则西事件

在"科技向善"的议题中，百度"魏则西事件"是绕不过的话题。身患滑膜肉瘤的西安电子科技大学学生魏则西，通过百度搜索，找到武警北京总队第二医院（以下简称武警二院）进行相关治疗，但是在花费了近 20 万元医药费后仍不治身亡。

魏则西在百度搜索上搜到的武警二院，实则为莆田系医院。该事件也揭开了百度竞价排名广告的冰山一角。搜索公司通过竞价排名，单纯地以价格高低来决定在搜索结果页面排名先后，并按效果收费。搜索结果不对用户需求负责，只凭谁出的广告费高，谁就能在搜索结果中排名更高。

百度竞价广告不仅在道德上也违反了企业伦理，在法律上也应当承担相应的责任。《医疗广告管理办法》规定，医疗机构不得以内部科室名义发布医疗广告。百度发布虚假广告欺骗消费者，已经违反了《中华人民共和国刑法》第二百二十二条虚假广告罪的规定。广告流量导入，作为互联网最直接的盈利模式，几乎伴随着互联网的成长和发展。但是巨额的广告投入蜂拥而至，而相应的互联网行业的道德伦理规范以及外部监督措施却没有完善。虚假广告堂而皇之地出现在各大网站的显眼位置，魏则西事件绝非孤例。

受魏则西事件的影响，监管机构不断规范线上广告的形式及内容。国家工商行政管理总局发布《互联网广告管理暂行办法》，以规章形式将争论已久的医疗、药品、保健食品等在互联网发布的付费搜索结果定义为广告。如果再有不良广告侵害用户的行为，百度会成为行政处罚对象和民事责任承担者。这也让百度失去了大量的医疗广告收入。魏则西事件发生后，一方面，百度来自单个在线营销客户的收入增速自 2017 年第三季度的31%下降至2018年第四季度的–4%。另一方面，百度的企业形象更是一落千丈。

13.1 企业非伦理行为的诱因

企业之所以会发生非伦理行为，其诱因可能是多方面的，既包括企业本身的观念偏差、逐利导向，也可能有外部的行业竞争、市场压力等，这些都会成为企业爆发非伦理行为的诱因。关于企业非伦理行为的成因，理论界提出了舞弊三角理论、舞弊六因素模型、舞弊冰山理论、舞弊 GONE 理论、舞弊风险因子理论等经典理论。

13.1.1 舞弊三角理论

唐纳儒·克雷西（Donald Cressey）创立的舞弊三角（fraud triangle）理论认为，企业舞弊行为的发生需要具备三个条件：压力（pressure）、机会（opportunity）和自我合理化（rationalization），缺少上述任何一个条件都不可能真正形成企业舞弊。该理论侧重于个体视角，认为改进组织内部控制措施是防止舞弊行为发生的一种威慑手段（见图 13-1）。

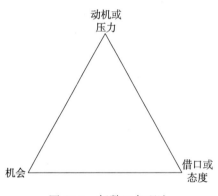

图 13-1　舞弊三角理论

1. 首要因素：动机或压力

导致企业非伦理行为发生的首要因素是动机或压力，其中既包括个人利益，也涉及市场压力。针对不同类型的企业，其舞弊动机是不同的。比如，针对非上市公司，实施财务舞弊的主要动机可能是避税逃税、增加利润等；对于上市公司而言，舞弊动机可能更多地源自资本市场的利益诱惑、满足投资者预期或监管要求等；同时，企业发生舞弊或其他非伦理行为，还可能是企业高管或部门员工为了业绩压力或追逐私利。

2. 重要条件：借口或态度

形成企业舞弊不可或缺的要素是借口（自我合理化）和态度，即舞弊者必须找到某种理由使企业舞弊与自己的道德观念和行为准则保持一致，从而达到舞弊行为的自我合理化。态度或借口包括管理层/员工的个体伦理基调和企业整体的伦理氛围。在这一阶段，借口或态度主要是企业或者个人不正确的职业操守、道德及价值观导致的。企业舞弊者使用的常见理由有："这是公司欠我的""我只是暂时借了这笔钱，一定会退还""我是有诚信的人""目的是合理的"等。这是一个认知阶段，要求舞弊者能够以其内在道德规范可以接受的方式自我证明舞弊的正当性。

3. 环境因素：机会

在舞弊三角理论中，机会因素是实施舞弊的客观条件或可操作机会，即个人欺骗组织的具体实施空间。机会因素包括企业内部监督机制和外部制度环境。从经济学角度来看，舞弊者之所以敢舞弊，主要是因为其预期舞弊能够带来的利益或好处要远大于被发现并受到处罚而带来的损失。机会因素是指舞弊者实施非伦理行为并逃避惩罚的机会，主要包括信息不对称、权力高度集中、监督制衡机制缺失、内部控制薄弱、缺乏惩罚措施等因素。

总的来说，动机、借口和机会是企业发生非伦理行为的三个前提条件。缺乏这些要素，就不可能真正发生企业非伦理行为。

13.1.2　舞弊六因素模型

巴赫拉姆·索尔塔尼（Bahram Soltani）在舞弊三角理论基础上进一步拓展细化形成了舞弊六因素模型（图 13-2），为更好理解企业欺诈和财务舞弊等非伦理行为的动因提供了理论借鉴。

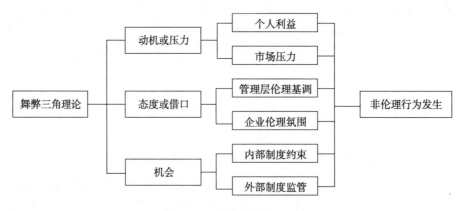

图 13-2　舞弊六因素模型

1. 个人利益

谋取个人利益是非伦理行为背后的动机。为了个人利益而实施舞弊的具体表现有索取、接受或者以借为名占用管理和服务对象的财物；接受可能影响公正执行公务的宴请、娱乐等活动安排；在公务活动中接受礼金和各种有价证券、支付凭证；以交易、委托理财等形式谋取不正当利益；利用知悉或者掌握的内幕信息谋取个人私利等。

激发个人为自身利益进行企业舞弊的压力可以大致分为四类：经济压力、惯常压力、与工作有关的压力和其他压力。舞弊者个人认为这些压力是通过正统、合法、受认可的方式无法解决的，因而会寻求逾越伦理边界的非法手段或舞弊行为。

2. 市场压力

市场压力是企业层面非伦理行为发生的主要动机之一。现代市场竞争中企业从上至下弥漫着压力：管理层面临来自资本市场投资者回报压力、产品市场同行业对手的竞争压力；普通员工面临来自上级的任务传导和绩效考核压力。这种过度关注经营结果和依靠数据评估、诊断经营业绩的利益导向，使得每一位员工都在为达成目标而疲于奔

扩展阅读 13.1　相关研究：市场竞争加剧企业逃避税行为

命。当各类绩效指标成为企业经营评价的唯一指标时，容易导致经营者过分注重短期结果，变得急功近利。尤其是当他们通过正常与合规经营手段无法达成上述目标时，就会迫于压力铤而走险实施非伦理行为。

3. 管理层伦理基调

管理层伦理基调是指公司董事会和管理层团队自身设定的行事准则和伦理态度。管理层伦理基调是上层管理者建立的，它反映了企业组织整体的伦理氛围和伦理态度。管理者通过其言行为组织设立了伦理基调，即道德行为守则，包括独立性、能力和领导力。企业高级管理人员在为企业设定伦理基调时的承诺、参与和支持有助于提高企业人员的伦理态度。高阶梯队理论认为，企业决策行为很大程度上映射了企业家个体认知与价值偏好。起源于生物学的烙印理论则强调，企业家价值系统明显受到其早期成长环境和文化土壤的塑造，且持续留存深刻的认知烙印（图 13-3）。

扩展阅读 13.2　烙印理论、高阶梯队理论

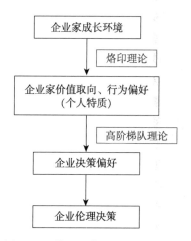

图 13-3　管理层伦理基调作用路径

伦理型领导是影响伦理型组织氛围和企业伦理文化的重要因素。一个组织内的道德文化可能与管理层的看法和他们行使权力的方式有关。许多研究都发现，CEO 道德领导力和企业道德氛围之间存在积极的关系。根据社会学习理论，当工作环境中存在道德榜样时，员工倾向于模仿这些榜样。虽然员工的主管和经理可以成为榜样，但 CEO 也是一个重要的榜样。员工通过观察首席执行官的行为来学习模仿，当目标行为是道德行为时，社会学习过程很重要，CEO 通过其分配的角色、地位和影响他人行为和后果的权力强烈影响着员工行为。因此，CEO 的道德领导可能会引发员工集体参与道德行为，从而创造一种以共享道德工作规范和观念为特征的道德氛围。

CEO 的道德领导对主管的道德领导也有着积极的影响，这反过来又影响其直接下属的亲社会行为。通过这种方式，首席执行官不仅成为员工的道德榜样，而且通过加强经理和主管的道德领导力，影响整个企业的道德行为，从而有助于形成道德氛围。

4. 企业伦理氛围

企业伦理氛围广泛影响企业的管理决策。当组织内存在舞弊时，道德氛围起着重要作用。它与来自老板的压力等动机以及"组织应该为我的舞弊负责"等合理化借口有关。

组织中的伦理氛围是成员之间共享的对组织实践和程序的看法。维克多和卡伦（1988）指出，"对具有道德内容的典型组织实践和程序的普遍看法构成了道德工作氛围"，并认为组织伦理氛围将是一个重要的信息来源，它会影响员工在工作中关于什么行

为是"正确"的看法。从维克多和卡伦的观点来看，组织内的伦理氛围确定了指导组织决策的规范系统和对伦理困境的系统反应。因此，伦理氛围是组织文化的一个重要组成部分。在目前的研究中，道德氛围被概念化为一种组织层面的结构，代表员工对公司道德氛围的共同看法。因为企业员工的行为是由相同的企业政策、程序和道德准则决定的，他们往往对企业的道德氛围持有相似的看法。一个企业的道德氛围决定了它的道德价值和行为，并影响其员工的道德操守。

参照维克多和卡伦的研究，企业伦理氛围按照态度可以分成利己（自我）主义、友善（仁慈）和原则三类；按照分析主体侧重点的不同可分为个人层面、组织层面、宏观层面三类。两种分类方式结合，就形成了九种具体的企业伦理氛围类型（图 13-4）。

分析侧重点			
	个人	组织	宏观
自我	利己主义	公司利润	效率
友善	友谊	团队兴趣	社会责任
原则	个人道德	公司规则和程序	法律和专业守则

（伦理标准）

图 13-4　企业伦理氛围类型

在大多数组织中，并不是所有不同的氛围类型都会出现，最常见的是两三种氛围的结合，比如自我中心的工具性氛围与自我中心的组织氛围类型结合。已有研究发现，外部组织环境（比如民族文化）、组织形式（比如营利性组织或者非营利性组织）和管理取向（如创业型或非创业型企业）都会对组织伦理氛围产生影响。也有研究关注道德氛围感知的影响，包括功能失调性或不道德行为、组织承诺和工作满意度。总体来讲，工具性（利己主义）氛围会增加不道德行为发生的可能性，减少组织承诺和员工满意度，而友善（仁慈）和原则氛围则会减少不道德行为发生的可能性，增加组织承诺和员工满意度。

5. 内部制度约束

内部控制存在不足也是管理层逾越伦理边界的主要机会来源。例如，由于内部审计难以独立于管理层而造成对管理层的监督失效可以看作由于内部控制设计局限导致的；高度复杂的关联交易导致的利益侵占可以看成企业内部控制程序未对企业交易过程形成有效控制导致的。

当企业处于一个相对不透明的治理环境时（内部控制弱），员工更有机会产生非伦理行为，因为此时非伦理行为被发现的可能性比较小，因此实施非伦理行为的成本更小。

随着现代企业制度的发展，所有者已经将大部分权力委托让渡给企业内部管理层。现代企业制度的显著特征是所有权和控制权分离。由于二者之间的目标利益不完全一致和彼此信息不对称，必然导致代理问题的出现。事实上，企业非伦理行为的产生，究其根源就是代理冲突在各种具体决策情境下的映射。

扩展阅读 13.3　代理问题

6. 外部制度监管

外部制度环境包括法律法规、监管条例等影响企业经营活动的重要宏观制度因素。法律环境是国家或地方政府所颁布的各项法规、法令和条例等。它是企业经营活动的准则，企业只有依法进行各种经营活动，才能受到国家法律的有效保护。为适应经济体制改革和市场竞争的需要，我国陆续制定和颁布了一系列规制企业行为的法律法规，例如《中华人民共和国产品质量法》《公司法》《中华人民共和国反不正当竞争法》《中华人民共和国消费者权益保护法》《中华人民共和国反垄断法》等。企业经营者必须依法合规经营，懂得运用法律武器保护自身以及利益相关者的合法权益。法律制度监管是对企业行为施加的外部约束。若法律制度监管缺位，或企业非伦理行为面临的监管处罚成本较低，就可能弱化对企业的约束力度，导致部分企业逾越伦理约束的边界。

13.1.3　舞弊冰山理论

舞弊冰山理论把导致舞弊行为的因素分为两大类，并将它们喻为海面的一座冰山（图 13-5）。露出海平面的只是冰山的一角，是每个人都可以看见的客观存在部分，属于舞弊的结构部分，包含的内容是组织内部管理方面的问题；而潜藏在海平面下的部分，是更为主观化、个性化的内容，包括行为人的态度、感情、价值观念、满意度、鼓励等，属于舞弊的行为部分，这些行为更容易被刻意掩饰起来，因而也更危险。该理论强调在舞弊风险因素中，个性化的行为方面更危险，需要更多的注意力。

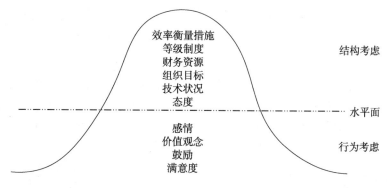

图 13-5　舞弊冰山理论

13.1.4 舞弊 GONE 理论

舞弊 GONE 理论认为，企业会计舞弊由 G、O、N、E 这 4 个因子组成（图 13-6），它们相互作用，密不可分，没有哪一个因子比其他因子更重要，它们共同决定了企业舞弊风险的程度。GONE 由 4 个英语单词的开头字母组成，其中：G 为 greed，指贪婪；O 为 opportunity，指机会；N 为 need，指需要；E 为 exposure，指暴露。上述 4 个因子实质上表明了舞弊产生的 4 个条件，即舞弊者有贪婪之心且又十分需要钱财时，只要有机会，并认为事后不会被发现，他就一定会进行舞弊。因此，产生了一种很巧妙的说法，即在贪婪、机会、需要和暴露四因子共同作用的特定环境中，会滋生舞弊，促使被欺骗者的钱、物、权益等离他而去。

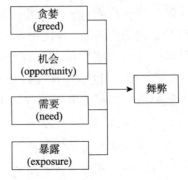

图 13-6　舞弊 GONE 理论

1．"贪婪"因子

近年来"贪婪"因子被赋予了更广阔的含义：道德水平低下。道德对舞弊者个体而言是一种心理因素，它在行为产生与实现过程中对行为主体的作用是无所不在的，且主要表现为一种个体价值判断。对符合自身价值判断的行为就推动实施，对不符合自身价值判断的行为予以否定和放弃。舞弊者通常具有不良的道德意识或在道德意识方面不良价值判断占据上风。在这样个体不良价值与道德观的引导下，财务舞弊成为一种符合其价值判断的行为。

2．"机会"因子

同潜在舞弊者在企业中掌握一定权力有关，管理当局本身拥有信息优势及管理会计工作的权限，倘若它的行为得不到有效监督和制约，它就有机会通过非法（非合规）会计操作获取不当利益。

3．"需要"因子

"需要"因子也称"动机"因子。动机是会计行为产生的关键，正当的会计行为动机产生适当的会计行为，而不良的行为动机则容易在外界刺激下产生不正当的会计行为，即财务舞弊。

4．"暴露"因子

"暴露"因子包括两部分内容：①舞弊行为被外界发现和披露的可能性；②对舞弊者的惩罚性质及程度。舞弊行为具有一定的欺骗性和隐蔽性，发现和揭露这种不当行为的概率大小就会影响舞弊者做出是否实施舞弊行为的判断。惩罚的性质与程度也会关系到舞弊行为实施前的判断，从而给潜在舞弊者施以事前威慑力。

13.1.5 舞弊风险因子理论

舞弊风险因子理论是伯洛格那等人在 GONE 理论的基础上发展形成的，是迄今相对比较完善的关于企业舞弊风险因子的学说。它把舞弊风险因子分为个别风险因子与一般风险因子两类（图 13-7）。其中，个别风险因子是指因人而异，且在组织控制范围之外的因素，包括道德品质与主观动机。一般风险因子是指由组织或实体来控制的因素，包括舞弊的机会、舞弊被发现的概率以及舞弊行为被发现后舞弊者受惩罚的性质和程度。当一般风险因子与个别风险因子结合在一起，并且被舞弊者判断对其整体有利时，财务舞弊行为就有可能会发生。

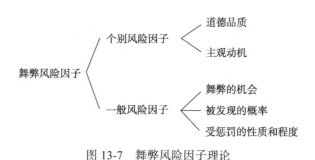

图 13-7　舞弊风险因子理论

13.2　企业伦理系统崩溃的信号

商业伦理正日益受到业界关注。随着近年来企业非伦理事件的频繁发生，许多企业相继成立了伦理管理部门或机构，专门处理与本企业相关的伦理实务，有些企业甚至还设立了首席伦理官（Chief Ethical Officer，CEO）。然而，目前大多数企业伦理管理机构主要负责的是企业发生非伦理事件后的事后问责及其伦理危机公关，对企业伦理系统建设或伦理价值塑造的事前管理投入存在明显不足。

任何事物的发生都呈现一定的演化规律。企业发生非伦理事件或企业出现伦理系统崩溃时往往在前期就呈现出一系列的信号特征，而不是突然而至。因此，企业领导者或伦理主管需要对企业内部管理政策或员工行为等保持敏感，关注捕捉可能引发非伦理行为的潜在信号，并适时加以必要的调整和校正，避免事态恶化导致企业整体滑向伦理崩溃。

美国亚利桑那大学商学院长期从事法与伦理研究的玛丽安·詹宁斯（Marianne Jennings）教授提出了伦理崩溃的七个标志。它有助于帮助董事会、管理层、普通员工、市场合作者以及投资分析师评估那些"隐性"却对企业经营管理起着至关重要作用的企业特征，并由此判断企业是否正在走向商业腐败与伦理崩溃的边缘，从而未雨绸缪，采取必要的干预措施。

13.2.1　数字压力

数字压力是指在企业内部到处弥漫着各类量化的数字考核指标，如紧凑且高强度的业务完成时间进度、难以企及的目标绩效额度、令人恐惧的末位淘汰排名等数字警示压力。本章引导案例中的"魏则西事件"之所以屡次出现，其中一个重要原因就是竞价排名广告是百度公司的"现金牛"。数据显示，从 2006 年到 2020 年，百度总营收从 8 亿美元快速攀升至 155 亿美元，其中最主要的贡献来自搜索广告，百度网络营销收入占总营收的比例始终超过 95%。在巨额广告费贡献的经营绩效诱惑下，企业不自觉甚至有意识放松了伦理约束和监管。

1. 表现

目标管理是提升企业管理效率、优化企业经营结果的重要手段。世界上几乎所有企业都会制定一系列具体的经营目标，并通过目标分解和层层传导激发员工活力与积极性。适度的目标能够发挥引导和激励作用，但过高的目标设定和压力传导则会适得其反。根据期望理论，员工的工作动力源于两个要素，即该项工作完成后自己获得的效用大小和自己努力工作能够达成目标的概率。一方面，一旦组织目标设定过高，当员工预期自己无论如何都难以完成时就会主动放弃，选择"躺平"；另一方面，当员工通过正常路径无法达成目标却又难以抵挡目标完成后的利益诱惑时，就会铤而走险，逾越制度和伦理约束的边界，通过歪门邪道和非伦理行为达成目标。

现实中，一些企业从上至下处处弥漫着各类数字压力。员工在工作和非工作场景中谈论的主要话题也都是各类数字化绩效目标的推进和完成状况。这种过度关注经营结果和数据表现、过度依赖表格和数据评估诊断经营业绩的数字导向，很容易让员工跌入"数字陷阱"，极力为达成数字目标而疲于奔命。特别是在一个管理者短视或伦理文化缺失的组织环境下，这种数字压力还可能进入一种反常境地，导致部分员工逾越伦理边界，采取非伦理手段达成数字目标。

2. 应对措施

面对数字压力或管理者短视可能导致的后果，企业应该采取如下措施。

首先，企业在设定目标时要客观、理性，不能冒进。企业要充分考虑企业资源和员工能力的真实状态，不要设置超越企业和员工正常能力范畴的过高目标。目标管理理论强调，企业目标设置过程要秉承 SMART 原则，给员工下达的任务目标要在其能力范畴之内，不应设置不切实际的过高目标。

其次，企业在目标管理过程中要注重业绩目标与伦理价值的融合，树立明确的伦理边界，且坚决辞退那些敢于逾越雷池（伦理边界）的人。员工实现个体和组织目标的手段和方法必须符合制度规则与伦理规范。企业一旦发现有员工为追求业绩目标的实现而践踏企业制度或逾越伦理边界，必须果断予以辞退。这种决断措施有利于向外部利益相关者和内部员工释放明确的信号，即在追求商业目标和坚守伦理价值之间，企业会毫不犹豫地选择后者。比如，当年淘宝被社会舆论诟病售卖假货时，果断辞退 CEO 卫哲，一定程度上就是为了展现阿里巴巴在伦理价值与商业目标之间的取舍。

再次，企业各级管理者应留意观察员工细微的非语言交流及表现，判断压力是否超越了员工的心理承受能力。员工因压力过度导致的焦虑、烦躁、不安等心理情绪通常会在日常工作和身体语言中表现出来。因此，管理者要对此保持敏感，通过交流或观察发现员工行为和情绪的细微变化，并及时采取干预措施。

最后，给予员工适度的喘息机会。心理学研究表明，个体压力承载存在一个阈值范围。过度的压力需要定期释放，否则可能导致心理疾病或行为扭曲。因此，管理者在安排任务和制定目标时应当张弛有度，在阶段性目标达成后有必要适度给予员工心理缓解的空间和机会。

 贴片案例

安然的倒塌

"安然事件"，是指 2001 年发生在美国的安然（Enron）公司破产案。安然公司曾经是世界上最大的能源、商品和服务公司之一，名列《财富》杂志"美国 500 强"的第七名，然而，2001 年 12 月 2 日，安然公司突然向纽约破产法院申请破产保护，该案成为美国历史上企业第二大破产案。

安然公司为了维持会计数据所承受的压力，导致他们将会计规则推向了"创造性解释"的边缘。前总统顾问、安然董事会成员布伦特·斯考克罗夫特（Brent Scowcroft）就审计公司的担忧质问安然首席执行长肯尼思·莱（Kenneth Lay），但是他的担忧被立即驳回，斯考克罗夫特又回到了沉默的行列，这种沉默吞噬了整个文化，甚至延伸到了外来者。安然这一幕，其实是很多企业伦理崩溃的助推剂。

13.2.2　恐惧和沉默

1. 表现

在一些企业内部存在这样的文化现象：员工们看到并发现了企业存在的各类问题，但大家都缄口不语，保持沉默。因为如果他们把发现的问题或事实真相跟上级或同事说出来，表达内心的真实想法，他们可能在该组织中再也无法立足。当员工对负面现象充满恐惧并保持沉默时，企业发生非伦理行为的风险可能正在加大。大家耳熟能详的寓言故事"皇帝的新装"揭示的就是这一现象的危害。

在管理学上，"员工沉默"是指员工本可以基于自己的经验和知识提出想法、建议和观点，从而改善所在部门或组织的某些工作，却因为多方面原因选择沉默并保留观点，或者提炼和过滤自己观点的现象。员工沉默一般分为三种类型，具体表现如表 13-1 所示。

表 13-1　沉默的类型

沉默的类型	表　现	原　因	举　例
漠视性沉默	员工由于对组织管理水平、待遇，特别是价值取向存在异议而消极地保留观点	员工对组织的感情依恋和目标不高	"人在曹营心在汉"
人际恐惧性沉默	为了避免发表意见而产生人际隔阂或冲突	为了自身"安全"而采取有意识的自我保护	"多一事不如少一事"
默认性沉默	出于顺从或屈从，有意隐瞒有关意见、观点或信息	员工预期自己观点对决定的影响微乎其微	"这又不是咱们能决定的"

2. 应对措施

为了应对因组织内部的恐惧和沉默可能导致的伦理崩溃，企业应该采取一系列措施。避免恐惧和沉默最重要的方法是鼓励公开对话，允许匿名举报而使员工不受影响，提供迅速的回应和后续行动，让董事会审查问题，对违法者进行适当的纪律处分并奖励举报者等。

完成上述工作的关键是确保透明、公正和平等。这需要一系列机制设计或制度上的保障；比如建立伦理监督部门，授予相应的权责；对员工反映的情况或者投诉予以重视；视非伦理行为的严重程度投入相应的时间和人力进行调查并公正处理等。

13.2.3　迷信的粉丝和被神话的 CEO

1. 表现

"迷信的粉丝和被神话的 CEO"主要是指 CEO 被全体员工盲目崇拜或神化的现象。通常情况下，陷入困境的企业 CEO 比直接下属年长许多。缺乏经验的下属往往也缺乏勇气去质疑这位标志性的老板，从而导致 CEO 周围充斥着溜须拍马、唯唯诺诺的下属以及那些"有用的傻瓜"（useful idiots）。

企业内外部许多人都认为，CEO 特质是与生俱来的；CEO 拥有完美的履历；甚至有迷信的粉丝认为成功的 CEO 不会犯错⋯⋯直到今天，许多人心目中的成功企业家仍旧属于"神级"人物：不是苹果公司乔布斯这种魅力先知，就是通用电气韦尔奇这种传奇总裁。他们是非常强势、胆识过人、拥有完美履历的商业精英；是带着超人般自信的意见领袖；是眼光独到、扭转乾坤的战略大师⋯⋯

然而，过度迷信和神话 CEO 很容易陷入另一个极端，即一言堂，企业内部难以出现和容忍不一样的声音与意见。特别是当那个被神话的 CEO 出现判断与决策失误时，企业内部缺乏另一股力量将企业拉回正轨。

2. 应对措施

对于迷信的粉丝和被神化了的 CEO 现象，可以采用以下方法来应对。

第一，破除对于 CEO 的神话，谨防对 CEO 偶像崇拜。CEO 也是人，也可能会犯错误。因此，员工要自我消除盲目崇拜的心理倾向。

第二，对 CEO 或高管决策保持理性思考与客观判断，甚至是批判性思维的态度，而不是一味地盲从。

第三，对于企业内部年轻员工的品德操守、生活态度等要进行潜移默化的引导。用正确的伦理道德和价值观来影响年轻人。

第四，在企业内部要坚决破除溜须拍马、唯命是从的马屁文化；同时，也要破除一言堂文化，允许企业内部异样声音的出现和存在。

13.2.4　虚弱的管理层

1. 表现

企业高管的伦理基调在很大程度上决定了企业整体伦理氛围，对企业非伦理行为起着决定性影响。许多企业财务舞弊案件都是由高级管理人员忽视道德伦理、践踏伦理底线引起的，而非基层财务会计人员的主观意愿与行动选择。现实中，部分企业管理层存在道德水平低下、缺乏经验、沾亲带故、利益冲突、工作分心、自私自利、玩忽职守等现象，无法在组织中起到道德榜样和模范带头作用，这也导致管理层在员工心目中缺乏威信，权力行使和指挥链条并不顺畅，难以引导全体员工形成正确的伦理价值观，塑造良好的企业伦理文化，内部控制也随之弱化。

2. 应对措施

对于管理层虚弱，可以采取以下措施来应对。

第一，加强对管理层的道德要求和行为监管。在企业内部运行管理上，要建立相应的伦理道德体系和管理制度，约束管理者及员工的日常行为规范。

第二，高标准严要求。管理者要树立更高的道德准则，公私分明、赏罚有度、公开透明、关爱下属，提升自己在下属心目中的个人形象和威信。

第三，设立专门的伦理监管机构，对管理者非伦理行为进行监督和问责。

13.2.5 冲突不断

1. 表现

企业中的冲突有几种不同的表现形式，比如针锋相对、任人唯亲、裙带关系等。这可能是企业内部权力地位的争斗所带来的，也可能是职责范围不明、责任归属不清、信息传递与理解偏差、看待问题的角度及态度不同等因素导致的，甚至个体情绪管控不到位也可能引发企业内部冲突。企业内部适度的冲突会产生积极的作用，但过度且频繁的企业冲突可能是企业乱象的外显，也是企业滑向伦理崩溃的重要信号之一。

2. 应对措施

为了应对企业内部频繁的冲突，可以采用以下措施。

第一，树立权威性的冲突管理机制。比如，专门设立冲突管理部门，当发生冲突时，由公正公允的第三方进行事实梳理和冲突解决。

第二，公私分明，合理清晰地划分权责界限。员工掌握一定的权力，也应当承担相应的责任；同时，建立合理的组织架构，减少多头领导/多头指挥的局面，尽量做到责权划分明确。

除了组织层面外，对于个体冲突解决，美国行为科学家托马斯和克尔曼提出了二维冲突应对模式，他们以沟通者潜在意向为基础，认为冲突发生后参与者有两种可能的策略供选择：关心自己和关心他人。其中，"关心自己"表示在追求个人利益过程中的武断程度；"关心他人"表示在追求个人利益过程中与他人合作的程度。于是，就出现了五种不同的冲突处理策略：竞争、合作、妥协、迁就和回避，具体如图 13-8 所示。

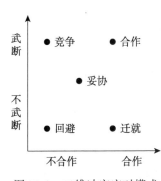

图 13-8 二维冲突应对模式

13.2.6 一切以创新为由

1. 表现

现实中一些企业内部整体存在一种盲目的自信：我们

是伟大的、不断创新的企业；目前存在的制度、规则、规范等约束是针对传统企业的，它们并不适用于我们这些创新企业。因此，我们的企业行为可以不受这些规则束缚。比如，当初部分互联网金融公司以商业模式创新、传统巴塞尔监管体系滞后于时代等理由挑战和逃避政府的金融监管，最终演化为金融爆雷事件。

2. 应对措施

第一，企业应当认清自身的能力边界，明白真理和法则是不能撼动的。伦理规范是人类文化演化过程中沉淀下来的共识性法则，很难因特定企业或特别模式而失去意义。再伟大、再成功的企业，也不能挑战人类留存的共识性法则，进而突破伦理规范的约束。因此，企业应该居安思危，以史为鉴，牢记最基本的经济规律和伦理法则，对制度规则与伦理价值心存敬畏。

第二，以市场导向为基准。企业创新应当回归市场机制的本位，要经得起消费者和时间的检验。市场才是检验创新是否成功的唯一标准。因此，企业创新应该以市场价值创造为导向，而不是将创新作为逾越制度和伦理边界的"道德制高点"。

13.2.7　良愿与事实相违背

1. 表现

现实中有些企业不断践行社会责任，关注弱势群体，促进公平。然而，企业管理层和员工却存在与事实相违背的认知误区。他们以居高临下的姿态，将企业慈善和社会责任行动视为一种施舍行为，是企业在泽被天下，因而应该被感恩。

扩展阅读 13.4　利益相关者理论

2. 应对措施

显然，上述现象违背了企业遵循伦理规范、履行社会责任的初心。针对良愿与事实相违背的现象，企业可以采取以下措施来改进：第一，切实转变企业对社会责任的态度，明确企业必须坚守的伦理底线。第二，了解企业所涉及的商业伦理和社会责任有哪些具体维度，企业在各社会责任领域的参与度如何。第三，真正站在企业公民视角，将社会责任履行视为一种对利益相关者应尽的义务，而不是对外界的恩泽。

13.3　企业非伦理行为的后果

企业非伦理行为是企业逾越伦理边界、损害利益相关者利益的非道德行为。企业非伦理行为造成的危害很大。一方面，如果企业存在大量非伦理行为，就会产生许多影响和干扰经营活动正常运行的乱象，并由此损耗组织资源和管理层精力，导致企业经营效益下降。另一方面，企业非伦理行为被市场披露后也将严重损害自身的形象，对企业合法性造成严重冲击。从社会层面来讲，企业非伦理行为若得不到有效抑制和治理，还可能造成社会道德滑坡。企业非伦理行为诱发的动机是管理层或员工对物质诱惑和个人私利的过度看重、道德操守和伦理约束的松懈、集体观念与规则意识的淡漠等。若任由这种价值观和非伦理行为肆意扩散、发展，所有企业成员都不能关心集体利益和对企业有责任感，拜金主义、利己主义、分散主义、享乐主义和个人主义就有可能随之盛行，终将导致社会经济秩序的混乱和社会道德的滑坡。

13.3.1　品牌声誉受损

 贴片案例

90%的头部奢侈品牌宣布停用动物皮草，爱马仕陷入孤立

近年来，在国际善待动物组织 PETA 以及女演员帕梅拉·安德森（Pamela Anderson）等意见领袖的敦促下，意大利奢侈品集团普拉达宣布，旗下品牌将从 2020 年春夏女装系列开始不再使用动物皮草。此外，加入国际零皮草联盟的品牌还包括香奈儿、古驰、范思哲、博柏利、阿玛尼等。当时，爱马仕和 LVMH 旗下的路易威登仍未正式表态。有业界人士表示，普拉达这一举措对爱马仕而言无疑是一记重击，仍然坚持使用珍稀动物皮草作为原材料赚取高利润的爱马仕已陷入孤立，将面临巨大挑战和压力。

2015 年，爱马仕陷入虐杀鳄鱼风波，PETA 控告两个分别位于德州和津巴布韦的爱马仕鳄鱼皮供应商虐杀鳄鱼，并发表秘密录制的农场录像，视频中爱马仕鳄鱼皮供应商的养殖场里一只鳄鱼在同类面前被割喉，引发广泛的争议，简·柏金（Jane Birkin）看到该视频后一度要求爱马仕停止用她的名字命名手袋。受一系列视频和报道引起的舆论影响，爱马仕柏金包手袋在消费者心目中的形象大打折扣，也令它受追捧的程度有所减轻。

品牌管理理论认为，一个成功品牌会给其拥有者带来更高销售额或品牌溢价。通过品牌定位、品牌内涵、品牌形象以及品牌传播来打造品牌，可以带来如下优势：垄断市场（减少或消除竞争）、提高客户忠诚度（提高转换成本）、抵御潜在威胁（提高进入壁垒）等（图 13-9）。

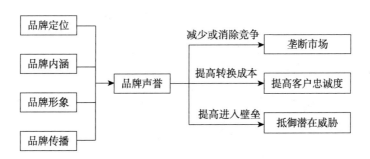

图 13-9　企业品牌作用路径

在当今商业世界，诚信经营是负责任企业的标准之一。任何不道德行为都会严重损害甚至摧毁企业形象或品牌声誉。随着消费者变得更有道德意识，道德品牌可以为企业

提供一种与众不同的竞争优势。大量研究表明，合乎道德的经营活动有助于保护和提升品牌价值，增强企业公民和消费者的信心；不道德企业行为则会影响消费者对企业品牌的感知，损害消费者对品牌的信任。

当了解产品/服务由一个有道德的企业提供时，消费者会对业务有信心。毫无疑问，他们会光顾该企业的产品或服务。毕马威会计师事务所 2002 年发布的《道德企业和可持续社区》报告显示，91%的消费者更倾向从其认为符合道德准则的企业购买商品或服务。对于一个以道德方式开展业务的组织来说，它越来越成为客户的首选。当关心道德的客户意识到某一特定企业以可接受的方式经营业务时，他们更倾向于光顾该企业。Green Match 2019 年发布的研究报告显示，90%的千禧一代消费者表示，会因为价值观不同转向其他品牌，也表示对主动采取可持续发展措施、承担道德责任的品牌更有好感，且认为这些价值观比价格更重要，他们愿意花更多钱购买以可持续发展方式生产的产品。

由此可见，道德因素是影响消费者购买决策的重要因素。当企业违背道德规范，发生非伦理行为时，会从品牌形象和传播两方面严重挫伤消费者信任。与正面信息相比，人们更倾向于关注负面信息，且在同等情况下，负面信息对人们认知的影响和冲击更强烈。因此，企业非伦理行为会极大地损伤品牌形象，甚至推翻已树立的正面形象。数字时代，社交媒体使客户和公众能够快速传播对企业的产品、服务或员工的任何不满。企业非伦理行为被披露后的舆情扩散将是一个短期内难以修复的声誉风险，负面评论留存永久的数字足迹，就像一个企业无法抹去的电子文身。这将挫伤企业品牌形象，进而使企业丧失品牌溢价和市场竞争优势。

 贴片案例

三星 Galaxy Note7 手机爆炸

2016 年之前，三星手机一直处于世界销售量领先的地位，口碑也非常不错，然而在 2016 年，一款三星 Galaxy Note7 手机在发布不到两个月的时间里，电池方面的原因导致自燃而发生爆炸，给消费者带来非常大的伤害。

后来，三星公司被迫召回了 250 万部这款当时最昂贵的手机，这起事件不但让三星公司在经济方面损失了数十亿美元，在声誉方面也付出了巨大的代价。此后，三星手机的市场份额明显降低，在消费者心中的品牌形象也一落千丈。

13.3.2 融资约束增强

 贴片案例

最严退市新规

2020 年 12 月 14 日国家出台了最严退市新规，A 股加速优胜劣汰。据统计，2021

年以来,沪市和深市有 884 家公司因违规问题收到罚单,受到罚金处罚的公司有 98 家,其中有 66 家涉及财务相关问题,占比达到 67.35%。对此,机构表示退市新规增加了财务造假的量化标准,有助于 A 股"良币驱逐劣币"。

其中一个典型案例是证监会为查明某公司财务真相,借助北斗卫星并委托两家第三方专业数据分析机构对该公司作业情况进行航行定位数据分析,最终认定该公司存在营业成本、营业外支出、虚增资产减值损失、利润、抽测等多处数据造假,从而对其做出正式行政处罚。同时,还查明该公司涉及《年终盘点报告》和《核销公告》披露不真实、业绩披露不真实、不及时披露业绩变化情况等多项违法事实。

严格的道德规范有助于企业建立信任关系。一个展示了良好道德价值观的企业更有可能获得利益相关方的认同和信任。对于股东来说,由于道德经营产生的财务和非财务成本,企业派发的股息可能在短期内会有所减少。但从长远来看,由于人们对企业诚信经营行为和负责任形象的了解,他们预期企业经营状态和营业收入会不断改善,更多的股息会分配给股东。因此,从股东的角度来看,企业经营合乎道德为持续繁荣奠定了良好的基础。事实上,许多长期投资者(比如养老基金购买者)对企业的信任不仅仅出于财务投资的目的,还带有强烈的社会动机和伦理导向。近年来,有道德意识的投资者数量不断增加,凸显了企业伦理运作的重要性。

为了在全球市场上保持可持续竞争力,企业逐渐认识到遵守良好道德规范的必要性。一方面,非伦理行为会对企业融资机会造成不利影响。当企业发生非伦理行为时,声誉受损不仅体现在消费者市场(顾客)和劳动力市场(员工)上,也会严重破坏企业在资本市场上的信用评级。"如果你是一家没有诚信和道德的企业,我为什么相信你并把钱借(投)给你呢?"这显示了许多投资者的伦理态度。现实中许多投资者都将企业在社会中的道德行为作为选择投资对象的重要判断尺度。另一方面,非伦理行为也会显著提高企业融资成本。发生非伦理行为导致企业风险增加(尤其是外部投资者面临的道德风险)。因而,即使投资者愿意投资,他们也可能要求更高的投资回报率以弥补自己额外承担的风险。这意味着,企业想要获得新的融资,将不得不付出更高的融资成本。

13.3.3 员工忠诚降低

员工是企业的重要利益相关者。依循伦理运作不仅对组织有积极意义,更对身处其中的员工有重要影响。然而,世界上还有很多企业使用着工资远低于最低工资标准的劳动力,不遵守劳工健康和安全标准,让员工身处恶劣的工作环境。此外,组织内部还存在各类不公平与歧视问题等。

企业非伦理行为会挫伤现有员工的忠诚度和积极性。企业内部的伦理氛围和伦理准则显著影响员工对企业的认知评价。若企业伦理氛围糟糕、伦理准则常常被践踏、企业非伦理行为频发,则会失去对员工的道德吸引力,破坏员工与企业之间的情感纽带。另外,企业非伦理行为频发也是对劳动力市场上雇主品牌的严重破坏。人们普遍倾向选择为有道德的企业工作，一家没有道德感或道德水平低下的企业，其雇主的吸引力自然大打折扣。企业伦理对员工忠诚的影响路径如图 13-10 所示。

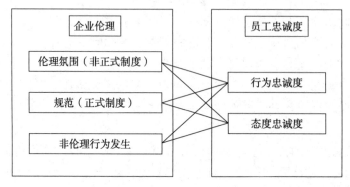

图 13-10　企业伦理对员工忠诚的影响路径

13.3.4　负的外部性影响

　贴片案例

山东多家保险粉企业严重污染环境，居民健康受威胁

在山东省海阳市台上村，金海化工排出保险粉工业污水，从企业污水处理站边的沟渠直排五龙河。台上村的村民表示，由于金海化工主要生产保险粉，排出的废水含有大量焦亚硫酸钠、二氧化硫、甲醇和环氧乙烷等，台上村村民基本都有呼吸道疾病，国家征兵时村上已无人体检合格。村民使用的地下水被严重污染，井水无法饮用，只能买桶装矿泉水度日，每天吸着毒气，村民的生产、生活和身体健康受到了极大影响。

据调查，山东烟台金海化工有限公司、山东金河实业集团、山东双桥化工有限公司在生产过程中排放的废气使人恶心、头晕、呕吐，排放的废水污染了地下水，导致附近居民农作物无法食用，已陷入无法生存的困境。

外部性是一个经济主体的经济活动对另一个经济主体所产生的有害或有益的影响。被影响的经济主体利益并没有以市场价格表达，这就是经济行为应当具有伦理维度约束的重要原因之一。企业非伦理行为造成的负的外部性影响是不道德的，因为它们会对其他主体造成无辜伤害。负的外部性影响通常被理解为一种社会成本。例如，工业企业生产过程排放的废水废气，可能会对大气与水资源环境和当地居民生活健康造成严重的负面影响。这些消极影响并没有被纳入工业企业的运营和生产成本，产品提供者（企业）没有任何经济上的负担。因此，若没有外部制度监管（环保执法）和企业自身的社会责任认知提升（以道德为导向的生产经营活动），这种损害第三方利益的负的外部性生产活动将可能一直存在。

13.4　企业伦理系统构建的管理哲学

企业管理的本质不仅是追求效率，还要注重经营活动产生的实际效果。效率是指把事情做正确，效果是指做正确的事情。相较于效率，关注效果目标有更大的意义，它是影响企业管理的首要目标。企业伦理决策和社会责任行动在很大程度上受到企业经营者底层管理哲学的影响。在不同管理哲学的引导下，企业的伦理价值、德性强度和社会责任履行可能存在明显差异。

13.4.1　财务底线管理方法

财务底线管理方法（Financial Bottom Line Management）将企业财务价值创造视为最主要的经营目标，认为企业应该最大化组织盈利能力，当组织最大化自身财务价值时，社会福利也得到了最优化。早期西方资本主义认为，从纯经济学角度来说，企业的行为目标就是利润最大化，企业存在的根本原因就是盈利。企业经营通过产品加工或者提供服务等方式来产生价值，盈利是保证企业能够持续生产的重要基础；即便短期无法盈利，未来也需要盈利，这样才能保持企业生产。资金投入、采购、加工、生产、卖出、盈利、继续投入资金和资产构成了一个循环。如果企业不盈利那么这个循环就会被打破。

同时，企业盈利也影响资本市场上企业的价值。企业盈利能力或者潜在盈利能力是投资者评估企业价值的重要因素。企业不盈利，则难以吸引投资者，企业在资本市场上就会贬值，市值会蒸发，这是企业股东不愿意看到的。

坚持财务底线管理方法是企业生存发展的重要因素。从经济理性和因果功利主义的角度来说，财务底线管理方法是有效的。因果功利主义聚焦于最优化行为的恰当性，恰当性是由行为对每个参与者整体幸福结果的影响来度量的。当组织的结构和系统以最大化每个个体的幸福感来组合安排时，就是合理的。因果功利主义认为，合乎道德的管理应该最大化企业的财务结果，经济学家弗里德曼就是财务底线管理哲学的拥护者。

尽管财务底线管理方法获得了广泛的认可和重视，但也正在遭受越来越多的批评——这种管理哲学的经营活动有意无意地产生了负的社会和生态的外部性。例如被人们称为"中子弹杰克"的通用电气前董事长兼 CEO 杰克·韦尔奇。当初他一上任就宣布，任何通用电气的部门，如果做不到行业第一或者第二就会遭到关闭或者出售，这种行为导致成千上万名通用电气员工被解雇。在这种"不执行即灭亡"的氛围下工作，通用电气的员工可能会从事非法或不道德的行为。随着通用电气神话的破灭，韦尔奇所代表的财务底线管理方法也遭到批判。

13.4.2　三重底线管理方法

三重底线（Triple Bottom Line，TBL）模型由英国学者约翰·埃尔金顿提出，认为企业行为要满足经济底线、社会底线与环境底线（图 13-11）。其中，经济责任是最基本的企业责任，主要体现为企业有责任提高经营利润、按章纳税和对投资者分红等。环境责任就是企业应该关注环境保护，减少生产经营行为对环境的污染。社会责任就是企业对社会其他利益相关方应该承担的责任。

图 13-11　三重底线模型

三重底线管理哲学强调，企业增强财务获利能力的同时应该降低社会和生态负外部性。企业满足三重底线不仅是计量和披露企业的经济、社会和环境业绩，而且包括一系列的价值观、问题和过程。企业要考虑利益相关方与社会的期望，控制业务活动对社会和环境可能产生的负面影响，追求经济、社会和环境价值的平衡。在这一阶段，人们对"企业社会责任"的概念逐渐有了更深刻的认识，认为企业不仅要对股东负责，追求利益目标的同时还要承担最基本的社会责任和环境责任。

三重底线管理方法基于企业管理者可以找到"三赢"解决办法的假设，即企业既能增加盈利能力，又有利于人类和星球。追逐可持续发展，意味着"在不损害子孙后代满足他们需求能力的条件下，满足当前一代的需求"。从某种意义上讲，三重底线管理哲学类似某种类型的平衡记分卡，其背后的基本原则是：因为正在测量的内容很可能就是你所关心的，你所测量的就是你得到的。只有当企业开始衡量其社会和环境的影响时，才能称为对社会和环境负责的组织。因此，当今经济社会中，经济责任已经不是定义企业成功与否的唯一要素，越来越多的企业开始认同可持续发展理念，大部分企业开始注重三重底线中的环境责任和社会责任，而不是单纯地追求企业利润。

沃尔玛公司是三重底线管理方法践行者的典范。它把"零浪费"的理念延伸至整个供应链，从农业、产品的制造到终端的消费，与供应商、消费者、非营利组织一起通过实际举措，致力于构建一个"循环经济"。比如，要求供应商设计可循环利用、可回收的产品和包装，给消费者提供指导、建议购买可循环流通的商品。TBL 管理方法在硅谷也被广泛采用。硅谷企业为员工提供免费的有机午餐，这样可以提高员工健康、工作满意度及生产力。TBL 管理方法在世界范围内已经成为主导管理范式。2011 年，英国排名前100 大的企业都在年报中发布了社会和生态绩效，日本、美国、加拿大、中国排名前100 的大企业中发布这些绩效的比例分别为 99%、83%、79%、59%。

坚守三重底线管理哲学并不必然损害企业盈利能力，反而会促进企业价值创造。研究表明，当企业被列入道琼斯可持续指数（DJSI）的名单之后，股票价格会显著上升。这表明，伴随着社会-生态福利的提高，公司的财务价值也得到了相应提升。从一个"好的"管理意味着什么的角度看，与 FBL 管理方法相比，无论从经济理性还是从因果功利主义的角度看，TBL 管理方法都更为有效。采取 TBL 管理方法的企业在财务绩效方面会优于采取 FBL 管理方法的企业；从道义上讲，TBL 管理也被认为更有道德效果。

13.4.3　社会生态管理方法

社会生态管理方法（social and ecological thought management，SET）强调企业在增强社会和生态福利的同时维持财务可行性。SET 管理方法鼓励管理者提高社会和生态福利,即便这样做不能最大化组织的财务绩效。也就是说,SET 管理方法意识到企业管理是能够超越最大化财务底线,并嵌入在更广的社会和生态环境中。

社会生态管理方法注重经济与社会、生态三者的平衡与持续发展,它意味着一种管理范式的转变,即从传统的"线性、理解性"管理转向一种"循环的渐进式"管理。社会生态管理强调更多公众和利益相关者的更广泛参与,它是一种民主的而非保守的管理方式。

与 TBL 管理方法相比,SET 管理方法更强调企业应该采取积极行动增加正的社会/生态外部性。从长期的角度来看,社会生态管理方法能够在经营管理的同时兼顾企业内外部利益相关者的利益,不仅更具有经济上的有效性及可持续性,而且它是基于美德理论(virtue theory),聚焦于如何通过在社区中践行美德来提升幸福感。

当前,越来越多的人意识到绿色管理不仅是维持合法性的防御机制,而且是企业持续存在的基础,这也与可持续商业实践的道德基础一致。这就要求企业管理者要整合生态福利和组织的社会经济福利,不仅仅最大化组织财务绩效,更要关注社会生态价值创造。管理者应该倾听更为多元的利益相关者的声音,并且在战略决策时为生态环境和社会价值创造留存一个位置。

13.5 企业伦理系统构建的战略路径

13.5.1 重新认知企业二重性

虽然现代企业是一种营利性组织,但其兼具经济属性和社会属性两重特征。因此,企业在经营决策时,需要兼顾市场–产品战略与非市场战略(图 13-12)。

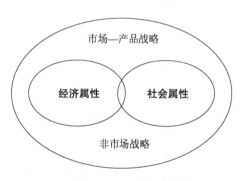

图 13-12 企业二重性

作为经济主体,企业存续的首要目标是为社会提供优质的产品和服务,通过顾客价值创造获得经济利润,进而存续和发展。市场经济活动的顺利开展离不开企业的生产和销售活动,离开了企业的生产销售活动,市场就成了无源之水,无本之木。因此,企业生产经营活动直接关系着整个市场经济的繁荣和发展。社会生产和流通都是企业承担和完成的。因此,市场–产品战略是至关重要的竞争战略之一。

除了经济属性,企业还具有社会属性,需要承担一定的社会责任,因此,在高度重视消费者和客户利益的同时,企业还应兼顾内外部利益相关者的利益。比如,只有以诚信为基础的企业才能赢得员工的信赖,才能形成共同的价值观,为实现共同目标而奋斗。只有以诚信为基础的企业才能赢得客户的信任,通过诚信服务建立心灵链接,才能为企业带来恒久的效益。因此,诚信经营成为企业社会化过程中必然的道德践行。

企业社会属性主要体现在,除了创造和追求经济利润外,企业还需要为了一个更美好的社会贡献积极的价值。企业除了采取市场化产品经营策略外，还有必要嵌入非市场化策略。比如，当前我国政府倡导的共同富裕将为企业创造更具包容性的外部发展环境，也提出了更好的使命目标。以慈善公益为主题的第三次分配，将产生改善民生、缓解社会矛盾、提高社会稳定程度等外部效应，这必将正向促进企业获得更包容的融资条件、更高的劳动生产率和更好的市场环境。包括广大企业在内的各市场主体也需要认清趋势，把握机遇，主动参与收入分配体系调整和改革，发挥自身优势，提高创新能力，锻造核心竞争力，分享中国经济高质量发展成果，推动共同富裕的实现。

13.5.2　树立可持续商业思维

商业与社会的紧密度将由于数字化、智能化、网络化的作用而日益加强。社会对可持续发展的认知提升将催生打破企业边界的商业模式，产生社会化的合作模式，出现新的产业融合、跨企业协同，企业之间围绕着责任、利益、生存、发展将形成你中有我、我中有你的新生态格局。未来不再是简单的产品与产品的竞争、市场与市场的竞争、企业与企业的竞争，未来将是业态与业态的竞争。

可持续商业思维要求重新审视可持续发展理念，并贯穿商业活动的战略、运营、价值创造与发展的各个环节和完整体系（图 13-13），以可持续发展为目标，创造出新的技术、新的模式、新的生态，演进美好商业。与此同时，商业主体将自身的核心价值、经营领域、关键技能、综合资源应用于参与社会治理、解决重大社会和环境问题的过程中。企业需以确立社会目标为基础，并在社会进步和环境和谐的进程中扮演积极推动者的角色。

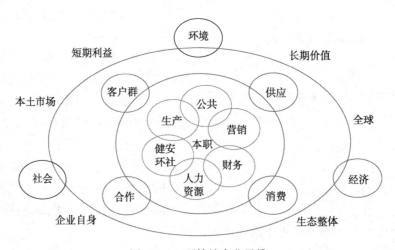

图 13-13　可持续商业思维

在企业实际经营管理中，需要对标全球可持续发展标准、国标及行业标准，统一协调整合企业的内外部标准体系，同时在生产与流通环节、产业链上下游中共享价值行为。在源头识别相关社会责任管理议题，通过使命驱动、愿景指引、价值倡导，与各相关方共享利益，建立可持续的商业模式（图 13-14）。

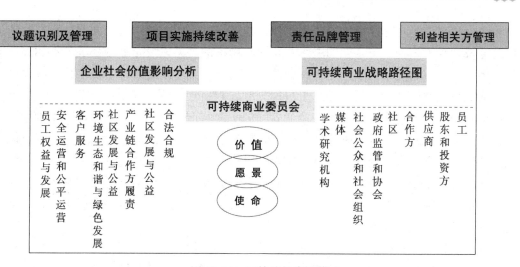

图 13-14　可持续的商业模式

ESG 是 environmental（环境）、social（社会）和 governance（治理）的缩写，是一种关注企业环境、社会、公司治理绩效而非传统财务绩效的投资理念和企业评价标准。环境是指企业对环境的影响，例如企业环保政策、员工环保意识、生产废弃物排放措施等；社会是指考虑企业对社会的影响，例如企业社区关系、员工健康、职场性别平等；治理是指企业的公司治理，例如内部权力争夺、管理层的有效监督、高管腐败等。投资者可以通过观测企业 ESG 评级来评估投资对象在绿色环保、履行社会责任等方面的贡献，对企业是否符合长期投资做出判断。

13.5.3　明确伦理目标导向

企业伦理系统构建的目标导向可分解为三层面，即法律层面、道德层面和信念层面（图 13-15），这也是衡量企业伦理行为的三条杠杆。

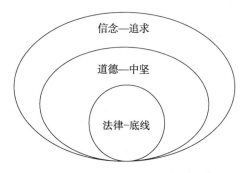

图 13-15　三层面伦理目标

首先是法律杠杆。这也是对企业伦理责任的最低标准，所有企业必须严格遵守。依法经营是国家和社会对企业最基本的要求，就像守法是国家和社会对公民的基本要求一样，依法经营也是企业在市场竞争过程中必须遵循的基本原则。市场经济是法治经济，企业必须遵守法律规范并借助法律手段保证在市场经济中的持续稳定发展。在社会主义市场经济背景下，企业与企业的关系、企业与国家的关系以及企业内部各利益相关者的关系都依赖法律制度来调整和维护。因此，只有依法治企才能确保企业平稳健康发展。

其次是道德杠杆。道德自律高于法律规制，它引导企业坚守伦理规范。企业外部伦理要求其遵守市场秩序、公平对待消费者、公平参与市场竞争等。企业内部伦理则是企业内部人与人之间保持良好关系的基础，也是企业正常运转、避免各种矛盾发生的前提。从道德伦理角度来讲，企业的规模和影响力越大，就越应该履行与其影响力相匹配的伦理责任和义务。企业要树立正确的义利观，利他方能利己，唯有在经营中注入"以义为利"的道德血液，标注"道义担当"的精神境界，形成义利兼顾的企业价值观，企业才能与社会共赢。

最后是信念杠杆。信念杠杆也是对企业的最高道德要求标准，是每一家负责任的企业应该努力追寻的使命担当。只有恪守良知、坚守责任、不忘初心，企业才能持续稳定发展。良知和责任不是口号，而是知行合一的企业信念，是实实在在的生产力、竞争力和影响力，这也正是基业长青的本源动力。比如，在当前共同富裕的新时代背景下，广大企业应该提高发展的平衡性、协调性、包容性，更多地回报社会，努力成为共同富裕的践行者和推动者。

企业伦理系统构建目标中的法律责任、伦理责任和信念责任三者逐一递进和升华。其中，法律责任是所有企业应该坚守的底线，任何企业都不应该触碰和逾越这一道红线——它是维系市场经济基本秩序的基础。伦理责任则是企业伦理管理系统的中坚力量。法律底线只能约束企业"不做坏事"，却无法激励企业"多做好事"。因此，企业需要不断提升自己的伦理基调和组织德性，充分发挥伦理自律机制这一中坚力量抑制消极伦理行为，激发积极伦理行为。信念责任则是企业伦理管理系统追求的最高目标。认知高度决定行为厚度。只有坚守理想信念，不忘初心，才能为企业践行伦理责任注入不竭的动力。

13.5.4　遵循伦理决策方法

"五问法"是企业伦理决策的基本方法。企业进行经营管理决策时，需要考虑以下几个因素（表 13-2）。

1. 是否可获利

经济属性是商业组织的天然属性，企业存在的根本原因是为利益相关者（尤其是股东）创造财富。若无法盈利，企业则难以生存和发展。

2. 是否合法

该问题是企业决策的根本原则。法律是道德的底线，也是企业经营决策中必须遵守的红线。若企业为了谋求经济利益弄虚作假甚至违法犯罪，那等待企业的只有严厉的监管和处罚。

3. 是否公平

企业决策应当遵循公平原则。在市场竞争方面，恶性竞争会破坏社会公平竞争和发展环境。比如，企业应该严格遵守《反垄断法》，公平参与市场竞争。

4. 是否正确

该决策是否符合决策者的基本价值观，是否与社会主义核心价值观保持一致，企业提供的产品和服务不能违反基本的道德信念与准则。

5. 是否可持续发展

是否给利益相关者带来负的外部性，是否污染环境、影响未来可持续发展……都是企业在决策时需要考虑的问题。

表 13-2 "五问法"伦理决策

决策是否……	检查利益相关者利益
可获利?	盈利、股东财富
它合法吗?	合规性
它公平吗?	社会价值
它正确吗?	个人信仰与道德职责
它能可持续性发展吗?	环境问题，未来可持续发展

遵循"五问法"伦理决策的主要目的是保证企业决策者既考虑股东利益又兼顾其他相关者的利益。当企业在重大决策中严格遵循上述伦理决策程序时，就能够将可能违背伦理准则的行动扼杀在初始决策阶段，避免非伦理行为的真正发生。

13.5.5 重塑道德领导力

企业家自身的道德素质和伦理认知非常重要。企业伦理价值取向在很大程度上取决于决策者个体的道德素养。诚信、正直、公正、包容、共享等高管个体伦理价值是激发企业伦理行为、规避企业非伦理行为的重要基础。高阶梯队理论和烙印理论都强调，企业家和高管人员的伦理认知与伦理基调将对企业伦理氛围和伦理行为产生决定性影响。因此，企业家和高管人员要多流淌"道德的血液"，重塑道德领导力，为企业树立良好的伦理基调。

通常，有三种心理机制会导致不道德行为发生，即绝对权力、文化麻木和合理化忽略。其中，第一种机制是绝对权力。它会让人变得狂妄自大、予取予求，从而觉得自己的行为不需要有分寸。第二种机制是文化麻木。面对一个人的不道德行为，群体中的其他人可能会有样学样，久而久之，不道德规范便会被人们接受并逐渐演化为集体不道德行为。第三种机制就是合理化忽略。发生不道德行为时，有些人为了得到更直接的回报（比如，与有权势的人保持良好关系），选择不把这类行为披露出来。

近年来，企业领导者是不是普遍都变得越来越不道德了呢？为这种说法寻找证据是很难的，甚至是不可能的。不过，有些人已经开始敲响警钟。沃伦·巴菲特在写给伯克希尔·哈撒韦公司股东的年度信函中解释了公司的做法。他在信中指出：

"我和副董事长查理·芒格注意到，管理层为了迎合华尔街的期望，在会计和运营两方面做出了各种不良的企业行为。为了不让华尔街失望，他们一开始就做出了'无关痛痒'的造假行为，比如在季末大量塞货、对保险业务损失加剧视而不见、动用'饼干罐'的储备金，殊不知这样做等于是踏出了彻彻底底的欺诈案的第一步。"

那么，企业高管人员怎么知道自己或所领导的企业是否走上了不道德的道路呢？自己或企业是不是已经出现了绝对权力、文化麻木或者合理化忽略的演化机制呢？以下这些方法，不仅能帮助我们找到答案，还能够抵抗不道德行为的发生。

1. 绝对权力

很多不道德行为的根源是一种所向无敌、能力超强的认知错觉。这种感觉不仅能激励人，还能让人感到兴奋。对拥有绝对权力的领导者来说，规矩是为别人制定的，完全不适用于自己；在他们眼中，自己拥有越界或者重新划界的权力。

绝对权力不一定是坏事。有时候，要想取得突破，需要的就是大胆行动所带来的快感。但是，你的职位越高，绝对权力就变得越像一种负担。所以，当周围人不肯或者无法让你脚踏实地时，你就要特别注意了。当没有人阻止你时，你就有麻烦了。要想衡量是不是拥有了"极端的绝对权力"，有一种方法就是问问自己：人们对你决策的反应是不是只有掌声、顺从和沉默。

平衡绝对权力的方法，就是对自己的缺点负责。能够照照镜子，意识到自己并非凌驾于一切之上。如果你是道德领导者，就要认知到自己的弱点，并时常进行反思。同时，你很可能还需要别人的帮助。最高效的高管通常会向身边敢于直言的亲密同事、朋友、教练或导师寻求有关自身表现和判断力的反馈。同样，也应该找一群自己信赖的同行，鼓励他们向你提供逆耳的忠言。此外，领导者还要赋予核心团队成员"提出异议的义务"。

2. 文化麻木

不管你的原则性有多强，每个人都要意识到，时间一久，你的道德准则也会变得与组织或团队文化一致。这是文化与行为趋同的必然结果。比如，渗透犯罪集团的卧底工作也可能让警察陷入文化麻木状态中，从而做出不道德行为。同样的"道德陷阱"也会在企业中出现，在道德陷阱的影响下，你需要在融入文化和坚守价值观之间做出心理上的权衡。如果公司的文化与你的价值观不符，或者公司的理想、行为和奖励机制相互冲突，人们可能就会陷入文化麻木的状态。一开始，你的行为和性格会形成讽刺性的反差，又或者你会对工作文化感到又失望又无奈。但是，大脑还是需要化解文化和价值观之间的矛盾，于是过了一段时间，你就会习惯在言语上冒犯别人，而自己却浑然不知。又或者，你的行为会变得与你原来的性格不符。

道德领导力出现最严重的崩溃，是在存在文化麻木的时候，因为文化麻木很难被察觉。对曾经越界的领导者来说，越界不是一个明确的选择，而是他们在泥泞的道路上走入迷途、难以辨清是非对错的状态下犯下的错误。他们不仅对别人甚至对自己的言行变得麻木，还失去了自己的客观性。基本上，他们的警钟早已不再响起。所以，你要注意自己是不是陷入了道德陷阱中：当你认不清自己，从而不由自主地遵循集体的不道德规范时，你就要意识到，这些都是道德陷阱存在的迹象。

文化麻木与拥有绝对权力的情况一样，获取局外人的看法对问题的解决有帮助。你可以向你信任的朋友或者家人求助，如果你的言行出现了变化，而你却浑然不知，这些人或许能够察觉得到。此外，你也要常常脱离组织，看看你的组织和其他组织之间是否存在文化上的差异，同时提醒自己，其他组织的运作可能有所不同。

3. 合理化忽略

如果犯个小错能带来某个有形的奖励，而且被抓到的风险很低，人的大脑就会为这个小错进行有力辩解。

举个例子：在某个制药商的生产线上，一位实验室助理在匆忙之中忘了把妆全部卸掉，结果不小心让一点睫毛膏掉进了一批药中。这批药的量非常大，相当于一个中等大小国家一年的供应量。这颗微小的杂质在药里留下了一条细小的黄色痕迹，但是过了短暂瞬间，它就消失得无影无踪。这种药是用来救命的，而且很有价值，但里头却加了一点点应该不会有害的化妆品。

换作是你，你会不会举报这件事呢？如果你是这名助理的经理，而她偷偷地找你求助，你会不会把这批药销毁？你很清楚，如果药物的生产出现严重延误，病人可能就会受苦，甚至死亡。在这样的情况下，你会不会改变主意？你在做决定的时候，会不会把生产预算的增加和公司财务状况的不明朗纳入考量？你也知道这件事在更大程度上关系到上司们的利益，所以他们可能会对这起事件视而不见。既然如此，你还会把问题推上去给上司处理吗？

许多领导者曾面临过获得奖励和正确行事之间的抉择。但是，当你开始以"这是特殊的情况""想做事就得玩转一下规则""我们是来赚钱的，不是来做善事的"为由，在自己和别人面前把某些行为合理化的时候，情况就会变得越来越糟了。

渐渐地，这些最初的小错误会累积成更严重的错误，最终形成习惯。你明知道这些都是坏习惯，但是在那样的情况下，你会开始觉得这些习惯的养成是情有可原的，甚至是可以接受的。最后，这些习惯就会形成你的道德品质。越界在哪一刻发生，是一件很难确定的事，但是在情况刚开始变糟时就改正轨道，总比在全速脱离正确轨道时进行修正容易得多。

权力让人腐败，但是更多时候，权力会渐渐地腐蚀人心，而这一切，往往就是人们用花言巧语为不道德行为寻求合理化辩解所导致的。克制这种心理机制的方法有：制定正式合约和社会契约，将正确行事的义务赋予你自己和你的同事们；奖励道德行为；设定一些行为边界，并把这些界限清晰地告诉大家。设定界限的方法很简单：你要问问自己，有哪些事是你不会为了获利或者乐趣而做的。把这些事情列出来，并把这份列表放在一个便于阅读的地方，偶尔拿出来让团队看看，能够提醒大家行为的界限是什么。

实际上，对许多领导者来说，道德领导力的实现是没有什么捷径可走的。道路是要一步步走出来的。因此，道德领导力在很大程度上依赖你自己的判断。正因如此，你所面对的道德困境要么让人受到孤立，要么让人难以启齿，使你在同事面前选择隐瞒这些难题。承认自己左右为难、不知道如何是好，有时候会让人感到难为情。但是，你也必须认识到，工作本来就是这样的，所以遇到道德困境的时候，应该开门见山地去应对。

大多数企业早已在文化和结构方面设定了制衡机制，比如价值陈述、企业社会责任指导原则，甚至举报机制。尽管如此，领导者也必须意识到，有些心理状态会促使人们（包括他们自己）跨越道德界限。你要了解绝对权力、文化麻木和合理化忽略的危险之处。能够做到这一点，等于是第一次在职业生涯的漫漫长路上安装几个警告标志。在这个过程中，你难免会遇到一些阻碍，但是你越是有能力处理这些问题，你就越有可能完整保持自己的正直。

13.6 企业伦理系统构成

为了改善和推进企业伦理责任的履行效果，企业需要不断完善伦理管理系统。具体来讲，企业可以从正式制度、非正式制度等多方面构建和完善伦理管理系统。企业伦理系统中的正式制度因素和非正式制度因素都对员工伦理决策与伦理行为产生影响，二者之间互为补充，共同决定员工行为的伦理边界。企业伦理系统构成要素如图 13-16 所示。

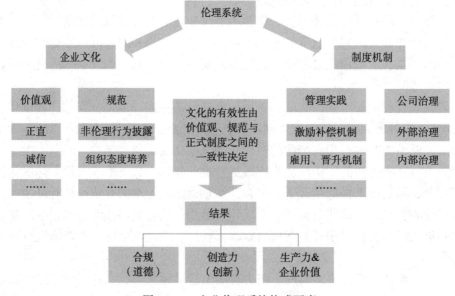

图 13-16　企业伦理系统构成要素

企业伦理系统中的正式制度因素主要包括公司治理机制、道德行为准则、激励惩罚机制、晋升淘汰机制等。目前，越来越多的企业明确制定企业应遵循的基本道德行为规范，即企业日常业务活动应当遵循的道德准则和伦理边界，通过伦理制度化的方式来规范企业及员工个体行为。比如，华为、海尔等公司都设立了专门的伦理管理机构，并制定了详尽的商业行为伦理准则。

企业和员工伦理决策除了受到正式制度力量的约束，还在很大程度上受到企业伦理氛围和整体价值取向等非正式制度因素的影响。因此，企业伦理系统构建过程中还应该重视通过伦理价值塑造和企业文化建设等方式形成良好的企业伦理氛围，以文化熏陶提升全体员工的伦理基调，并对其行为进行伦理价值引导和道德约束。

13.6.1 企业伦理制度建设

建立健全监督机制是企业内部伦理制度化不可或缺的重要环节。企业伦理系统崩溃的一个重要原因就是缺乏有效的监督机制。在企业运营管理过程中，要建立相应的伦理道德管理制度，约束管理者及员工日常行为。若企业内部监督机制不完善，仅仅靠道德约束的力量将难以完全避免伦理失范行为发生。因此，企业需要设立专门的监督机构，制定监督机制和惩处规则，对员工非伦理行为进行强有力的监督和事前约束。

1. 设立伦理管理机构

企业应当设立具备独立性的伦理管理机构，并对伦理管理部门授予较高的执法权威和权力强度。伦理管理部门负责制定企业伦理管理规范，并对非伦理事件具有独立的取证、判断和处理权力，特别是在企业制定和下达涉及伦理因素的管理制度与决议时。

制定管理制度与决议时，需要企业伦理管理部门参与并审议通过后才能予以下发执行。这样可以确保企业经营活动的伦理嵌入与价值先导原则，避免企业经营活动与社会伦理规范相冲突。同时，企业伦理管理部门还应将企业伦理决策制度的制定与实施向员工公开，提高企业运行透明度，积极加强监控，建立信息反馈机制与检举者奖励制度等。

2. 建立伦理监督机制

防范和抑制非伦理行为，首先要发挥企业内部规章和监督机制的威慑作用，增加员工实施非伦理行为的成本。员工实施非伦理行为有一个成本与效益估量过程。员工逾越伦理规范的成本包括非伦理行为被伦理管理机构发现后面临的惩处和声誉损失。显然，若企业并无明确的伦理规章，对非伦理行为的惩处也未做出明确规定，或者伦理行为监督不到位，就无法对员工非伦理行为形成有效的事前威慑。企业伦理管理机构必须通过制度条文的形式对企业无法容忍和坚决反对的事项做出清晰的界定，并明确员工一旦逾越或违反上述事项需要承担的惩罚代价。

企业应针对全体员工建立伦理道德监督机制，既包括一般员工，也要涵盖管理者，并在公平、合理、规范中实施伦理监督。伦理监督机制的执行要根据企业自身状况具体安排，制定相关标准和指标。伦理监督机制应该自上而下实施，这既有利于伦理监督活动的顺利开展，也能让大家提高对伦理规范尊崇的重视和敬畏。伦理事项的衡量标准和监督过程要尽可能地量化，做到公正和客观，易于分析和反馈结果。同时，企业要将伦理监督与评价结果纳入绩效考核体系，借由伦理监督与考评机制的结合增强对员工的伦理约束。

3. 规范非伦理行为处理

企业对于非伦理行为应该严肃处理，比如坚决辞退敢于逾越雷池（伦理边界）的人。要求员工实现目标的手段和方法必须符合制度规则与伦理规范。一旦发现某些员工为了追求业绩目标实现而践踏公司制度或逾越伦理边界，必须果断予以辞退。这有利于向外部利益相关者和内部员工释放明确的信息，即在追求商业目标和坚守伦理价值之间，公司会毫不犹豫地选择后者。例如，2010 年公司阿里巴巴清理了逾千名（占比约 0.8%）涉嫌舞弊的供应商客户，公司 CEO 卫哲、COO 李旭晖引咎辞职。

企业伦理管理机构的重要职责是负责对非伦理事件展开调查和处理。非伦理行为处理过程要坚持事实原则，强化程序公正，及时结果反馈。其中，事实原则是指伦理管理机构在非伦理事件处理过程中要经过充分的调查取证和资料收集，确保伦理判断和结果裁定是基于客观真实的事实基础。程序公正是指伦理管理机构在非伦理事件处理过程中要遵循企业事前制定的伦理事件处理流程和操作规范，避免伦理事件处理过程因人/因事而异，并导致非伦理事件处理结果公正性和权威性受到挑战与质疑。及时反馈则是要求企业伦理管理机构在企业发生非伦理事件时要快速响应并及早向各利益相关者披露事件处理进程和结果。

图 13-17 是企业发生非伦理事件时可以参照的伦理审查和处理流程。

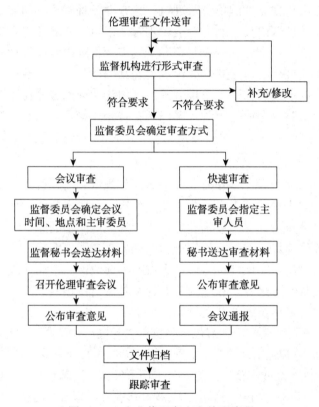

图 13-17　企业伦理审查和处理流程

13.6.2　企业伦理氛围塑造

除了伦理制度约束外，企业伦理氛围也是影响员工伦理决策的重要因素。俗话说："近朱者赤、近墨者黑。"员工个体的伦理行为既受到自身伦理态度的影响，也在很大程度上受到同事、伙伴和组织环境的影响。因此，企业在伦理系统构建过程中要努力营造良好的伦理氛围，借由文化氛围实现对员工伦理行为的引导。

1. 高管个体伦理基调

企业伦理价值取向与伦理氛围在很大程度上受到高管个体伦理基调的影响。"高层基调"是由组织中最高管理层制定的，并由组织共享的一套价值体系；这套价值体系通过形成书面的规范、政策和文件而得到有效的巩固与加强。更为重要的是，"高层基调"反映了管理层所采取的行为措施，即管理层是否言出必行。同时，"高层基调"也是企业内部控制环境最为关键的要素之一，形象地说，它是人们在组织工作中的空气、气候，或者文化；诚信的"高层基调"能够为避免企业非伦理行为提供保障。

"高层基调"的核心价值包括正直、诚信、忠诚、责任、公平等。在这种价值体系的指引下，组织和个人的道德行为将为企业带来最优的长期利益。一系列舞弊丑闻的发生，使得能够影响组织行为，并对企业文化形成具有重要促进作用的"高层基调"，愈加受到利益相关方的重视。作为企业的创建者或引领人物，企业高管通过"高层基调"深刻影响企业伦理价值取向和企业文化，并逐渐形成组织成员的行为准则。

烙印理论认为，人们的伦理行为取向受到世界观、人生观、价值观的影响，而价值认知很大程度上取决于其个体特质和早期成长环境的塑造和熏陶。因此，企业高管人员的信仰、经历、特质和后期教育均是影响"高层基调"的重要因素。企业管理者的道德价值观需要被纳入教育范畴。目前对于管理者的教育过于以学科为导向，学生的道德能力在纯粹的专业能力最大化中几乎完全丧失。亚里士多德说，真正的领导力是建立在识别和服务于社区利益的能力之上的。要培养这些能力，需要的不仅仅是专业教育，还需要文史哲、信念、胸怀等多方面的指导。管理者的素质可以分为基本素质、专业技术素质和管理素质（见表 13-3）。

表 13-3　管理者素质构成

管理者素质构成	具 体 表 现
基本素质	道德伦理素质、良好的职业道德和信誉、良好的心理人格素质、宽广的胸怀、开放的心态、强大的毅力和意志力、个人的自我控制力
专业技术素质	扎实的基础知识、完善的知识结构、对工作流程的熟悉
管理素质	企业管理的计划、组织、领导、激励、沟通、创新、危急管理、团队合作、业务管理知识等

企业管理团队的伦理基调可以通过多种方式不断提升。首先，在管理者甄选过程中，除了考察经营能力和业绩外，还要强化伦理背景调查，深入了解履历背景、信用记录、同事评价、业界风评等，实施伦理负面清单一票否决制。对于内部晋升者，应该将道德领导力纳入员工职业生涯规划和晋升评价模型，激励后备管理干部不断提升自身伦理基调。其次，要加强对管理者的道德领导力培训，激发伦理责任与社会使命感。

2. 组织伦理氛围

首先，企业应积极塑造"道德经济人"形象。企业文化是企业在发展过程中逐步形成的，为全体员工所认同并遵守的，反映企业特点的使命、愿景、宗旨、精神、价值观和经营理念。企业文化包括价值观念、行为规范、道德伦理、精神风貌、经营哲学等，其核心是企业价值观。企业伦理文化实质就是企业经营管理过程实践中逐渐形成的共同思想、作风、价值观、道德规范和行为准则。企业伦理文化能够引导员工对自己的行为和相互关系进行自我调节。重视企业伦理文化建设可以更好地为企业可持续发展服务。

其次，企业要营造良好的组织氛围。良好的组织氛围是指一定的组织形态、组织特性和增进人际交往、沟通与理解，创造出一种自尊、互信、协调一致、和谐融洽的企业氛围。营造组织氛围的具体途径包括坦诚对待雇员、保持沟通渠道畅通以及建立舒缓不满情绪的机制等，其目的是降低摩擦、减少冲突，避免诱发不良"自我实现"的动机。

企业文化的内涵就在于企业中存在一种共同的价值观，它决定了全体员工的共同行为取向，为员工提供了判断是非的标准和调节行为及人际关系的导向体系。研究表明，个人价值观形成有一个"内向"过程，即社会公认价值观通过无形的观察、模仿、学习等社会活动潜移默化地植入个体认知的过程。在企业环境中工作的员工个体，其价值观必然在一定程度上会受到企业共同价值观的影响。因此，加强企业文化建设，树立诚实、正直、公平的共同价值观，对防范员工非伦理行为有着不可忽视的积极作用。

13.6.3　外部伦理环境支持

1. 制定、完善会计准则

从治理会计舞弊角度看，在制定会计准则时应坚持奉行税法与财务会计分离的原则，完善税法的有关规定，从制度上减少企业利用会计信息偷逃税的动机。同时，准则中规定的经济业务，在税法上也应尽快做出规范。

2. 营造公平竞争的环境

战略管理理论认为，在市场竞争中企业普遍存在两种不同的竞争策略选择：市场化策略和非市场化策略。前者指企业注重通过人力资本和技术研发投资等创新路径培育内生增长能力，进而赢得市场竞争优势；后者则指企业热衷于通过构建政治关系网络，甚至是游说、贿赂官员等非伦理手段谋求政府支持或庇护，以在市场中获得不对等竞争地位。

制度基础观认为，制度环境制约并影响企业战略选择和资源配置。诚信经营的企业要在市场竞争中获得应有的回报，需要完善的市场经济体制来营造公平、公正的竞争环境。因此，政府应该不断深化市场化改革力度，杜绝部门或地方保护主义，为广大企业营造公平的竞争环境。要进一步深化商事制度改革，持续优化营商环境，不断激发市场活力和社会创造力；要创新监管方式方法，强化公平公正监管。

3. 健全两大调节体系

科学的宏观调控、有效的政府治理，是发挥社会主义市场经济体制优势的内在要求。完善社会主义市场经济体制的核心问题是处理好政府与市场、宏观调控与市场调节的关系，既要更加尊重市场规律，使市场在资源配置中起决定性作用，又要更好地发挥政府宏观调控作用，有效弥补市场失灵。

健全两大调节体系，即坚持"依法治国"和"以德治国"。一方面，我国经济运行进入市场经济轨道的历史不长，为适应市场经济运行以及经济全球化的进程，立法与守法非常重要。另一方面，由于道德体系从与计划经济相适应转到与市场经济相适应而产生德治真空，导致非伦理现象层出不穷。长期以来经济运行中产生的种种伦理乱象，如坑蒙拐骗、假冒伪劣、财务造假等，实际上折射出两大调节体系同时缺位的问题。正是基于这样的现实背景,"依法治国"和"以德治国"作为治国战略才成为普遍的共识和目标。

4. 完善政府监管模式

国家通过完善政治经济体制、立法和执法来引导、监督企业行为是影响企业伦理建设的重要途径。要加强法律监管和政府指导,健全与企业伦理相关的法律法规体系来治理企业非伦理行为。《公司法》《优化营商环境条例》《中华人民共和国消费者权益保护法》《劳动合同法》等法律法规以及条例,还有 2021 年 1 月 1 日起施行的《民法典》,都包含对企业内外部利益相关者的保护措施和对企业伦理的监督措施。这些法律法规的制定和颁布都说明我国对于企业伦理规范的监督越来越重视。

完善政治经济体制,使企业成为真正的市场经营主体,有助于提高企业伦理水平;完善立法、严格执法,将对企业伦理经营形成约束力,迫使企业按照市场规律和法律法规从事生产经营活动。久而久之,合法合规经营的思路将会成为指导企业文明竞争的习惯和基本出发点。

5. 建立第三方信用体系

为保障诚信考评标准的科学性与准确性,可以建立第三方信用体系,对广大企业进行涵盖资格认证、信用评估、法律服务、会计、审计的综合诚信测评。同时,征信、法院、公安、银行、税务以及工商等部门可以对企业信用档案进行联网管理,确保企业诚信信用档案及时更新,定期通过官网、平台公告、社交媒体披露相关信息,提高企业经营诚信的透明度,为企业提供诚信查询服务。对企业进行诚信评估,需要建立相应的法律监控体系,确保企业诚信档案的真实性、可靠性与安全性,对于发生的违法行为依法予以严惩。

本章关键知识点

伦理构建、舞弊理论、伦理崩溃的七个标志、可持续商业

思考题

1. 企业非伦理行为的主要诱发因素有哪些?
2. 企业伦理管理系统的主要功能是什么?

即测即练

自学自测　　扫描此码

第 14 章

构筑新时代的商业文明

 本章学习目标

通过本章的学习，学生应该能够：

1. 熟悉新商业文明的内涵及特征；
2. 把握新商业文明的主要范式转换；
3. 理解儒家传统在构筑新商业文明中的时代价值。

英国文学家狄更斯曾这样描述工业文明时代：这是一个最好的时代，这也是一个最坏的时代。人类一百多年来的工业文明，切实带来了巨大的科技进步与物质繁荣。然而，发展与繁荣的背后，人类也面临三大亟须应对的现实难题：第一，人与自然的矛盾。工业文明与高速发展也导致资源枯竭、环境污染、地球变暖等，人类把地球家园搞坏了，人与自然的矛盾凸显。第二，人与社会的矛盾。如国家矛盾、地区冲突以及区域与阶层的不均衡等，都导致了巨大的社会代价的付出。第三，人与生命本身的矛盾。人从哪里来到哪里去？如何认识人类的生命现象？信息文明确实给人类带来了巨大的便利，也给人类带来身心不得片刻宁静的人类躁动。

科学技术是商业发展的推动力，而人类的文明程度、素质能力，决定了整个商业文明的高度，决定了商业文明还能走多远。一百多年来的工业文明，到今天，全球治理结构和经济发展都走到了一个重要的十字路口，都在发生着深刻变化。

14.1 社会经济环境经历深刻变革

14.1.1 ESG 理念的兴起

价值创造是企业的初心和使命，持续为股东与社会创造价值也是企业孜孜以求的目标。企业能否持续发展，既取决于企业自身经营活动的成本效益，也取决于企业经营活动派生的社会成本效益。

ESG 是一种在投资决策中考虑环境（environmental）、社会（social）和治理

（governance）因素的投资理念，是衡量企业是否具备足够社会责任感和可持续发展能力的重要标准。不论是经常提及的全球变暖、空气污染，还是突如其来的新冠疫情，抑或是当今复杂多变的国际形势，都让人们重新思考人与人、与社会、与自然、与这个世界的关系。无疑，ESG 理念帮人们找到了答案——通过行动让所在的世界变得更美好。因其顺应人类社会发展的必然趋势，这一理念一经提出（2004 年 1 月）便风靡全球。

ESG 是对原有思维范式的一个转变，是对原有决策依据、行动指南的重大调整，它给投资者和企业决策带来了很大的冲击和挑战。因此，需要一大批理性的、勇敢的、坚定的 ESG 实践者，不忘初心、矢志不渝地践行 ESG。ESG 是一种信念，是企业价值观的体现，是企业自发自愿的行为，应该积极倡导并采取适当措施支持企业践行 ESG。企业要保持可持续发展，既需要关注经营活动对环境和社会的影响，也需要建立健全决策治理与监督机制。环境、社会和治理即 ESG 逐渐成为评价企业可持续发展能力的核心理念和框架体系。

经过多年孕育和发展，ESG 理念得到了广泛认可。目前基于 ESG 理念进行投资决策的机构所管理的资产规模已经超过 20 万亿美元，黑石、贝莱德、淡马锡等专业投资机构已经将 ESG 作为投资组合选择的重要决策因素。世界上主要的证券交易所也纷纷发布与 ESG 相关的规定，要求上市公司披露 ESG 报告、社会责任报告（CSR）和可持续发展报告。《时机已到——毕马威 2020 年可持续发展报告调查》显示，52 个被选取国家的百强企业中，80%的企业公布了可持续发展报告。尽管不同报告框架的构成要素不尽相同，但指导思想高度趋同——推动企业可持续发展，促使企业通过完善治理机制妥善处理企业与环境和社会的相互关系。

近年来，我国社会各界开始重视 ESG 理念，而碳达峰、碳中和的提出使得对该理念的追捧愈加火热。金融机构纷纷推出各类 ESG 主题基金；越来越多的上市公司开始发布 ESG 报告；政学商各界广泛参与各种形式、各种层次的 ESG 论坛和研讨会；各大新闻媒体更是持续关注着中国 ESG 的发展和实践。

ESG 的各种指标体系，被企业用来规范和监督自身行为，是责任投资（PRI）的考量标准。对于投资人，责任投资的主要目的有三个：①通过环境、社会、公司治理等指标对投资标的进行负面筛选，达到"排雷"的目的，增强投资组合的收益率；②强化投资的社会价值；③践行投资人的价值导向。

14.1.2　"双碳"目标与绿色转型

地球是人类赖以生存的唯一家园。人类需要一场自我革命，加快形成绿色发展方式和生活方式，建设生态文明和美丽地球。应对气候变化的《巴黎协定》代表了全球绿色低碳转型的大方向，是保护地球家园需要采取的最低限度行动。中国一直是生态文明的践行者、全球气候治理的行动派，为《巴黎协定》的达成和生效实施做出了重要贡献。2020 年 9 月 22 日，在第七十五届联合国大会一般性辩论上习近平主席庄严宣布："中国将提高国家自主贡献力度，采取更加有力的政策和措施，二氧化碳排放力争于 2030 年前

扩展阅读 14.1　日本油轮泄漏致使毛里求斯生态面临灭顶之灾

达到峰值，努力争取 2060 年前实现碳中和。"碳达峰、碳中和是以习近平同志为核心的党中央统筹国内国际两个大局做出的重大战略决策，是着力解决资源环境约束突出问题、实现中华民族永续发展的必然选择，是构建人类命运共同体的庄严承诺。其时代意义体现在：

（1）推动经济社会发展全面绿色转型，是深入贯彻落实习近平生态文明思想、完整准确全面贯彻新发展理念的重要体现。习近平生态文明思想提出"坚持人与自然和谐共生""绿水青山就是金山银山""共谋全球生态文明建设"等系列原则，要求坚定不移走生态优先、绿色发展之路。

（2）推动经济社会发展全面绿色转型，是协调推进经济高质量发展和环境高水平保护、实现中华民族永续发展的迫切需要。当前我国社会主要矛盾已经转化为人民日益增长的美好生活需要和不平衡不充分的发展之间的矛盾。习近平总书记明确指出，"环境就是民生，青山就是美丽，蓝天也是幸福"。因此，需要推动社会经济发展全面绿色转型，以实现经济高质量发展和环境高水平保护的双重融合目标。

（3）推动经济社会发展全面绿色转型，是建设现代化经济体系的重要内容。习近平总书记强调，现代化经济体系是由社会经济活动各个环节、各个层面、各个领域的相互关系和内在联系构成的一个有机整体。"资源节约、环境友好的绿色发展体系"正是建设现代化经济体系的生态环境基础。

需要强调的是，经济社会发展全面绿色转型与"双碳"目标实现既需要中央层面的顶层制度设计，更需要微观基础和行动载体。改革开放 40 余年来，中国经济保持高速增长的同时，也带来了严重的环境污染问题。在众多造成污染的来源中，企业生产活动（尤其是制造业企业）是造成环境污染的主要来源。2017 年，政府部门对我国境内 358.32 万个污染源进行全面普查，其中 247.74 万个污染源来源于工业企业生产，占比接近 70%。因此，企业家是对"双碳"目标最敏感的群体之一。面对政策和环境挑战，广大企业坚定不移贯彻新发展理念，加快形成资源节约和环境友好的产业结构才是"双碳"目标的微观基础。

碳达峰、碳中和的本质是从资源依赖走向技术依赖的发展转型。绿色技术创新有助于实现"经济"和"环境"双重收益。因此，绿色技术创新成为政府和企业可持续发展的一项重大战略选择。如图 14-1 所示，资源驱动增长模式下，企业长期位于价值链低端锁定的不利局面，陷入"高投入、高损耗、高污染、低价值"的恶性循环。随着自然资源稀缺乃至枯竭、社会成本敏感性增加，这一粗放式发展模式必然难以为继。因此，我国企业必须向"创新驱动发展"转型，加快推动产业结构升级和企业价值链跃迁。

从政府角度来看，要积极规划和大力倡导绿色低碳产业，加快发展战略性新兴产业，建设绿色制造体系，推进现代信息技术与绿色低碳产业深度融合，构建绿色供应链和绿色金融体系等，强化企业绿色创新发展的制度供给。从企业层面来讲，要加快转变经营理念，主动应对新一轮科技革命与产业变革，主动迭代和创新自身产品组合，加快构建绿色低碳技术创新体系。

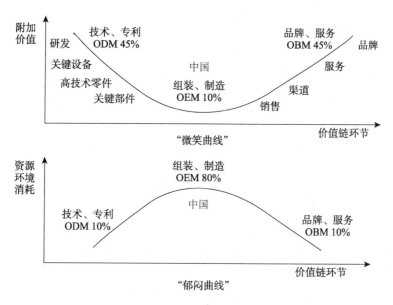

图 14-1 中国在价值链（GVC）中的"微笑曲线"和"郁闷曲线"

14.1.3 第三次分配与共同富裕

习近平总书记在 2021 年 8 月 17 日主持召开中央财经委员会第十次会议时指出，要坚持以人民为中心的发展思想，在高质量发展中促进共同富裕，正确处理效率和公平的关系，构建初次分配、再分配、第三次分配协调配套的基础性制度安排。扩大中等收入群体比重，增加低收入群体收入，合理调节高收入，形成中间大、两头小的橄榄形结构，促进社会公平正义，使全体人民朝着共同富裕目标扎实迈进。

若从概念层面的严格意义上讲，国外经济学理论并没有过多强调"第三次分配"，注重的还是初次分配和再分配两个层次。著名经济学家厉以宁教授在 1994 年出版的《股份制与现代市场经济》一书中明确提出："市场经济条件下的收入分配包括三次分配。第一次分配是由市场按照效率原则进行的分配。第二次分配是由政府按照兼顾效率和公平原则，侧重公平原则，通过税收、社会保障支出等进行的再分配。第三次分配是在道德力量的作用下，通过个人资源捐赠而进行的分配。"在第一次分配和第二次分配之后，社会发展方面依旧会留下一些空白，需要第三次分配来填补。

初次分配环节注重效率，再分配环节则注重公平。当前我国已经出现了收入分配差距不断扩大的现象，贫富差距不断拉大。自改革开放以来，初次分配导致了收入差距不断扩大，再分配虽然本着公平原则起到了一定调节作用，但是对于收入差距过大的现状而言力度还很不够，亟须以企业和个人为参与主体的第三次分配来帮助实现缩小收入差距和推进共同富裕的目标。

企业是推动经济社会发展的重要力量，是共同富裕的重要构建者。企业家的价值观决定着企业发展方向。作为第三次分配的主体，首先，企业要对相关利益群体负责，特别是对员工负责，促进中等收入群体比例提升和中产阶级形成。其次，企业需要对社区负责，通过捐赠和志愿服务等方式回报社会，并创造共享价值，参与第三次分配。最后，在第三次分配过程中，企业回报社会时要注重提高分配的精准性和慈善资源的使用效率，并利用可持续方式（如社会企业）增强慈善资源的可持续性。

14.1.4 "一带一路"倡议与人类命运共同体

当今世界正处于百年未有之大变局，和平合作、开放融通、变革创新的潮流滚滚向前，各国之间的联系从未像今天这样紧密，世界人民对美好生活的向往也从未像今天这样强烈。与此同时，人类面临的全球性问题数量之多、规模之大、程度之深也前所未有，和平赤字、发展赤字、治理赤字、信任赤字日益凸显。

"一带一路"（the Belt and Road，缩写 B&R）是"丝绸之路经济带"和"21 世纪海上丝绸之路"的简称。为了齐心协力应对挑战，协作推动构建人类命运共同体，自 2014 年至今我国先后制定和对外发布了一系列规划、建议、设想，包括《丝绸之路经济带和 21 世纪海上丝绸之路建设战略规划》《推动共建丝绸之路经济带和 21 世纪海上丝绸之路的愿景与行动》《"一带一路"建设海上合作设想》《标准联通共建"一带一路"行动计划（2018—2020 年）》《共建"一带一路"：理念、实践与中国的贡献》等。习近平总书记明确强调，要"在保持健康良性发展势头的基础上，推动共建'一带一路'向高质量发展转变"，"把绿色作为底色，推动绿色基础设施建设、绿色投资、绿色金融，保护好我们赖以生存的共同家园"。

"一带一路"倡议源于中国，是"发展起来的"中国从全球视野出发，更加自觉地统筹国内国际两个大局，全面谋划全方位扩大开放的重大战略举措和经济外交的顶层设计。"一带一路"倡议以共商共建共享为原则，以和平合作、开放包容、互学互鉴、互利共赢的丝绸之路精神为指引，以政策沟通、设施联通、贸易畅通、资金融通、民心相通为重点，以建设和平、繁荣、开放、绿色、创新、文明之路为途径，已经从理念转化为行动，从愿景转化为现实，从倡议转化为最耀眼的公共产品。

企业是"一带一路"发展当中的微观主体。2013—2018 年中国企业已在"一带一路"国家完成对外工程承包逾 4000 亿美元，对"一带一路"国家直接投资逾 900 亿美元。截至 2018 年 6 月，中国企业累计为"一带一路"国家贡献税收 20 多亿元，创造就业岗位 24.4 万个。在"一带一路"背景下，中国企业应该责无旁贷地践行社会责任。应该把社会责任作为同业务发展同样重要的理念，从头至尾贯穿企业对社会、对他人、对环境、对一切人们利益共享的理念，把企业发展和造福当地社会、增进当地居民福祉紧密结合在一起。比如，"一带一路"沿线企业应该利用职业技能培训、投资建校、优化基础设施等不同方式积极投入到社区建设中，注重对生态环境的保护和绿色产品的经营，提高对社会弱势群体的关注等。企业注重从资源节约、环境保护、社区建设以及社会福利等方面着手履行自身责任，发挥企业优势带动"一带一路"沿线发展。"一带一路"是人类发展的新模式、新理念，也是新时代企业社会责任的新奇迹。

贴片案例

"中字号"企业共呈"一带一路"蓝图

案例一：

2019年当地时间11月5日，由中建集团承建的中巴经济走廊最大的交通基础设施项目——巴基斯坦PKM高速公路项目（苏库尔—木尔坦段）落成仪式在伊斯兰堡举行。

巴基斯坦PKM高速公路是"一带一路"重点工程，也是中巴经济走廊最大交通基础设施项目。PKM高速公路（苏库尔—木尔坦段）南起信德省苏库尔，北至旁遮普省经济中心城市木尔坦，全长392公里，是巴基斯坦南北交通大动脉。设计时速120公里，为巴基斯坦首条具有智能交通功能的双向6车道高速公路。该项目由中建集团承建，合同金额约合28.89亿美元。自2016年8月正式开工以来，中建集团秉持共商共建共享原则，推动共建"一带一路"高质量发展，重视与当地企业合作，共同开发取土场、采石场，租赁当地设备，从当地采购土石、柴油、钢材、水泥等建设物资，充分带动相关产业发展。建设高峰期，项目聘用当地劳工、设备操作人员、管理人员达28900余人，并邀请职业培训机构为当地员工提供规范化培训。在提供大量就业、推动技术引入以及推进工程建设的同时，中建集团秉承"同一条路、同一个家"的理念，积极履行企业社会责任，为"一带一路"沿线村落修筑便民道路800公里、桥梁15座、水井50眼、水渠200余条。为保护当地生态，保障动物迁徙，修建涵道、管涵920道，总长超4万米。项目团队修缮沿线学校，组织医疗队为乡村1000多人次提供义诊服务，积极参与各类事故现场救援。

中建集团高起点谋划、高标准建设、高水准管理，高质量完成的项目建设任务，无疑是中巴友好合作的典型示范工程，更是"中字号"企业在国际社会彰显社会责任的良好体现。

案例二：

在中国国家主席习近平和巴西前总统博索纳罗的共同见证下，中国国家电网有限公司董事长寇伟和巴西矿产能源部部长阿尔布开克在北京人民大会堂共同签署了美丽山二期工程运行许可，也标志着该工程正式投入商业运行。实现了"投建营"一体化"走出去"，是近年来"一带一路"建设落地生效的标志性项目。

美丽山二期项目是中国国家电网有限公司投资建设的巴西美丽山水电特高压支流送出二期工程项目，跨越巴西5个州81个城市，成为巴西电网南北互通互联的主通道。该工程创造就业岗位16000个，建设期贡献税收约22亿雷亚尔，对于优化配置巴西能源、推动当地经济社会发展具有重要意义。

中国技术从国内走向海外，从"中国创造"走向"中国引领"，收获的背后是艰辛。没有任何一种辉煌是一蹴而就的。美丽山二期项目的成功，背后是中国企业花费了数年时间在巴西建立信任、树立形象、了解市场、掌握规则、持续输出自身企业责任的成果。

国网巴西控股公司现已成为资产总额近260亿雷亚尔的巴西第二大输电公司，累计投资绿地项目近165亿雷亚尔，为当地贡献税收超过60亿雷亚尔，直接或间接创造就业岗位达 10 万个，产生了积极的社会影响，在巴西电力行业获得了广泛的赞誉和影响力，多次获得巴西电力行业最佳企业称号。

近年来，国家电网成功投资运营菲律宾、葡萄牙、澳大利亚、意大利、阿曼等 8 个国家和地区骨干能源网，承建了埃塞俄比亚 GDHA500 千伏输变电工程、埃及 EETC500 千伏升级改造输电项目、巴基斯坦默拉±660 千伏直流输电项目等重大项目，设备出口涉及全球 100 多个国家和地区，涵盖电力系统一次、二次绝大部分主要设备。自"一带一路"倡议提出以来，越来越多的中国企业走出国门，与"一带一路"国家和地区共建共享、互利共赢，也向世界贡献着中国智慧和中国方案，为企业社会责任领域研究发展提供了丰富实例。

14.2　新时代呼唤新商业文明

商业社会本身就是文明繁荣的产物。部分企业为了追求自身发展，以牺牲环境、社会、大众，甚至后代的利益为代价，获得高额利润的同时，却忽视了商业精神的实质。随着科技进步和社会发展，传统商业文明正在向新商业文明时代转变。国际动荡格局和新冠疫情给全球经济和商业活动带来巨大冲击，但也加速了社会迈入新商业文明时代的步伐。

关心自我利益是传统商业文明的核心理念。正如"古典经济学之父"亚当·斯密在《国富论》中称：以实现自我利益为目标行事的个人，会通过自身行动增加公共利益。换句话说，关注自身收益的个体会在"看不见的手"的指引下，促进公共利益的发展。传统商业文明尊崇"股东利益至上"。诺贝尔经济学奖得主米尔顿·弗里德曼在 1970 年写道："企业有且只有一种社会责任。那就是在法律制度框架范围内从事旨在提高企业利润的活动。"1997 年颇具影响力的商业圆桌会议在《公司宗旨宣言书》中庄严地阐述了这一理念。该组织宣称："管理层和董事会的首要职责是对企业股东负责，其他利益相关者的利益是企业对股东责任的派生物。"

然而，传统商业文明转变的钟声已经敲响，新商业文明时代已经来临。20 多年来，商业圆桌会议一直明确地奉行股东至上的原则。在当今经济不平等加剧、对企业不信任感加深的氛围下，这个群体已经重新定义了自身的使命。2019 年 8 月 20 日，美国商业圆桌会议发表《公司宗旨宣言书》，放弃长期以来坚持的"股东利益至上"原则，强调企业的首要使命是为了构建一个美好的社会。企业有责任提供利益给所有相关者，包括客户、雇员、供应商、社区等，而不仅是投资者（股东）。虽然这份声明在很大程度上仅具有象征意义，但仍然具有很大的影响力。美国企业巨头表示放弃"股东利益至上"信条，不仅是企业管理原则上的重大改变，还是企业经营哲学的重大调整。

14.2.1　新商业文明的内涵

按传统商业文明的观念，如果一个企业提供了使消费者满意的产品和服务，具有优良的财务业绩和股东回报，且为员工提供足够的发展空间，无疑就是一个非常优秀的企业了。但用今天的眼光看，如果上述企业滥用自然资源、高污染排放，就不能算一个好企业；或者，这个企业独享资源，不愿与合作伙伴分享，亦非好企业。

一种新的商业文明标准正在形成。新商业文明就是"信息时代的商业文明"，是随着信息技术的发展、影响而兴起的新的商业文明。归纳起来，新商业文明体现在以下几方面。

1. 新基础设施

信息通信技术和生物技术的发展，使人类基础设施进入智能时代，包括互联网、物联网和智联网在内的智慧地球，成为人类新的基础设施。新基础设施极大提升了人们的信息获取效率，缓解了信息不对称，进而也对商业合作与人际信任产生根本性影响。

2. 新商业模式

工业时代的大规模生产较多地体现了经济学中的"规模经济"这一概念，表现为单一品种大规模生产。信息时代更多地体现了另一个经济学概念——"范围经济"，表现为多品种、小批量生产。应用共享平台可以分享成本，快速响应客户需求，实现柔性定制生产，但也可能导致平台垄断与不公平竞争。

3. 新组织形态

组织结构从金字塔向扁平化发展，信息流动从信息不对称向信息透明化、对称化发展。企业与企业关系从零和博弈竞争向生态协作发展，从价值链向价值网络转型，企业不再是最基本的组织模式，依靠无"组织"的组织力量，人人可以凭爱好、兴趣，快速聚散，展开分享与合作行动。

4. 新价值观

新商业文明的价值基础是诚信、分享、平等和责任。诚信将具有自发、草根、透明、可积累、可实现价值等特点；分享将具有基于兴趣和爱好，越分享越成功的特点；平等将具有对等的特点，使小企业和消费者掌握更多信息，拥有更多话语权；责任将在透明化环境下，使扬善惩恶有了强烈的现实性与必然性。

5. 新社会生活

经济系统与社会系统、生活世界相互融合。社会网络深度嵌入经济行为；金字塔状的社会结构将进一步转变为蜂窝状的社会结构。人与自然和谐发展，信息技术则为和谐发展提供了更多可能性；人与人之间的合作秩序更加良性，一种基于诚信、分享、平等和责任的合作秩序最终指向"选择的自由"与"自由的选择"。个体能量被充分地激发出来，拥有更多自主性、获得更多全面发展的机会。

14.2.2　新商业文明的特征

新商业文明呈现如下几个主要特征。

1. 嵌入伦理道德

商业是当代社会中的重要部分，作为其构成基础的商品交易活动时刻发生在任何人身边，它并不与社会分离。道德伦理组成了人们的行为规范，是判断特定行为对错、道德与否的衡量工具，任何行为都能从伦理道德角度来解读。商业活动同样属于人类活动，因此也能从伦理的角度去评判。

新商业文明是一种聪明、美丽、公正、具有美德的商业，一种能够带来更好生活的商业。企业家需要明白，他们面临两种选择，要么带着责任感上路，要么被取消驾驶资格。新商业文明时代，商业不仅仅是一种零和游戏，相反，正如推特 CEO 威廉姆斯在介绍企业建设初衷时所说："这是一种为世界谋福利的力量。"

2. 主动追求社会价值

一个不会赚钱的企业不是好企业，一个只会赚钱的企业不是优秀的企业。优秀企业应主动追求企业社会价值最大化，同时商业价值也会随之实现。社会价值有三个基本主张：①关注人与人、人与社会、人与自然的命运共同体；②探索以新视角、新路径、新产品实现公平与效率同步提升；③企业社会价值应优先体现在其主业上。

如何认识和把握企业社会价值与商业价值的区别？以人们最熟悉的互联网企业为例，用户价值就是社会价值，客户价值就是商业价值。再如，习近平主席说"绿水青山就是金山银山"，其中绿水青山就是社会价值，金山银山就是商业价值。

商业实践当中也不乏这样的例子。例如，华大基因认为自己公司的商业模式就是"为人民服务"，并且认为"为人民服务到位了，人民币就会为你服务"。华为创始人任正非也提出华为的理想和使命是"成为世界企业，为全人类服务"。由此可见，优秀的企业家们对企业应该主动追求社会价值的理念已深入人心。

3. 向上而生，向善而行

向上而生是指企业充分借助新科技力量打造商业生态圈，实现自我蜕变的过程。向善而行则是企业自觉追求社会价值的集中体现，是满足客户需求的深层次归因，是企业创新服务能力的大幅度提升。向善而行就是做好事而不做坏事。腾讯公司率先提出"科技向善"，深圳社会企业投资联盟提出"资本向善"。当前各行各业都在倡导"向善"理念，这是社会与科技进步导致的结果，也是新商业文明时代的必然要求。

向上而生，向善而行，体现了新商业文明的时代要求，指明了企业发展的趋势。向上而生就是要运用新科技推动企业与社会的共生共长，向善而行就是要建立人类命运共同体，创造人类生活的共享与共荣。

4. 致力于构建命运共同体

新商业文明时代的企业要关注相关者利益，构建命运共同体。伴随科技进步引发的时代变迁，企业独立承担适应新一轮科技革命的成本过高，寻求外部合作、构建或嵌入商业生态已成为绝大部分企业的必然选择。新商业文明时代的企业关系，由竞争逻辑转向共生逻辑。竞争逻辑是"分蛋糕""抢蛋糕"，共生逻辑是一起将"蛋糕"做大；共生逻辑可以协同创利，风险共担，有利于企业的健康与可持续发展。善于合作的企业，路越走越宽；单打独斗的企业，路越走越窄。

在新商业文明时代，追求社会价值成为优秀企业的使命，建立命运共同体正在成为越来越多杰出企业的愿景。正如联合国前秘书长安南在 2018 年参加中国社会企业生态联盟大会时提出的"在一个失败的社会里不会有成功的企业"。因此，要用长远的眼光看待商业的发展和股东的利益，从而得到长远、可持续性的商业实践方案。这需要各企业主动思考周围的社会利益，将企业利益和社会利益相结合才能实现双赢。

志向高远的企业必须自觉地建立企业与社会的命运共同体，推动社会进步。企业家在承担社会责任、作出社会贡献和展示奉献精神的同时，也获得了巨大的品牌效应，由此给企业带来巨大的商业价值，这也会成为一种积极的社会效应。

5. 践行可持续发展理念

实现可持续发展目标，减少社会发展不平衡，推动经济可持续发展，减缓气候变化，是一项宏大的工程。可持续发展意味着在满足现代人需求的同时不损害后代人满足需求的能力。当前的发展需要经济、社会、资源和环境保护协调发展，它们是一个密不可分的系统，既要达到发展经济的目的，又要保护好人类赖以生存的环境资源，这是关乎全体人类与全世界发展的议题。

企业需要认识到自身的价值体现在经济责任、社会责任以及环境责任三大方面，其经济效益与社会的和谐发展、环境的协调发展相连。目前大多数企业对于低碳、环保等企业社会责任和可持续发展的态度还依旧停留在初期的"被动合规"阶段。在碳达峰、碳中和的可持续发展新赛道，低碳、环保、绿色转型已经不能只是作为企业口碑塑造或合规部分的工作，而是要深度融入企业的主营业务。企业需要在机制改革、发展模式、技术和产品创新等方面多线发力。

14.3　新商业文明的范式转换

传统商业文明关注利润和股东利益最大化，而新商业文明格局下的企业更关注与社会、环境、用户、员工的和谐共生关系。经济学中有一个概念叫"深层债务"，用以说明当前经济制度可能带来的危害，可以把它理解成对普通民众、社区、社会、自然环境以及后代的负债。即很多情况下，企业利润只是一种经济假象，因为它并没有考虑一个完整、真实的外部性成本。人类已失去资源充足的"狩猎场"，而仅剩一叶"方舟"。如何在这叶"方舟"上实现共同繁荣，建立一种新商业文明、一种更健康的商业秩序迫在眉睫。新一代革新者要建立的商业秩序更深刻、更坚实有力、更广阔。企业不通过攫取公众、社区、社会、自然环境和后代的利益来获取利润，而是反过来为他们谋福利。这才是真正的价值创新的本质。

新商业文明下打造企业的核心原则就是"破坏得更少，创造得更多"（create more by destroying less）。企业并不依赖在过去的狭隘标准上超越竞争对手，实际上它在重新定义"成功"，更加关注对大众、社区、社会和后代的福利。当企业对民众、社区、社会、自然环境以及后代都能持续地带来有意义的好处时，那么它们就真正创造了价值。因此，企业需要建立一种"越改善越好"的商业模式，而不仅仅是比别人好。

14.3.1　从价值主张迈向价值对话

企业应该真正以消费者为中心，让消费者主张自己的需求。企业应该将从上到下的、消费者被动接受的价值主张，转变为深入的、民主的价值对话。由众创产生的产品决策使企业能够以最大的灵活性来分配资源。管理柔性是适用于 21 世纪的新型经营模式，这种能力不在于比对手生产了更好的产品，提供了更好的服务，有更好的商业模式，而在于比竞争对手更及时地对消费者需求做出动态响应。只有让顾客做主，通过顾客参与，使管理决策成本大大降低，企业响应质量才能大大提升。简言之，以与消费者的对话和顾客参与为核心的开放式商业模式，代替了以中心化方式生产产品的企业价值主张。

14.3.2　从竞争战略迈向经营哲学

开放的产生依赖创造一种公司哲学，它强调价值创造这一基本原则，而不是以利润攫取为目的的战略设计。大多数企业都有竞争战略，但很少具备发展哲学。这两者有着本质上的不同。竞争战略表达的是"无论用什么手段，我们都要让人们买我们的产品"，而哲学关注的是"我们是怎样生产人们所需要产品的，我们会用各种方式满足他们"。竞争战略是用战争的手段参与市场竞争，把商业竞争当作打仗，其目标是通过阻止、妨碍甚至消灭竞争对手的方式来限制自由和公平的市场交换。但当企业拥有自己的经营哲学时，竞争不再被视为一场战争，公司倡导和平，寻求更自由、更公平的市场交换，而不是落下保护主义的铁幕，制造自由竞争的障碍。哲学就是寻找企业发展的"第一原则"——解释这个世界最基本的原则，其核心就是找"本质"。关注战略的企业经常注重自己的利润、市场占有率、竞争对手情况等，而具有经营哲学理念的企业更关注消费者，关心"本质"如何满足消费者需求，从而真正创造社会价值。

14.3.3　从提供产品迈向创造幸福

真正的价值所在是从人性角度出发，对公众、社区和社会有益，反映的是长久的、可见的幸福。传统商业不仅在经济上不可持续，在战略上也十分短视。企业最高目标在于只要有利可图就为人们生产更多产品，无论是让他们的生活变好还是变坏。这样的激励手段无法解决后现代社会面临的最大问题：幸福感稀缺。

一个有趣的现象是，虽然当前人们的收入有所增加，但多数国家的居民幸福感仍在下降。理查德·伊斯特林认为"从长期来看，幸福和收入没有关系"。在传统商业时代，企业注重的是产品和服务差异化，实质就是增加醒目的价值感：煞费苦心的品牌传播、机智的标语、醒目的广告词等。与之不同，新商业文明下的企业不仅要生产合格的产品，还应力图使产品带来更好的生活，为社区、公众、社会带来真正的价值和意义，使人们的生活更美好。

14.3.4　从盲目扩张迈向智慧增长

凯恩斯在经济大萧条后，颠覆了当时的经济学理论。他曾这样说："过去几百年的商业模式并不成功。它不聪明、不美丽、不公正，缺乏德行——因为它并没有真正带来好的生活。"其下一句话更具洞察力:"当我们想知道用什么替代它时,是最困惑的时候。"

新商业文明时代的企业需要履行承诺,直面挑战,直至找到解决问题的办法。新商业文明注重创造有意义的价值而非盲目的规模扩张。盲目扩张是薄价值、低质量的增长,智慧增长是厚价值、高质量的增长。盲目扩张的目标是股东价值的最大化,智慧增长则最大限度地消除经济危害,使结果最优。21世纪,商业的目的是在赚取利润的同时产生更少的损害,而不是不择手段,陷入利益的旋涡。怎样打破这个魔咒呢?商业活动的从业者(尤其是企业家)需要树立更远大的目光,打破界限,改变世界,造福人类。

14.3.5 从商业组织迈向共益组织

从企业与社会的关系视角来看,在共同富裕战略视野下更加强调以企业贡献爱心为主导的第三次分配的力量。即充分激活与撬动企业的社会属性,在不过分赋予企业经济压力或者剥离企业经济属性的前提下,强调企业发挥社会属性,贡献爱心,实现以企业为主体的社会资源配置效应的最大化,进而实现企业利益相关方共同分享价值与创造共赢价值。从这个意义上说,企业与社会的基本关系在一定程度上被颠覆,即企业不仅仅是立足社会场域的社会单元或者社会细胞,更是与所处社会场域内的多元利益相关方创造共赢价值、形成价值共创与价值共享的共生体,企业与社会逐步从市场逻辑本位下的嵌入性关系或者附属性关系走向共生共赢式关系。这一认知的根本扭转要求企业逐步摆脱从经济利益出发思考企业与社会的关系,而是以社会利益、社会资源配置最大化的长期价值为逻辑起点重新审视企业的商业行为,最终以内生型的企业与社会共生关系重塑企业参与市场竞争与资源配置的逻辑。

共同富裕战略更强调市场主体在共创价值过程中拥有更大的参与价值分享的权利,即在"做大蛋糕"的同时"分好蛋糕"。在企业层面"分好蛋糕"的前提是企业逐步从工具理性下的社会责任实践转向社会理性下的社会责任实践。社会理性强调,企业参与第三次分配以社会价值共创与共享为逻辑起点,开展企业社会责任实践行为符合社会总体利益,以社会资源配置最优化为目标,而非短期导向下工具理性主导的市场竞争。即使是工具理性主导的市场竞争,也需要逐步破除"你输我赢"的零和博弈,向价值理性主导下的"共生共赢与共益"逻辑转型。

14.4 弘扬儒商精神,构筑新商业文明

企业家是企业的灵魂人物,也是商业文明的践行者。一个国家企业家群体的价值追求和行为方式,决定着这个国家、这个时代商业文明的影响力。"市场活力来自于人,特别是来自于企业家,来自于企业家精神。"党的十八大以来,习近平总书记高度重视企业家群体在国家发展中的重要作用,多次强调要弘扬企业家精神。2017年10月14日,中共中央和国务院办公厅联合发布《关于营造企业家健康成长环境弘扬优秀企业家精神更

好发挥企业家作用的意见》。这是中央首次发文明确企业家精神的地位和价值，并将企业家精神内涵划分为三个维度，即爱国敬业、遵纪守法、艰苦奋斗的精神，创新发展、专注品质、追求卓越的精神，履行责任、敢于担当、服务社会的精神。

伟大的企业和优秀的企业家应该有唤醒人性光辉、构筑新商业文明的历史担当。2020年7月21日，习近平总书记主持召开企业家座谈会，充分肯定企业家群体所展现出的精神风貌，明确提出"增强爱国情怀""勇于创新""诚信守法""承担社会责任""拓展国际视野"五点希望，这丰富和拓展了企业家精神的时代内涵，也为新时代构筑新商业文明提供了思想和行动指南。做爱国敬业、守法经营、创业创新、回报社会的典范，致富思源、义利兼顾，是新商业文明的应有之义。

企业家和企业家精神是构筑新商业文明的微观主体。高阶梯队理论认为，企业决策行为在很大程度上映射了企业家个体认知与价值偏好，而企业家价值认知系统则明显受到成长环境和文化土壤的塑造。在受儒家思想深刻影响的东亚地区，儒商长期以来就是儒家思想与商贾精神有机结合的典范。古代子贡、范蠡、计然、白圭等和近代晋商、徽商等儒商典范所体现出来的"儒商精神"，其核心要义就是"志存高远，诚信为本，以义取利，以利济世，道济天下"，强调超越个人功利的终极目标和救世济民的远大抱负。

以习近平同志为核心的党中央高度重视中华传统文化的传承与发展。党的十九大报告中提出："深入挖掘中华优秀传统文化蕴含的思想观念、人文精神、道德规范，结合时代要求继承创新，让中华文化展现出永久魅力和时代风采。"习近平总书记在多个场合强调"要坚定文化自信，多从中华优秀传统文化，尤其是儒家思想中寻求解决现实难题的办法"。儒家文化是中国哲学思想和价值观中最持久、最重要的力量，也是长期以来个体和组织普遍尊崇的道德规范与行动指南。儒家传统不但塑造着中国企业精神，而且成为现代化进程中的重要精神支柱，对社会经济各个方面都有重要影响。中国企业家的价值观中普遍渗透着儒家思想，并在经营决策中得到反映和体现。

经济发展的最终目的是造福于人，满足人们对美好生活的向往。新商业文明时代，商业的价值曲线和价值结果最终由人的发展和人们美好生活的满足程度来检验。在新商业文明的引导下，企业家群体必须重构商业目的、重塑商人精神。企业家群体必须秉承儒商精神，真正践行有良知的商业逻辑。

本章关键知识点

ESG理念、共同富裕、儒商精神、新商业文明

思考题

1. 相较于传统商业文明，新商业文明的范式转换体现在哪些方面？
2. 儒家传统文化在构筑新商业文明中具有怎样的时代功能和价值？

即测即练

自学自测  扫描此码

参 考 文 献

[1] 魏英敏等，1984. 伦理学简明教程[M]. 北京：北京大学出版社.

[2] 倪愫襄，2002. 伦理学导论[M]. 武汉：武汉大学出版社.

[3] 王正平等，2001. 现代伦理学[M]. 北京：中国社会科学出版社.

[4] 杜维明，2003. 儒家伦理与东亚企业精神[M]. 北京：中华书局.

[5] 厉以宁，1994. 股份制与现代市场经济[M]. 南京：江苏人民出版社.

[6] 唐雪松等，2010. 独立董事监督中的动机——基于独立意见的经验证据[J]. 管理世界(9): 148-159.

[7] 李春涛等，2017. 卖空与信息披露：融券准自然实验的证据[J]. 金融研究(9): 130-145.

[8] 孟庆斌等，2019. 卖空机制能抑制上市公司违规吗？[J]. 经济研究(6): 89-105.

[9] 侯青川等，2017. 放松卖空管制与大股东"掏空"[J]. 经济学（季刊）(3): 1143-1172.

[10] 郭海等，2018. 组织合法性对企业成长的"双刃剑"效应研究[J]. 南开管理评论(21): 16.

[11] 刘云等，2017. 基于评价者视角的组织合法性研究：合法性判断[J]. 外国经济与管理(39): 73-84.

[12] 杨亚萍等，2020. 合法性获得、组织学习和中国企业对外直接投资成功率[J]. 暨南学报（哲学社会科学版）(42): 95-109.

[13] WEBER M, 2009. The Protestant Ethic and the Spirit of Capitalism[M]. Oxford: Oxford University Press.

[14] HUNTINGTON et al. 2010. Culture matters: how values shape human progress[M]. Beijing: Xinhua Press.

[15] PETER F.D. 2018. The practice of management[M]. Beijing: China Machine Press.

[16] JENNINGS, M. M. 2006. The seven signs of ethical collapse[M]. New York: St. Martin's Press.

[17] DAVID, 2006. How to Change the World: Social Entrepreneurs and the Power of New Ideas[M]. Beijing: New Star Press.

[18] BERLE A A et al. 1932. The Modern Corporation and Private Property[M]. New York: The Modern Corporation & Private Proper.

[19] WILLIAMSON, O. 1985. The Economic Institutions of Capitalism[M]. New York: The Free Press.

[20] KARPOFF, J. M et al. 1913. Short Sellers and Financial Misconduct[J]. Journal of Finance, 65(5): 1879-1913.

[21] JONES, T. M. 1991. Ethical decision making by individuals in organizations: an issue-contingent model[J]. Academy of Management Review, 16(2): 366-395.

[22] KOHLBERG, L et al. 1984. The relationship of moral judgment to moral action[J]. Morality, moral behavior, and moral development, 52-73.

[23] CAROLL et al. 1990. Principles of business ethics: their role in decision making and an initial consensus[J]. Management Decision, 28(8).

[24] FRITZSCHE D J. 1991. A model of decision-making incorporating ethical values[J]. Journal of Business Ethics, 10(11): 841-852.

[25] IP, P. K. 2009. "Is Confucianism Good for Business Ethics in China?" [J]. Journal of Business Ethics, 88(3): 463-476.

[26] WILLIAMSON O E. 2000. The new institutional economics: taking stock, looking ahead[J]. Journal of economic literature, 38(3): 595-613.

[27] KISH-GEPHART, J. J et al. 2010. Bad apples, bad cases, and bad barrels: Meta-analytic evidence about sources of unethical decisions at work[J]. Journal of Applied Psychology.

[28] BECKER H S et al. 1957. Participant observation and interviewing: A comparison[J]. Human

organization, 16(3): 28-32.

[29] VELASQUEZ M et al. 2013. An analysis of multi-criteria decision making methods[J]. International journal of operations research, 10(2): 56-66.

[30] YAP M et al., 2009. Gender and racial differentials in promotions: Is there a sticky floor, a mid-level bottleneck, or a glass ceiling?[J]. Industrial Relations, 64(4): 593-619.

[31] LAZEAR E P et al. 1990. Male-female wage differentials in job ladders[J]. Journal of Labor Economics, 8(1): S106-S123.

[32] CAO Y et al. 2020. Analysts' beauty and performance[J]. Management Science, 66(9): 4315-4335.

[33] FRITZSCHE, D. J et al. 2007. Personal values' influence on the ethical dimension of decision making[J]. Journal of Business Ethics, 75: 335-343.

[34] MEYER, J. W et al. 1977. Institutionalized organizations: formal structure as myth and ceremony[J]. American Journal of Sociology, 83(2): 340-363.

[35] STONE, K. V. W. 2006. Legal protections for atypical employees: employment law for workers without workplaces and employees without employers[J]. Berkeley Journal of Employment & Labor Law.

[36] LI X et al. 2015. How does China's new labor contract law affect floating workers?[J]. British Journal of Industrial Relations, 53(4): 711-735.

[37] GAO Q et al. 2017. Social insurance for migrant workers in China: Impact of the 2008 Labor Contract Law[J]. Economic and Political Studies, 5.

[38] PORTA R L et al. 1999. Corporate Ownership Around the World[J]. Journal of Finance, 54(2): 471-517.

[39] PORTA R L et al. 1997. Legal Determinants of External Finance[J]. Journal of Finance, 52(3): 1131-1150.

[40] SHLEIFER A et al. 2002. Investor Protection and Equity Markets[J]. Journal of Financial Economics, 66.

[41] JENSEN, M. C. 1993. The Modern Industrial Revolution, Exit, and the Failure of Internal Control Systems[J]. Journal of Finance, 48(3): 831-880.

[42] FAMA, E. F et al. 1983. Separation of Ownership and Control[J]. Journal of Law and Economics, 26(2): 301-325.

[43] DEES, J. G. 1998. The meaning of "social entrepreneurship" [J]. Case Studies in Social Entrepreneurship and Sustainability.

[44] AUSTIN, J et al. 2006. Social and commercial entrepreneurship: same, different, or both?[J]. Entrepreneurship Theory and Practice, 30: 1-22.

[45] ALTER, K. 2007. Social Enterprise Typology[J]. Virtue Ventures LLC, (12): 1-124.

[46] SANTOS, F et al. 2015. Making Hybrids Work: Aligning Business Models and Organizational Design for Social Enterprises[J]. California Management Review, 57(3): 36-58.

[47] BILLIS, D. 2010. Towards a theory of hybrid organizations. In Billis, D. (ed.), Hybrid Organizations and the Third Sector[J]. Basingstoke: Palgrave Macmillan, 46-69.

[48] WILSON, F et al. 2013. Business models for people, planet (& profits): exploring the phenomena of social business, a market-based approach to social value creation[J]. Small Business Economics, 40: 715-737.

[49] DAVIES, A.I et al. 2010. The role of social capital in the success of fair trade[J]. Journal of Business Ethics, 96: 317-338.

[50] ZIMMERMAN, M. A. et al. 2002. Beyond survival: achieving new venture growth by building legitimacy[J]. The Academy of Management Review, 27(3): 414.

[51] SUCHMAN, & M., C. 1995. Managing legitimacy: strategic and institutional approaches[J]. Academy of Management Review, 20(3): 571-610.

[52] DIMAGGIO, P.J et al. 1983, The iron cage revisited: Institutional isomorphism and collective

rationality in organizational fields[J]. American Sociological Review, 48: 147-160.

[53] SINGH et al. 1986. Organizational legitimacy and the liability of newness[J]. Administrative Science Quarterly, 31(2): 171-193.

[54] ALDRICH, H. E et al. 1994. Fools rush in? The institutional context of industry creation[J]. Academy of Management Review, 19: 645-670.

[55] ARCHIBALD M E. 2004. Between isomorphism and Market Partitioning: How Organizational Competencies and Resources Foster Cultural and Sociopolitical Legitimacy, and Promote Organizational Survival[J]. Research in the Sociology of Organizations, 22: 171-211.

[56] MARTA et al. 2020. Coalitions and public action in the reshaping of corporate responsibility: the case of the retail banking industry[J]. Journal of Business Ethics, (11).

[57] SUCHMAN, & M. C. 1995. Managing legitimacy: strategic and institutional approaches[J]. Academy of Management Review, 20(3): 571-610.

[58] BENFORD, R. D et al. 2002. Framing Processes and Social Movements: An Overview and Assessment[J]. Annual Review of Sociology, 26: 611-639.

[59] HILLMAN A et al. 1999. Corporate Political Strategy Formulation: A Model of Approach, Participation and Strategy Decisions[J]. Academy of Management Review, 24(4): 825-842.

[60] SCOTT W.R. 1995, Institutions and organizations CA[J]. Sage Publication.

[61] ZOTT C et al. 2007. How entrepreneurs use symbolic management to acquire resources[J]. Administrative Science Quarterly, 52(1): 70-105.

教师服务

感谢您选用清华大学出版社的教材！为了更好地服务教学，我们为授课教师提供本书的教学辅助资源，以及本学科重点教材信息。请您扫码获取。

≫ 教辅获取

本书教辅资源，授课教师扫码获取

≫ 样书赠送

企业管理类重点教材，教师扫码获取样书

 清华大学出版社

E-mail: tupfuwu@163.com
电话：010-83470332 / 83470142
地址：北京市海淀区双清路学研大厦 B 座 509

网址：https://www.tup.com.cn/
传真：8610-83470107
邮编：100084